U0544733

凝煉知識品味閱讀

圖解系列

五南圖書出版公司 印行

經濟調查統計分析

陳耀茂 / 編著

閱讀文字

理解內容

觀看圖表

圖解讓
經濟調查統計分析
更簡單

序言

人類所進行的經濟活動是指人類爲滿足生存要求及生活欲望，利用各種自然資源及財貨所從事的各種生產、交換、銷售等行爲。

「經濟調查」是指人們在一定的理論指導下，有目的、有計畫、有組織地運用特定的方法和手段，收集有關經濟現象的資料，進而加以整理、分析，然後加以描述和解釋，探索經濟現象產生、發展的規律，以闡明經濟現象的本質及發展規律的一種活動。而統計調查則專指對研究母體中抽出的樣本以詢問的方式收集社會數據的社會研究方法。經濟調查都需要使用統計方法進行分析，應用客觀的態度和科學的方法，對某種經濟現象，在確定的範圍內進行實地考察，並收集大量資料進行統計分析，從而探討經濟現象，以闡明有無相關關係或因果關係。

對經濟調查的研究人員來說，最重要的工作不就是「將研究成果以論文在學會或期刊中發表」嗎？此時，必須注意的事情是，如何能將自己的研究成果做到客觀地評估、敘述呢？

對一般人來說，要客觀評估自己是意外地不容易。對充滿自信的人來說，對自己的研究也許自視甚高。相反地，對沒有自信的人來說，也許認爲自己的研究並不如他人。

那麼，如果有「能客觀地評估的方法或語言」不是很好嗎？以客觀評估此種研究成果的世界共同語言來說，即爲「統計分析」。

本書是針對「經濟調查經常使用的統計分析」以淺顯易懂的方式加以解說。

使用各種統計的工具進行分析，不也能提出「自己的主張」嗎？

陳耀茂 謹誌

CONTENTS 目錄

序言

第 0 章　意見調查與問卷製作

第 1 章　平均、變異數、標準差——基本的統計處理

第 2 章　相關係數、等級相關係數、Cramer's V 關聯係數、Kappa 一致性係數、Cohen's d 影響大小——以圖形表現，以數值表現

第 3 章　自我相關、偏自我相關

第 4 章　交叉相關分析

第 5 章　複迴歸分析——調查要因間的因果關係

第 6 章　順序迴歸分析——調查順序尺度數據的因果關係

第 7 章　名義迴歸分析——調查名義尺度數據的因果關係

第 8 章 Logit 分析——調查邊際效果

第 9 章 Probit 分析——調查邊際效果

第 10 章 時間數列數據的變換

第 11 章 指數平滑法

第 12 章 時間數列數據的迴歸分析

第 13 章 Panel 分析——分析橫斷面與時間數列

第 14 章 曲線的適配——數據的追蹤與預測

第 15 章 主成分分析——建立綜合性指標後再分類

第 16 章 集群分析——定義類似度再分類

第 17 章 因素分析——找出潛藏、共通的因素的方法

第 18 章 路徑分析

第 19 章 結構方程模型分析

參考文獻

第 0 章
意見調查與問卷製作

0.1 問卷製作
0.2 調查、研究主題的檢討
0.3 調查的企劃
0.4 問卷的製作
0.5 問卷的修正
0.6 有關就業調查的問卷例

0.1 問卷製作

各行各業常會用到問卷調查。以室內設計來說，爲了調查像是「現代人需要何種室內規劃？」以及「視覺空間又是如何呢？」等意見，問卷是經常使用的調查工具。

雖然乍看覺得是很簡單的意見調查，但實際的調查需要有周全的準備，那麼利用問卷調查時，欲適切地調查、研究要如何進行呢？

首先說明大略的流程，之後就依各步驟進一步詳加考察。

失敗例

1. 調查或研究的主題過大。
2. 從調查結果想導出的事項，與研究主題或假設不符合。

Tea Break

意見調查的優點有四種：其一，意見調查法的優點是能節省時間、人力和體力；其二，意見調查結果更容易量化。意見調查法是一種結構化的調查方式，調查的表現形式和提問的序列，還有答案的給出都是固定不變的，是用文字的方法表現出來，因此，這種方式好量化。其三，意見調查法的結果更容易統計處理和分析。我們可以利用分析軟體進行資料分析，非常簡便。其四，意見調查法的優點是能夠大規模的調查。不管調查者參加調查了沒有，都能從問卷上了解被調查者的想法、態度、行為。

意見調查優點有上述四種，缺點有一種——就是意見調查法面對設計方面的問題比較困難。因為這樣的問題常常需要得知被調查者的目的、動機、思考的過程。意見調查卻很難把這些方面的問題設計出來，如果問卷設計的問題是開放的，被調查者的回答就容易參差不齊，很難回收，很難用來分析、統計，並且被調查者不一定願意寫開放性的問題。

■ 調查進行方式的流程圖

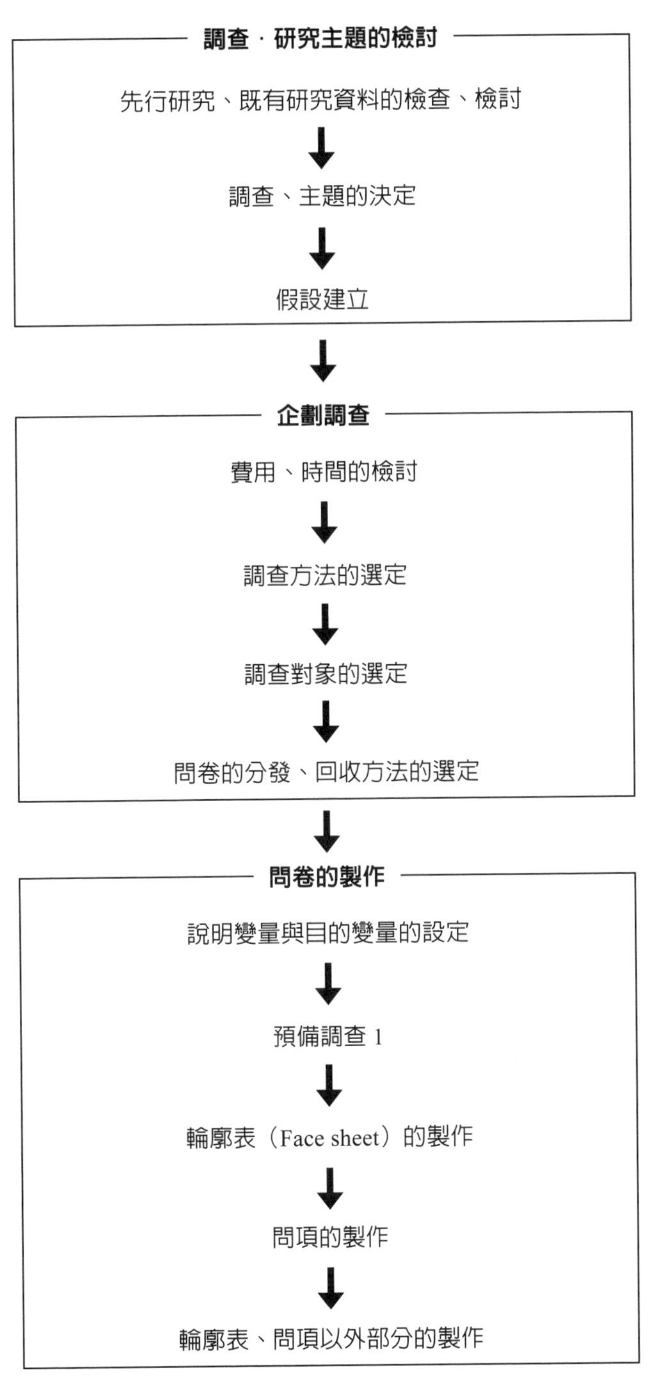
調查．研究主題的檢討
先行研究、既有研究資料的檢查、檢討
調查、主題的決定
假設建立
企劃調查
費用、時間的檢討
調查方法的選定
調查對象的選定
問卷的分發、回收方法的選定
問卷的製作
說明變量與目的變量的設定
預備調查 1
輪廓表（Face sheet）的製作
問項的製作
輪廓表、問項以外部分的製作

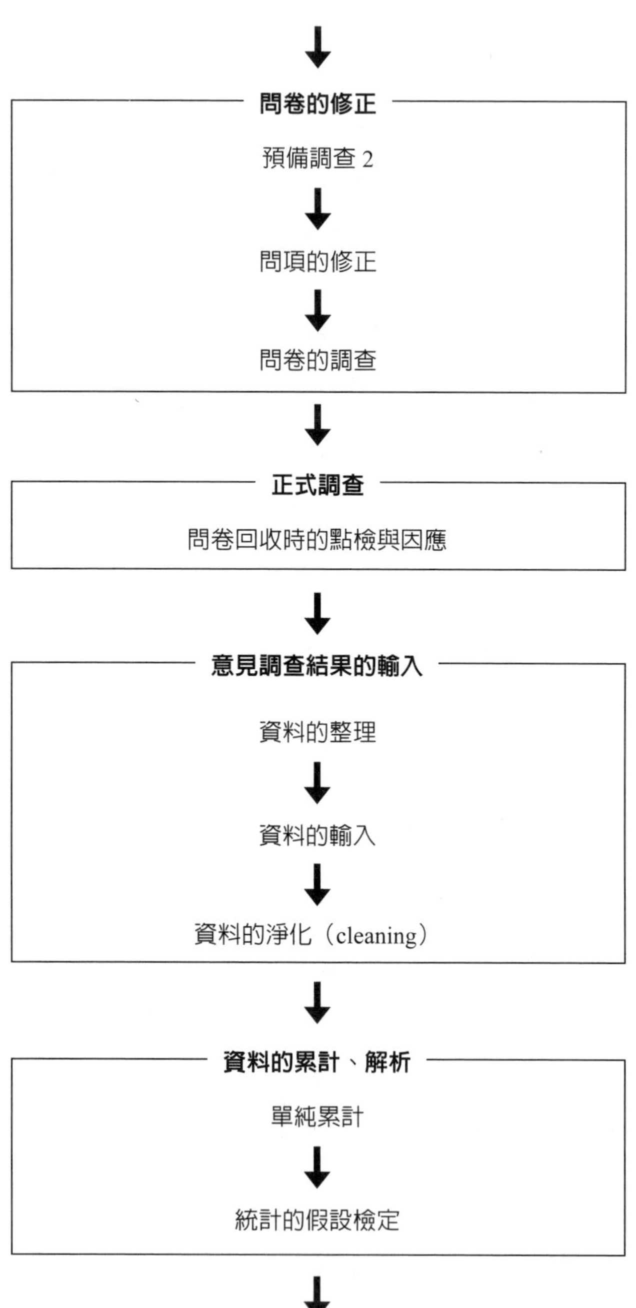
問卷的修正
預備調查 2
問項的修正
問卷的調查
正式調查
問卷回收時的點檢與因應
意見調查結果的輸入
資料的整理
資料的輸入
資料的淨化（cleaning）
資料的累計、解析
單純累計
統計的假設檢定

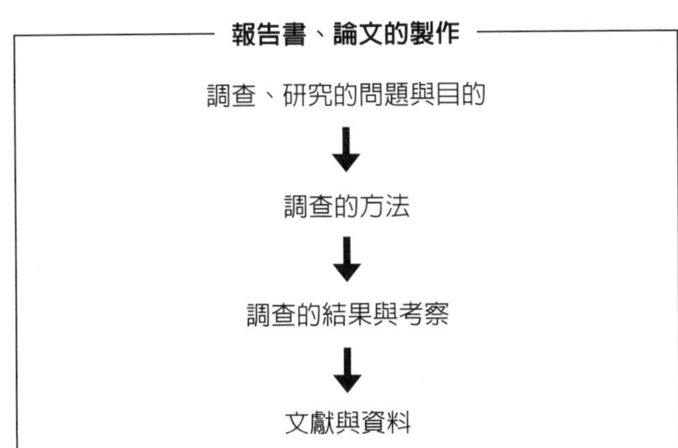
報告書、論文的製作
調查、研究的問題與目的
調查的方法
調查的結果與考察
文獻與資料

0.2 調查、研究主題的檢討

■ 先行研究、既有統計資料的搜尋、檢討

首先，針對自己有興趣的事項，搜尋相關書籍或論文先行閱讀。其次，根據其中所寫的關鍵字或引用文獻，再去搜尋書籍或既有統計資料。

■ 調查、研究主題的決定

從先行研究、既有統計資料的檢討結果，檢討：
「問題點或還未闡明的事項是什麼？」
使調查的目的明確，並決定調查、研究主題。

■ 假設的設定

決定調查、研究主題之後，就要建立假設。所謂假設是：
「某變數與其他變數之間，或某概念與其他概念之間，有何種關係？」
根據理論或經驗，先假設性的加以說明。

0.3 調查的企劃

調查、研究主題已決定，假設也設定時，就有需要著手調查的具體企劃，那麼要如何企劃調查才好呢？請看以下說明：

■ 調查方法選定

此處介紹實際的調查中經常加以利用的意見調查與面談調查兩種調查方法。

考察自己的調查、研究主題或假設，選擇合適的方法。

① 意見調查

所謂意見調查，常指問卷調查，是事先準備好有關調查內容的問項，照著問項讓受訪者回答，再收集資料的方法。此調查法又有讓受訪者自塡問卷所記入的問項，以及調查員朗讀問項，由調查員記入受訪者所回答的內容。

② 面談調查

調查員與調查受訪者面談，依據調查目的進行詢問，利用其回答收集資料的方法。訪談調查與意見調查不同，端看調查受訪者的反應，補充詢問或變更詢問內容或追加詢問項目。

以預備調查來說，首先利用面談調查收集各種意見，再根據這些製作意見調查項目，然後再實施意見調查，此兩種調查方法並用的情形也有。

■ 調查對象者的選定

從母體選取所需要的樣本稱爲抽樣。所謂母體是指想調查的所有調查受訪者。

代表性的抽樣方法有以下幾種：

① 簡單隨機抽樣法

就母體所包含的所有人編好號碼，以亂數表等抽出樣本方法。

② 系統抽樣法

只有第一個樣本隨機選出，之後以等間隔選出樣本方法。

③ 多段抽樣法

從母體分階段抽出樣本方法。

④ 層別抽樣法

將母體分成若干層，按各層別抽出樣本方法。

■ 問卷的分發、回收方法的選定

取決於問卷的分發或回收的方式，回收率或回答可靠性會出現不同。

以下是較具代表的幾種分發、回收方法：

① 個別面談調查法

調查員前往調查對象者的所在地（住處或公司），以口頭朗讀詢問項目，當場讓對方回答的方法。

② 留置調查法

調查員前往調查對象者的住處，送交問卷，數日後（通常數週後）再去回收的方法。

③ 郵寄調查法

將問卷郵寄給調查對象者，讓對方寄回其回答的方法。

④ 集合調查法

將調查對象者聚集於一場所，當場分發問卷，令其回答的方法。

⑤ 電話調查法

調查員打電話給調查對象者，朗讀詢問項目，令其回答的方法。

0.4 問卷的製作

本節，說明如何製作實際的問卷。

■ 說明變量與目的變量的設定

當考察因果關係時，要設定說明變量與目的變量。說明變量也稱爲獨立變數或預測變數，目的變量也稱爲從屬變數或基準變數。說明變量表示原因，目的變量表示結果。

■ 預備調查 1

製作正式調查的問項前，也有還需進行訪談調查作爲預備調查的情形。需要預備調查之情形，是先行研究或既有統計資料較少時。

■ 輪廓表（Face sheet）的製作

所謂輪廓表（Face sheet）是詢問性別或年齡等有關調查對象者之屬性。

例 1　請回答您的性別。
1. 女性　2. 男性

例 2　請回答您的年齡。
（　）歲

例 3　您目前是否已婚呢？
1. 是　2. 不是

例 4　目前您與誰一起同住呢？
（　　　　　　　　）

■ 問項的製作

例 1　您以前曾看過精神科、身心科等嗎？
1. 有　2. 無

例 2　您目前的心情是屬於以下何者？
1. 經常憂悶　2. 稍微憂悶
3. 不太憂悶　4. 完全不憂悶

例 3　您搭乘何種交通工具會覺得呼吸困難呢？按呼吸困難之順序排列舉 3 項。如無法列舉 3 項時，不要勉強也行。
1. 電車　2. 公車　3. 計程車　4. 自用車

5. 腳踏車　6. 摩托車　7. 船　8. 飛機
第一位（　　　）第二位（　　　）第三位（　　　）

例 4　您覺得可怕的事情或可怕的東西是什麼？請自由填寫。
（　　　　　　　　　　　　　　　　）

Tea Break

李克特量表〔以其創造者美國社會學家 —— 倫西斯．李克特（Rensis Likert）命名〕被廣為使用，是因其為衡量意見、觀感和行為最可靠的方式之一。

那麼，李克特量表題型是什麼呢？它把評分表分為 5 或 7 個等級（有時又稱作滿意度等級），兩端分別為兩種極端的態度，讓受訪者在這個範圍之間做選擇。李克特量表題型當中一定會包含一個中等或中立的選項。

■ 輪廓表、問項以外部分的製作

問卷中除了輪廓表及問項以外，還要列入什麼才好呢？

1. 調查年月日

問卷的送交日要使調查者或調查對象者知道

2. 標題

標題要直截了當地表現調查內容，不要過長

3. 調查者的明記

有需要讓對方知道哪種調查者並進行調查

4. 調查的目的

簡潔地記入調查目的，但，會影響回答的記述要避免

5. 調查結果的活用方法

明記調查結果要如何使用，告知不會侵犯個人的隱私

6. 注意事項

在進行意見調查時，如有需要注意的地方，讓對方於回答前先在問項中指示

7. 調查結果的報告

對於想知道調查結果的人，要讓對方知道結果

8. 聯絡地點

爲了接受有關調查的詢問，聯絡地點一定要明記

0.5 問卷的修正

重新再看一遍問卷，進行修正。

■ 預備調查 2

在正式調查之前，將完成的詢問事項內容讓第三者確認。

如有需要，以樣本的一小部分，實際進行調查看看。觀察此處的調查結果，如有不易了解的項目或容易招致誤解的項目時，進行修正或刪除。

此預備調查是爲了使正式調查變得更好所致。一次無法好好修正時，可重複數次此預備調查。

■ 問項的修正

修正或刪除不易了解的問項或容易招致誤解的問項。

■ 問卷的調整

問項的修正或刪除完成時，最後確認有無錯字、漏字。

0.6 有關就業調查的問卷例

問卷 1

0000 年 0 月 0 日

有關就業調查的請託

　這是有關「就業壓力」的調查。想掌握與研究目前在公司任職的人有何種的壓力以及程度如何？

　此意見調查的結果，在經過統計的處理之後，想以一般的傾向加以表現，因之絕對沒有特定個人一事。請依據自己的想法或意見照實回答。

　百忙中打擾甚感抱歉，但請務必協助本調查。

〈記入的請託〉

· 回答時，請不要與其他人商談，務必由一人回答。
· 回答結束時，請再次確認回答欄有無漏寫。

〈關於調查結果及詢問〉

　想知道調查結果的人，容日後再行告知，欲申請者可洽詢下記聯絡地址。另外，有疑問者亦可洽詢下記聯絡地址。

聯絡地址：○大學○學院○學系
住址：○市○區○路○號
電話：0000-0000
E-mail：○ @gmail.com

問卷 2

以下想了解您的基本資料。選擇題請圈選適當答案，填空題請以數字或文字回答。

問 1.1 請回答您的性別。
1. 女性　　2. 男性

問 1.2 請回答您的年齡。
（　　）歲

問 1.3 您目前擔任何種的工作？
（　　　　　　）

問 1.4 請回答您一週的工作時數？
大約（　　　　）小時

問卷 3

問 2　您有過無法入睡的經驗嗎？請圈出符合您狀況的選項。
1. 經常　　2. 有時
3. 不太常　　4. 完全沒有

問 3　您有過早起之後就無法再入睡的狀況嗎？
1. 經常　　2. 有時
3. 不太常　　4. 完全沒有

問 4　您覺得會厭食或暴食嗎？
1. 覺得　　2. 不覺得

問 5.1　您有可以討論自己煩惱的人嗎？
1. 有　　2. 無

問 5.2　在問 5.1 中只有回答「1. 有」的人才要回答。
那他（她）是誰？
（　　　　　　　）

問卷 4

問 6　您最近會覺得工作無法集中精神嗎？
1. 經常覺得　2. 略微覺得
3. 不太覺得　4. 完全不覺得

問 7　您最近會覺得疲勞無法消除嗎？
1. 經常覺得　2. 略微覺得
3. 不太覺得　4. 完全不覺得

問 8　您最近會覺得煩躁不安嗎？
1. 經常覺得　2. 略微覺得
3. 不太覺得　4. 完全不覺得

問 9　您與家人在一起會覺得寬心嗎？
1. 相當寬心　2. 略微寬心
3. 不太寬心　4. 完全不寬心

第 1 章
平均、變異數、標準差
——基本的統計處理

1.1 平均、變異數、標準差

以下的數據是某地區醫院將有睡眠障礙的30位受試者，分成2組，分別施予治療藥A、治療藥B的結果。

表 1.1.1　數據組

組 1

NO.	治療藥 A
1	2
2	3
3	4
4	1
5	2
6	4
7	3
8	2
9	3
10	4
11	1
12	3
13	2
14	2
15	4

組 2

NO.	治療藥 B
16	5
17	2
18	3
19	2
20	4
21	5
22	4
23	4
24	3
25	3
26	3
27	4
28	3
29	5
30	3

〔註〕：以5級測量治療藥的效果

1. 反而睡不著
2. 略微睡不著
3. 沒影響
4. 略微睡得著
5. 睡得很好

一、想分析的事情

1. 利用治療藥A與治療藥B想比較可以減少多少睡眠障礙。
2. 利用治療藥A與治療藥B想比較效果的變異。
3. 想圖示治療藥A與治療藥B的效果範圍。

此時，可以考慮如下的統計處理：
【統計處理 1】比較治療藥 A 與治療藥 B 之平均。
【統計處理 2】比較治療藥 A 與治療藥 B 的變異數、標準差。
【統計處理 3】比較治療藥 A 與治療藥 B 的盒形圖。

二、撰寫論文時

1. 平均、變異數、標準差的情形，在論文中大多如下表現：

	平均 ± 標準差	中位數	四份位距
治療藥 A	1.67±0.270	3.00	2
治療藥 B	3.53±0.256	3.00	1

2. 盒形圖的情形，將 SPSS 的輸出照樣貼上。

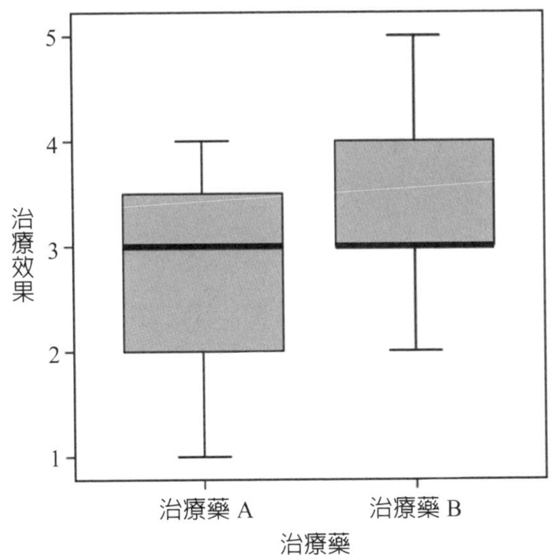

以圖形表現平均值的區間估計時，有如下的「誤差長條圖」：

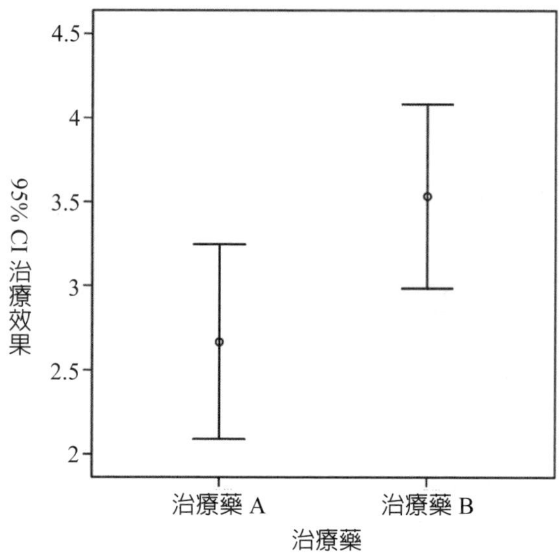

〔註〕：盒形圖也稱爲箱型圖，英文稱爲 Box plot。

三、數據輸入類型

表 1.1.1 的數據如下輸入：

〔資料檢視 1〕

	治療藥	治療效果	var
1	1	2	
2	1	3	
3	1	4	
4	1	1	
5	1	2	
6	1	4	
7	1	3	
8	1	2	
9	1	3	
10	1	4	
11	1	1	
12	1	3	
13	1	2	
14	1	2	
15	1	4	
16	2	5	
17	2	2	
18	2	3	
19	2	2	
20	2	4	
21	2	5	
22	2	4	
23	2	4	
24	2	3	
25	2	3	
26	2	3	
27	2	4	
28	2	3	
29	2	5	

資料檢視 / 變數檢視

〔資料檢視 2〕

	治療藥	治療效果	var
1	治療藥A	2	
2	治療藥A	3	
3	治療藥A	4	
4	治療藥A	1	
5	治療藥A	2	
6	治療藥A	4	
7	治療藥A	3	
8	治療藥A	2	
9	治療藥A	3	
10	治療藥A	4	
11	治療藥A	1	
12	治療藥A	3	
13	治療藥A	2	
14	治療藥A	2	
15	治療藥A	4	
16	治療藥B	5	
17	治療藥B	2	
18	治療藥B	3	
19	治療藥B	2	
20	治療藥B	4	
21	治療藥B	5	
22	治療藥B	4	
23	治療藥B	4	
24	治療藥B	3	
25	治療藥B	3	
26	治療藥B	3	
27	治療藥B	4	
28	治療藥B	3	
29	治療藥B	5	

資料檢視 / 變數檢視

1.2 利用 SPSS 得出的平均、變異數、標準差

一、統計處理步驟

步驟 1 輸入表 1.1.1 的數據後，從分析 (A) 的清單中選擇探索 (E)。

2.1.1.sav [資料集2] - IBM SPSS Statistics Data Editor

檔案(F) 編輯(E) 檢視(V) 資料(D) 轉換(T) 分析(A) 直效行銷 統計圖(G) 公用程式(U) 視窗(W) 說明(H)

報表(P)
描述性統計資料(E)
表格(T)
比較平均數法(M)
一般線性模型(G)
廣義線性模型
混合模型(X)
相關(C)
迴歸(R)
對數線性(O)
神經網路(W)
分類(Y)
維度縮減(D)

次數(F)...
描述性統計資料(D)...
探索(E)...
交叉表(C)...
TURF 分析
比率(R)...
P-P 圖(P)...
Q-Q 圖(Q)...

	治療藥	治療效果	var
1	1	2	
2	1	3	
3	1	4	
4	1	1	
5	1	2	
6	1	4	
7	1	3	
8	1	2	
9	1	3	
10	1	4	

步驟 2 變成探索的分析畫面時，將治療效果放到因變數清單 (D) 的方框中。

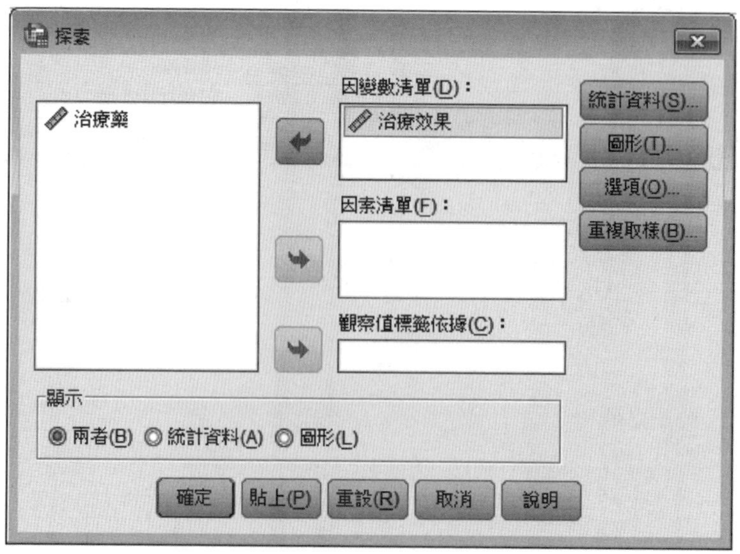

步驟 3　接著，將治療藥放到因素清單 (F) 的方框中，按一下統計資料 (S)。

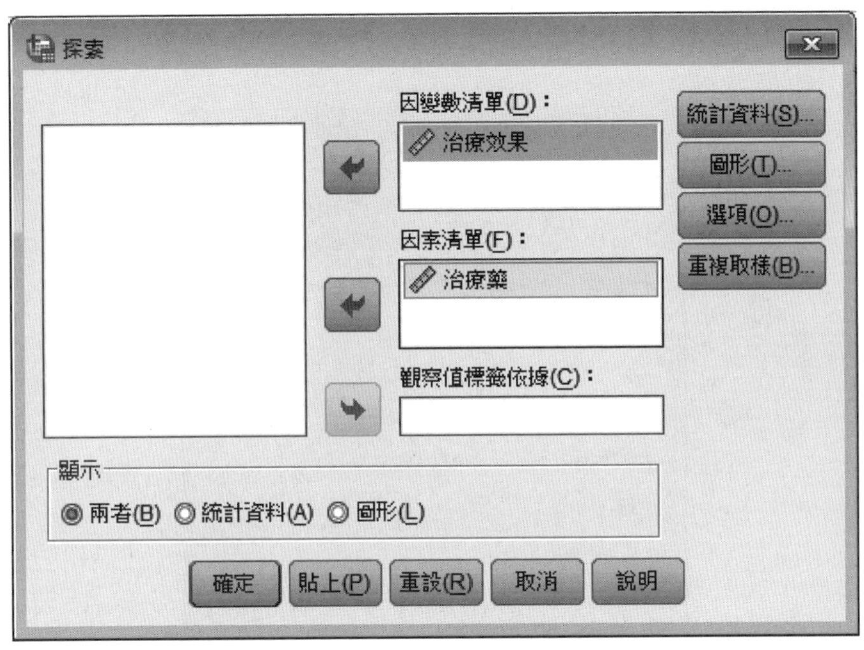

步驟 4　勾選描述性統計資料 (D)。按 繼續 回到前畫面。

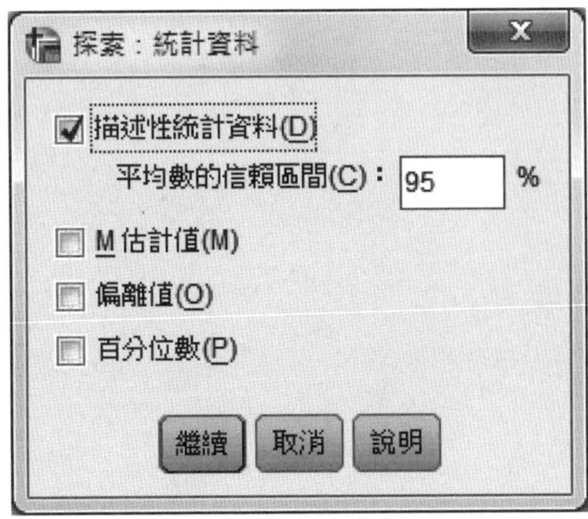

步驟 5 按一下圖形 (T)。變成探索：圖形的畫面時，如下勾選常態機率圖附檢定 (O)

按 繼續。回到步驟 3 的畫面時，按 確定。

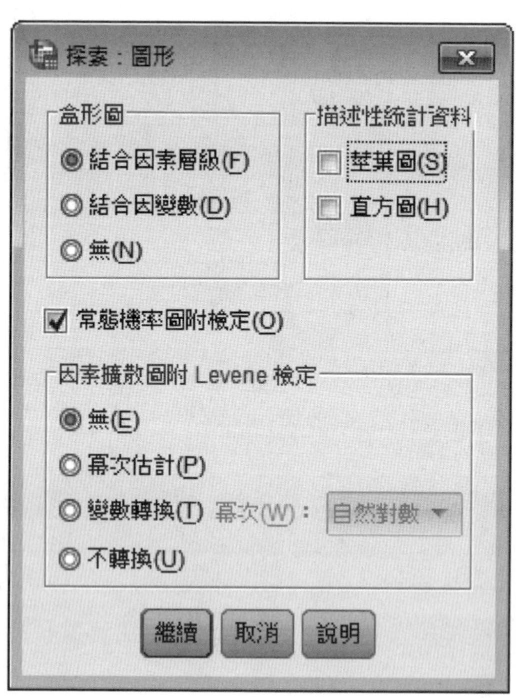

二、SPSS 輸出 1——探索式的分析

描述性統計資料

治療藥				統計資料	標準錯誤	
治療效果	治療藥A	平均數		2.67	.270	← ①
		95% 平均數的信賴區間	下限	2.09		← ③
			上限	3.25		
		5% 修整的平均值		2.69		
		中位數		3.00		
		變異數		1.095		
		標準偏差		1.047		← ②
		最小值		1		
		最大值		4		
		範圍		3		
		內四分位距		2		
		偏斜度		-.080	.580	
		峰度		-1.102	1.121	
	治療藥B	平均數		3.53	.256	← ①
		95% 平均數的信賴區間	下限	2.98		← ③
			上限	4.08		
		5% 修整的平均值		3.54		
		中位數		3.00		
		變異數		.981		
		標準偏差		.990		← ②
		最小值		2		
		最大值		5		
		範圍		3		
		內四分位距		1		
		偏斜度		.149	.580	
		峰度		-.844	1.121	

三、輸出結果判讀 1——探索式分析

①平均值

$\begin{cases} \text{治療藥 A 的平均} = 2.67 \\ \text{治療藥 B 的平均} = 3.53 \end{cases}$

因此，治療藥 B 似乎比治療藥 A 有效。

②標準差

$\begin{cases} \text{治療藥 A 的標準差} = 1.047 \\ \text{治療藥 B 的標準差} = 0.990 \end{cases}$

因此，治療藥 A 與治療藥 B 的治療效果相比，A 的變異似乎差異不大。

③平均值的 95% 信賴區間

治療藥 A 的 95% 信賴區間為 [2.09,3.25]

治療藥 B 的 95% 信賴區間為 [2.98,4.08]

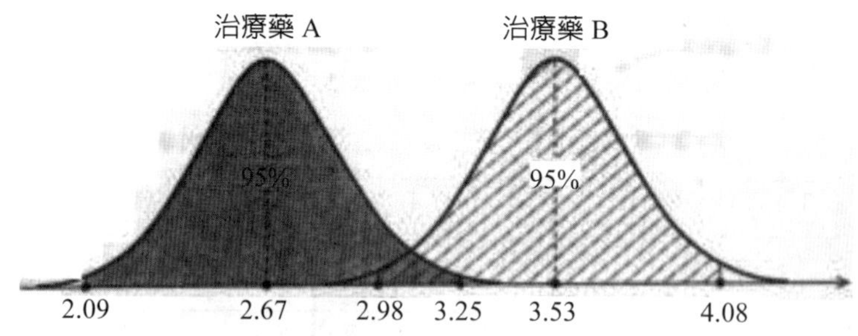

四、SPSS 輸出 2——探索式分析

常態檢定

	治療藥	Kolmogorov-Smirnov檢定[a] 統計量	自由度	顯著性	Shapiro-Wilk 常態性檢定 統計量	自由度	顯著性
治療效果	治療藥A	.205	15	.091	.882	15	.052
	治療藥B	.238	15	.022	.887	15	.061

a. Lilliefors 顯著性校正

← ④

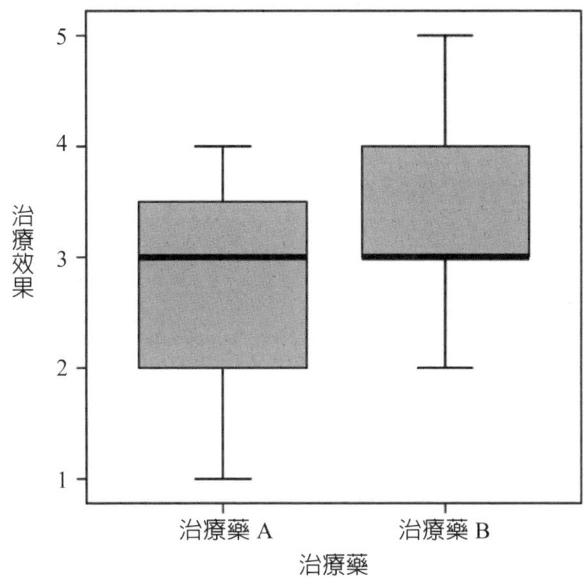

五、輸出結果判讀 2——探索式分析

④Shapiro-Wilk 的常態性檢定

假設 H_0：在治療藥 A 中的母體分配是常態分配

治療藥 A 的顯著機率 0.052 > 顯著水準 0.05

因之，假設 H_0 無法捨棄。

假設 H_0：在治療藥 B 中的母體分配是常態分配

治療藥 B 的顯著機率 0.061 > 顯著水準 0.05

因之，假設 H_0 無法捨棄。

因此，治療效果的分配不管是治療藥 A 或治療藥 B 均可想成是常態母體。

⑤盒形圖

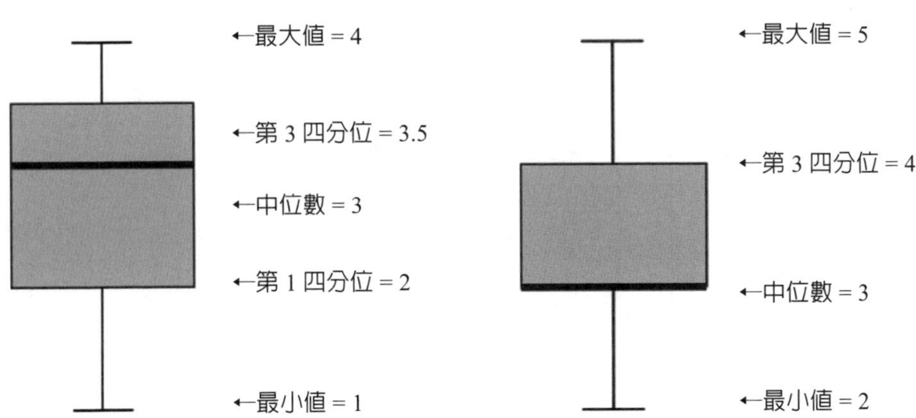

因此，治療藥 A 與治療藥 B 的中位數相同，但在四分位距中，治療效果似乎有差異。

第 2 章
相關係數、等級相關係數、Cramer's V 關聯係數、Kappa 一致性係數、Cohen's d 影響大小

——以圖形表現，以數值表現

2.1 檢視兩組資料的相關性

以下的數據是針對某科技公司內部員工 30 位受試者，調查「一週的工作時數與就業壓力的程度」所得出的結果。

表 2.1.1 一週工作時數與就業壓力

No.	一週工作時數	就業壓力	組
1	79	3	1
2	30	3	1
3	39	1	1
4	84	5	1
5	78	5	1
6	79	5	1
7	45	2	1
8	81	4	1
9	67	3	1
10	55	1	1
:	:	:	:
:	:	:	:
28	48	1	2
29	18	5	2
30	27	4	2

〔註〕：就業壓力分成 5 級

1. 無
2. 不太有
3. 略有
4. 有
5. 頗有

其中混有工作狂（workaholic）的受試者，像組 2 的受試者即是。

一、想分析的事情

1. 想以圖示一週工作時數與就業壓力的關係。
2. 想以數值表現一週工作時數與就業壓力的關係。

此時，可以考慮如下的統計處理：

【統計處理 1】以一週工作時數當成橫軸，就業壓力取成縱軸繪製散佈圖。

【統計處理 2】求出一週工作時數與就業壓力的相關係數（Pearson）。

【統計處理 3】求出一週工作時數與就業壓力的等級相關係數。

Tea Break

尺度的種類有以下 4 種，比例尺度常用 Pearson 相關係數，而處理順序尺度的數據常用的是 Spearman 相關係數或 Kendall 相關數據。

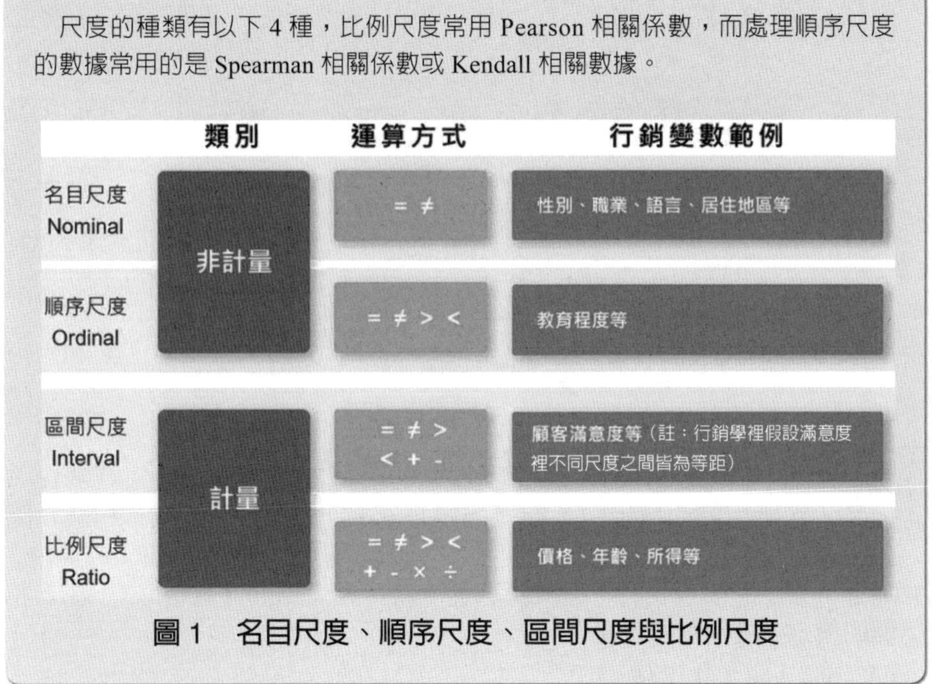

	類別	運算方式	行銷變數範例
名目尺度 Nominal	非計量	= ≠	性別、職業、語言、居住地區等
順序尺度 Ordinal	非計量	= ≠ > <	教育程度等
區間尺度 Interval	計量	= ≠ > < + -	顧客滿意度等（註：行銷學裡假設滿意度裡不同尺度之間皆為等距）
比例尺度 Ratio	計量	= ≠ > < + - × ÷	價格、年齡、所得等

圖 1　名目尺度、順序尺度、區間尺度與比例尺度

〔註〕：名目尺度也稱爲名義尺度。

二、撰寫論文時

1. 表現散佈圖時，將 SPSS 的輸出照樣貼上。

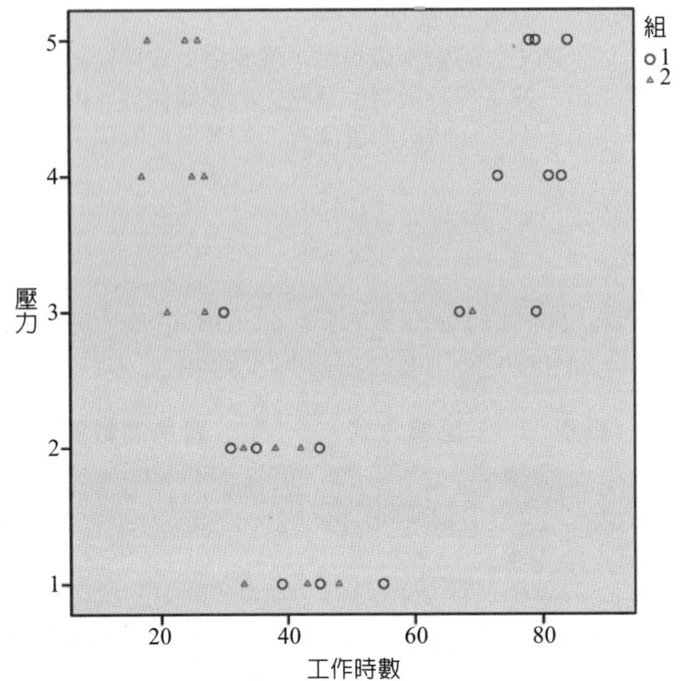

2. 表現相關係數時：
「……相關係數是 0.187，工作時數與就業壓力之間看不出相關關係。而且，在無相關的檢定中，顯著機率是 0.322，因此不能說有相關。因此……」
3. 另外，以下的表現也有，但數據數甚多時，即使相關係數是 0.1，在無相關的檢定中被捨棄的也有。
0.0～0.2：幾乎無相關
0.2～0.4：稍有相關
0.4～0.7：頗有相關
0.7～1.0：有強烈相關

三、數據輸入類型

表 2.1.1 的資料如下輸入：

	工作時數	壓力	組	var	var	var	var	var	var	var	var	var
1	79	3	1									
2	30	3	1									
3	39	1	1									
4	84	5	1									
5	78	5	1									
6	79	5	1									
7	45	2	1									
8	81	4	1									
9	67	3	1									
10	55	1	1									
11	83	4	1									
12	73	4	1									
13	35	2	1									
14	31	2	1									
15	45	1	1									
16	43	1	2									
17	24	5	2									
18	33	2	2									

按一下值標籤 ，即可顯示如下輸出：

	工作時數	壓力	組	var	var	var	var	var	var	var	var	var
1	79	略有	1									
2	30	略有	1									
3	39	無	1									
4	84	頗有	1									
5	78	頗有	1									
6	79	頗有	1									
7	45	不太有	1									
8	81	有	1									
9	67	略有	1									
10	55	無	1									
11	83	有	1									
12	73	有	1									
13	35	不太有	1									
14	31	不太有	1									
15	45	無	1									
16	43	無	2									
17	24	頗有	2									
18	33	不太有	2									

2.2 求 Pearson 相關係數

一、統計處理步驟

步驟 1 表 2.1.1 的數據輸入後，從分析 (A) 的清單中如下選擇相關 (C) 從中選擇雙變數 (B)。

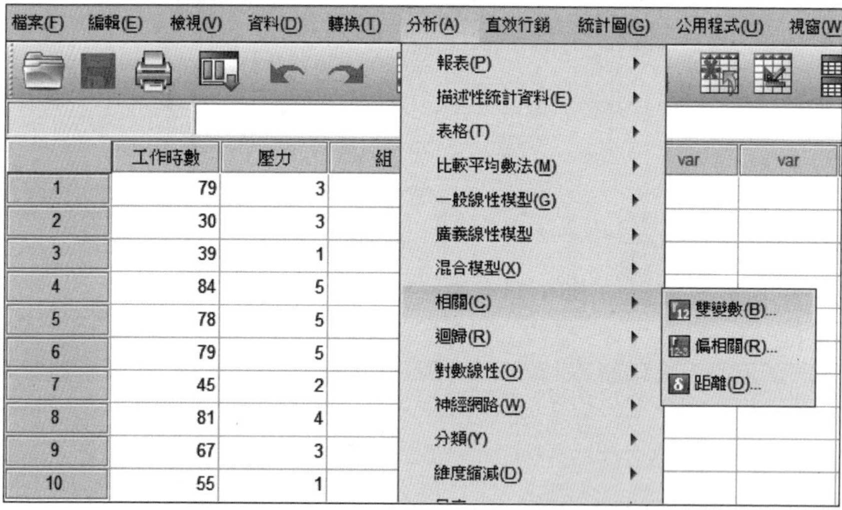

步驟 2 變成雙變量相關分析的畫面時，將工作時數與壓力移到變數 (V) 的方框中。

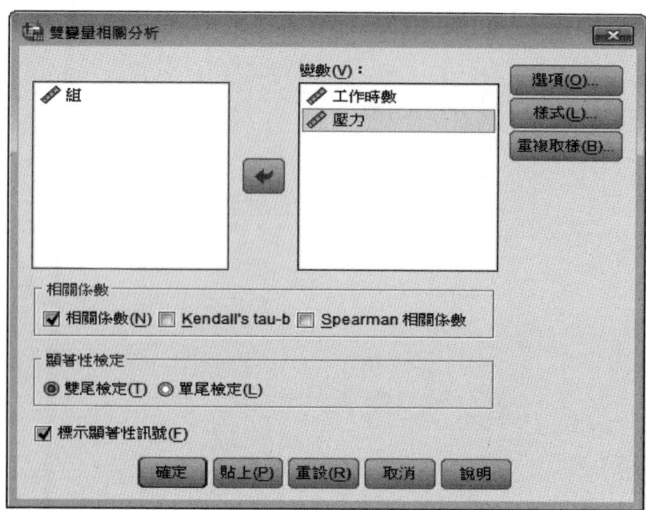

步驟 3　接著，確認在相關係數的地方勾選相關係數 (N) 並勾選標示顯著性訊號 (F) 後，按 確定 。

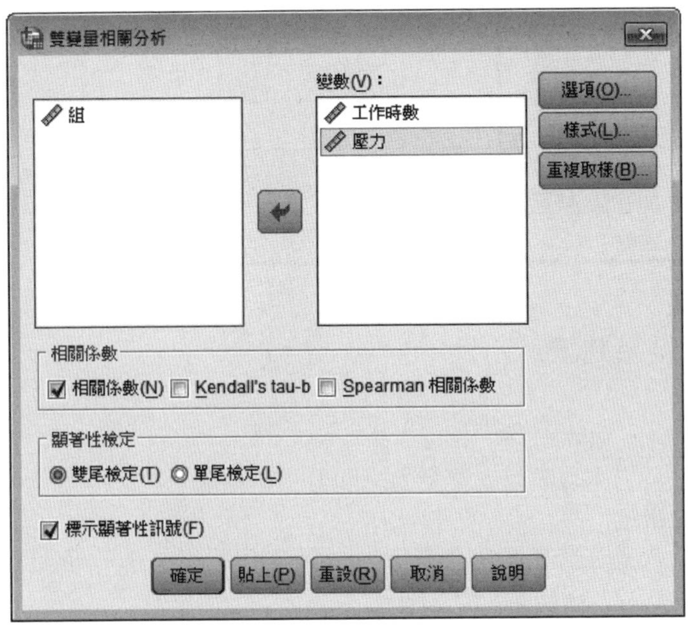

Tea Break

此處的相關分析是指皮爾森（Pearson）相關分析，它是用於探討兩連續變數 (X, Y) 之間的線性相關，若兩變數之間的相關係數絕對值較大，則表示彼此相互共變的程度較大。一般而言，若兩變數之間為正相關，則當 X 提升時，Y 也會隨之提升；反之，若兩變數之間為負相關，則當 X 提升時，Y 會隨之下降。

二、SPSS 輸出

相關

		工作時數	壓力
工作時數	Pearson 相關	1	.187
	顯著性 (雙尾)		.322
	個數	30	30
壓力	Pearson 相關	.187	1
	顯著性 (雙尾)	.322	
	個數	30	30

← ①

← ②

三、輸出結果判讀

①相關係數

相關係數 = 0.187

因此，一週工作時數與就業壓力之間似乎無相關。

②無相關之檢定

假設 H_0：一週工作時數與就業壓力之間無相關

顯著機率 0.322 > 顯著水準 0.05

因之假設 H_0 無法捨棄。

因此，一週工作時數與就業壓力之間不能說有相關。

Tea Break

當 0 < |r| < 1 時，表示兩變數存在一定程度的線性相關。且 |r| 越接近 1，兩變數間線性關係越密切；|r| 越接近於 0，表示兩變數的線性相關越弱。一般可按三級劃分：|r| < 0.4 為低度線性相關；0.4 ≤ |r| < 0.7 為顯著性相關；0.7 ≤ |r| < 1 為高度線性相關。

2.3 製作散佈圖

一、統計處理步驟

步驟 1　表 2.1.1 的數據輸入時，從統計圖 (G) 的清單中如下選擇：

檔案(F) 編輯(E) 檢視(V) 資料(D) 轉換(T) 分析(A) 直效行銷 統計圖(G) 公用程式(U) 視窗(W) 說明(H)

圖表建置器(C)...
圖表板樣本選擇器(G)...
比較次組別
迴歸變數圖
歷史對話記錄(L) ▸

長條圖(B)...
立體長條圖(3)...
線形圖(L)...
區域圖(A)...
圓餅圖(P)...
股價圖(H)...
盒形圖(X)...
誤差長條圖(O)...
人口金字塔圖(Y)...
散佈圖/點狀圖(S)...
直方圖(I)...

	工作時數	壓力	組	var	var	var
1	79	3	1			
2	30	3	1			
3	39	1	1			
4	84	5	1			
5	78	5	1			
6	79	5	1			
7	45	2	1			
8	81	4	1			
9	67	3	1			
10	55	1	1			
11	83	4	1			
12	73	4	1			
13	35	2	1			
14	31	2	1			

步驟 2　變成散佈圖的畫面時，選擇簡單散佈圖，按一下定義。

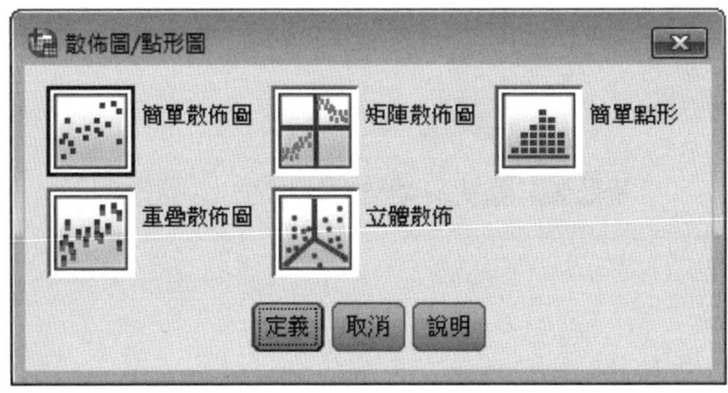

步驟 3 將壓力移到 Y 軸 (Y) 的方框中，工作時數移到 X 軸 (X) 的方框中，組移到設定標記依據 (S) 的方框中，按 確定 。

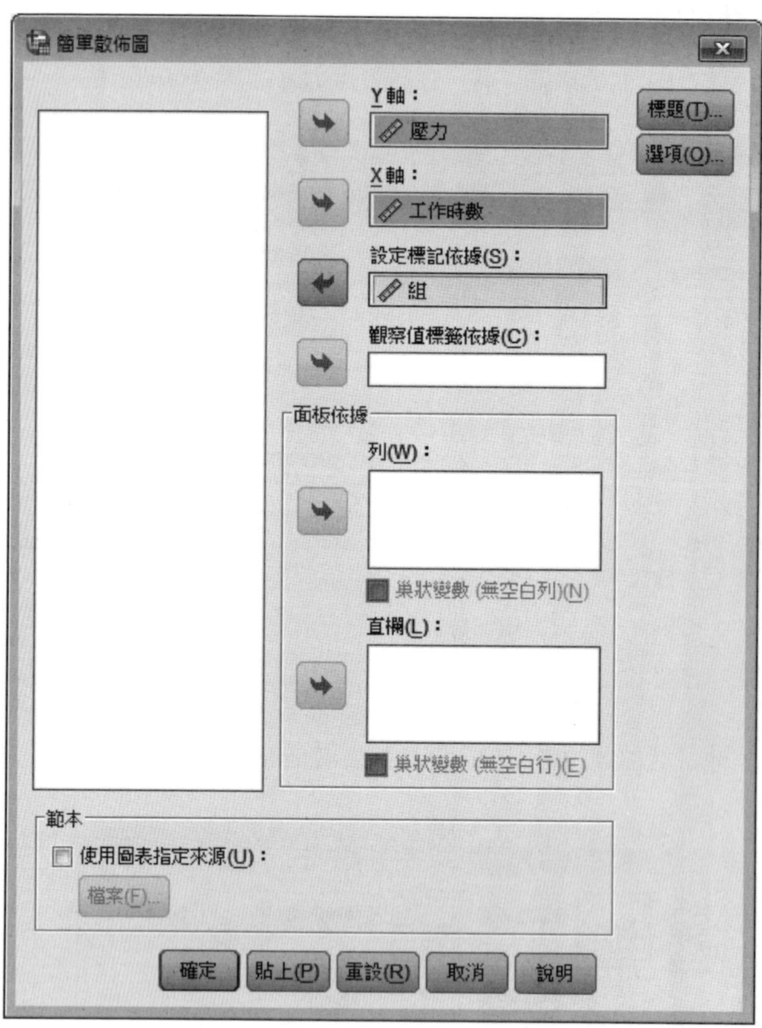

二、SPSS 輸出 1

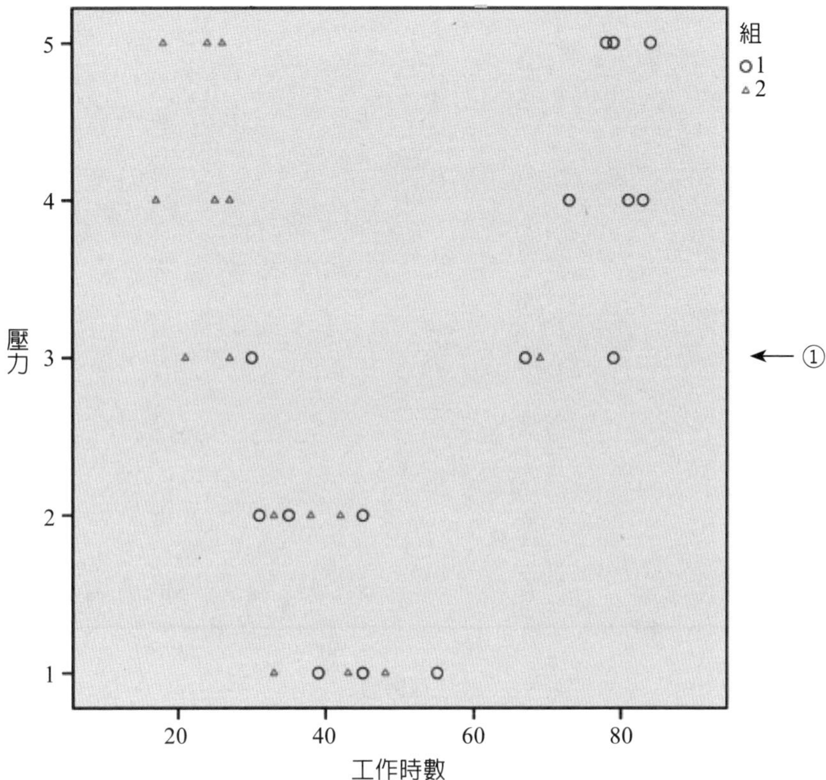

三、輸出結果判讀 1

①散佈圖

如觀察此散佈圖時，可以發覺出在此數據中存在著 2 個組。

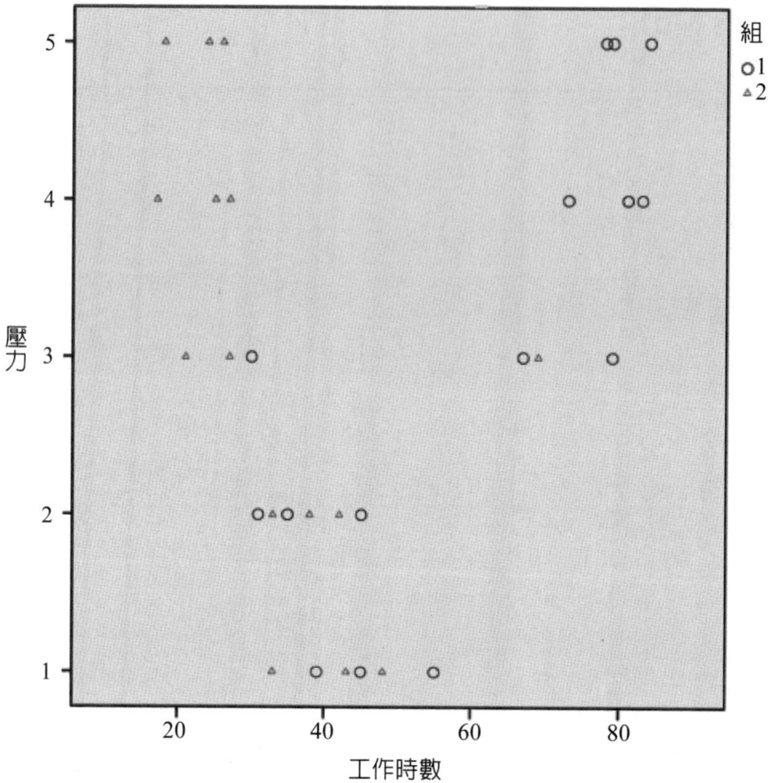

因此，按組別調查相關係數似乎較好。

四、SPSS 輸出 2

相關

		工作時數	壓力
工作時數	Pearson 相關	1	.772**
	顯著性 (雙尾)		.001
	個數	15	15
壓力	Pearson 相關	.772**	1
	顯著性 (雙尾)	.001	
	個數	15	15

← ②

**. 在顯著水準為0.01時 (雙尾)，相關顯著。

相關

		工作時數	壓力
工作時數	Pearson 相關	1	-.557*
	顯著性 (雙尾)		.031
	個數	15	15
壓力	Pearson 相關	-.557*	1
	顯著性 (雙尾)	.031	
	個數	15	15

*. 在顯著水準為0.05 時 (雙尾)，相關顯著。

← ③

五、輸出結果判讀 2

②組 1 的相關係數

一週工作時數與就業壓力的相關係數 = 0.772

一週工作時數與就業壓力之間有正的相關。

因此，得知組 1 的人如工作時間增加時，就業壓力即有增加之傾向。

③組 2 的相關係數

一週工作時數與就業壓力的相關係數 = −0.557

一週工作時數與就業壓力之間有負的相關。

因此，得知組 2 的人如工作時間減少時反而壓力有增加之傾向。

Tea Break

Pearson 相關常用來呈現連續型（continous）變數之間的關聯性，尤其在變數符合常態分配的假設下，最為精確；而 Spearman 相關則不需符合常態，僅要求變數的資料型態至少為有序的（ordinal）。另一個選擇上的重點為在資料具有離群值時（outliers），以 Spearman 相關來呈現會是較佳的選擇，因為其不受離群值的影響〔這是因為 Spearman 相關是以排序值（rank）來計算相關係數〕。

2.4 求一組數據的等級相關係數

試舉一例說明在一組之間如何求等級相關係數。

在一項「農村社區發展潛力與健康意識的研究」上，隨機抽取某地區 10 位居民，得出社區健康意識量數與社區發展潛力的資料如下：

健康意識量數	35 41 38 40 64 52 37 51 76 68
社區發展潛力	25 29 33 26 35 30 20 28 37 36

試求兩者的等級相關係數，並檢定兩者是否有相關。

一、統計處理步驟

步驟 1 數據輸入後，從分析 (A) 的清單中如下選擇雙變數 (B)。

步驟 2 變成雙變量相關分析的畫面時，將健康意識與發展潛力移到變數 (V) 的方框中。在相關係數的地方，勾選 Kendall's tau-b，Spearman 相關係數

並勾選標示顯著性訊號，按 確定。

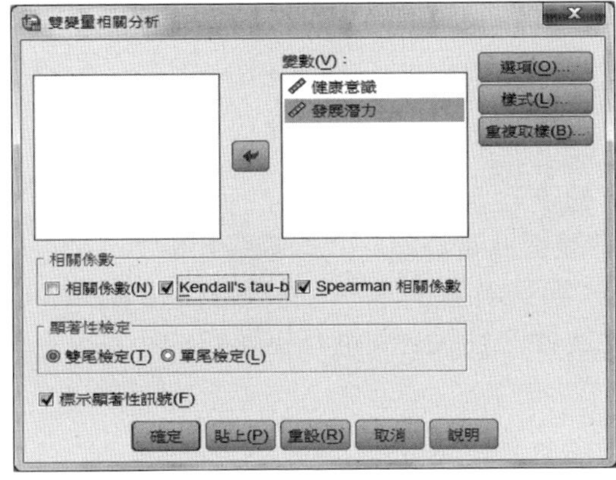

二、SPSS 輸出

➡ Nonparametric Correlations

Correlations

			健康意識	發展潛力
Kendall's tau_b	健康意識	Correlation Coefficient	1.000	.733**
		Sig. (2-tailed)	.	.003
		N	10	10
	發展潛力	Correlation Coefficient	.733**	1.000
		Sig. (2-tailed)	.003	.
		N	10	10
Spearman's rho	健康意識	Correlation Coefficient	1.000	.855**
		Sig. (2-tailed)	.	.002
		N	10	10
	發展潛力	Correlation Coefficient	.855**	1.000
		Sig. (2-tailed)	.002	.
		N	10	10

**. Correlation is significant at the 0.01 level (2-tailed).

三、輸出結果判讀

①Kendall's tau b

等級相關係數 = 0.733

健康意識與社區發展之間有正的相關。

②等級相關的檢定

假設 H_0：健康意識與社區發展之間無等級相關

顯著機率 0.003 < 顯著水準 0.05，因此否定假設 H_0。

因此，健康意識與社區發展之間知有相關。

③Spearman

等級相關係數 = 0.855

健康意識與社區發展之間有正的相關。

④等級相關係數之檢定

假設 H_0：健康意識與社區發展之間無等級相關

顯著機率 0.002 < 顯著水準 0.05，因此否定假設 H_0。

因此，健康意識與社區發展之間是有相關的。

Tea Break

求等級相關係數常使用：

① Spearman Rank Correlation（史皮爾曼相關係數）

② Kendall Correlation（肯德爾相關係數）

- Kendall tau-a 公式適用於沒有重複值的情形
- Kendall tau-b 及 tau-c 公式都適用於有重複值的情形
- tau-b 適用有相同個數，tau-c 適用不同個數

2.5 分別求兩組數據的等級相關係數

一、統計處理步驟

步驟 1　從表 2.1.1 的資料中，選擇組 1 的資料再求等級相關。因此，從資料 (D) 的清單中點選選擇觀察值 (S)。

20 21

步驟 2　變成選擇觀察值的畫面時，如下選擇後，點選若 (I)。

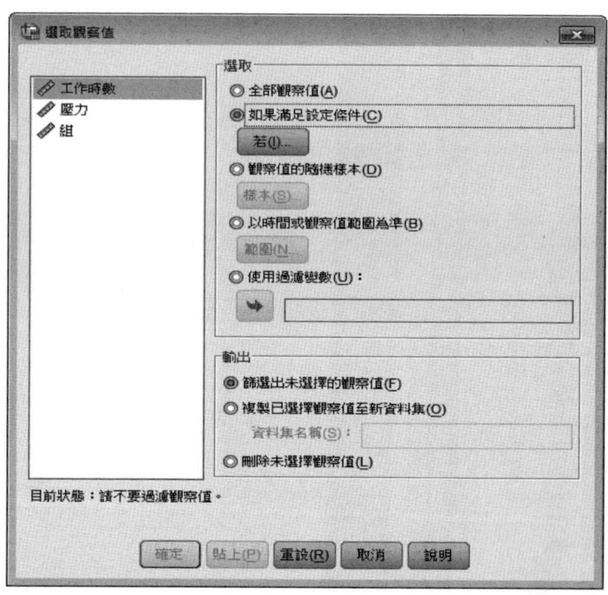

步驟 3　變成選擇觀察值：If的定義的畫面時，如下按組 =1，輸入條件後，按 繼續 。

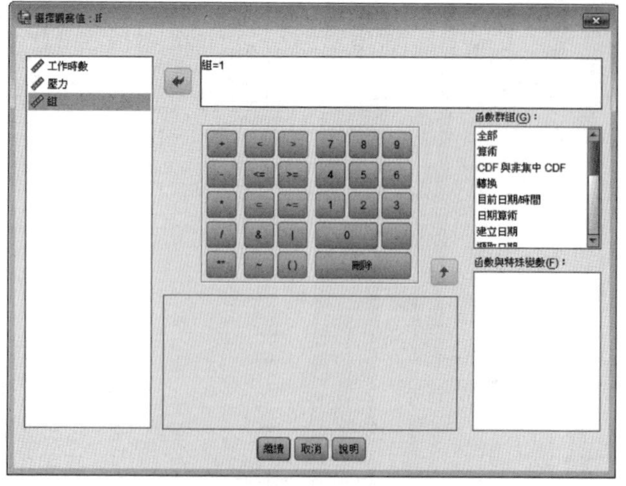

〔註〕：輸入的是字串時，要加引號，如：組 1 =“男”。

步驟 4　變成以下畫面時，按 確定 。

步驟 5　出現選擇觀察值後，從分析 (A) 的清單中如下選擇雙變數 (B)。

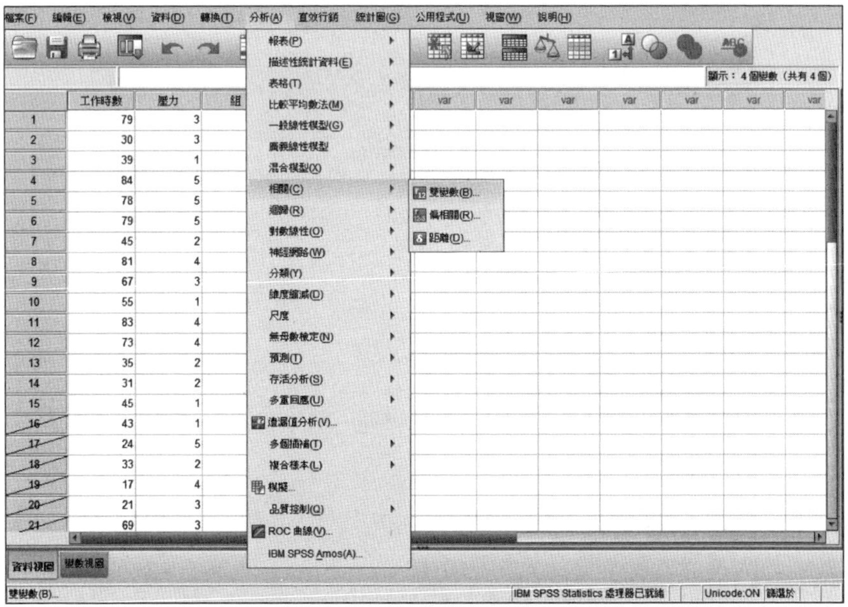

步驟 6 變成以下的畫面時，將工作時數與就業壓力移到變數 (V) 的方框中。

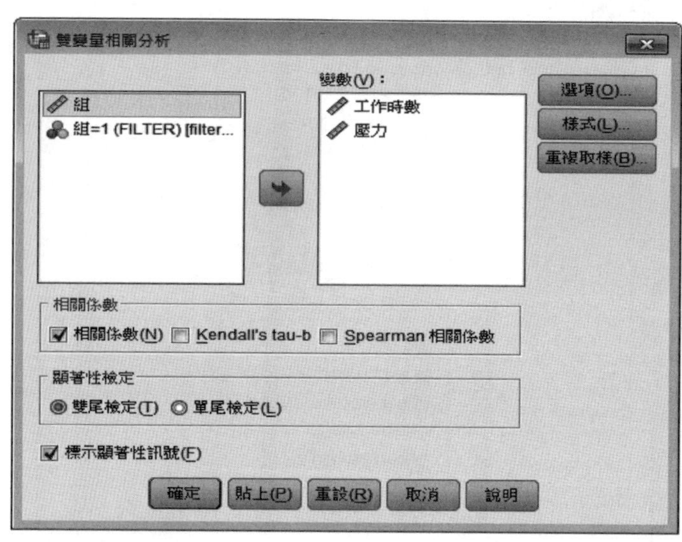

步驟 7 在相關係數的地方，勾選
Kendall's tau-b (K)
Spearman 相關係數
按 確定 。

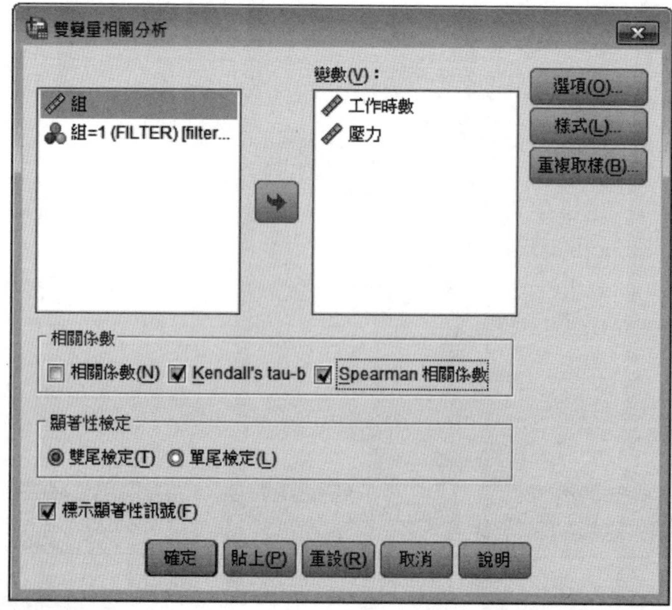

Kendall 相關係數適用於兩變數為排名尺度的變數，Spearman 相關係數則多採用於兩變數為連續或順序屬性的變數。

二、SPSS 輸出

1. 組 1 的等級相關係數

相關

			工作時數	壓力	
Kendall 的 tau_b	工作時數	相關係數	1.000	.519*	← ①
		顯著性（雙尾）	.	.011	← ②
		N	15	15	
	壓力	相關係數	.519*	1.000	
		顯著性（雙尾）	.011	.	
		N	15	15	
Spearman 的 rho	工作時數	相關係數	1.000	.716**	← ③
		顯著性（雙尾）	.	.003	← ④
		N	15	15	
	壓力	相關係數	.716**	1.000	
		顯著性（雙尾）	.003	.	
		N	15	15	

*. 相關性在 0.05 層上顯著（雙尾）。

**. 相關性在 0.01 層上顯著（雙尾）。

2. 組 2 的等級相關係數

相關

			工作時數	壓力
Kendall's tau_b 統計量數	工作時數	相關係數	1.000	-.582**
		顯著性 (雙尾)	.	.004
		個數	15	15
	壓力	相關係數	-.582**	1.000
		顯著性 (雙尾)	.004	.
		個數	15	15
Spearman's rho 係數	工作時數	相關係數	1.000	-.743**
		顯著性 (雙尾)	.	.001
		個數	15	15
	壓力	相關係數	-.743**	1.000
		顯著性 (雙尾)	.001	.
		個數	15	15

**. 相關的顯著水準爲 0.01 (雙尾)。

三、輸出結果判讀

①Kendall 的 Tau b

等級相關係數 = 0.519

一週工作時數與就業壓力之間有正的相關。

②等級相關的檢定

假設 H_0：一週工作時數與就業壓力之間無等級相關

顯著機率 0.011 < 顯著水準 0.05，因此假設 H_0 否定。

因此，一週工作時數與就業壓力之間知有相關。

③Spearman

等級相關係數 = 0.716

一週工作時數與就業壓力之間有正的相關。

④等級相關係數之檢定

假設 H_0：一週工作時數與就業壓力之間無等級相關

顯著機率 0.03 < 顯著水準 0.05，因此假設 H_0 否定。

因此，一週工作時數與就業壓力之間知有相關。

2.6 Kappa 一致性係數

「Kappa 一致性係數」（Kappa coefficient of agreement）適用於檢定類別變項間一致性的程度。如果兩個變項均屬於次序變項（變項資料可以排出次序或等級），則變項間的一致性程度可以採用等級相關，等級相關常被用來作爲評分者的信度指標。如果評分者所評定的資料不能排定出次序或等級，只能把它歸類到某一個類別時，應採用「Kappa 一致性係數」。Kappa 一致性係數的公式如下：

$$K = \frac{P(X) - P(E)}{1 - P(E)}$$

$P(X)$ 爲評分者實際評定爲一致的次數百分比、$P(E)$ 爲評分者理論上評定爲一致的最大可能次數百分比。

・數據形式

有二位醫師想對病患的疾病型態加以分類，他們觀察 100 位病患的疾病型態，並將其各自歸類，二位醫師歸類的結果如下。試問二位醫師歸類的一致性爲何？

二位醫師對病患的分類				
		第二位醫師		
		型態一	型態二	型態三
第一位醫師	型態一	23	6	9
	型態二	7	20	3
	型態三	8	4	20

· **輸入形式**

*未命名標題1 [資料集0] - PASW Statistics Data Editor

檔案(F) 編輯(E) 檢視(V) 資料(D) 轉換(T) 分析(A) 直效行銷(M) 統計圖(G) 效用值(U) 視窗(W) 說明(H)

顯示：3 個變數 (共有 3 個)

	V1	V2	次數	var	var	var	var
1	1	1	23				
2	1	2	6				
3	1	3	9				
4	2	1	7				
5	2	2	20				
6	2	3	3				
7	3	1	8				
8	3	2	4				
9	3	3	20				
10							

資料檢視 變數檢視

PASW Statistics 處理器已就緒

一、統計處理步驟

步驟 1 【觀察值加權】

〔資料〕→〔加權觀察值〕→勾選觀察值加權依據，將次數變項選入右邊次數變數按 確定 。

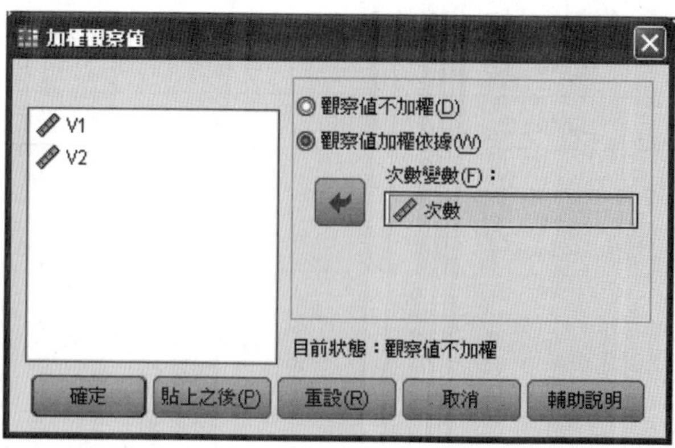

步驟 2　【求 Kappa 係數】

〔分析〕→〔敘述統計〕→〔交叉表〕，將清單變項 V1 選入右邊列，將清單變項 V2 選入右邊欄，按統計量。

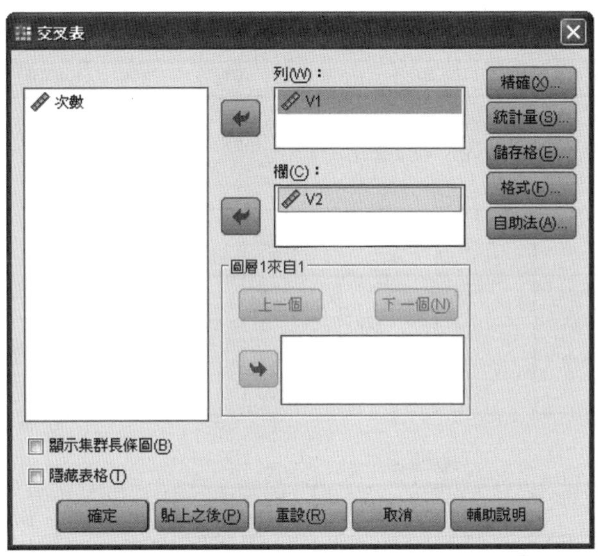

步驟 3　出現如下的統計量對話框

勾選卡方分配及 Kappa 統計量數→按 繼續 後再按 確定 。

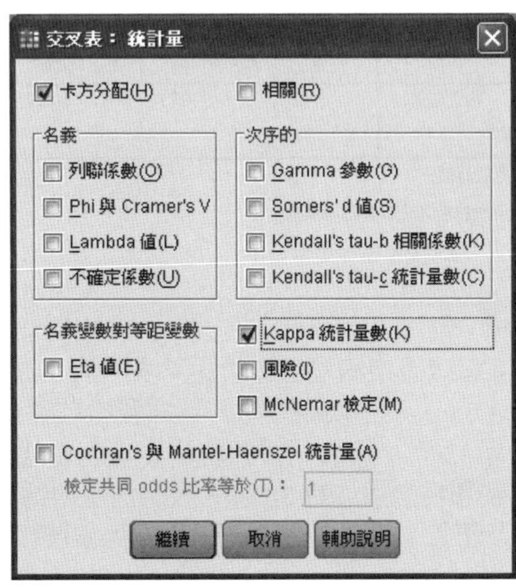

二、SPSS 輸出結果

觀察值處理摘要

	觀察值					
	有效的		遺漏值		總和	
	個數	百分比	個數	百分比	個數	百分比
V1 * V2	100	100.0%	0	.0%	100	100.0%

V1 * V2 交叉表

個數

		V2			總和
		1	2	3	
V1	1	23	6	9	38
	2	7	20	3	30
	3	8	4	20	32
總和		38	30	32	100

卡方檢定

	數值	自由度	漸近顯著性(雙尾)
Pearson卡方	42.126[a]	4	.000
概似比	39.501	4	.000
線性對線性的關連	13.420	1	.000
有效觀察值的個數	100		

a. 0格 (.0%) 的預期個數少於 5。 最小的預期個數爲

對稱性量數

		數值	漸近標準誤[a]	近似 T 分配[b]	顯著性近似值
同意量數	Kappa 統計量數	.442	.073	6.238	.000
有效觀察值的個數		100			

a. 未假定虛無假設爲眞。

b. 使用假定虛無假設爲眞時之 漸近標準誤。

三、輸出結果判讀

上表中爲二位醫師將病患疾病型態歸類交叉表。第一位醫師將病患疾病型態歸類爲型態一者有 38 人、將疾病型態歸類爲型態二者有 30 人、將疾病型態歸類爲型態三者有 32 人；第二位醫師將病患疾病型態歸類爲型態一者有 38 人、將疾病型態歸類爲型態二有 30 人、將疾病型態歸類爲型態三者有 32 人。第一位評定者及第二位定評定將病患的疾病均歸類爲型態一有 23 人，

將疾病型態均歸類爲型態二者有 20 人，將疾病型態均歸類爲型態三者有 20 人。

上方爲卡方檢定結果，卡方值等於 42.126，$df = 4$，$p = .000 < .05$，達到顯著水準。應拒絕虛無假設，知二位醫師評定的疾病型態間並不獨立，而是有所關聯。

下方爲對稱性量數檢定結果。Kappa 一致性係數值等於 0.442，$p = .000 < .05$，呈現顯著，拒絕虛無假設 H_0：$K = 0$；即二位評定者對於疾病型態的歸類一致性程度相當高。

2.7 Kendall 一致性係數

Kendall 一致性係數（Kendall's coefficient of concordance）適用於 k 個變項之等級一致性程度，代表三個評分等級以上的信度指標，Kendall 等級相關主要用於兩位評分者評定 N 個人的成績或 N 個人的作品，或同一位評審者前後兩次評 N 個人的作品或 N 個人的成績，它適用於兩個變項等級間的一致性程度，可是被視爲 Kendall 一致性係數的一種特例。Kendall 一致性係數適用於 k 個評分者評 N 個人的成績或 N 個人的作品，如果 k 等於 2 時，就變成 Kendall 等級相關。

· 數據類型

企業模擬競賽時，5 位評審評 10 位參賽同學的名次等級如下。試問五位評審評選結果的一致性爲何？

表 2.6.1　參賽者得分

評分者	V1	V2	V3	V4	V5	V6	V7	V8	V9	V10
A	3	9	8	1	6	4	10	2	5	7
B	7	8	6	2	5	3	9	1	10	4
C	3	9	5	1	6	4	10	2	7	8
D	5	10	9	3	4	2	8	1	6	7
E	6	9	7	3	4	2	10	1	8	5

· 數據形式

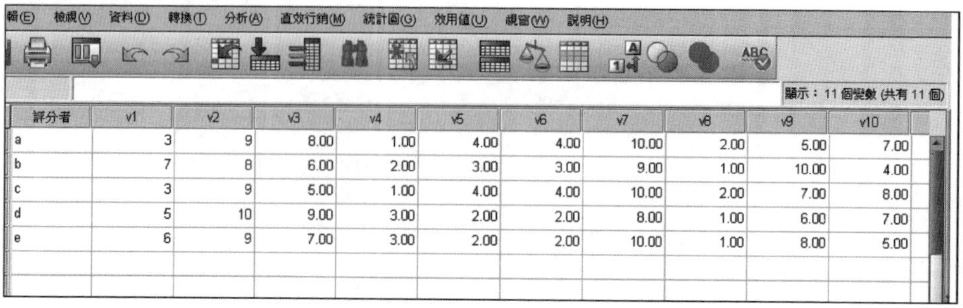

輯(E) 檢視(V) 資料(D) 轉換(T) 分析(A) 直效行銷(M) 統計圖(G) 效用值(U) 視窗(W) 說明(H)

顯示：11 個變數 (共有 11 個)

評分者	v1	v2	v3	v4	v5	v6	v7	v8	v9	v10
a	3	9	8.00	1.00	4.00	4.00	10.00	2.00	5.00	7.00
b	7	8	6.00	2.00	3.00	3.00	9.00	1.00	10.00	4.00
c	3	9	5.00	1.00	4.00	4.00	10.00	2.00	7.00	8.00
d	5	10	9.00	3.00	2.00	2.00	8.00	1.00	6.00	7.00
e	6	9	7.00	3.00	2.00	2.00	10.00	1.00	8.00	5.00

一、統計處理步驟

步驟 1　從分析 (A) →無母數檢定 (N) → K 個相關樣本 (S)。

步驟 2　在【多個相關樣本的檢定】的對話視窗中，將左邊 10 個變數選入右邊檢定變數 (T) →〔檢定類型〕勾選 Kendall's W 檢定 (K) → 然後按 確定 。

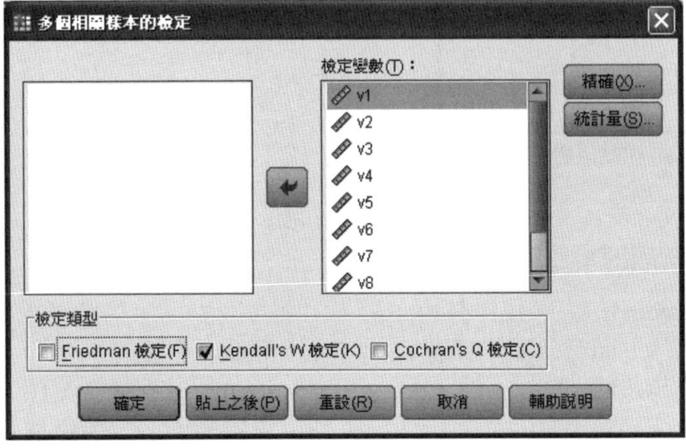

二、SPSS 輸出

等級

	等級平均數
v1	4.80
v2	9.00
v3	7.20
v4	2.40
v5	3.50
v6	3.50
v7	9.40
v8	1.40
v9	7.40
v10	6.40

檢定統計量

個數	5
Kendall's W 檢定[a]	.850
卡方	38.239
自由度	9
漸近顯著性	.000

a. Kendall 和諧係數

三、輸出結果判讀

上表爲 Kendall W 一致係數檢定結果。第一個表爲平均數等級結果，以第一位受試者 V1 而言，5 位評審者給予名次等級分別爲 3、7、3、5、6，整體平均名次等級爲 (3 + 7 + 3 + 5 + 6)÷5 = 4.80；以受試者 V10 而言 5 位評審者給予名次等級分別爲 7、4、8、7、5，整體平均名次等級爲 (7 + 4 + 8 + 7 + 5)÷5 = 31÷5 = 6.20。在 Kendall 和諧係數考驗中的統計假設爲：

H_0 虛無假設：5 位評審者的評分間沒有一致性。

H_1 對立假設：5 位評審者的評分間有一致性。

在第二個檢定統計表中，Kendall W 一致係數值 = 0.850，顯示 5 位評審者的評分間有顯著相關存在，卡方值 = 38.239，顯著性之 p 值 (= .000) 小於 0.05，統計檢定拒絕虛無假設，接受對立假設，亦即 5 位評審者的評分結果頗爲一致，其中以 V8 的等級平均數最低爲 1.40，名次最佳，5 位評審者的評分結果等級分別給予 2、1、2、1、1；次佳名次是 V4，其等級平均數爲 2.00；而以 V7 的名次最差，其等級平均數爲 9.40，5 位評審者的評分結果等級分別給予 10、9、10、8、10。

2.8 Cramer's V 相關係數

1. 何謂交叉表

針對名義尺度（或順序尺度）的變數而言，將各變數的水準組合資料做成表者稱爲交叉表（cross table）。許多時候，交叉表是將 2 個變數組合，記述 2 變數間的關係。2 個變數的水準數均爲 2 的表特別作爲 2×2 表或 4 交叉表。並且，在交叉表中相當於各變數的水準組合的方框稱爲格（cell）。

2. φ 係數

在交叉表中，以記述 2 個變數間之關係的指標來說，有所謂的關聯係數。對於 2×2 表來說，關聯係數提出有 ϕ 係數。ϕ(phi) 係數是對 2 個變數的 2 個水準分別分配一個值（譬如：一方的水準設爲 1，另一方的水準設爲 0）時的 2 個變數間的相關係數。

ϕ 係數與相關係數一樣，值取在 1 與 −1 之間。ϕ 係數越大，表示 2 個變數間之關聯越強，ϕ 係數之值爲 0 時，2 個變數之間表示無關聯。2 個變數無關聯，是指各行或各行的次數比爲一定，此情形的 2 個變數可以說是獨立的。

3. Cramer's 關聯係數

比 2×2 大的交叉表，譬如：在 3×4 的表中，也提出有記述 2 變數間之關係的指標，此即爲 Cramer's 關聯係數 (V)(Cramer's V)。Cramer's 的關聯係數 (V) 的值取在 0 到 1 之間。與 ϕ 係數的情形一樣，各列或各行的次數比爲一定時，V = 0，可以說 2 個變數無關聯是獨立的。另外，對於 2×2 交叉表的情形來說，Cramer's 的關聯係數 (V) 與 ϕ 係數的絕對值是相同之值。

4. χ^2 檢定

在母體中，交叉表中的 2 個變數是否獨立，以統計的檢定方法來說，有卡方 (χ^2) 檢定。

進行 χ^2 檢定的結果，顯著機率（P 值）如比事先所設定的顯著水準（冒險率）小時，當作統計上是有顯著差的，想成 2 個變數並非獨立。相反的，顯著機率不小於顯著水準時，則判斷 2 個變數不能說不是獨立。

・數據形式

在護理系學生中，將來想前往內科、外科、精神科 3 科之中哪一科（系統），以及想在病房與門診中之何處任職（勤務型態），想調查其間之關聯。讓各受試者就科別系統與勤務型態兩者，各選出希望的一者。

	系統				
勤務型態		內科	外科	精神科	總計
	門診	12	4	7	23
	病房	19	21	6	46
	總計	31	25	13	69

· 數據類型

將各變數的資料輸入如下圖（輸入資料的一部分）。「系統」的 1 表示內科，2 表示外科，3 表示精神科，以及「勤務型態」的 0 表示門診，1 表示病房。

3-4-2.sav [資料集1] - IBM SPSS Statistics Data Editor

檔案(F) 編輯(E) 檢視(V) 資料(D) 轉換(T) 分析(A) 直效行銷 統計圖(G) 公用程式(U) 視窗(W) 說明(H)

顯示：3 個變數（共有 3 個）

	id	系統	勤務型態	var	var	var	var	var	var
1	1	3	1						
2	2	2	1						
3	3	1	0						
4	4	3	0						
5	5	1	1						
6	6	1	0						
7	7	3	0						
8	8	3	0						
9	9	3	1						
10	10	2	1						
11	11	1	1						
12	12	2	1						
13	13	1	0						

資料視圖　變數視圖

IBM SPSS Statistics 處理器已就緒　Unicode:ON

一、統計處理步驟

與例 2.4 同樣，按分析 (A) → 描述性統計資料 (E) → 交叉資料表 (C) 進行，將 2 個變數投入到欄與列中。進行卡方檢定時，在「統計資料」選項中，選擇「卡方 (H)」。要計算 Cramer's 的關聯係數時，在「統計資料」選項中選擇「phi(ϕ) 與 Cramer's V」。

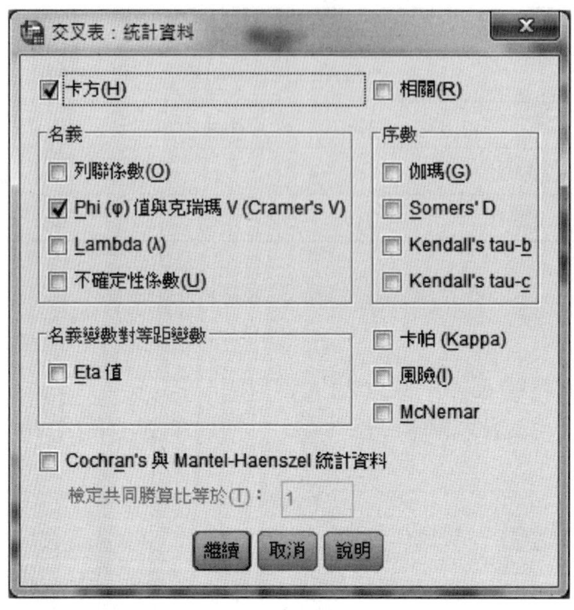

交叉表中不只是各方格的次數，也想表示列中的百分比、行中的百分比、全體中的百分比時，在「格」的選項中的「百分比」，分別選擇列、直欄、總計。

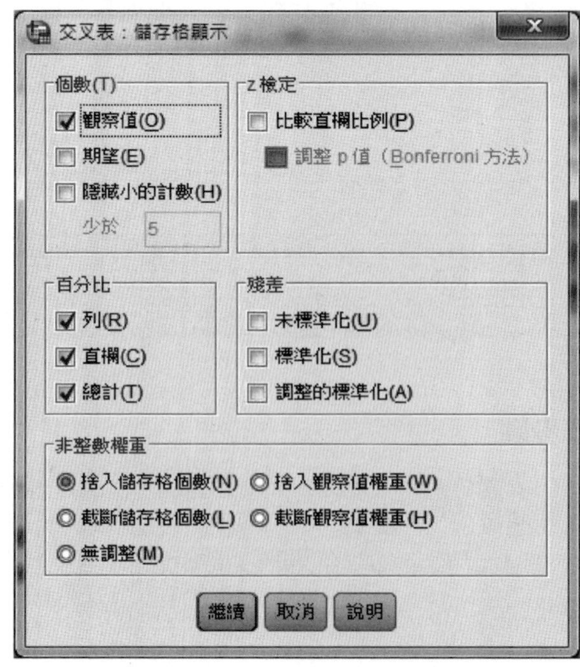

二、輸出結果判讀

從隨機所選出的 69 名學生得到回答。將回答整理在下表中。69 名之中希望內科有 31 名，其中希望在病房服務者有 19 名（61.3%），希望精神科者有 13 名，其中希望在病房服務者有 6 名（46.2%）。

在母體方面，希望任職科別的系統與勤務型態有無關聯，亦即依系統的科別不同希望在病房（門診）勤務的比率是否有差異，爲了檢討進行了卡方檢定之後，顯著機率（P 值）是 0.044，知統計上是顯著的。亦即，依系統之別，希望在病房（門診）服務的比率，可以判斷在統計上是有顯著差。

另外，顯示希望科別的系統與勤務型態的關聯，其間的關聯係數是 0.301。

系統 * 勤務型態 Crosstabulation

			勤務型態		Total
			門診	病房	
系統	內科	Count	12	19	31
		% within 系統	38.7%	61.3%	100.0%
		% within 勤務型態	52.2%	41.3%	44.9%
		% of Total	17.4%	27.5%	44.9%
	外科	Count	4	21	25
		% within 系統	16.0%	84.0%	100.0%
		% within 勤務型態	17.4%	45.7%	36.2%
		% of Total	5.8%	30.4%	36.2%
	精神科	Count	7	6	13
		% within 系統	53.8%	46.2%	100.0%
		% within 勤務型態	30.4%	13.0%	18.8%
		% of Total	10.1%	8.7%	18.8%
Total		Count	23	46	69
		% within 系統	33.3%	66.7%	100.0%
		% within 勤務型態	100.0%	100.0%	100.0%
		% of Total	33.3%	66.7%	100.0%

Chi-Square Tests

	Value	df	Asymp. Sig. (2-sided)	Exact Sig. (2-sided)	Exact Sig. (1-sided)	Point Probability
Pearson Chi-Square	6.245[a]	2	.044	.044		
Likelihood Ratio	6.530	2	.038	.042		
Fisher's Exact Test	6.295			.038		
Linear-by-Linear Association	.113[b]	1	.737	.867	.431	.125
N of Valid Cases	69					

a. 1 cells (16.7%) have expected count less than 5. The minimum expected count is 4.33.

b. The standardized statistic is -.336.

Symmetric Measures

		Value	Approx. Sig.	Exact Sig.
Nominal by Nominal	Phi	.301	.044	.044
	Cramer's V	.301	.044	.044
N of Valid Cases		69		

2.9 Cohen's d 的影響大小

如何從發表的研究文章中計算影響大小（effect size），哈佛大學薩曼莎・庫克（Will Thalheimer, Samantha Cook, *Work-Learning Research Harvard University*）提供一個簡化的方法。顯著性的統計檢定告訴我們實驗結果與機會的預期不同的可能性，而影響大小的測量告訴我們實驗處理的相對大小。它們告訴我們的實驗影響的大小。影響大小尤其重要，因爲它們使我們能夠比較一個實驗與另一個實驗的處理大小。雖然使用百分比可以比較實驗處理與控制處理，但所得結果往往難以解釋，幾乎都是不可能跨越公平的實驗比較。

什麼是影響大小？在本質上，影響的大小是兩個均值之間的差異（例如，治療減重控制）除以兩個條件的標準差。這是除以標準差使我們在整個實驗中可以比較影響大小。由於 t-tests 和 F-tests 使用不同的標準差，兩個分開的計算是必需的。

柯恩（Cohen, 1992）的建議 d = 0.20 的影響大小是屬於小的，0.50 是屬於中的，0.80 以上是屬於大的，如此使我們能夠將實驗結果的影響大小與已知的基準相比較。

以下提供幾種計算 Cohen 的方法：

1. 從 t-tests 計算 Cohen's d

$$d=\frac{\bar{x}_t-\bar{x}_c}{S_{pool}}$$

【關鍵符號】

d = Cohen's d 的影響大小

$\bar{x}$ = 平均值（平均的治療或對照條件）

s = 標準差

下標：t 表示在處理條件，c 是指在比較條件（或控制條件）。

$$S_{pooled}=\sqrt{\frac{(n_t-1)s_t^2+(n_c-1)s_c^2}{n_t+n_c-2}}$$

2. 從 t-tests 計算 Cohen's d

如果你沒有個標準差或標準誤。當使用 t 檢定可以計算 Cohen's d 使用 t 統計量如下：

$$d=t\sqrt{\left(\frac{n_t+n_c}{n_tn_c}\right)\left(\frac{n_t+n_c}{n_t+n_c-2}\right)}$$

【關鍵符號】

d = Cohen's d 的影響的大小

t = t 統計量

n = 受試者的數目

下標：t 表示在處理條件，c 是指在比較條件（或控制條件）。

3. 從 t-tests 計算 Cohen's d

當你有標準誤，而未列出標準差。

當使用 t 檢定沒有列出標準差，但有列出標準誤（SE），可以計算出標準差如下，然後使用公式：

$$S = SE\sqrt{n}$$

【關鍵符號】

S = 標準差

SE = 標準誤

n = 受試者的數目

4. 從 F-tests 計算 Cohen's d

$$d = \frac{\bar{x}_t - \bar{x}_c}{\sqrt{MSE\left(\frac{n_t + n_c - 2}{n_t + n_c}\right)}}$$

【關鍵符號】

d = Cohen'd 影響的大小

$\bar{x}$ = 平均值（平均治療或比較條件）

n = 受試者每組號碼

MSE = 均方差

下標：t 表示在處理條件，c 是指在比較條件（或控制條件）。

5. 從 F-tests 計算 Cohen's d

當使用 F 檢定時沒有列出 MSE，就可以使用 F 統計量計算出 Cohen'd 如下。

$$d = \sqrt{F\left(\frac{n_t + n_c}{n_t n_c}\right)\left(\frac{n_t + n_c}{n_t + n_c - 2}\right)}$$

【關鍵符號】

d = Cohen'd 影響的大小

F = F 統計量

n = 受試者每組號碼

下標：t 表示在處理條件，c 是指在比較條件（或控制條件）。

【範例】

以下試舉一例來說明。如果你有兩組資料，一組實驗組，一組控制組。進行了實驗之後，想知道後測有沒有差別。若使用了 t-test，也告訴你每一組的平均值（mean）和標準差（standard deviation）。在這種情況下，Cohen's d 的算法爲：

$d = (M_{實驗組} - M_{控制組}) / SD_{兩組}$

而 $SD_{兩組}$的算法如下：

$SD_{兩組} = \sqrt{(SD^2_{實驗組} + SD^2_{控制組})/2}$

拿數字來當實例。

如果 $M_{實驗組} = 24$，$M_{控制組} = 20$，$SD_{實驗組} = 5$，$SD_{控制組} = 4$，那

$SD_{兩組} = \sqrt{(5^2 + 4^2)/2} = 4.53$

那 $d = (24 - 20) / 4.53 = 0.88$

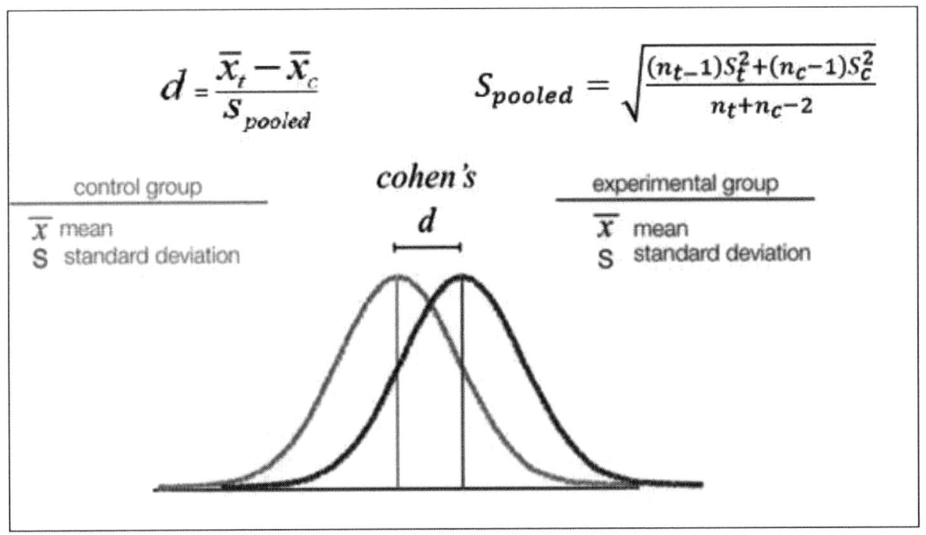

Cohen's d 關係圖

Note

第 3 章
自我相關、偏自我相關

3.0 前言

時間序列數據的相關係數有「自我相關係數」、「偏自我相關係數」、「交叉相關係數」等。

■ 自我相關係數（autocorrelation coefficient）

1 次自我相關係數 $\rho(1)$ 是像

…, X(t-2), X(t-1), X(t)

…, X(t-2), X(t-1), X(t)

挪 1 期時的相關係數。

2 次自我相關係數 $\rho(2)$ 是像

…, X(t-3), X(t-2), X(t-1), X(t)

…, X(t-3), X(t-2), X(t-1), X(t)

挪 2 期時的相關係數。

將自我相關係數表現成圖形者稱為「自我相關圖形」（correlogram），是時間序列分析不可欠缺的工具之一。

■ 各種自我相關 ACF（autocorrelation function）的圖形

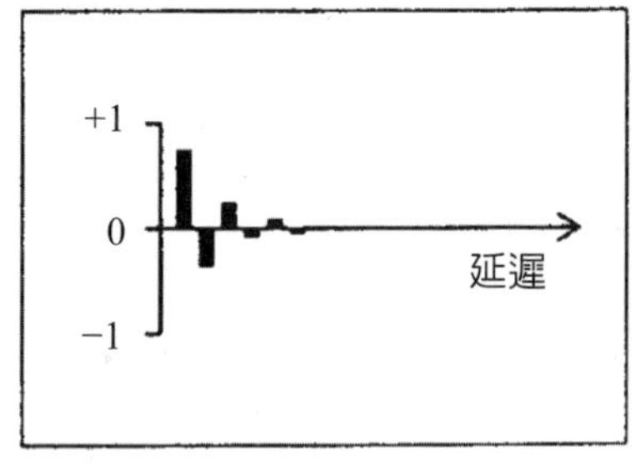

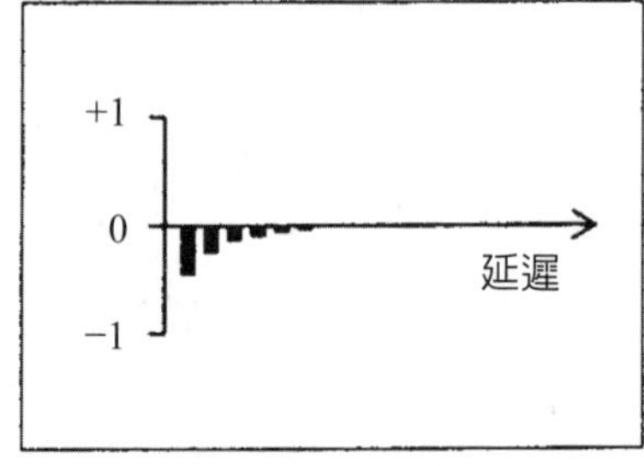

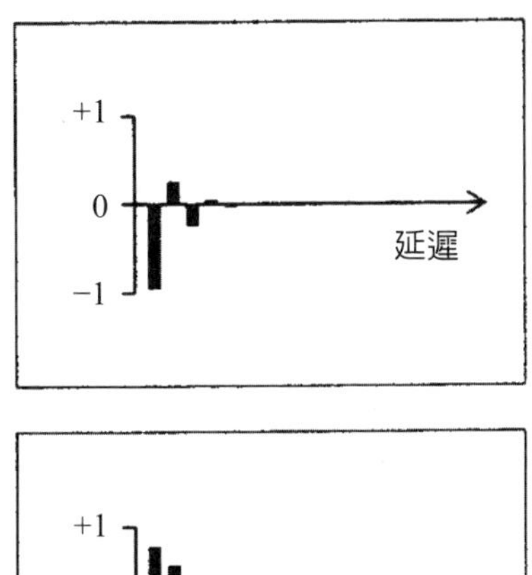

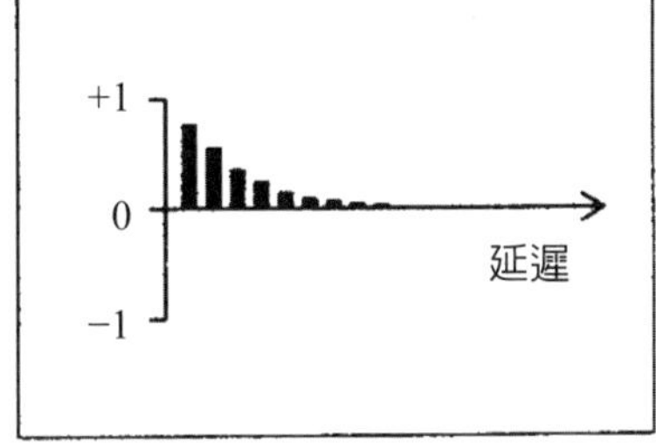

■ 偏自我相關係數（partial autocorrelation coefficient）

偏自我相關係數的定義並不太簡單，分別將 $\rho(1), \rho(2), \rho(3)$ 當作 1 次、2 次、3 次的自我相關係數時……

1 次的偏自我相關係數 $\Phi_{11}=\dfrac{|\rho(1)|}{|1|}=\rho(1)$

2 次的偏自我相關係數 $\Phi_{22}=\dfrac{\begin{vmatrix} 1 & \rho(1) \\ \rho(1) & \rho(2) \end{vmatrix}}{\begin{vmatrix} 1 & \rho(1) \\ \rho(1) & 1 \end{vmatrix}}$

3 次的偏自我相關係數 $\Phi_{33}=\dfrac{\begin{vmatrix} 1 & \rho(1) & \rho(1) \\ \rho(1) & 1 & \rho(2) \\ \rho(2) & \rho(1) & \rho(3) \end{vmatrix}}{\begin{vmatrix} 1 & \rho(1) & \rho(2) \\ \rho(1) & 1 & \rho(1) \\ \rho(2) & \rho(1) & 1 \end{vmatrix}}$

簡言之，所謂 k 次的偏自我相關係數是去除中途的 1 期到 k-1 期的影響之後的相關係數。

將偏自我相關係數的圖形表現稱爲偏自我相關圖，與自我相關圖一樣，是時間序列分析所不可欠缺的。

■ 各種偏自我相關 PACF（partial autocorrelation function）的圖形

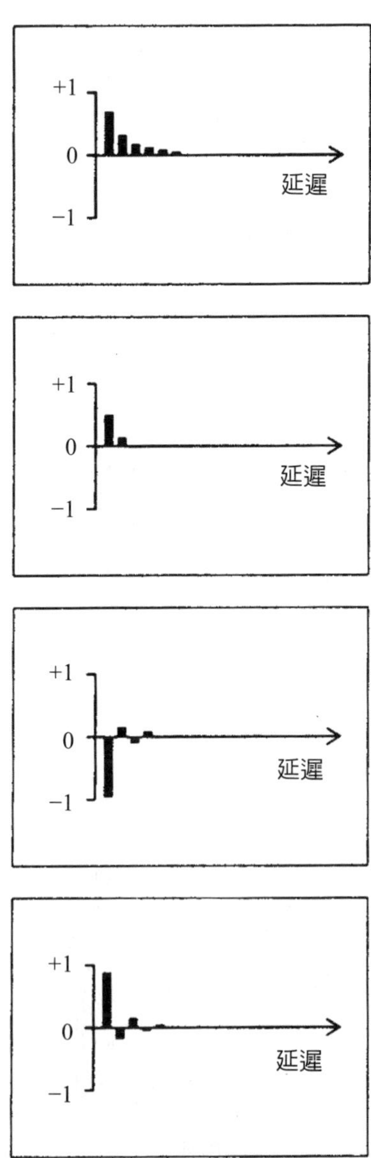

【範例】

以下數據是調查從 1990 年 1 月到 1995 年 12 月爲止臺灣醫療產業的景氣動向。試從此時間序列，製作自我相關圖 ACF 及偏自我相關圖 PACF。

表 3.0.1　景氣動向

No.	年　月	景氣動向
1	1990 年 1 月	42
2	1990 年 2 月	57
3	1990 年 3 月	69
4	1990 年 4 月	50
5	1990 年 5 月	84
6	1990 年 6 月	76
7	1990 年 7 月	61
8	1990 年 8 月	61
9	1990 年 9 月	30
10	1990 年 10 月	38
11	1990 年 11 月	23
12	1990 年 12 月	46
13	1991 年 1 月	26
14	1991 年 2 月	38
15	1991 年 3 月	15
16	1991 年 4 月	30
17	1991 年 5 月	30
18	1991 年 6 月	7
19	1991 年 7 月	11
20	1991 年 8 月	15
21	1991 年 9 月	30
22	1991 年 10 月	23
23	1991 年 11 月	30
24	1991 年 12 月	23

No.	年　月	景氣動向
25	1992 年 1 月	30
26	1992 年 2 月	30
27	1992 年 3 月	42
28	1992 年 4 月	23
29	1992 年 5 月	23
30	1992 年 6 月	23
31	1992 年 7 月	30
32	1992 年 8 月	34
33	1992 年 9 月	46
34	1992 年 10 月	15
35	1992 年 11 月	15
36	1992 年 12 月	30
37	1993 年 1 月	61
38	1993 年 2 月	76
39	1993 年 3 月	73
40	1993 年 4 月	61
41	1993 年 5 月	30
42	1993 年 6 月	15
43	1993 年 7 月	38
44	1993 年 8 月	23
45	1993 年 9 月	30
46	1993 年 10 月	38
47	1993 年 11 月	30
48	1993 年 12 月	38

No.	年　月	景氣動向
49	1994 年 1 月	61
50	1994 年 2 月	65
51	1994 年 3 月	76
52	1994 年 4 月	61
53	1994 年 5 月	69
54	1994 年 6 月	84
55	1994 年 7 月	84
56	1994 年 8 月	92
57	1994 年 9 月	65
58	1994 年 10 月	76
59	1994 年 11 月	84
60	1994 年 12 月	69
61	1995 年 1 月	61
62	1995 年 2 月	42
63	1995 年 3 月	53
64	1995 年 4 月	65
65	1995 年 5 月	23
66	1995 年 6 月	15
67	1995 年 7 月	30
68	1995 年 8 月	30
69	1995 年 9 月	46
70	1995 年 10 月	76
71	1995 年 11 月	61
72	1995 年 12 月	92

■ 數據輸入類型

將景氣動向的數據輸入結束之後，利用

資料 (D) ⇨ 定義日期 (E)

如下將日期輸入：

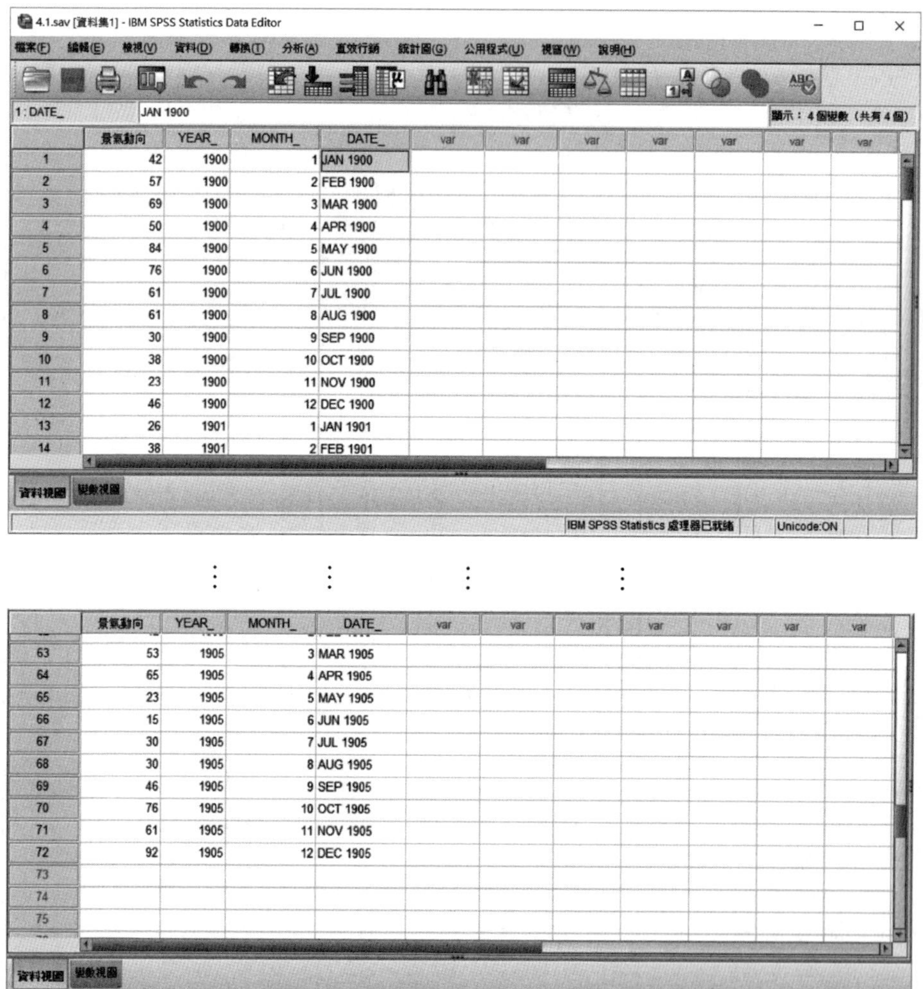

	景氣動向	YEAR_	MONTH_	DATE_
1	42	1900	1	JAN 1900
2	57	1900	2	FEB 1900
3	69	1900	3	MAR 1900
4	50	1900	4	APR 1900
5	84	1900	5	MAY 1900
6	76	1900	6	JUN 1900
7	61	1900	7	JUL 1900
8	61	1900	8	AUG 1900
9	30	1900	9	SEP 1900
10	38	1900	10	OCT 1900
11	23	1900	11	NOV 1900
12	46	1900	12	DEC 1900
13	26	1901	1	JAN 1901
14	38	1901	2	FEB 1901

⋮ ⋮ ⋮ ⋮

	景氣動向	YEAR_	MONTH_	DATE_
63	53	1905	3	MAR 1905
64	65	1905	4	APR 1905
65	23	1905	5	MAY 1905
66	15	1905	6	JUN 1905
67	30	1905	7	JUL 1905
68	30	1905	8	AUG 1905
69	46	1905	9	SEP 1905
70	76	1905	10	OCT 1905
71	61	1905	11	NOV 1905
72	92	1905	12	DEC 1905
73				
74				
75				

3.1 自我相關與偏自我相關

一、統計處理步驟

步驟 1　以滑鼠點選預測 (T)，從清單之中選擇自動相關性 (A)。

步驟 2　出現以下畫面時，利用 [➡]，將景氣動向移入變數 (V) 的方框中。之後，按一下 確定 。

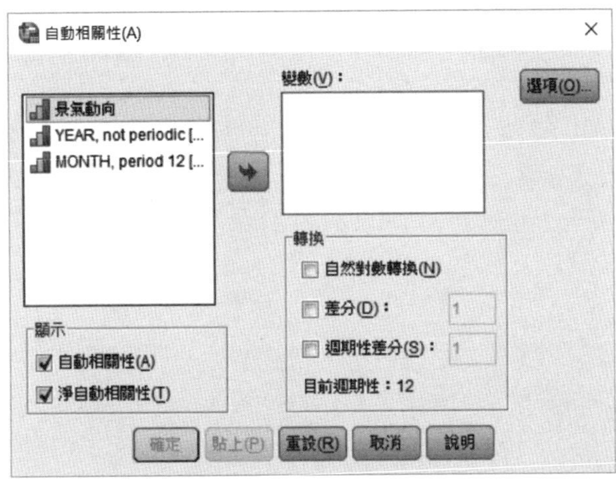

二、SPSS 輸出

自動相關性

數列: 景氣動向

落後	自動相關性	平均數的錯誤[a]	Box-Ljung 統計資料		
			數值	df	顯著性[b]
1	.712	.115	38.082	1	.000
2	.565	.115	62.377	2	.000
3	.382	.114	73.672	3	.000
4	.271	.113	79.416	4	.000
5	.241	.112	84.017	5	.000
6	.176	.111	86.523	6	.000
7	.096	.110	87.284	7	.000
8	.067	.110	87.655	8	.000
9	.029	.109	87.728	9	.000
10	.019	.108	87.759	10	.000
11	.051	.107	87.987	11	.000
12	.018	.106	88.017	12	.000
13	.038	.105	88.146	13	.000
14	.010	.104	88.156	14	.000
15	.015	.103	88.176	15	.000
16	.075	.103	88.717	16	.000

← ①　②（落後 1 列）

← ③（落後 4 列）

a. 採用的基本處理程序是獨立的（白色雜訊）。

b. 基於漸近線卡方近似值。

局部自動相關性

數列:　景氣動向

落後	局部自動相關性	平均數的錯誤
1	.712	.118
2	.117	.118
3	-.116	.118
4	.001	.118
5	.123	.118
6	-.050	.118
7	-.111	.118
8	.055	.118
9	.006	.118
10	-.019	.118
11	.083	.118
12	-.062	.118
13	.036	.118
14	-.035	.118
15	.026	.118
16	.123	.118

← ④

Tea Break

此處的局部自動相關性即為偏自我相關係數。落後即為遲延，英文稱為 lag。

三、輸出結果判讀 1

①Auto-corr. 是自我相關係數。1 次的自我相關係數 $\rho(1)$ 是 0.712 。

②Box-Ljung 是 Box-Ljung 的檢定統計量，prob. 是它的顯著機率。
檢定以下的假設：

假設 H_0：1 次的自我相關係數 $\rho(1)$ 是 0 。

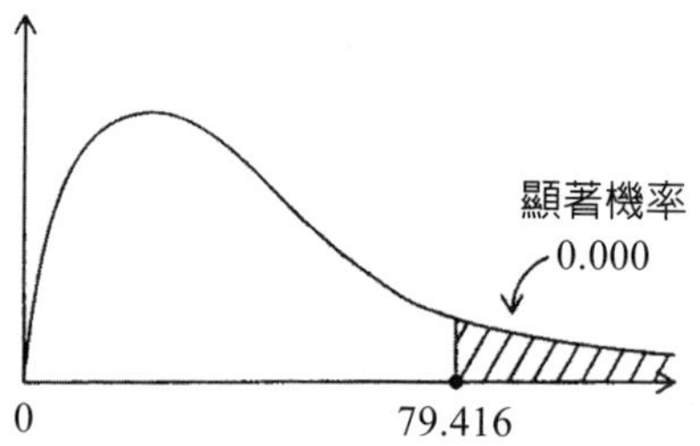

檢定統計量是 38.082。因此，1 次的母自我相關係數 $\rho(1)$ 知不是 0。

③假設 H_0：$\rho(1) = \rho(2) = \rho(3) = \rho(4) = 0$
檢定統計量是 79.416，顯著機率 0.000 比顯著水準 0.05 小，因之假設 H_0 被捨棄。因此，1 次到 4 次的母自我相關係數之中，之至少有一不爲 0。

④Pr-Aut-Corr. 是偏自我相關係數。
1 次的偏自我相關係數是 $\phi_{11} = 0.712$，與 1 次的自我相關係數 $\rho(1) = 0.712$ 相一致。
2 次的自我相關係數 $\rho(2) = 0.3565$，因之

$$2\text{ 次的偏自我相關係數 } \Phi_{22} = \frac{\begin{vmatrix} 1 & 0.712 \\ 0.712 & 0.565 \end{vmatrix}}{\begin{vmatrix} 1 & 0.712 \\ 0.712 & 1 \end{vmatrix}} \Leftarrow \begin{vmatrix} a & b \\ c & d \end{vmatrix} = ac - bc$$

四、SPSS 輸出

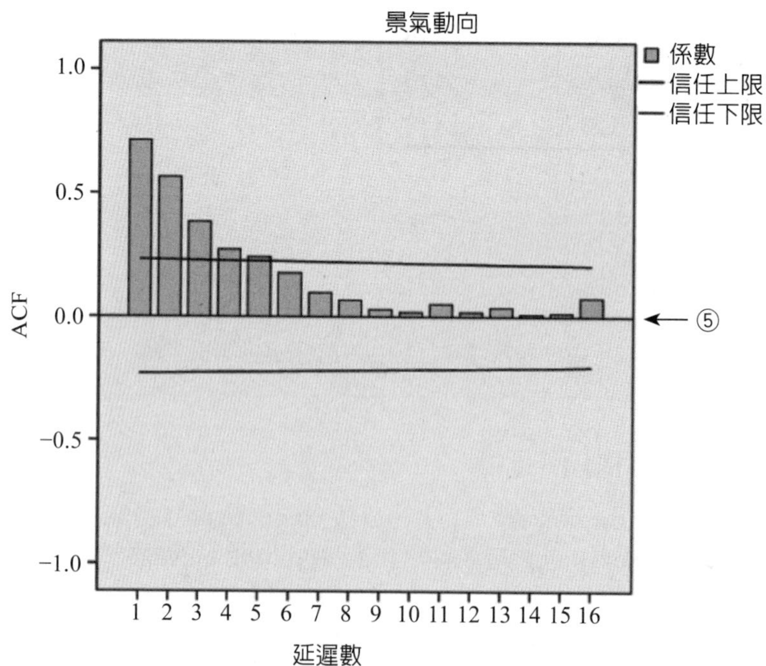

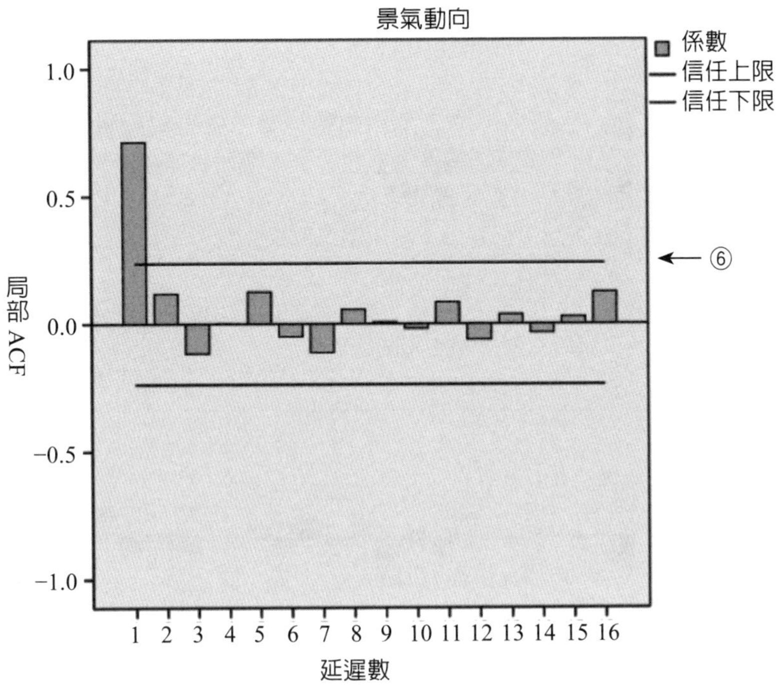

五、輸出結果判讀 2

⑤將〔SPSS 輸出 1〕的自我相關係數表現成圖形。
隨著圖形的變大，自我相關係數急速變小，是此時間序列的特徵。

⑥將〔SPSS 輸出 1〕的偏自我相關係數表現成圖形。
1 次的偏自我相關係數大，因之知此時間序列前 1 期之值是有甚大影響的。

自我相關和局部自我相關用於測量目前數列值和過去數列值之間的相關性，並指示預測將來值時最有用的過去數列值。了解了此內容，您就可以確定 ARIMA 模型中過程的順序。更具體來說，

- **自我相關函數（ACF）**。延遲為 k 時，這是相距 k 個時間間隔的數列值之間的相關性。
- **偏自我相關函數（PACF）**。延遲為 k 時，這是相距 k 個時間間隔的數列值之間的相關性，用來說明它們之間的時間間隔值。

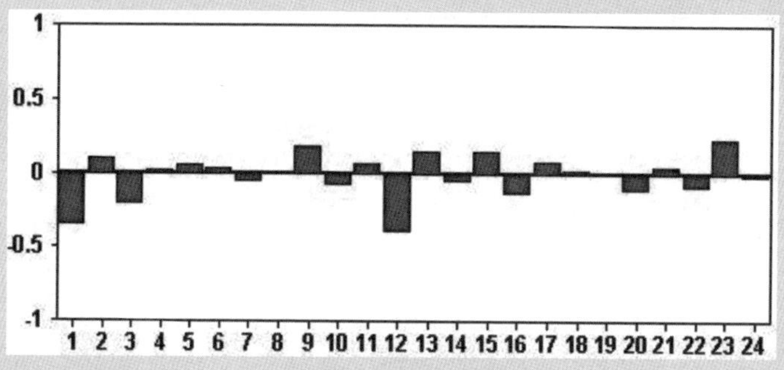

數列的 ACF 圖形

ACF 圖形的 x 軸表示計算自相關處的延遲；y 軸表示相關係數值（介於 −1 和 1 之間）。例如，ACF 圖形中延遲 1 處的峰值表示每個數列值與前面的值是強相關係數，延遲 2 處的峰值表示每個值與以前兩個點之間的值是強相關係數，依此類推。

- 正相關係數表示較大的目前的值與指定延遲處較大的值相對應；負相關係數表示較大的目前的值與指定延遲處較小的值相對應。
- 相關係數的絕對值是關聯強度的測量，絕對值越大表明關係越強。

本章附錄 1　自我相關係數簡介

以測量有對應的 2 個變數 x, y 關係的統計量來說，有相關係數。

No.	變數 x	變數 y
1	x_1	y_1
2	x_2	y_2
3	x_3	y_3
⋮	⋮	⋮
N-1	x_N	y_N
N	x_{N-1}	y_{N-1}

■相關係數的定義

x 的平均當作 $\bar{x}$，y 的平均當作 $\bar{y}$

$$r=\frac{(x_1-\bar{x})\cdot(y_1-\bar{y})+\cdots+(x_N-\bar{x})\cdot(y_N-\bar{y})}{\sqrt{(x_1-\bar{x})^2+\cdots+(x_N-\bar{x})^2}\cdot\sqrt{(y_1-\bar{y})^2+\cdots+(y_N-\bar{y})^2}}$$

時間序列數據如下使之對應時，即可求出相關係數。

時間	時間序列數據	對應	時間	時間序列數據
1	$x(1)$	←→	1	$x(1)$
2	$x(2)$	←→	2	$x(2)$
3	$x(3)$	←→	3	$x(3)$
⋮	⋮	⋮	⋮	⋮
$t-1$	$x(t-1)$	←→	$t-1$	$x(t-1)$
t	$x(t)$	←→	t	$x(t)$

在此對應中，相關係數當然變成 1。
時間序列數據中最重要的點是測量「從過去以來的影響大小」。
因此，將時間 t 挪移看看。

■相關係數的方法

x 與 y 的相關係數 $= \dfrac{COV(x, y)}{\sqrt{V(x)}\sqrt{V(y)}}$

■ 與前 1 期的相關

試調查「與前 1 期的偏差」看看。

時間	時間序列數據
1	$x(1)$
2	$x(2)$
3	$x(3)$
⋮	⋮
$t-1$	$x(t-1)$
t	$x(t)$

對應

時間	時間序列數據
1	$x(1)$
2	$x(2)$
3	$x(3)$
⋮	⋮
$t-1$	$x(t-1)$
t	$x(t)$

像這樣，挪移 1 期時，可以求出像相關係數之值。
將此值稱爲 1 次自我相關係數 ρ_1。

■ 1 次自我相關係數的定義

對時間序列數據 $\{x(1)x(2)x(3)\cdots x(t-2)x(t-1)x(t)\}$ 而言，

$$\rho_1 = \frac{(x(1)-\bar{x})\cdot(x(2)-\bar{x})+\cdots+(x(t-1)-\bar{x})\cdot(x(t)-\bar{x})}{(x(1)-\bar{x})^2+(x(2)-\bar{x})^2+\cdots+(x(t)-\bar{x})^2}$$

稱爲 1 次自我相關係數。

Tea Break

在定常機率變數之序列中 $\{\cdots x(t-2)x(t-1)x(t)x(t+1)\cdots\}$，母自我相關係數 ρ_1 即為

$$\rho_1 = \frac{COV(x(t), x(t-1))}{V(x(t))}。$$

■ 變異數不取決於時間 t 而為一定。
■ 共變異數只與時間差有關。

【解析例】

使用以下的時間序列數據，計算 1 次自我相關係數 ρ_1 看看。

時間 t	$x(t)$	時間序列數據
1	$x(1)$	158
2	$x(2)$	151
3	$x(3)$	141
4	$x(4)$	157
5	$x(5)$	146
6	$x(6)$	152
7	$x(7)$	144
8	$x(8)$	163
9	$x(9)$	135
10	$x(10)$	153

一、統計處理步驟

步驟 1　首先，計算平均數 $\bar{x} = \frac{158+151+\cdots+135+153}{10} = 150$

步驟 2　其次計算與平均值之差 $x(t) - \bar{x}$。

時間 t	$x(t)$	時間序列數據	$x(t)-\bar{x}$	差
1	$x(1)$	158	158-150	8
2	$x(2)$	151	151-150	1
3	$x(3)$	141	141-150	−9
4	$x(4)$	157	157-150	7
5	$x(5)$	146	146-150	−4
6	$x(6)$	152	152-150	2
7	$x(7)$	144	144-150	−6
8	$x(8)$	163	163-150	13
9	$x(9)$	135	135-150	−15
10	$x(10)$	153	153-150	3

步驟 3 其次，計算 1 次自我相關係數 ρ_1 的分子部分。

$$
\begin{aligned}
\text{分子} &= (x(1)-\bar{x})\cdot(x(2)-\bar{x}) + \cdots + (x(9)-\bar{x})\cdot(x(10)-\bar{x}) \\
&= 8\times1 + 1\times(-9) + (-9)\times7 + \cdots + (-15)\times3 \\
&= -430
\end{aligned}
$$

步驟 4 計算 1 次自我相關係數的分母部分。

$$
\begin{aligned}
\text{分母} &= (x(1)-\bar{x})^2 + (x(2)-\bar{x})^2 + \cdots + (x(10)-\bar{x})^2 \\
&= 8^2 + 1^2 + \cdots + (-15)^2 + 3^2 \\
&= 654
\end{aligned}
$$

步驟 5 最後計算 1 次自我相關係數 ρ_1。

$$
\begin{aligned}
\rho_1 &= \frac{(x(1)-\bar{x})\cdot(x(2)-\bar{x}) + \cdots + (x(9)-\bar{x})\cdot(x(10)-\bar{x})}{(x(1)-\bar{x})^2 + (x(2)-\bar{x})^2 + \cdots + (x(10)-\bar{x})^2} \\
&= \frac{-430}{654} \\
&= -0.6575
\end{aligned}
$$

■ 與前 2 期的相關

此次，挪移 2 期看看。

時間	時間序列數據
1	$x(1)$
2	$x(2)$
3	$x(3)$
⋮	⋮
$t-2$	$x(t-2)$
$t-1$	$x(t-1)$
t	$x(t)$

對應

時間	時間序列數據
1	$x(1)$
2	$x(2)$
3	$x(3)$
⋮	⋮
$t-2$	$x(t-2)$
$t-1$	$x(t-1)$
t	$x(t)$

因此，2 次自我相關係數 ρ_2 變成如下：

■ 2 次自我相關係數的定義

對時間序列數據 $\{x(1)x(2)x(3)\cdots x(t-2)x(t-1)x(t)\}$ 而言，

$$\rho_2=\frac{(x(1)-\bar{x})\cdot(x(3)-\bar{x})+\cdots+(x(t-2)-\bar{x})\cdot(x(t)-\bar{x})}{(x(1)-\bar{x})^2+(x(2)-\bar{x})^2+\cdots+(x(t)-\bar{x})^2}$$

稱為 2 次自我相關係數。

■ 與前 k 期的相關

再挪移 k 期時……

時間	時間序列數據
1	$x(1)$
2	$x(2)$
⋮	⋮
$t-k$	$x(t-k)$
$t-k+1$	$x(t-k+1)$
⋮	⋮
t	$x(t)$

對應

時間	時間序列數據
1	$x(1)$
2	$x(2)$
3	$x(3)$
⋮	⋮
$t-k$	$x(t-k)$
$t-k+1$	$x(t-k+1)$
⋮	⋮
t	$x(t)$

因此，k 次自我相關係數 ρ_k 變成如下：

■ k 次自我相關係數的定義

對時間序列數據 $\{x(1)x(2)x(3)\cdots x(t-R)\cdots x(t-1)x(t)\}$ 而言，

$$\rho_k=\frac{(x(1)-\bar{x})\cdot(x(k+1)-\bar{x})+\cdots+(x(t-k)-\bar{x})\cdot(x(t)-\bar{x})}{(x(1)-\bar{x})^2+(x(2)-\bar{x})^2+\cdots+(x(t)-\bar{x})^2}$$

稱為 k 次自我相關係數。

■ 利用 Excel 自我相關係數的求法

步驟 1　如下輸入數據：

F3

	A	B	C	D	E	F	G
2	1	158	8		平均值		
3	2	151	1				
4	3	141	-9		分子		
5	4	157	7				
6	5	146	-4		分母		
7	6	152	2				
8	7	144	-6		自我相關係數		
9	8	163	13				
10	9	135	-15				
11	10	153	3				
12							

步驟 2　於 F2 的方格輸入 = AVERAGE(B2:B11)。

F2　=AVERAGE(B2:B11)

	A	B	C	D	E	F	G
1	時間	時間數列數據	差				
2	1	158			平均值	150	
3	2	151					
4	3	141			分子		
5	4	157					
6	5	146			分母		
7	6	152					
8	7	144			自我相關係數		
9	8	163					
10	9	135					
11	10	153					

步驟 3　於 C2 的方格輸入 = B2-150
複製 C2，貼至 C3 到 C11。

F2 | =AVERAGE(B2:B11)

	A	B	C	D	E	F	G
1	時間	時間數列數據	差				
2	1	158	8		平均值	150	
3	2	151	1				
4	3	141	-9		分子		
5	4	157	7				
6	5	146	-4		分母		
7	6	152	2				
8	7	144	-6		自我相關係數		
9	8	163	13				
10	9	135	-15				
11	10	153	3				
12							

步驟 4　於 F4 的方格輸入 = SUMPRODUCT(C2:C10,C3:C11)。

F4 | =SUMPRODUCT(C2:C10,C3:C11)

	A	B	C	D	E	F	G
1	時間	時間數列數據	差				
2	1	158	8		平均值	150	
3	2	151	1				
4	3	141	-9		分子	-430	
5	4	157	7				
6	5	146	-4		分母		
7	6	152	2				
8	7	144	-6		自我相關係數		
9	8	163	13				
10	9	135	-15				
11	10	153	3				
12							

步驟 5　於 F6 的方格輸入 = SUMSQ(C2:C11)。

F8

	A	B	C	D	E	F	G
1	時間	時間數列數據	差				
2	1	158	8		平均值	150	
3	2	151	1				
4	3	141	-9		分子	-430	
5	4	157	7				
6	5	146	-4		分母	654	
7	6	152	2				
8	7	144	-6		自我相關係數		
9	8	163	13				
10	9	135	-15				
11	10	153	3				

步驟 6　最後，於 F8 的方格輸入 = F4/F6，再計算 1 次自我相關係數。

F9

	A	B	C	D	E	F	G
1	時間	時間數列數據	差				
2	1	158	8		平均值	150	
3	2	151	1				
4	3	141	-9		分子	-430	
5	4	157	7				
6	5	146	-4		分母	654	
7	6	152	2				
8	7	144	-6		自我相關係數	-0.65749	
9	8	163	13				
10	9	135	-15				
11	10	153	3				

如使用 SPSS 時，即可簡單地求出自我相關係數。

自動相關性

數列: 時間數列

落後	自動相關性	平均數的錯誤[a]	Box-Ljung 統計資料		
			數值	df	顯著性[b]
1	-.657	.274	5.764	1	.016
2	.251	.258	6.707	2	.035
3	-.165	.242	7.175	3	.067
4	.277	.224	8.707	4	.069
5	-.343	.204	11.522	5	.042
6	.185	.183	12.549	6	.051
7	.095	.158	12.908	7	.074
8	-.179	.129	14.829	8	.063

a. 採用的基本處理程序是獨立的（白色雜訊）。

b. 基於漸近線卡方近似值。

在定常機率變數的序列 $\{\cdots x(t-R)\cdots x(t-2)x(t-1)x(t)x(t+1)\cdots\}$ 中，母自我相關係數 $\rho(k)$ 即為：

$$\rho(k)=\frac{COV(X(t),\ X(t-k))}{V(X(t))}$$

■ $V(X(t))$ 不取決於時間 t 而為一定。

■ $\mathrm{Cov}(X(t), X(t-k))$ 只取決於時間差 k。

3.2 自我相關係數與相關圖

將自我相關係數以圖形表現看看。

前節所計算的自我相關係數是：

延遲 1 時，自我相關 −0.657

延遲 2 時，自我相關 0.251

延遲 3 時，自我相關 −0.165

⋮

因此，形成如下的圖，此圖稱爲相關圖（correlogram）。

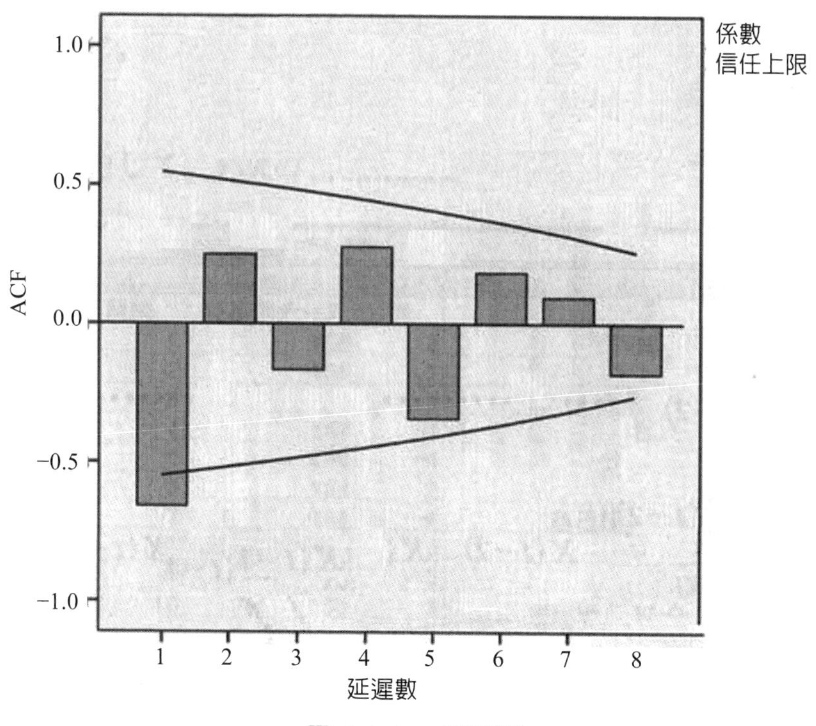

圖 3.2.1　相關圖

一、相關圖有以下幾種類型

1. 自我相關 AR(P) 模式

此時，相關圖如下方所示：

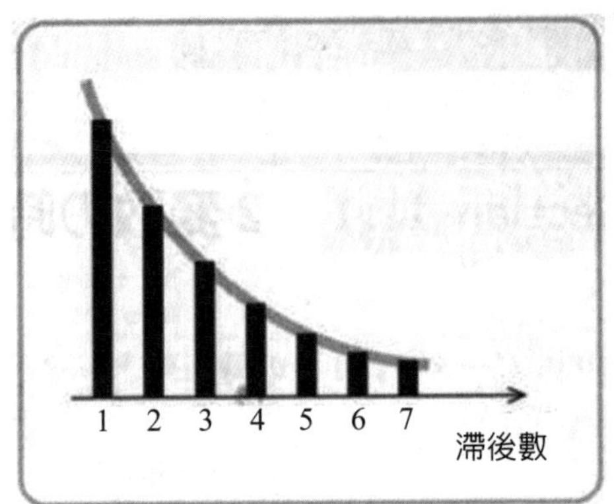

2. 非定常時間序列模式

此時，相關圖如下方所示：

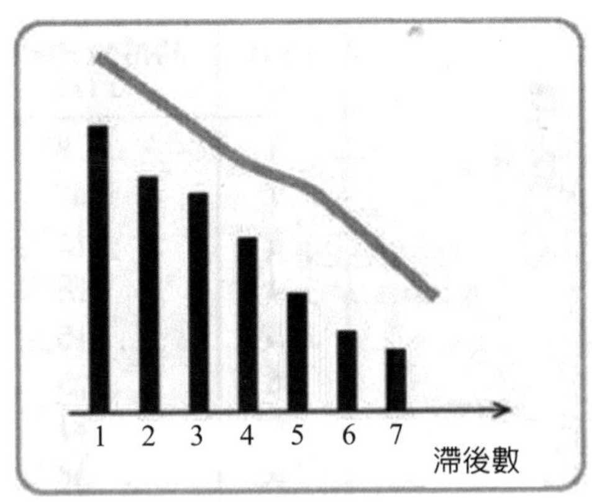

3. 移動平均 MA(g) 模式

此時，相關圖如下方所示：

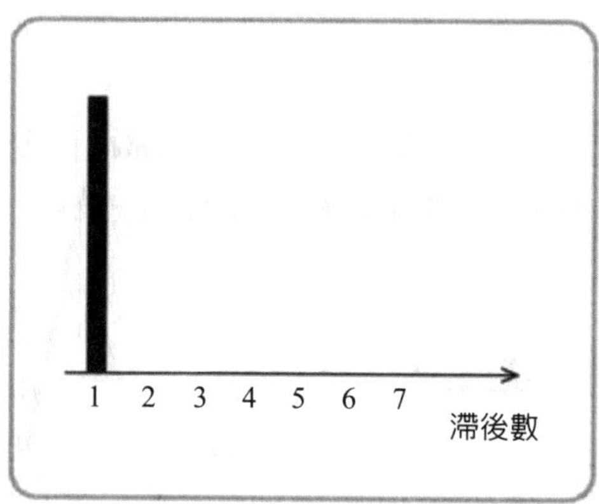

〔註〕：觀此相關圖時，即可判定時間序列模式。

本章附錄 2　自我相關的檢視——DW 檢定

設時間序列的迴歸模型爲

$$Y_i = \alpha + \beta X_i + \varepsilon_i，i = 1, 2, \cdots, n$$

我們可以利用杜賓一瓦森檢定（Durbin-Watson test）來檢定模型是否發生自我相關，檢定步驟如下：

(1) 利用最小平方法求得估計的迴歸方程式

$\hat{Y}_i = \hat{\alpha} + \hat{\beta} X_i$

(2) 計算估計殘差值

$e_i = Y_i - \hat{Y}_i$

(3) 檢定統計量爲

$$DW = \frac{\sum_{2}^{k}(e_i - e_{i-1})^2}{\sum_{i=1}^{n} e_i^2}$$

(4) 查 DW 值表

正相關	不能判定	無自我相關	不能判定	負相關

0　d_L　d_u　2　$4 - d_u$　$4 - d_L$　4

由表可根據解釋變數個數 k 及樣本數 n 查出 DW 的臨界值 d_L 及 d_u。其決策法則爲

若 $DW < d_L$，則判定殘差值爲正的自我相關。

若 $DW > 4 - d_L$，則判定爲負的自我相關。

若 $d_u < DW < 4 - d_u$，則判定無自我相關。

若 $d_L < DW < d_u$，$4 - d_u < DW < 4 - d_L$，則無法判定。

3.3 Durbin-Watson 檢定的步驟

【解析例】

某公司過去 5 年各季銷售量 (Y) 的資料得出如下：

時間 (T)	銷售量 (Y)	時間 (T)	銷售量 (Y)
1	1262	11	1493
2	1303	12	1468
3	1336	13	1520
4	1344	14	1661
5	1365	15	1670
6	1379	16	1720
7	1422	17	1645
8	1459	18	1654
9	1479	19	1789
10	1485	20	1825

試檢定有無自我相關。

【EXCEL 統計分析】

步驟 1　求出銷售量對時間的線性迴歸。

從〔資料〕選項中點選資料分析，從中點選迴歸後，按 確定 。

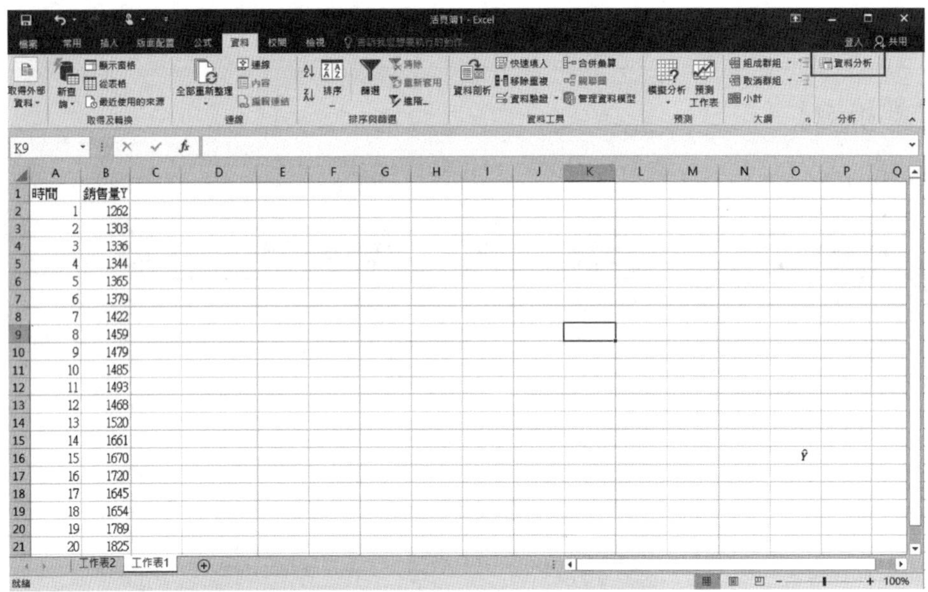

時間	銷售量Y
1	1262
2	1303
3	1336
4	1344
5	1365
6	1379
7	1422
8	1459
9	1479
10	1485
11	1493
12	1468
13	1520
14	1661
15	1670
16	1720
17	1645
18	1654
19	1789
20	1825

〔註〕:〔資料分析〕可從增益集中下載，完成後點選資料即可出現。

步驟 2 出現如下視窗，接著輸入資料。Y 範圍輸入銷售量，X 範圍輸入時間。按 確定 。

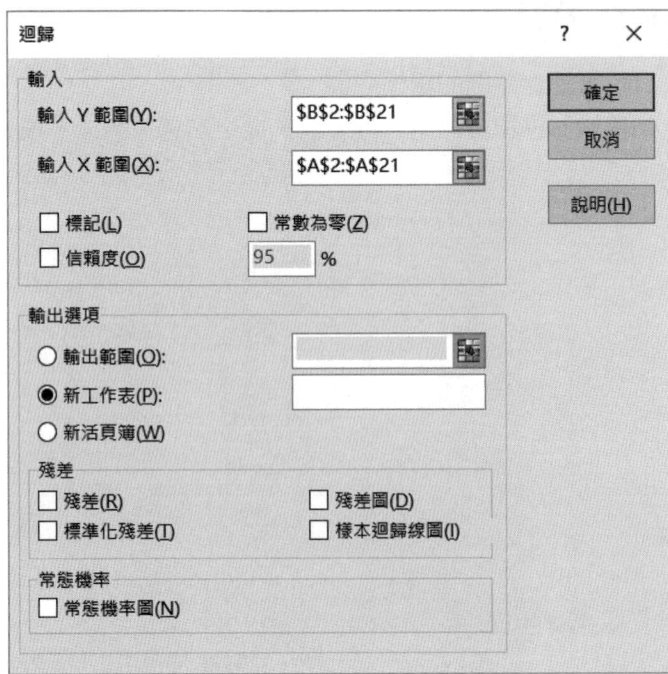

步驟 3　得出如下輸出表，迴歸式為 Y = 1228.8 + 27.16X。R^2 為 0.9383。

	A	B	C	D	E	F	G	H	I	J
1	摘要輸出									
2										
3	迴歸統計									
4	R 的倍數	0.968681								
5	R 平方	0.938343								
6	調整的 R	0.934917								
7	標準誤	42.31268								
8	觀察值個	20								
9										
10	ANOVA									
11		自由度	SS	MS	F	顯著值				
12	迴歸	1	490444.4	490444.4	273.9358	2.46E-12				
13	殘差	18	32226.53	1790.363						
14	總和	19	522671							
15										
16		係數	標準誤	t 統計	P-值	下限 95%	上限 95%	下限 95.0%	上限 95.0%	
17	截距	1228.8	19.65557	62.51663	1.66E-22	1187.505	1270.095	1187.505	1270.095	
18	X 變數 1	27.15714	1.640815	16.55101	2.46E-12	23.70992	30.60437	23.70992	30.60437	
19										
20										

步驟 4　於 D1 輸入迴歸式 $\hat{Y}$，D2 方格輸入 = 1228.8 + 27.16*A2，按 確定。

ROUND　=1228.8+27.16*A2

	A	B	C	D	E	F	G	H
1	時間T	銷售量Y		迴歸式 $\hat{Y}$				
2	1	1262		=1228.8+27.16*A2				
3	2	1303						
4	3	1336						
5	4	1344						
6	5	1365						
7	6	1379						
8	7	1422						
9	8	1459						
10	9	1479						
11	10	1485						
12	11	1493						
13	12	1468						
14	13	1520						
15	14	1661						
16	15	1670						
17	16	1720						
18	17	1645						
19	18	1654						
20	19	1789						
21	20	1825						

步驟 5　得出 1255.96。其他以複製得出。

	A	B	C	D	E	F	G	H
1	時間	銷售量Y		迴歸式　$\hat{Y}$				
2	1	1262		1255.96				
3	2	1303		1283.12				
4	3	1336		1310.28				
5	4	1344		1337.44				
6	5	1365		1364.6				
7	6	1379		1391.76				
8	7	1422		1418.92				
9	8	1459		1446.08				
10	9	1479		1473.24				
11	10	1485		1500.4				
12	11	1493		1527.56				
13	12	1468		1554.72				
14	13	1520		1581.88				
15	14	1661		1609.04				
16	15	1670		1636.2				
17	16	1720		1663.36				
18	17	1645		1690.52				
19	18	1654		1717.68				
20	19	1789		1744.84				
21	20	1825		1772				

步驟 6　E1 輸入誤差 e_i，E2 輸入 B2-D2 後按確定。其他以複製得出。

	A	B	C	D	E	F	G	H
1	時間	銷售量Y		迴歸式　$\hat{Y}$	ei			
2	1	1262		1255.96	6.04			
3	2	1303		1283.12	19.88			
4	3	1336		1310.28	25.72			
5	4	1344		1337.44	6.56			
6	5	1365		1364.6	0.4			
7	6	1379		1391.76	-12.76			
8	7	1422		1418.92	3.08			
9	8	1459		1446.08	12.92			
10	9	1479		1473.24	5.76			
11	10	1485		1500.4	-15.4			
12	11	1493		1527.56	-34.56			
13	12	1468		1554.72	-86.72			
14	13	1520		1581.88	-61.88			
15	14	1661		1609.04	51.96			
16	15	1670		1636.2	33.8			
17	16	1720		1663.36	56.64			
18	17	1645		1690.52	-45.52			
19	18	1654		1717.68	-63.68			
20	19	1789		1744.84	44.16			
21	20	1825		1772	53			

步驟 7　於 F2 輸入 e_i^2，於 F3 輸入 = E3*E3，其他以複製求出，接著求出 $\Sigma_1^n e_i^2$，於 F22 輸入 = SUM(F2:F21)，得出 32226.55。

	A	B	C	D	E	F	G
1	時間	銷售量Y		迴歸式 $\hat{Y}$	ei	ei^2	
2	1	1262		1255.96	6.04	36.4816	
3	2	1303		1283.12	19.88	395.2144	
4	3	1336		1310.28	25.72	661.5184	
5	4	1344		1337.44	6.56	43.0336	
6	5	1365		1364.6	0.4	0.16	
7	6	1379		1391.76	-12.76	162.8176	
8	7	1422		1418.92	3.08	9.4864	
9	8	1459		1446.08	12.92	166.9264	
10	9	1479		1473.24	5.76	33.1776	
11	10	1485		1500.4	-15.4	237.16	
12	11	1493		1527.56	-34.56	1194.394	
13	12	1468		1554.72	-86.72	7520.358	
14	13	1520		1581.88	-61.88	3829.134	
15	14	1661		1609.04	51.96	2699.842	
16	15	1670		1636.2	33.8	1142.44	
17	16	1720		1663.36	56.64	3208.09	
18	17	1645		1690.52	-45.52	2072.07	
19	18	1654		1717.68	-63.68	4055.142	
20	19	1789		1744.84	44.16	1950.106	
21	20	1825		1772	53	2809	
22						32226.55	

步驟 8　於 G2 輸入 e_{i-1}，複製 E2:E21，貼在 G3:G22。再刪除 E2 及 G22 的數值。

	A	B	C	D	E	F	G
1	時間	銷售量Y		迴歸式 $\hat{Y}$	ei	e^2	ei-1
2	1	1262		1255.96		0	
3	2	1303		1283.12	19.88	395.2144	6.04
4	3	1336		1310.28	25.72	661.5184	19.88
5	4	1344		1337.44	6.56	43.0336	25.72
6	5	1365		1364.6	0.4	0.16	6.56
7	6	1379		1391.76	-12.76	162.8176	0.4
8	7	1422		1418.92	3.08	9.4864	-12.76
9	8	1459		1446.08	12.92	166.9264	3.08
10	9	1479		1473.24	5.76	33.1776	12.92
11	10	1485		1500.4	-15.4	237.16	5.76
12	11	1493		1527.56	-34.56	1194.394	-15.4
13	12	1468		1554.72	-86.72	7520.358	-34.56
14	13	1520		1581.88	-61.88	3829.134	-86.72
15	14	1661		1609.04	51.96	2699.842	-61.88
16	15	1670		1636.2	33.8	1142.44	51.96
17	16	1720		1663.36	56.64	3208.09	33.8
18	17	1645		1690.52	-45.52	2072.07	56.64
19	18	1654		1717.68	-63.68	4055.142	-45.52
20	19	1789		1744.84	44.16	1950.106	-63.68
21	20	1825		1772	53	2809	44.16
22						32190.07	

步驟 9 於 H2 輸入 $e_i - e_{i-1}$，於 I2 輸入 $(e_i - e_{i-1})^2$，於 H3 輸入 = E3-G3，於 I3 輸入 = H3*H3，其他以複製求出。

	A	B	C	D	E	F	G	H	I
1	時間	銷售量Y		迴歸式 $\hat{Y}$	ei	e^2	ei-1	ei-ei-1	(ei-ei-1)^2
2	1	1262		1255.96		0			
3	2	1303		1283.12	19.88	395.2144	6.04	13.84	191.5456
4	3	1336		1310.28	25.72	661.5184	19.88	5.84	34.1056
5	4	1344		1337.44	6.56	43.0336	25.72	-19.16	367.1056
6	5	1365		1364.6	0.4	0.16	6.56	-6.16	37.9456
7	6	1379		1391.76	-12.76	162.8176	0.4	-13.16	173.1856
8	7	1422		1418.92	3.08	9.4864	-12.76	15.84	250.9056
9	8	1459		1446.08	12.92	166.9264	3.08	9.84	96.8256
10	9	1479		1473.24	5.76	33.1776	12.92	-7.16	51.2656
11	10	1485		1500.4	-15.4	237.16	5.76	-21.16	447.7456
12	11	1493		1527.56	-34.56	1194.394	-15.4	-19.16	367.1056
13	12	1468		1554.72	-86.72	7520.358	-34.56	-52.16	2720.666
14	13	1520		1581.88	-61.88	3829.134	-86.72	24.84	617.0256
15	14	1661		1609.04	51.96	2699.842	-61.88	113.84	12959.55
16	15	1670		1636.2	33.8	1142.44	51.96	-18.16	329.7856
17	16	1720		1663.36	56.64	3208.09	33.8	22.84	521.6656
18	17	1645		1690.52	-45.52	2072.07	56.64	-102.16	10436.67
19	18	1654		1717.68	-63.68	4055.142	-45.52	-18.16	329.7856
20	19	1789		1744.84	44.16	1950.106	-63.68	107.84	11629.47
21	20	1825		1772	53	2809	44.16	8.84	78.1456
22						32190.07			

步驟 10 計算 $\Sigma_{i=2}^{n}(e_i - e_{i-1})^2$，於 I22 輸入 = SUM(3:21)，按 確定，得出 41640.49。

	A	B	C	D	E	F	G	H	I
1	時間	銷售量Y		迴歸式 $\hat{Y}$	ei	e^2	ei-1	ei-ei-1	(ei-ei-1)^2
2	1	1262		1255.96		0			
3	2	1303		1283.12	19.88	395.2144	6.04	13.84	191.5456
4	3	1336		1310.28	25.72	661.5184	19.88	5.84	34.1056
5	4	1344		1337.44	6.56	43.0336	25.72	-19.16	367.1056
6	5	1365		1364.6	0.4	0.16	6.56	-6.16	37.9456
7	6	1379		1391.76	-12.76	162.8176	0.4	-13.16	173.1856
8	7	1422		1418.92	3.08	9.4864	-12.76	15.84	250.9056
9	8	1459		1446.08	12.92	166.9264	3.08	9.84	96.8256
10	9	1479		1473.24	5.76	33.1776	12.92	-7.16	51.2656
11	10	1485		1500.4	-15.4	237.16	5.76	-21.16	447.7456
12	11	1493		1527.56	-34.56	1194.394	-15.4	-19.16	367.1056
13	12	1468		1554.72	-86.72	7520.358	-34.56	-52.16	2720.666
14	13	1520		1581.88	-61.88	3829.134	-86.72	24.84	617.0256
15	14	1661		1609.04	51.96	2699.842	-61.88	113.84	12959.55
16	15	1670		1636.2	33.8	1142.44	51.96	-18.16	329.7856
17	16	1720		1663.36	56.64	3208.09	33.8	22.84	521.6656
18	17	1645		1690.52	-45.52	2072.07	56.64	-102.16	10436.67
19	18	1654		1717.68	-63.68	4055.142	-45.52	-18.16	329.7856
20	19	1789		1744.84	44.16	1950.106	-63.68	107.84	11629.47
21	20	1825		1772	53	2809	44.16	8.84	78.1456
22						32190.07			41640.49

步驟 11　計算統計量 DW 之值。於 J22 輸入 = I22/F22，按 確定，得出 1.293582。

	A	B	C	D	E	F	G	H	I	J
1	時間	銷售量Y		迴歸式 $\hat{Y}$	ei	e^2	ei-1	ei-ei-1	(ei-ei-1)^2	
2	1	1262		1255.96		0				
3	2	1303		1283.12	19.88	395.2144	6.04	13.84	191.5456	
4	3	1336		1310.28	25.72	661.5184	19.88	5.84	34.1056	
5	4	1344		1337.44	6.56	43.0336	25.72	-19.16	367.1056	
6	5	1365		1364.6	0.4	0.16	6.56	-6.16	37.9456	
7	6	1379		1391.76	-12.76	162.8176	0.4	-13.16	173.1856	
8	7	1422		1418.92	3.08	9.4864	-12.76	15.84	250.9056	
9	8	1459		1446.08	12.92	166.9264	3.08	9.84	96.8256	
10	9	1479		1473.24	5.76	33.1776	12.92	-7.16	51.2656	
11	10	1485		1500.4	-15.4	237.16	5.76	-21.16	447.7456	
12	11	1493		1527.56	-34.56	1194.394	-15.4	-19.16	367.1056	
13	12	1468		1554.72	-86.72	7520.358	-34.56	-52.16	2720.666	
14	13	1520		1581.88	-61.88	3829.134	-86.72	24.84	617.0256	
15	14	1661		1609.04	51.96	2699.842	-61.88	113.84	12959.55	
16	15	1670		1636.2	33.8	1142.44	51.96	-18.16	329.7856	
17	16	1720		1663.36	56.64	3208.09	33.8	22.84	521.6656	
18	17	1645		1690.52	-45.52	2072.07	56.64	-102.16	10436.67	
19	18	1654		1717.68	-63.68	4055.142	-45.52	-18.16	329.7856	
20	19	1789		1744.84	44.16	1950.106	-63.68	107.84	11629.47	
21	20	1825		1772	53	2809	44.16	8.84	78.1456	
22						32190.07			41640.49	1.293582

步驟 12　判定。

查 D-W 檢定表，$k = 1$, $n = 20$ 的 $D_{L,0.05}$ 與 $D_{U,0.05}$ 分別爲 1.20, 1.41。

$1.20 = D_{L,0.05} < DW < D_{U,0.05} = 1.41$

尚無法下結論說殘差有正自我相關。

Dubin-Watson 檢定表

顯著水準 $\alpha = .05$

n	$k=1$		$k=2$		$k=3$		$k=4$		$k=5$	
	d_L	d_U	d_L	d_U	d_L	d_U	d_L	d_U	d_L	d_U
15	1.08	1.36	0.95	1.54	0.82	1.75	0.69	1.97	0.56	2.21
16	1.10	1.37	0.98	1.54	0.86	1.73	0.74	1.93	0.62	2.15
17	1.13	1.38	1.02	1.54	0.90	1.71	0.78	1.90	0.67	2.10
18	1.16	1.39	1.05	1.53	0.93	1.69	0.82	1.87	0.71	2.06
19	1.18	1.40	1.08	1.53	0.97	1.68	0.86	1.85	0.75	2.02
20	1.20	1.41	1.10	1.54	1.00	1.68	0.90	1.83	0.79	1.99
21	1.22	1.42	1.13	1.54	1.03	1.67	0.93	1.81	0.83	1.96
22	1.24	1.43	1.15	1.54	1.05	1.66	0.96	1.80	0.86	1.94
23	1.26	1.44	1.17	1.54	1.08	1.66	0.99	1.79	0.90	1.92
24	1.27	1.45	1.19	1.55	1.10	1.66	1.01	1.78	0.93	1.90
25	1.29	1.45	1.21	1.55	1.12	1.66	1.04	1.77	0.95	1.89
26	1.30	1.46	1.22	1.55	1.14	1.65	1.06	1.76	0.98	1.88
27	1.32	1.47	1.24	1.56	1.16	1.65	1.08	1.76	1.01	1.86
28	1.33	1.48	1.26	1.56	1.18	1.65	1.10	1.75	1.03	1.85
29	1.34	1.48	1.27	1.56	1.20	1.65	1.12	1.74	1.05	1.84
30	1.35	1.49	1.28	1.57	1.21	1.65	1.14	1.74	1.07	1.83
31	1.36	1.50	1.30	1.57	1.23	1.65	1.16	1.74	1.09	1.83
32	1.37	1.50	1.31	1.57	1.24	1.65	1.18	1.73	1.11	1.82
33	1.38	1.51	1.32	1.58	1.26	1.65	1.19	1.73	1.13	1.81
34	1.39	1.51	1.33	1.58	1.27	1.65	1.21	1.73	1.15	1.81
35	1.40	1.52	1.34	1.58	1.28	1.65	1.22	1.73	1.16	1.80
36	1.41	1.52	1.35	1.59	1.29	1.65	1.24	1.73	1.18	1.80
37	1.42	1.53	1.36	1.59	1.31	1.66	1.25	1.72	1.19	1.80
38	1.43	1.54	1.37	1.59	1.32	1.66	1.26	1.72	1.21	1.79
39	1.43	1.54	1.38	1.60	1.33	1.66	1.27	1.72	1.22	1.79
40	1.44	1.54	1.39	1.60	1.34	1.66	1.29	1.72	1.23	1.79
45	1.48	1.57	1.43	1.62	1.38	1.67	1.34	1.72	1.29	1.78
50	1.50	1.59	1.46	1.63	1.42	1.67	1.38	1.72	1.34	1.77
55	1.53	1.60	1.49	1.64	1.45	1.68	1.41	1.72	1.38	1.77
60	1.55	1.62	1.51	1.65	1.48	1.69	1.44	1.73	1.41	1.77
65	1.57	1.63	1.54	1.66	1.50	1.70	1.47	1.73	1.44	1.77
70	1.58	1.64	1.55	1.67	1.52	1.70	1.49	1.74	1.46	1.77
75	1.60	1.65	1.57	1.68	1.54	1.71	1.51	1.74	1.49	1.77
80	1.61	1.66	1.59	1.69	1.56	1.72	1.53	1.74	1.51	1.77
85	1.62	1.67	1.60	1.70	1.57	1.72	1.55	1.75	1.52	1.77
90	1.63	1.68	1.61	1.70	1.59	1.73	1.57	1.75	1.54	1.78
95	1.64	1.69	1.62	1.71	1.60	1.73	1.58	1.75	1.56	1.78
100	1.65	1.69	1.63	1.72	1.61	1.74	1.59	1.76	1.57	1.78

註：n 表觀測值的個數，k 表自變數的個數。

第 4 章
交叉相關分析

4.0 前言

經常有想調查 2 個時間序列數據之間的相關。

$$\cdots,\ x(t-2),\ x(t-1),\ x(t)$$
$$\cdots,\ y(t-2),\ y(t-1),\ y(t)$$

此時，有效的方法即爲「交叉相關係數（Cross relation efficient）」。

譬如：所謂 1 次的交叉相關係數是像以下那樣，

$$\begin{array}{l} \cdots,\ x(t-2),\ x(t-1),\ x(t) \\ \swarrow\!\!\nearrow \quad \swarrow\!\!\nearrow \quad \swarrow\!\!\nearrow \\ \cdots,\ y(t-2),\ y(t-1),\ y(t) \end{array}$$

在挪 1 期之中的相關係數。

2 次的交叉相關係數是像那樣，

$$\begin{array}{l} \cdots,\ x(t-3),\ x(t-2),\ x(t-1),\ x(t) \\ \swarrow\!\!\nearrow \quad \swarrow\!\!\nearrow \quad \swarrow\!\!\nearrow \quad \swarrow\!\!\nearrow \\ \cdots,\ y(t-3),\ y(t-2),\ y(t-1),\ y(t) \end{array}$$

在挪 2 期之中的相關係數。

〔註〕：lag 中文稱爲滯後，也有書中稱爲落後或是延遲。

【關於先行指標】

譬如：在 2 個時間序列數據 $\{x(t)\}, \{y(t)\}$ 之中，挪 3 期的相關係數

$$\begin{array}{l} \cdots\cdots,\ x(t-3),\ x(t-2),\ x(t-1),\ x(t) \\ \nearrow \quad \nearrow \quad \nearrow \quad \nearrow \\ \cdots\cdots,\ y(t-5),\ y(t-4),\ y(t-3),\ y(t-2),\ y(t-1),\ y(t) \end{array}$$

換言之，3 次的交叉相關係數特別大時，對於時間序列 $\{x(t)\}$ 而言，將時間序列 $\{y(t)\}$ 稱爲滯後 +3 的先行指標。

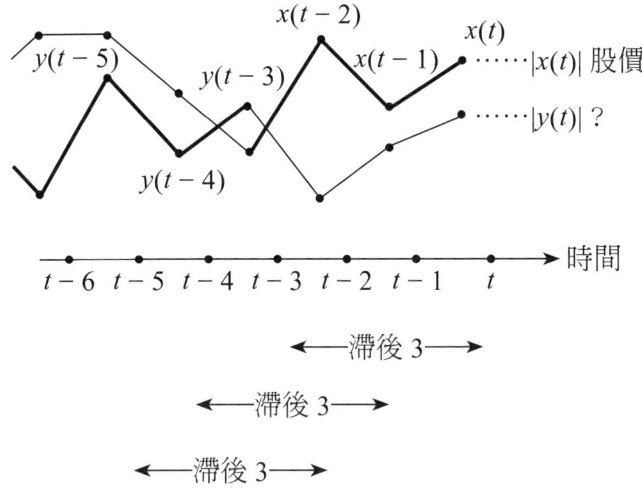

【範例】

爲了探討美國之經濟景氣循環期間與醫療生物科技產業之間的關係，除了分析美國醫療保健相關產業的發展現況數，同時探討這些醫療保健產業類股指數的走勢，並檢定醫療保健相關產業之股價指數對於美國景氣循環期間中之擴張期和緊縮期在解釋上的異同性。驗證資料爲美國醫療保健相關產業指數，包含生劑製藥產業指數（Drugs）、醫療設備產業指數（MedEq）及健康照護產業指數（Hlth）等三類指數。經由實證後發現醫療保健相關類股指數會領先美國景氣循環之低點有一個月以上的情況，因此可視爲是一種經濟景氣的領先指標。

以下的數據是爲了容易理解交叉相關係數所製作的 2 個時間序列數據。實際上，發現此種先行指標是非常困難的。

表 4.1 醫療設備銷售量與其先行指標

No.	先行指標	銷售量	No.	先行指標	銷售量	No.	先行指標	銷售量	No.	先行指標	銷售量
1	0.06	−0.6	41	0.21	0.6	81	−0.01	2.3	121	0.15	−0.8
2	0.25	−0.1	42	−0.01	0.8	82	0.17	0.5	122	−0.36	−1.0
3	−0.57	−0.5	43	0.70	0.0	83	0.08	2.2	123	0.35	−0.8
4	0.58	0.1	44	−0.22	1.0	84	0.58	1.3	124	−0.03	−0.1
5	−0.20	1.2	45	−0.76	1.0	85	−0.27	1.9	125	−0.18	−1.5
6	0.23	−1.6	46	0.06	4.2	86	0.79	1.5	126	0.16	0.3
7	−0.04	1.4	47	0.02	2.0	87	−0.21	4.5	127	0.07	0.2
8	−0.19	0.3	48	−0.17	−2.7	88	0.02	1.7	128	0.21	−0.5
9	0.03	0.9	49	−0.08	−1.5	89	0.30	4.8	129	−0.50	−0.1
10	0.42	0.4	50	0.01	−0.7	90	0.28	2.5	130	0.23	0.3
11	0.04	−0.1	51	0.11	−1.3	91	−0.27	1.4	131	−0.13	1.3
12	0.24	0.0	52	−0.39	−1.7	92	−0.01	3.5	132	0.14	−1.1
13	0.34	2.0	53	0.01	−1.1	93	0.03	3.2	133	−0.15	−0.1
14	−0.46	1.4	54	0.50	−0.1	94	0.16	1.5	134	0.19	−0.5
15	−0.18	2.2	55	−0.02	−1.7	95	−0.28	0.7	135	−0.24	0.3
16	−0.08	3.4	56	−0.37	−1.8	96	0.15	0.3	136	0.26	−0.7
17	0.29	0.0	57	−0.13	1.6	97	0.26	1.4	137	−0.22	0.7
18	0.56	−0.7	58	0.05	0.7	98	−0.36	−0.1	138	0.17	−0.5
19	−0.37	−1.0	59	0.54	−1.0	99	0.32	0.2	139	0.37	0.6
20	0.20	0.7	60	−0.46	−1.5	100	−0.11	1.6	140	−0.06	−0.3
21	0.54	3.7	61	0.25	−0.7	101	0.22	−0.4	141	0.29	0.2
22	−0.31	0.5	62	−0.52	1.7	102	−0.65	0.9	142	−0.34	2.1
23	0.03	1.4	63	0.44	−0.2	103	0.00	0.6	143	−0.12	1.5
24	0.52	3.6	64	0.02	0.4	104	0.47	1.0	144	−0.16	1.8
25	−0.70	1.1	65	−0.47	−1.8	105	0.16	−2.5	145	0.25	0.4
26	0.35	0.7	66	0.11	0.8	106	−0.19	−1.4	146	0.08	−0.5
27	−0.63	3.3	67	0.06	0.7	107	0.48	1.2	147	−0.07	−1.0
28	0.44	−1.0	68	0.25	−2.0	108	−0.26	1.6	148	0.26	0.4
29	−0.38	1.0	69	−0.35	−0.3	109	0.21	0.3	149	−0.37	0.5
30	−0.01	−2.1	70	0.00	−0.6	110	0.00	2.3			
31	0.22	0.6	71	−0.06	1.3	111	−0.20	0.7			
32	0.10	−1.5	72	0.21	−1.4	112	0.35	1.3			
33	−0.50	−1.4	73	−0.09	−0.3	113	0.38	1.2			
34	0.01	0.7	74	0.36	−0.9	114	−0.48	−0.2			
35	0.30	0.5	75	0.09	0.0	115	0.20	1.4			
36	−0.76	−1.7	76	−0.04	0.0	116	−0.32	3.0			
37	0.52	−1.1	77	−0.20	1.8	117	0.43	−0.4			
38	0.15	−0.1	78	0.44	1.3	118	−0.50	1.3			
39	0.06	−2.7	79	−0.23	0.9	119	0.12	−0.9			
40	−0.10	0.3	80	0.40	−0.9	120	−0.17	1.2			

■ 數據輸入類型

如下輸入數據：

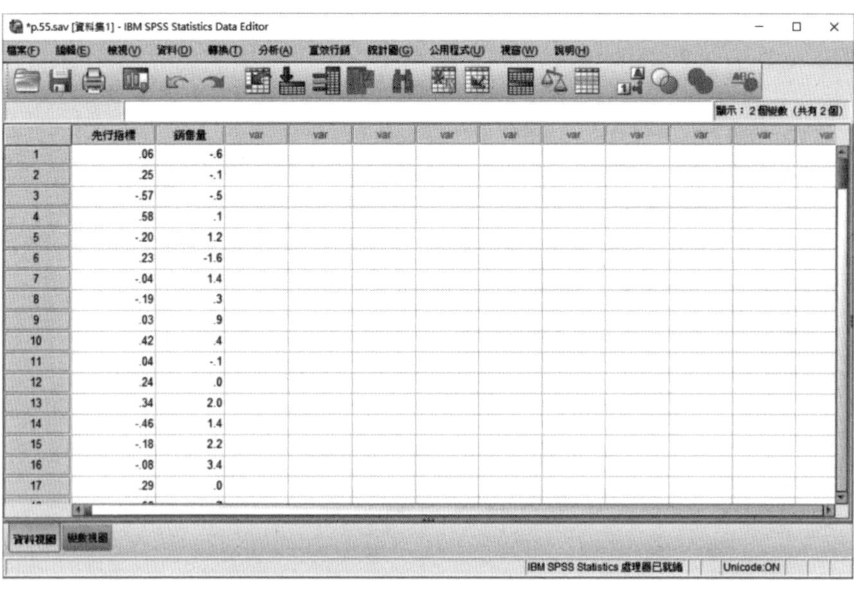

*p.55.sav [資料集1] - IBM SPSS Statistics Data Editor

顯示：2 個變數 (共有 2 個)

	先行指標	銷售量
1	.06	-.6
2	.25	-.1
3	-.57	-.5
4	.58	.1
5	-.20	1.2
6	.23	-1.6
7	-.04	1.4
8	-.19	.3
9	.03	.9
10	.42	.4
11	.04	-.1
12	.24	.0
13	.34	2.0
14	-.46	1.4
15	-.18	2.2
16	-.08	3.4
17	.29	.0

⋮　　⋮

	先行指標	銷售量
134	.19	-.5
135	-.24	.3
136	.26	-.7
137	-.22	.7
138	.17	-.5
139	.37	.6
140	-.06	-.3
141	.29	.2
142	-.34	2.1
143	-.12	1.5
144	-.16	1.8
145	.25	.4
146	.08	-.5
147	-.07	-1.0
148	.26	.4
149	-.37	.5
150		

資料視圖　變數視圖

IBM SPSS Statistics 處理器已就緒　Unicode:ON

4.1 交叉相關分析步驟

一、統計處理步驟

步驟 1　以滑鼠點選預測 (T)，再從子清單之中，選擇 [交叉相關 (R)]。

步驟 2　出現以下畫面時，首先將先行指標移到變數 (V) 的方框之中，接著將銷售量移到變數 (V) 的方框之中。之後只要按一下 確定 。

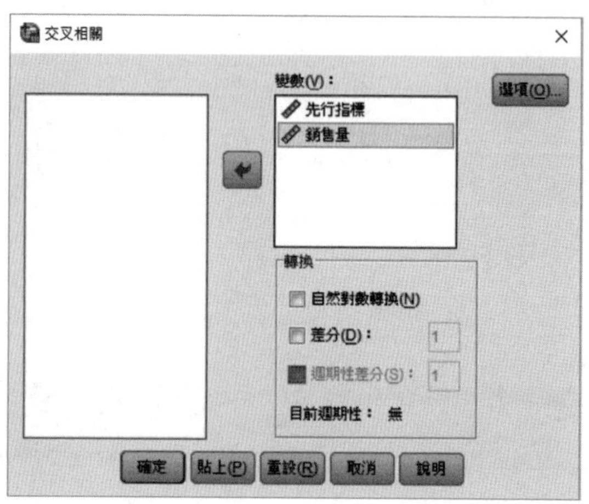

〔註〕：將變數的順序顛倒時，滯後（落後）值的 +、– 即變成相反。

二、SPSS 輸出

交互相關

系列配對:　先行指標 與 銷售量

落後	交互相關	平均數的錯誤[a]
-7	.002	.084
-6	-.106	.084
-5	.068	.083
-4	-.030	.083
-3	.055	.083
-2	-.058	.082
-1	.097	.082
0	-.003	.082
1	.071	.082
2	-.380	.082
3	.720	.083
4	.104	.083
5	.108	.083
6	.044	.084
7	.141	.084

a. 基於以上假設，這些系列不交互相關，且其中一個系列是白色雜訊。

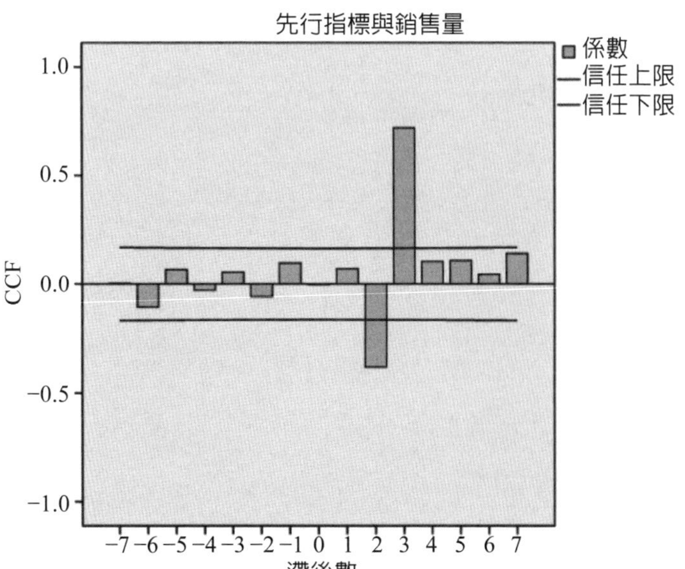

三、輸出結果判讀

觀察圖形時，滯後值在 +3 地方的交叉相關係數最大，因之可知先行指標是比銷售量先行 3 期。

Tea Break

先行指標，又稱為領先指標，主要是提前反應景氣的經濟指標，具有領先景氣波動的性質，最常用來預測未來景氣走向。例如：臺灣的外銷訂單動向指數、建築物開工樓地板面積（住宅、商辦、工業倉儲）、實質半導體設備進口值等。落後指標，則代表會晚一步反應景氣的經濟指標，主要用在事後確認景氣狀況的參考數值。

4.2 交叉相關係數圖形

■ 2 個變數的時間序列數據

以下的數據是針對 2 個時間序列數據 $\{x(t)\}$ 與 $\{y(t)\}$ 所調查的結果：

時間 t	時間序列數據 $x(t)$	時間序列數據 $y(t)$
1	9	20
2	−32	11
3	12	5
4	28	−7
5	−5	−43
6	−23	−6
7	44	−11
8	38	7
9	10	−33
10	22	−5

在此 2 個時間序列數據 $\{x(t)\}$ 與 $\{y(t)\}$ 之間有何種關係呢？

〔註〕：交叉相關英文稱爲 Cross correlation，也稱爲相互相關、時差相關。

姑且先描繪此 2 個時間序列數據的圖形看看。

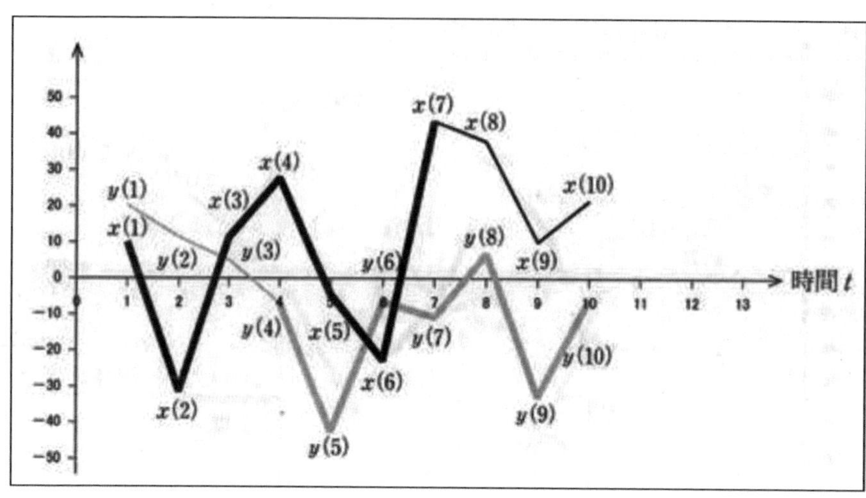

圖 4.2.1　2 個時間數列數據

此 2 個時間序列數據看起來相互間有少許的挪移的樣子。

因此，時間序列數據 $\{y(t)\}$ 維持不變，將影響數列數據 $\{x(t)\}$ 向右挪移看看。

步驟 1　將時間序列數據 $\{x(t)\}$ 向右挪移 1 期時。

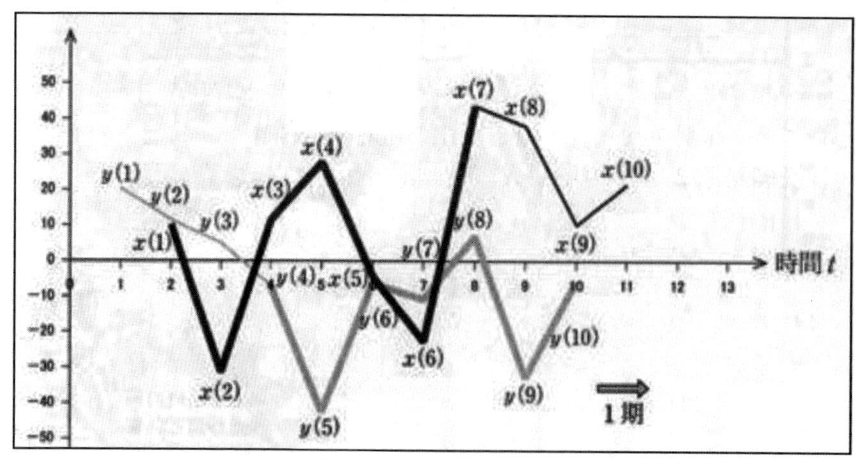

圖 4.2.2　挪移 1 期

步驟 2　將時間序列數據 $\{x(t)\}$ 向右挪移 2 期時。

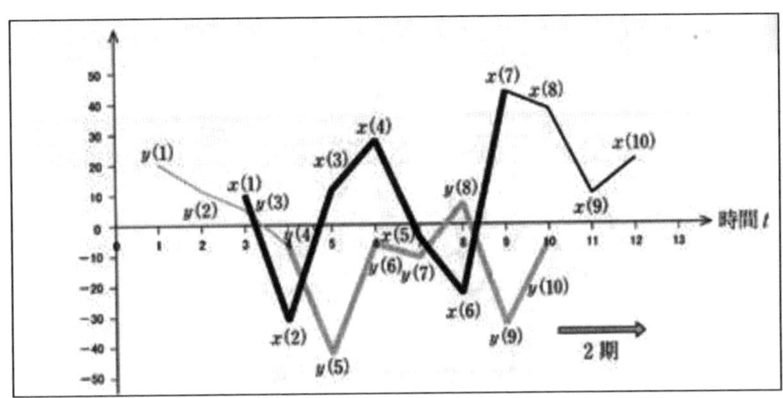

圖 4.2.3　挪移 2 期

步驟 3　將時間序列數據 $\{x(t)\}$ 向右挪移 3 期時。

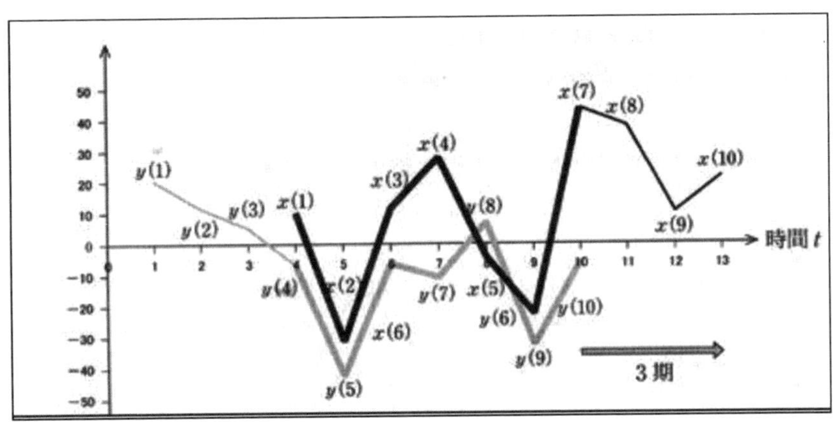

圖 4.2.4　挪移 3 期

將時間序列數據 $\{x(t)\}$ 向右挪移 3 期時，2 個時間序列數據 $\{x(t)\}$ 與 $\{y(t)\}$ 看起來形成同時變動。

換言之，可以想成是「時間序列數據 $\{x(t)\}$ 比時間序列數據 $\{y(t)\}$ 先行 3 期」。

〔註〕：2 個時間序列類似於紐約道瓊平均與日經平均之關係。

4.3 交叉相關係數公式

試以數值表現 2 個時間序列數據之關係看看。

表 4.3.1　變數的時間序列數據

時間	1	2	3	…	$t-2$	$t-1$	t
時間序列數據	$x(1)$	$x(2)$	$x(3)$	…	$x(t-2)$	$x(t-1)$	$x(t)$
時間序列數據	$y(1)$	$y(2)$	$y(3)$	…	$y(t-2)$	$y(t-1)$	$y(t)$

此時，馬上想到的是相關關係。

$$\frac{(x(1)-\bar{x})\cdot(y(1)-\bar{y})+\cdots+(x(t)-\bar{x})\cdot(y(t)-\bar{y})}{\sqrt{(x(1)-\bar{x})^2+\cdots+(x(t)-\bar{x})^2}\cdot\sqrt{(y(1)-\bar{y})^2+\cdots+(y(t)-\bar{y})^2}}$$

可是，時間序列數據也許有「時間滯後」。因此，考察挪移 1 期看看。

此想法與 1 次自我相關關係相同。可是談到「挪移 1 期」，有以下 2 種方式：

方式①　將 $\{x(t)\}$ 向右挪移 1 期或將 $\{y(t)\}$ 向左挪移 1 期。

	$x(1)$	$x(2)$	…	$x(t-2)$	$x(t-1)$	$x(t)$
$y(1)$	$y(2)$	$y(1)$	…	$y(t-1)$	$y(t)$	

〔註〕：此爲滯後 +1。此時它的 1 次交叉相關係數公式如本章後頭所示。

方式②　將 $\{x(t)\}$ 向左挪移 1 期或將 $\{y(t)\}$ 向右挪移 1 期。

$x(1)$	$x(2)$	$x(3)$	…	$x(t-1)$	$x(t)$	
	$y(1)$	$y(2)$	…	$y(t-2)$	$y(t-1)$	$y(t)$

此爲滯後 −1，此時它的 1 次交叉相關係數公式如本章後頭所示。

若將滯後數按 −3, −2, −1, 0, 1, 2, 3 改變時，也可依序計算交叉相關。

使用有最大交叉相關之處的滯後，即可由 $x(t)$ 預測 $y(t)$。

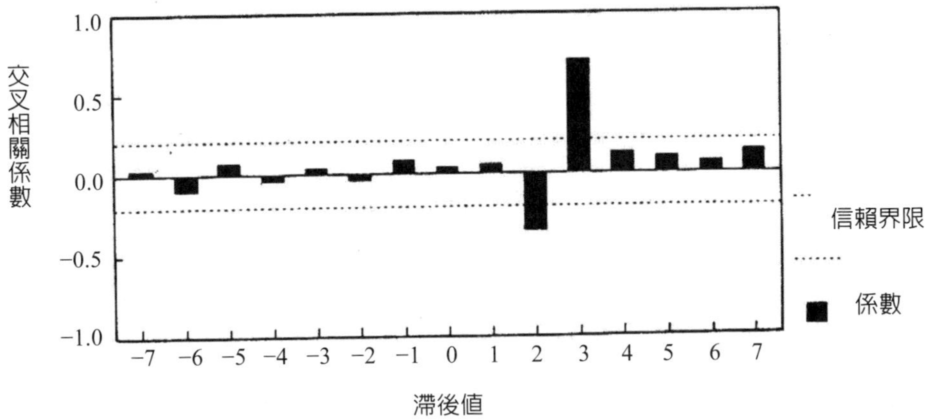

方式①　將時間序列數據如下挪移 1 期時

時間	時間序列數據
1	$x(1)$
2	$x(2)$
3	$x(3)$
⋮	⋮
$t-1$	$x(t-1)$
t	$x(t)$

⋮

時間	時間序列數據
1	$y(1)$
2	$y(2)$
3	$y(3)$
⋮	⋮
$t-1$	$y(t-1)$
t	$y(t)$

此時 1 次交叉相關係數爲

$$\frac{(x(1)-\bar{x})\cdot(y(2)-\bar{y})+\cdots+(x(t-1)-\bar{x})\cdot(y(t)-\bar{y})}{\sqrt{(x(1)-\bar{x})^2+\cdots+(x(t)-\bar{x})^2}\cdot\sqrt{(y(1)-\bar{y})^2+\cdots+(y(t)-\bar{y})^2}}$$

〔註〕：$k>0$ 時，k 次交叉相關係數即爲

$$\frac{(x(1)-\bar{x})\cdot(y(k+1)-\bar{y})+\cdots+(x(t-k)-\bar{x})\cdot(y(t)-\bar{y})}{\sqrt{(x(1)-\bar{x})^2+\cdots+(x(t)-\bar{x})^2}\cdot\sqrt{(y(1)-\bar{y})^2+\cdots+(y(t)-\bar{y})^2}}$$

滯後爲正。

方式② 另外，也可考慮往逆方向挪移 1 期

時間	時間序列數據
1	$x(1)$
2	$x(2)$
3	$x(3)$
⋮	⋮
$t-1$	$x(t-1)$
t	$x(t)$

時間	時間序列數據
1	$y(1)$
2	$y(2)$
3	$y(3)$
⋮	⋮
$t-1$	$y(t-1)$
t	$y(t)$

此時 1 次交叉相關係數爲

$$\frac{(y(1)-\bar{y})\cdot(x(2)-\bar{x})+\cdots+(y(t-1)-\bar{y})\cdot(x(t)-\bar{x})}{\sqrt{(x(1)-\bar{x})^2+\cdots+(x(t)-\bar{x})^2}\cdot\sqrt{(y(1)-\bar{y})^2+\cdots+(y(t)-\bar{y})^2}}$$

〔註〕：$k<0$ 時，k 次交叉相關係數即爲

$$\frac{(y(1)-\bar{y})\cdot(x(k+1)-\bar{x})+\cdots+(y(t-k)-\bar{y})\cdot(x(t)-\bar{x})}{\sqrt{(x(1)-\bar{x})^2+\cdots+(x(t)-\bar{x})^2}\cdot\sqrt{(y(1)-\bar{y})^2+\cdots+(y(t)-\bar{y})^2}}$$

滯後爲負。

■ 利用 Excel 交叉相關係數的求法——滯後 3 時

步驟 1 如下輸入數據：

	A	B	C	D	E	F	G
1	時間	時間數列X(t)	時間數列Y(t)	X(t)之差	Y(t)之差	X(t)之平均值	
2	1	9	20				
3	2	-32	11			Y(t)之平均值	
4	3	12	5				
5	4	28	-7			分子	
6	5	-5	-43				
7	6	-23	-6			分母的X(t)	
8	7	44	-11				
9	8	38	7			分母的Y(t)	
10	9	10	-33				
11	10	22	-5			交差相關係數	
12							

步驟 2　求 $x(t)$ 與 $y(t)$ 的平均值。
G1 的方格輸入 = AVERAGE(B2:B11)
G3 的方格輸入 = AVERAGE(C2:C11)

G3　=AVERAGE(C2:C11)

	A	B	C	D	E	F	G	H
1	時間	時間數列X(t)	時間數列Y(t)	X(t)之差	Y(t)之差	X(t)之平均值	10.3	
2	1	9	20					
3	2	-32	11			Y(t)之平均值	-6.2	
4	3	12	5					
5	4	28	-7			分子		
6	5	-5	-43					
7	6	-23	-6			分母的X(t)		
8	7	44	-11					
9	8	38	7			分母的Y(t)		
10	9	10	-33					
11	10	22	-5			交差相關係數		

步驟 3　求 $x(6)$ 與平均值之差。
D2 方格輸入 = B2-10.3
接者，複製 D2，貼至 D3 至 D11。

D2　=B2-10.3

	A	B	C	D	E	F	G	H
1	時間	時間數列X(t)	時間數列Y(t)	X(t)之差	Y(t)之差	X(t)之平均值	10.3	
2	1	9	20	-1.3				
3	2	-32	11	-42.3		Y(t)之平均值	-6.2	
4	3	12	5	1.7				
5	4	28	-7	17.7		分子		
6	5	-5	-43	-15.3				
7	6	-23	-6	-33.3		分母的X(t)		
8	7	44	-11	33.7				
9	8	38	7	27.7		分母的Y(t)		
10	9	10	-33	-0.3				
11	10	22	-5	11.7		交差相關係數		

步驟 4 求 *y*(6) 與平均值之差
E2 的方格輸入 = C2-(-6.2)
接著，複製 E2，貼至 E3 至 E11。

E2 =C2-(-6.2)

	A	B	C	D	E	F	G	H
1	時間	時間數列X(t)	時間數列Y(t)	X(t)之差	Y(t)之差	X(t)之平均值	10.3	
2	1	9	20	-1.3	26.2			
3	2	-32	11	-42.3	17.2	Y(t)之平均值	-6.2	
4	3	12	5	1.7	11.2			
5	4	28	-7	17.7	-0.8	分子		
6	5	-5	-43	-15.3	-36.8			
7	6	-23	-6	-33.3	0.2	分母的X(t)		
8	7	44	-11	33.7	-4.8			
9	8	38	7	27.7	13.2	分母的Y(t)		
10	9	10	-33	-0.3	-26.8			
11	10	22	-5	11.7	1.2	差相關係數		
12								

步驟 5 點一下 G5 的方格，輸入 = SUMPRODUCT(D2:D8,E5:E11)，求出分子。

G5 =SUMPRODUCT(D2:D8,E5:E11)

	A	B	C	D	E	F	G	H
1	時間	時間數列X(t)	時間數列Y(t)	X(t)之差	Y(t)之差	X(t)之平均值	10.3	
2	1	9	20	-1.3	26.2			
3	2	-32	11	-42.3	17.2	Y(t)之平均值	-6.2	
4	3	12	5	1.7	11.2			
5	4	28	-7	17.7	-0.8	分子	2203.98	
6	5	-5	-43	-15.3	-36.8			
7	6	-23	-6	-33.3	0.2	分母的X(t)		
8	7	44	-11	33.7	-4.8			
9	8	38	7	27.7	13.2	分母的Y(t)		
10	9	10	-33	-0.3	-26.8			
11	10	22	-5	11.7	1.2	交差相關係數		
12								

步驟 6 點一下 G7 的方格，輸入 = SUMSQ(D2:D11)，求出 $x(t)$ 的分母。

G7 =SUMSQ(D2:D11)

	A	B	C	D	E	F	G	H
1	時間	時間數列X(t)	時間數列Y(t)	X(t)之差	Y(t)之差	X(t)之平均值	10.3	
2	1	9	20	-1.3	26.2			
3	2	-32	11	-42.3	17.2	Y(t)之平均值	-6.2	
4	3	12	5	1.7	11.2			
5	4	28	-7	17.7	-0.8	分子	2203.98	
6	5	-5	-43	-15.3	-36.8			
7	6	-23	-6	-33.3	0.2	分母的X(t)	5490.1	
8	7	44	-11	33.7	-4.8			
9	8	38	7	27.7	13.2	分母的Y(t)		
10	9	10	-33	-0.3	-26.8			
11	10	22	-5	11.7	1.2	交差相關係數		
12								

步驟 7 點一下 G9 的方格，輸入 = SUMSQ(E2:E11)，求出 $y(t)$ 的分母。

G9 =SUMSQ(E2:E11)

	A	B	C	D	E	F	G	H
1	時間	時間數列X(t)	時間數列Y(t)	X(t)之差	Y(t)之差	X(t)之平均值	10.3	
2	1	9	20	-1.3	26.2			
3	2	-32	11	-42.3	17.2	Y(t)之平均值	-6.2	
4	3	12	5	1.7	11.2			
5	4	28	-7	17.7	-0.8	分子	2203.98	
6	5	-5	-43	-15.3	-36.8			
7	6	-23	-6	-33.3	0.2	分母的X(t)	5490.1	
8	7	44	-11	33.7	-4.8			
9	8	38	7	27.7	13.2	分母的Y(t)	3379.6	
10	9	10	-33	-0.3	-26.8			
11	10	22	-5	11.7	1.2	交差相關係數		
12								

步驟 8 點一下 G11 的方格，輸入 = G5/(G7^0.5*G9^0.5)，計算 3 次交叉相關係數。

G11 =G5/(G7^0.5*G9^0.5)

	A	B	C	D	E	F	G	H
2	1	9	20	-1.3	26.2			
3	2	-32	11	-42.3	17.2	Y(t)之平均值	-6.2	
4	3	12	5	1.7	11.2			
5	4	28	-7	17.7	-0.8	分子	2203.98	
6	5	-5	-43	-15.3	-36.8			
7	6	-23	-6	-33.3	0.2	分母的X(t)	5490.1	
8	7	44	-11	33.7	-4.8			
9	8	38	7	27.7	13.2	分母的Y(t)	3379.6	
10	9	10	-33	-0.3	-26.8			
11	10	22	-5	11.7	1.2	交差相關係數	0.5117	
12								

4.4 交叉相關係數與先行指標

且說，此交叉相關係數有何種利用方法呢？使用 SPSS 計算表 4.1 的交叉相關係數時，得出如下結果：

落後	交互相關	平均數的錯誤[a]
-7	.198	.577
-6	.313	.500
-5	-.096	.447
-4	-.140	.408
-3	-.296	.378
-2	-.203	.354
-1	-.020	.333
0	.006	.316
1	-.299	.333
2	-.296	.354
3	.512	.378
4	.147	.408
5	-.062	.447
6	-.134	.500
7	.260	.577

將此交叉相關係數表現成圖形看看。

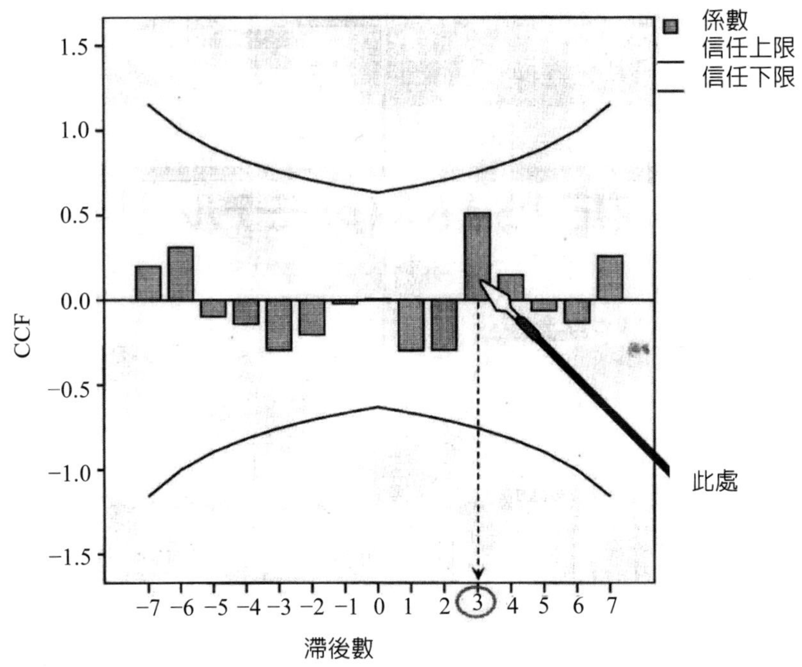

觀此圖時，在滯後 3 的地方，此交叉相關係數變得最大。
也就是說，「時間序列數據 $x(t)$ 比時間序列數據 $y(t)$ 先行 3 期」。
此時，可以說「時間序列 $x(t)$ 是時間序列 $y(t)$ 的先行指標」。
在經濟時間序列中，掌握先行指標與否是一大問題。

第 5 章
複迴歸分析
——調查要因間的因果關係

5.1 複迴歸分析

以下的數據是以中國的 31 個城市中的流動人口為中心的調查結果。

表 5.1.1　中國的流動人口

	地域	流動人口	都市化	三次產業	每人gdp	從業者率	固定資產	教育水準	直接投資	省
1	1	1782.4	77.6	58.3	22460	45	1280	39994	168	北京市
2	1	734.3	72.0	45.5	17993	41	611	29858	117	天津市
3	1	138.0	26.1	33.5	7663	51	1817	13415	68	河北省
4	1	246.6	54.3	39.0	11226	43	1268	19387	204	遼寧省
5	1	1872.7	88.3	50.6	34547	40	1869	33958	316	上海市
6	1	341.1	41.5	36.3	11773	48	2570	16956	643	江蘇省
7	1	788.7	48.7	36.3	13461	58	2350	13947	161	浙江省
8	1	618.1	41.6	40.0	11601	48	1112	13569	343	福建省
9	1	113.8	38.0	35.5	9555	51	2531	14367	297	山東省
10	1	95.4	28.2	37.2	4319	56	583	11943	53	廣西自治
11	1	485.1	40.2	42.3	6894	42	199	15658	43	海南省
12	1	1743.2	55.0	39.3	12885	45	3145	16440	1128	廣東省
13	2	202.4	34.9	38.7	5137	43	548	14985	23	山西省
14	2	230.6	42.7	35.3	5872	43	424	17563	11	內蒙古
15	2	113.1	49.7	34.2	6847	40	604	20002	34	吉林省
16	2	104.8	51.5	31.6	8562	44	833	18663	30	黑龍江省
17	2	38.4	27.8	33.2	4867	56	804	9922	32	安徽省
18	2	61.1	27.7	40.8	4851	47	516	12395	23	江西省
19	2	51.5	23.2	30.4	5444	60	1378	12705	56	河南省
20	2	101.2	40.2	34.9	7188	42	1339	16493	94	湖北省
21	2	54.2	29.8	39.1	5639	54	1012	14052	68	湖南省
22	2	130.5	33.1	40.8	5157	53	573	11398	24	重慶市
23	3	64.4	26.7	34.0	4784	53	1418	10057	44	四川省
24	3	115.9	23.9	33.7	2662	58	397	7528	3	貴州省
25	3	271.5	23.4	34.6	4637	54	684	8577	13	雲南省
26	3	414.8	19.1	45.9	4559	47	64	4657	.	西藏自治
27	3	118.2	32.3	39.1	4549	50	654	16384	29	陝西省
28	3	88.9	24.0	35.6	3838	46	395	12528	6	甘肅省
29	3	240.0	34.8	42.1	5087	46	151	13729	.	青海省
30	3	341.4	32.4	37.5	4839	49	158	14600	2	寧夏自治
31	3	733.0	33.8	35.9	7470	35	610	17230	2	新疆自治
32										

一、想分析的事情

1. 想調查對流動人口比率有影響的要因。
2. 只有都市化比率務必要列入自變數，想進行複迴歸分析。
3. 想調查在 3 個地域，即東部地域（沿海地域）、中部地域、西部地域（內陸地域）中流動人口比率有無差異。

此時，可以考慮如下的統計處理：

【統計處理 1】將流動人口比率當作依變數，其他的要因當作自變數，利用逐步法進行複迴歸分析。

【統計處理 2】在自變數之中，都市化比率進行強迫進入變數法，其他的自變數使用逐步法進行自變數的選擇。

【統計處理 3】利用虛擬變數，對與流動人口比率有關的地域間之差異進行檢定。

二、撰寫論文時

複迴歸分析時：

「將流動人口比率取成依變數，殘餘的變數取成自變數，利用逐步法進行複迴歸分析之後，發覺每 1 人 GDP、來自海外的直接投資額、第 3 次產業構成，當作自變數保留。」由此事，可以判讀出什麼？

又，在此複迴歸中的決定係數、調整自由度的決定係數分別是 0.823、0.801，複迴歸式的適配可以認爲還不錯。

1. 在複迴歸分析中，決定係數、偏迴歸係數的檢定、標準偏迴歸係數都是很重要的。
2. 比較幾個複迴歸模式時，也要加入「赤池資訊量準則」（Akaike information criterion，簡稱 AIC）。

三、數據輸入類型

表 5.1.1 的數據如下輸入：

	地域	流動人口	都市化	三次產業	每人gdp	從業者率	固定資產	教育水準	直接投資	省	var
1	1	1782.4	77.6	58.3	22460	45	1280	39994	168	北京市	
2	1	734.3	72.0	45.5	17993	41	611	29858	117	天津市	
3	1	138.0	26.1	33.5	7663	51	1817	13415	68	河北省	
4	1	246.6	54.3	39.0	11226	43	1268	19387	204	遼寧省	
5	1	1872.7	88.3	50.6	34547	40	1869	33958	316	上海市	
6	1	341.1	41.5	36.3	11773	48	2570	16956	643	江蘇省	
7	1	788.7	48.7	36.3	13461	58	2350	13947	161	浙江省	
8	1	618.1	41.6	40.0	11601	48	1112	13569	343	福建省	
9	1	113.8	38.0	35.5	9555	51	2531	14367	297	山東省	
10	1	95.4	28.2	37.2	4319	56	583	11943	53	廣西自治	
11	1	485.1	40.2	42.3	6894	42	199	15658	43	海南省	
12	1	1743.2	55.0	39.3	12885	45	3145	16440	1128	廣東省	
13	2	202.4	34.9	38.7	5137	43	548	14985	23	山西省	
14	2	230.6	42.7	35.3	5872	43	424	17563	11	內蒙古	
15	2	113.1	49.7	34.2	6847	40	604	20002	34	吉林省	
16	2	104.8	51.5	31.6	8562	44	833	18663	30	黑龍江省	
17	2	38.4	27.8	33.2	4867	56	804	9922	32	安徽省	
18	2	61.1	27.7	40.8	4851	47	516	12395	23	江西省	
19	2	51.5	23.2	30.4	5444	60	1378	12705	56	河南省	
20	2	101.2	40.2	34.9	7188	42	1339	16493	94	湖北省	
21	2	54.2	29.8	39.1	5639	54	1012	14052	68	湖南省	
22	2	130.5	33.1	40.8	5157	53	573	11398	24	重慶市	
23	3	64.4	26.7	34.0	4784	53	1418	10057	44	四川省	
24	3	115.9	23.9	33.7	2662	58	397	7528	3	貴州省	
25	3	271.5	23.4	34.6	4637	54	684	8577	13	雲南省	
26	3	414.8	19.1	45.9	4559	47	64	4657	.	西藏自治	
27	3	118.2	32.3	39.1	4549	50	654	16384	29	陝西省	
28	3	88.9	24.0	35.6	3838	46	395	12528	6	甘肅省	
29	3	240.0	34.8	42.1	5087	46	151	13729	.	青海省	
30	3	341.4	32.4	37.5	4839	49	158	14600	2	寧夏自治	
31	3	733.0	33.8	35.9	7470	35	610	17230	2	新疆自治	
32											

資料檢視 / 變數檢視

5.2 SPSS 的複迴歸分析——逐步法

步驟 1　輸入數據後，從分析 (A) 的清單中如下選擇：

檔案(F)　編輯(E)　檢視(V)　資料(D)　轉換(T)　分析(A)　統計圖(G)　公用程式(U)　視窗(W)　輔助說明(H)

分析(A)：報表(P)、描述性統計(E)、比較平均數法(M)、一般線性模式(G)、相關(C)、迴歸方法(R)、對數線性(O)、分類(Y)、資料縮減(D)、量尺法(A)、無母數檢定(N)、時間數列(I)、存活分析(S)、複選題分析(L)、遺漏值分析(V)...

迴歸方法(R)：線性(L)...、曲線估計(C)...、二元 Logistic(G)...、多項性 Logistic(M)...、次序的(D)...、Probit 分析(P)...、非線性(N)...、加權估計(W)...、二階最小平方法(2)...、最適尺度(O)...

1 : 地域　1

	地域	流動人口	都		每人gdp	從業者率	固定資產	教育水準	直接投資	省	var
1	1	1782.4			22460	45	1280	39994	168	北京市	
2	1	734.3					611	29858	117	天津市	
3	1	138.0					1817	13415	68	河北省	
4	1	246.6					1268	19387	204	遼寧省	
5	1	1872.7					1869	33958	316	上海市	
6	1	341.1					2570	16956	643	江蘇省	
7	1	788.7					2350	13947	161	浙江省	
8	1	618.1					1112	13569	343	福建省	
9	1	113.8					2531	14367	297	山東省	
10	1	95.4					583	11943	53	廣西自治	
11	1	485.1					199	15658	43	海南省	
12	1	1743.2	55.0	39.3			3145	16440	1128	廣東省	
13	2	202.4	34.9	38.7	5137	43	548	14985	23	山西省	
14	2	230.6	42.7	35.3	5872	43	424	17563	11	內蒙古	
15	2	113.1	49.7	34.2	6847	40	604	20002	34	吉林省	
16	2	104.8	51.5	31.6	8562	44	833	18663	30	黑龍江省	
17	2	38.4	27.8	33.2	4867	56	804	9922	32	安徽省	
18	2	61.1	27.7	40.8	4851	47	516	12395	23	江西省	
19	2	51.5	23.2	30.4	5444	60	1378	12705	56	河南省	
20	2	101.2	40.2	34.9	7188	42	1339	16493	94	湖北省	
21	2	54.2	29.8	39.1	5639	54	1012	14052	68	湖南省	
22	2	130.5	33.1	40.8	5157	53	573	11398	24	重慶市	
23	3	64.4	26.7	34.0	4784	53	1418	10057	44	四川省	
24	3	115.9	23.9	33.7	2662	58	397	7528	3	貴州省	
25	3	271.5	23.4	34.6	4637	54	684	8577	13	雲南省	
26	3	414.8	19.1	45.9	4559	47	64	4657	.	西藏自治	
27	3	118.2	32.3	39.1	4549	50	654	16384	29	陝西省	
28	3	88.9	24.0	35.6	3838	46	395	12528	6	甘肅省	
29	3	240.0	34.8	42.1	5087	46	151	13729	.	青海省	
30	3	341.4	32.4	37.5	4839	49	158	14600	2	寧夏自治	

資料檢視 / 變數檢視

步驟 2　將流動人口比率移到依變數 (D) 的方框，其他的變數移到自變數 (I) 的方框中，然後在方法 (M) 的地方按一下。

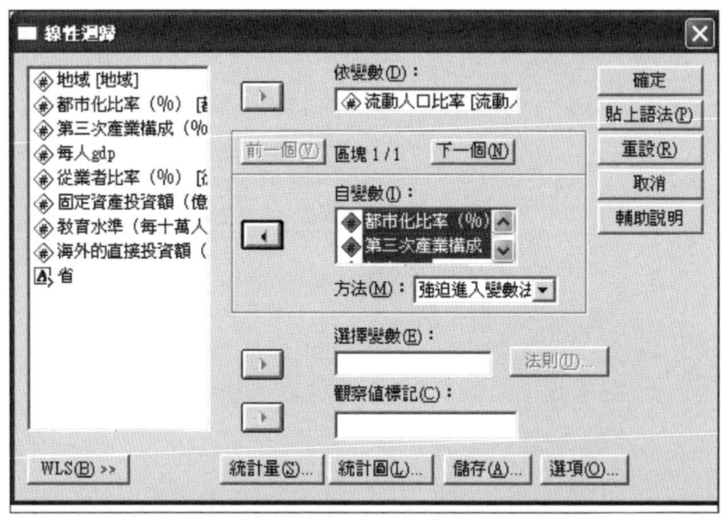

步驟 3 出現如下清單時，選擇逐步迴歸分析法。

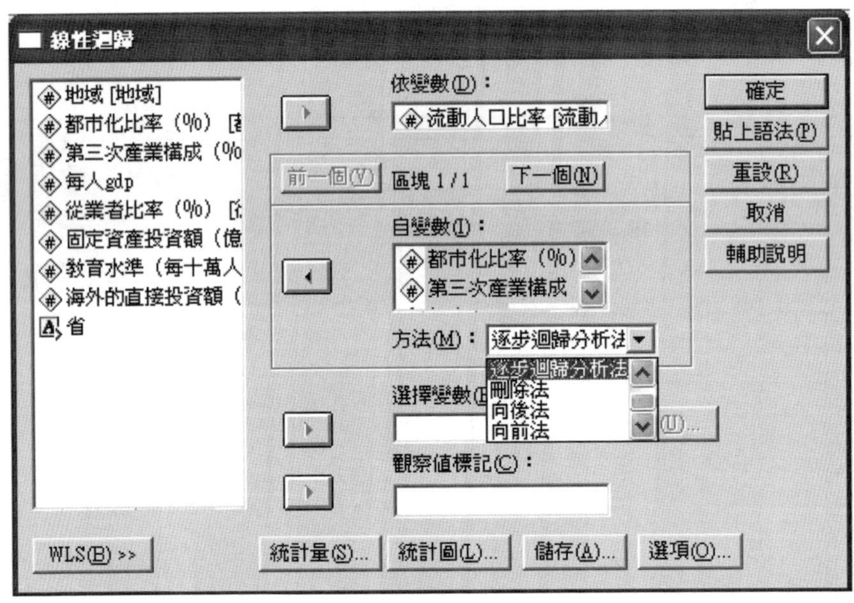

步驟 4 變成如下畫面時，按一下 確定 。

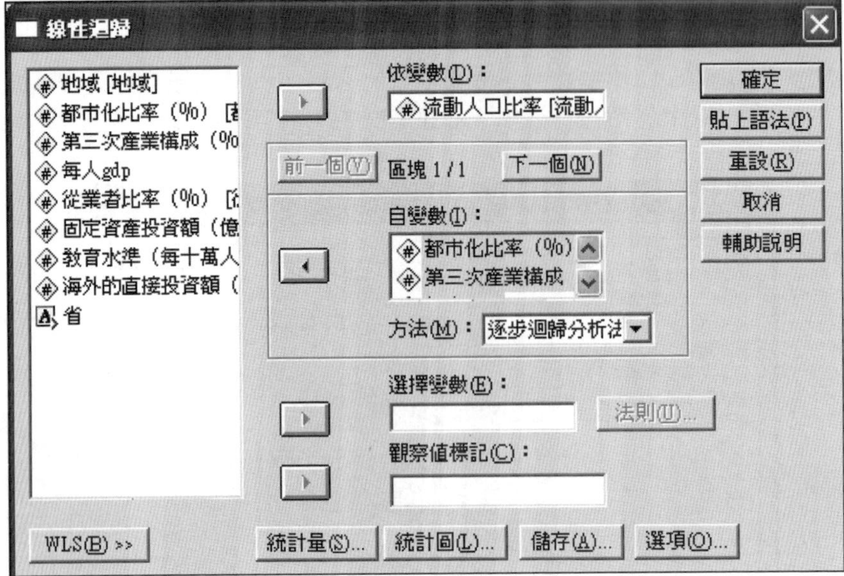

一、SPSS 輸出 1

選入/刪除的變數[a]

模式	選入的變數	刪除的變數	方法
1	每人GDP	.	逐步迴歸分析法(準則：F-選入的機率 <= .050，F-刪除的機率 >= .100)。
2	海外的直接投資額（千萬美元）	.	逐步迴歸分析法(準則：F-選入的機率 <= .050，F-刪除的機率 >= .100)。
3	第三次產業構成（%）	.	逐步迴歸分析法(準則：F-選入的機率 <= .050，F-刪除的機率 >= .100)。

a. 依變數：流動人口比率

← ①

模式摘要

模式	R	R 平方	調過後的 R 平方	估計的標準誤
1	.839[a]	.704	.693	293.545
2	.876[b]	.767	.749	265.128
3	.907[c]	.823	.801	236.070

a. 預測變數：(常數), 每人GDP

b. 預測變數：(常數), 每人GDP, 海外的直接投資額（千萬美元）

c. 預測變數：(常數), 每人GDP, 海外的直接投資額（千萬美元）, 第三次產業構成（%）

← ②

二、輸入結果判讀 1

①這是逐步迴歸分析法。

F 檢定的顯著機率在 0.05 以下的變數，以自變數來說要投入到複迴歸分析中。

逐步法是自變數即使一度被投入，但在以下的階段中如該自變數未滿基準時，也會被刪除。

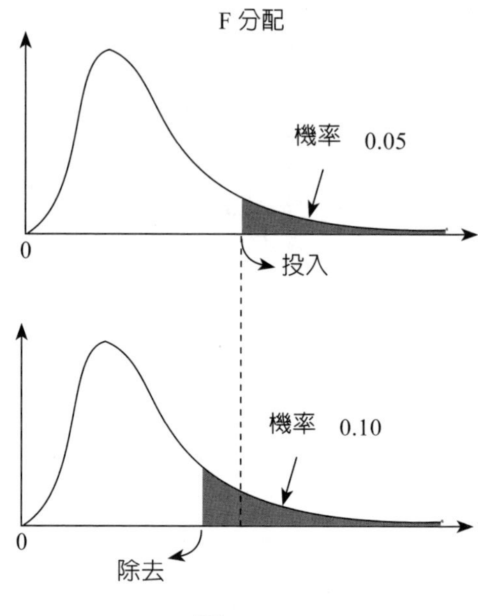

圖 5.2.1

②這是複相關係數 R 與決定係數 R^2。
這些值越接近 1，複迴歸式對數據的適配越佳。

三、SPSS 輸出 2

變異數分析[d]

模式		平方和	自由度	平均平方和	F檢定	顯著性
1	迴歸	5530482.1	1	5530482.053	64.182	.000[a]
	殘差	2326561.9	27	86168.959		
	總和	7857044.0	28			
2	迴歸	6029429.2	2	3014714.603	42.888	.000[b]
	殘差	1827614.7	26	70292.875		
	總和	7857044.0	28			
3	迴歸	6463815.3	3	2154605.098	38.662	.000[c]
	殘差	1393228.7	25	55729.146		
	總和	7857044.0	28			

a. 預測變數：(常數), 每人GDP

b. 預測變數：(常數), 每人GDP, 海外的直接投資額（千萬美元）

c. 預測變數：(常數), 每人GDP, 海外的直接投資額（千萬美元），第三次產業構成（%）

d. 依變數\：流動人口比率

係數a

模式		未標準化係數		標準化係數	t	顯著性
		B之估計值	標準誤	Beta分配		
1	(常數)	-183.589	91.605		-2.004	.055
	每人GDP	6.663E-02	.008	.839	8.011	.000
2	(常數)	-188.738	82.760		-2.281	.031
	每人GDP	5.748E-02	.008	.724	6.961	.000
	海外的直接投資額（千萬美元）	.619	.232	.277	2.664	.013
3	(常數)	-1244.341	385.212		-3.230	.003
	每人GDP	3.560E-02	.011	.448	3.312	.003
	海外的直接投資額（千萬美元）	.731	.211	.327	3.470	.002
	第三次產業構成（%）	32.432	11.617	.350	2.792	.010

a. 依變數\：流動人口比率

四、輸出結果判讀 2

③這是複迴歸的變異數分析表。

按逐步（迴歸分析）法的每一階段，製作變異數分析表。

④這是逐步（迴歸分析）法中所投入的自變數。

最終被投入到複迴歸分析的目的變數是以下 3 個變數。

- 每人 GDP
- 海外的直接投資額
- 第三次產業構成

5.3 SPSS 的複迴歸分析——強制投入法＋逐步迴歸分析法

步驟 1　輸入數據後，從分析 (A) 的清單中如下選擇：

檔案(F) 編輯(E) 檢視(V) 資料(D) 轉換(T) 分析(A) 統計圖(G) 公用程式(U) 視窗(W) 輔助說明(H)

分析(A)：報表(P)、描述性統計(E)、比較平均數法(M)、一般線性模式(G)、相關(C)、迴歸方法(R)、對數線性(O)、分類(Y)、資料縮減(D)、量尺法(A)、無母數檢定(N)、時間數列(I)、存活分析(S)、複選題分析(L)、遺漏值分析(V)...

迴歸方法(R)：線性(L)...、曲線估計(C)...、二元 Logistic(G)...、多項性 Logistic(M)...、次序的(D)...、Probit 分析(P)...、非線性(N)...、加權估計(W)...、二階最小平方法(2)...、最適尺度(O)...

1 : 地域　1

	地域	流動人口	都		每人gdp	從業者率	固定資產	教育水準	直接投資	省	var
1	1	1782.4			22460	45	1280	39994	168	北京市	
2	1	734.3					611	29858	117	天津市	
3	1	138.0					1817	13415	68	河北省	
4	1	246.6					1268	19387	204	遼寧省	
5	1	1872.7					1869	33958	316	上海市	
6	1	341.1					2570	16956	643	江蘇省	
7	1	788.7					2350	13947	161	浙江省	
8	1	618.1					1112	13569	343	福建省	
9	1	113.8					2531	14367	297	山東省	
10	1	95.4					583	11943	53	廣西自治	
11	1	485.1					199	15658	43	海南省	
12	1	1743.2	55.0	39.3			3145	16440	1128	廣東省	
13	2	202.4	34.9	38.7	5137	43	548	14985	23	山西省	
14	2	230.6	42.7	35.3	5872	43	424	17563	11	內蒙古	
15	2	113.1	49.7	34.2	6847	40	604	20002	34	吉林省	
16	2	104.8	51.5	31.6	8562	44	833	18663	30	黑龍江省	
17	2	38.4	27.8	33.2	4867	56	804	9922	32	安徽省	
18	2	61.1	27.7	40.8	4851	47	516	12395	23	江西省	
19	2	51.5	23.2	30.4	5444	60	1378	12705	56	河南省	
20	2	101.2	40.2	34.9	7188	42	1339	16493	94	湖北省	
21	2	54.2	29.8	39.1	5639	54	1012	14052	68	湖南省	
22	2	130.5	33.1	40.8	5157	53	573	11398	24	重慶市	
23	3	64.4	26.7	34.0	4784	53	1418	10057	44	四川省	
24	3	115.9	23.9	33.7	2662	58	397	7528	3	貴州省	
25	3	271.5	23.4	34.6	4637	54	684	8577	13	雲南省	
26	3	414.8	19.1	45.9	4559	47	64	4657	.	西藏自治	
27	3	118.2	32.3	39.1	4549	50	654	16384	29	陝西省	
28	3	88.9	24.0	35.6	3838	46	395	12528	6	甘肅省	
29	3	240.0	34.8	42.1	5087	46	151	13729	.	青海省	
30	3	341.4	32.4	37.5	4839	49	158	14600	2	寧夏自治	

資料檢視 / 變數檢視

步驟 2　如下將 2 個變數移動之後，在方法 (M) 的地方確認成為**強迫進入變數法**後，再按 下一個(N) 。

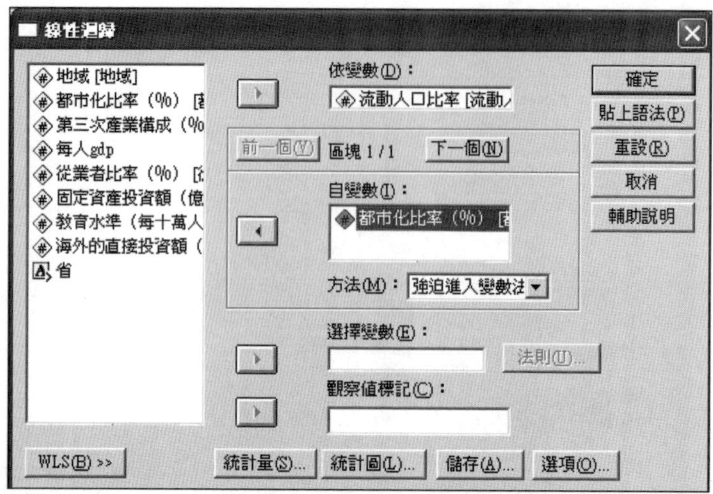

步驟 3　如以下，將其於的變數移到自變數 (I) 的方框中。

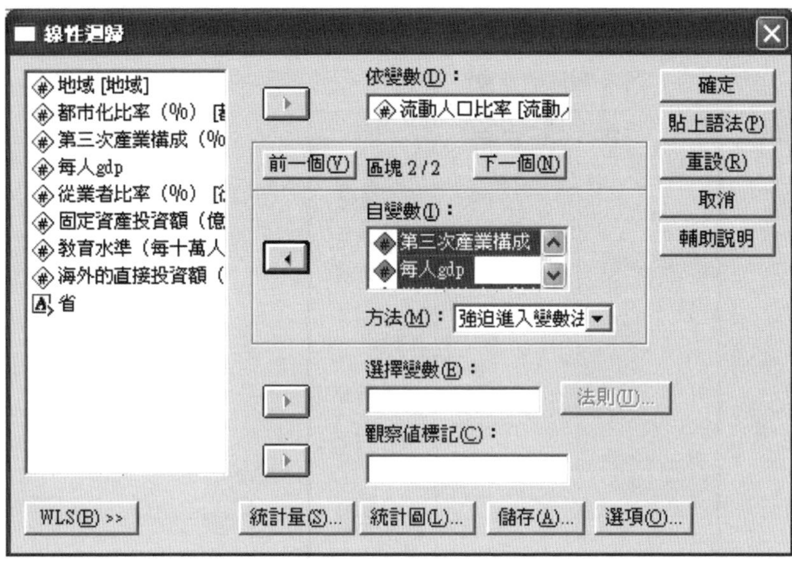

步驟 4　此次在方法 (M) 之處變更爲逐步迴歸分析法，按一下 確定 。

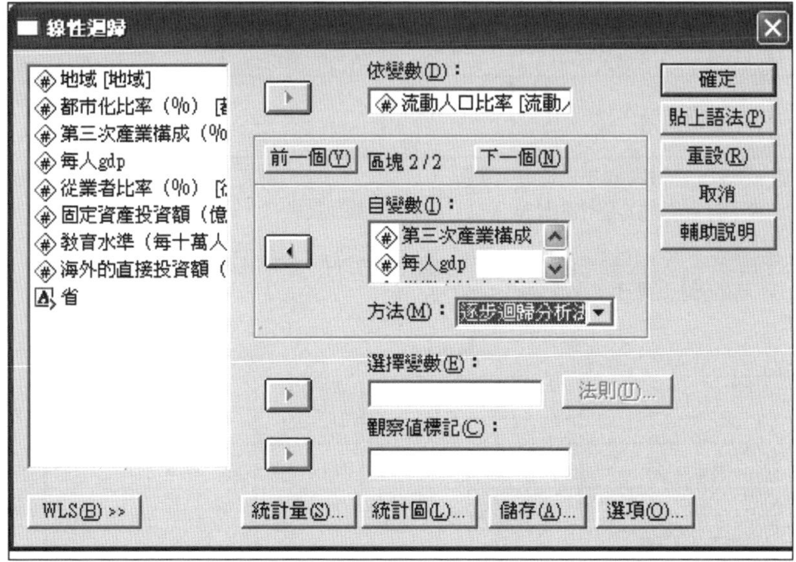

一、SPSS 輸出

➡ 迴歸

選入/刪除的變數[b]

模式	選入的變數	刪除的變數	方法
1	都市化比率（%）[a]	.	選入
2	海外的直接投資額（千萬美元）	.	逐步迴歸分析法(準則：F-選入的機率 <= .050，F-刪除的機率 >= .100)。
3	第三次產業構成（%）	.	逐步迴歸分析法(準則：F-選入的機率 <= .050，F-刪除的機率 >= .100)。

a. 所有要求的變數已輸入。

b. 依變數\：流動人口比率

← ①

模式摘要

模式	R	R 平方	調過後的 R 平方	估計的標準誤
1	.787[a]	.620	.606	332.703
2	.843[b]	.711	.689	295.363
3	.890[c]	.792	.768	255.392

a. 預測變數：(常數), 都市化比率（%）

b. 預測變數：(常數), 都市化比率（%），海外的直接投資額（千萬美元）

c. 預測變數：(常數), 都市化比率（%），海外的直接投資額（千萬美元），第三次產業構成（%）

← ②

係數[a]

模式		未標準化係數		標準化係數	t	顯著性
		B之估計值	標準誤	Beta 分配		
1	(常數)	-604.960	164.515		-3.677	.001
	都市化比率（%）	25.094	3.784	.787	6.632	.000
2	(常數)	-547.791	147.400		-3.716	.001
	都市化比率（%）	21.153	3.628	.664	5.830	.000
	海外的直接投資額（千萬美元）	.731	.254	.327	2.874	.008
3	(常數)	-1628.530	368.415		-4.420	.000
	都市化比率（%）	10.877	4.544	.341	2.394	.024
	海外的直接投資額（千萬美元）	.830	.222	.372	3.738	.001
	第三次產業構成（%）	38.930	12.451	.420	3.127	.004

a. 依變數\：流動人口比率

← ③

二、輸出結果判讀

①這是強制投入與逐步迴歸分析法。

第一階段是強制投入的部分。

都市化率由於是強迫進入變數法的自變數，因之，方法的地方成爲

「選入」。

從第二階段起是逐步迴歸分析法，因之成爲

「逐步迴歸分析法」。

〔註〕：利用步驟 4 的選項 (O) 可以變更投入與刪除之機率值。

②這是利用強迫進入變數法與逐步迴歸分析法所選擇的自變數。

③將此結果與本章的〔SPSS 輸出 2〕的逐步迴歸分析法之結果相比較。

雖然每一人 GDP 與都市化交換，但海外投資額與第 3 次產業構成是相同的。

5.4 SPSS 的複迴歸分析——利用虛擬變數

一、輸入步驟

步驟 1　地域由於被分成三類，因之如下準備東部、中部、西部 3 個變數。

	每人gdp	從業者率	固定資產	教育水準	直接投資	省	東部	中部	西部	var	var	var
1	22460	45	1280	39994	168	北京市	.	.	.			
2	17993	41	611	29858	117	天津市	.	.	.			
3	7663	51	1817	13415	68	河北省	.	.	.			
4	11226	43	1268	19387	204	遼寧省	.	.	.			
5	34547	40	1869	33958	316	上海市	.	.	.			
6	11773	48	2570	16956	643	江蘇省	.	.	.			
7	13461	58	2350	13947	161	浙江省	.	.	.			
8	11601	48	1112	13569	343	福建省	.	.	.			
9	9555	51	2531	14367	297	山東省	.	.	.			
10	4319	56	583	11943	53	廣西自治	.	.	.			
11	6894	42	199	15658	43	海南省	.	.	.			
12	12885	45	3145	16440	1128	廣東省	.	.	.			
13	5137	43	548	14985	23	山西省	.	.	.			
14	5872	43	424	17563	11	內蒙古	.	.	.			
15	6847	40	604	20002	34	吉林省	.	.	.			
16	8562	44	833	18663	30	黑龍江省	.	.	.			
17	4867	56	804	9922	32	安徽省	.	.	.			
18	4851	47	516	12395	23	江西省	.	.	.			
19	5444	60	1378	12705	56	河南省	.	.	.			
20	7188	42	1339	16493	94	湖北省	.	.	.			
21	5639	54	1012	14052	68	湖南省	.	.	.			
22	5157	53	573	11398	24	重慶市	.	.	.			
23	4784	53	1418	10057	44	四川省	.	.	.			
24	2662	58	397	7528	3	貴州省	.	.	.			
25	4637	54	684	8577	13	雲南省	.	.	.			
26	4559	47	64	4657	.	西藏自治	.	.	.			
27	4549	50	654	16384	29	陝西省	.	.	.			
28	3838	46	395	12528	6	甘肅省	.	.	.			
29	5087	46	151	13729	.	青海省	.	.	.			
30	4839	49	158	14600	2	寧夏自治	.	.	.			
31	7470	35	610	17230	2	新疆自治	.	.	.			

資料檢視 變數檢視

步驟 2　從轉換 (T) 的清單中如下選擇：

檔案(F) 編輯(E) 檢視(V) 資料(D) 轉換(T) 分析(A) 統計圖(G) 公用程式(U) 視窗(W) 輔助說明(H)

計算(C)...
亂數種子(S)...
計數(O)...
重新編碼(R) ▸ 成同一變數(S)... / 成不同變數(D)...
類別化變數(Z)...
等級觀察值(K)...
自動重新編碼(A)...
建立時間數列(M)...
置換遺漏值(V)...
執行擱置的轉換(T)

30 :

	每人gdp	從業者率	固定資產	教育水準	直接投資	省	東部	中部	西部	var	var	var
1	22460					北京市	.	.	.			
2	17993			29858	117	天津市	.	.	.			
3	7663			13415	68	河北省	.	.	.			
4	11226			19387	204	遼寧省	.	.	.			
5	34547			33958	316	上海市	.	.	.			
6	11773			16956	643	江蘇省	.	.	.			
7	13461	58	2350	13947	161	浙江省	.	.	.			
8	11601	48	1112	13569	343	福建省	.	.	.			
9	9555	51	2531	14367	297	山東省	.	.	.			
10	4319	56	583	11943	53	廣西自治	.	.	.			
11	6894	42	199	15658	43	海南省	.	.	.			
12	12885	45	3145	16440	1128	廣東省	.	.	.			
13	5137	43	548	14985	23	山西省	.	.	.			
14	5872	43	424	17563	11	內蒙古	.	.	.			
15	6847	40	604	20002	34	吉林省	.	.	.			
16	8562	44	833	18663	30	黑龍江省	.	.	.			
17	4867	56	804	9922	32	安徽省	.	.	.			
18	4851	47	516	12395	23	江西省	.	.	.			
19	5444	60	1378	12705	56	河南省	.	.	.			
20	7188	42	1339	16493	94	湖北省	.	.	.			
21	5639	54	1012	14052	68	湖南省	.	.	.			
22	5157	53	573	11398	24	重慶市	.	.	.			
23	4784	53	1418	10057	44	四川省	.	.	.			
24	2662	58	397	7528	3	貴州省	.	.	.			
25	4637	54	684	8577	13	雲南省	.	.	.			
26	4559	47	64	4657	.	西藏自治	.	.	.			
27	4549	50	654	16384	29	陝西省	.	.	.			
28	3838	46	395	12528	6	甘肅省	.	.	.			
29	5087	46	151	13729	.	青海省	.	.	.			
30	4839	49	158	14600	2	寧夏自治	.	.	.			
31	7470	35	610	17230	2	新疆自治	.	.	.			

資料檢視 變數檢視

步驟 3　將地域移到數值變數 (V) →輸出變數：的方框中。

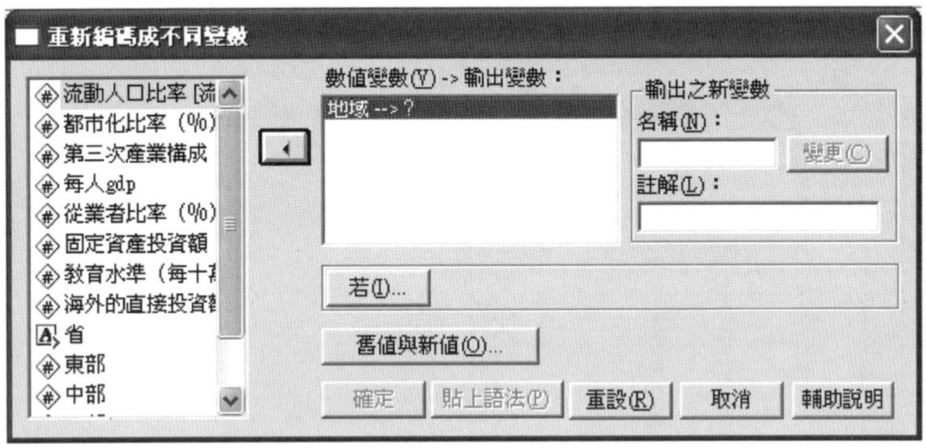

步驟 4　於輸出之新變數的地方輸入東部，按一下變更 (C)。

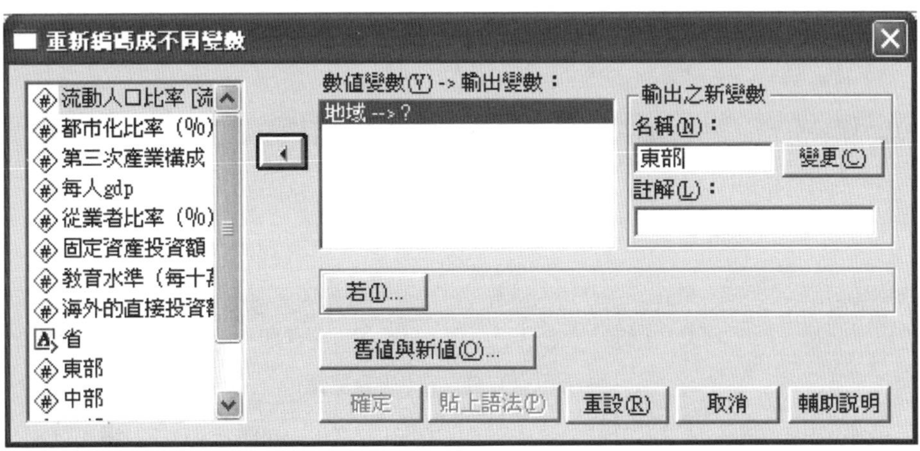

步驟 5　於是出現如下的訊息，按 確定 。

步驟 6　變成以下畫面時，按一下 舊值與新值 (O) 。

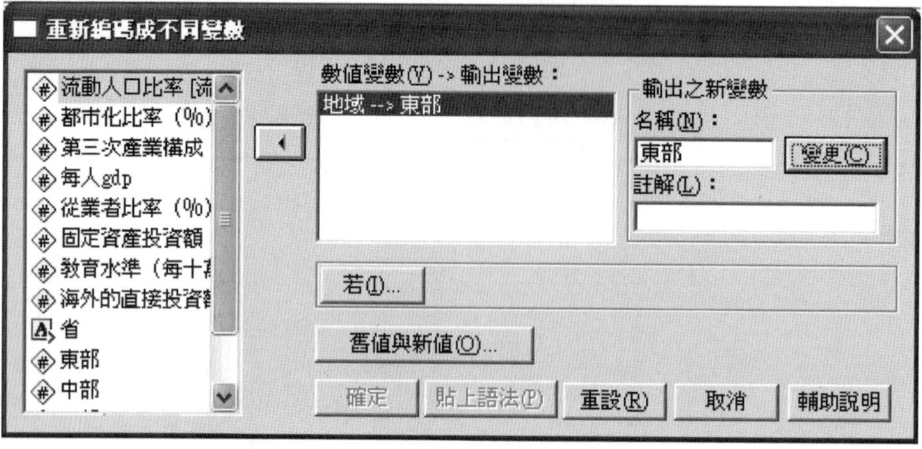

步驟 7　如下的畫面中，
於舊值的數值 (V) 處輸入 1
於新值的數值 (L) 處輸入 1

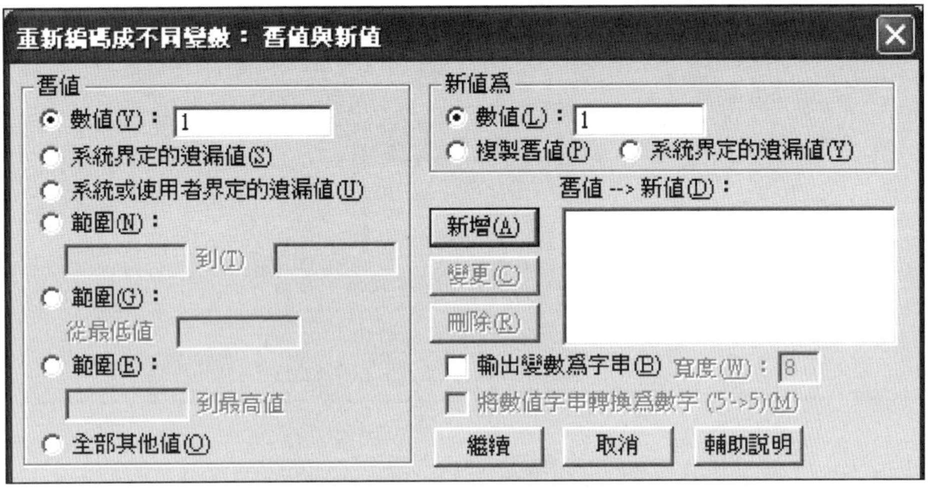

步驟 8　按一下 新增 (A)，變成如下：

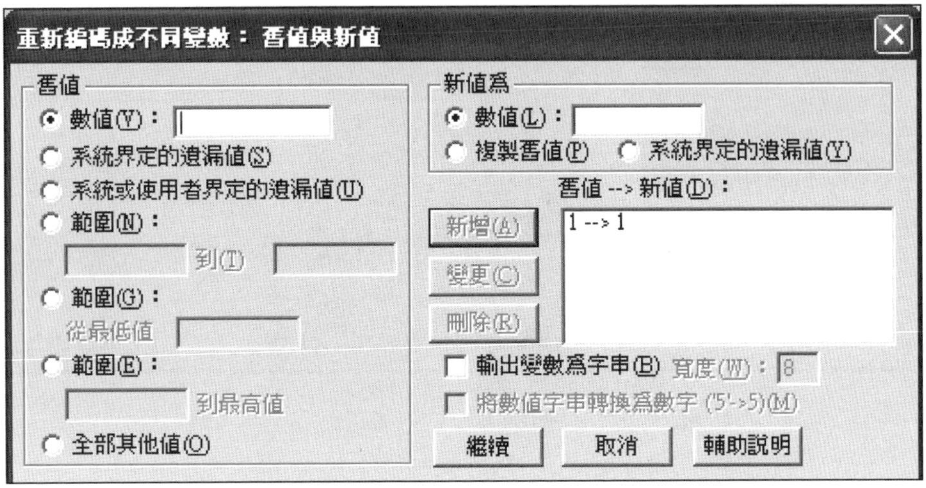

步驟 9 同樣操作，將 2 輸入 0，3 輸入 0 時，按 繼續。

重新編碼成不同變數：舊值與新值
舊值
數值(V)：
系統界定的遺漏值(S)
系統或使用者界定的遺漏值(U)
範圍(N)：
到(T)
範圍(G)：
從最低值
範圍(E)：
到最高值
全部其他值(O)
新值為
數值(L)：
複製舊值(P)
系統界定的遺漏值(Y)
舊值 --> 新值(D)：
新增(A)
變更(C)
刪除(R)
1 --> 1
2 --> 0
3 --> 0
輸出變數為字串(B) 寬度(W)：8
將數值字串轉換為數字 ('5'->5)(M)
繼續 取消 輔助說明

步驟 10 回到以下的畫面，按 確定。

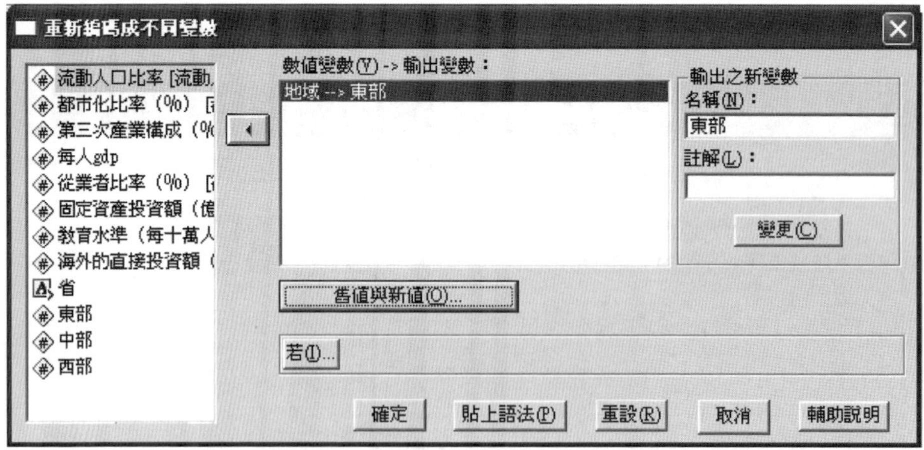

步驟 11　於是如下於東部完成虛擬變數的設定。

	每人gdp	從業者率	固定資產	教育水準	直接投資	省	東部	中部	西部	var	var	var
1	22460	45	1280	39994	168	北京市	1	.	.			
2	17993	41	611	29858	117	天津市	1	.	.			
3	7663	51	1817	13415	68	河北省	1	.	.			
4	11226	43	1268	19387	204	遼寧省	1	.	.			
5	34547	40	1869	33958	316	上海市	1	.	.			
6	11773	48	2570	16956	643	江蘇省	1	.	.			
7	13461	58	2350	13947	161	浙江省	1	.	.			
8	11601	48	1112	13569	343	福建省	1	.	.			
9	9555	51	2531	14367	297	山東省	1	.	.			
10	4319	56	583	11943	53	廣西自治	1	.	.			
11	6894	42	199	15658	43	海南省	1	.	.			
12	12885	45	3145	16440	1128	廣東省	1	.	.			
13	5137	43	548	14985	23	山西省	0	.	.			
14	5872	43	424	17563	11	內蒙古	0	.	.			
15	6847	40	604	20002	34	吉林省	0	.	.			
16	8562	44	833	18663	30	黑龍江省	0	.	.			
17	4867	56	804	9922	32	安徽省	0	.	.			
18	4851	47	516	12395	23	江西省	0	.	.			
19	5444	60	1378	12705	56	河南省	0	.	.			
20	7188	42	1339	16493	94	湖北省	0	.	.			
21	5639	54	1012	14052	68	湖南省	0	.	.			
22	5157	53	573	11398	24	重慶市	0	.	.			
23	4784	53	1418	10057	44	四川省	0	.	.			
24	2662	58	397	7528	3	貴州省	0	.	.			
25	4637	54	684	8577	13	雲南省	0	.	.			
26	4559	47	64	4657	.	西藏自治	0	.	.			
27	4549	50	654	16384	29	陝西省	0	.	.			
28	3838	46	395	12528	6	甘肅省	0	.	.			
29	5087	46	151	13729	.	青海省	0	.	.			
30	4839	49	158	14600	2	寧夏自治	0	.	.			
31	7470	35	610	17230	2	新疆自治	0	.	.			

資料檢視 / 變數檢視

步驟 12　接著，針對地域 = 2 之值，設定虛擬變數的中部。

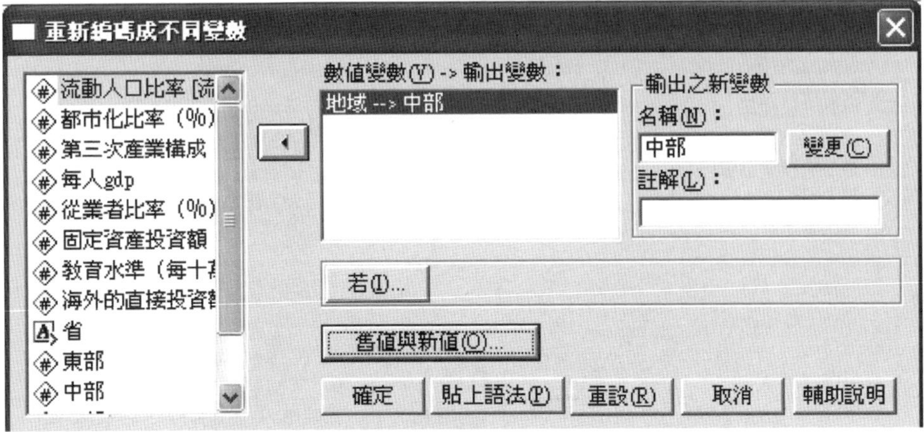

步驟 13 成爲如下：

	每人gdp	從業者率	固定資產	教育水準	直接投資	省	東部	中部	西部	var	var	var
1	22460	45	1280	39994	168	北京市	1	0	.			
2	17993	41	611	29858	117	天津市	1	0	.			
3	7663	51	1817	13415	68	河北省	1	0	.			
4	11226	43	1268	19387	204	遼寧省	1	0	.			
5	34547	40	1869	33958	316	上海市	1	0	.			
6	11773	48	2570	16956	643	江蘇省	1	0	.			
7	13461	58	2350	13947	161	浙江省	1	0	.			
8	11601	48	1112	13569	343	福建省	1	0	.			
9	9555	51	2531	14367	297	山東省	1	0	.			
10	4319	56	583	11943	53	廣西自治	1	0	.			
11	6894	42	199	15658	43	海南省	1	0	.			
12	12885	45	3145	16440	1128	廣東省	1	0	.			
13	5137	43	548	14985	23	山西省	0	1	.			
14	5872	43	424	17563	11	內蒙古	0	1	.			
15	6847	40	604	20002	34	吉林省	0	1	.			
16	8562	44	833	18663	30	黑龍江省	0	1	.			
17	4867	56	804	9922	32	安徽省	0	1	.			
18	4851	47	516	12395	23	江西省	0	1	.			
19	5444	60	1378	12705	56	河南省	0	1	.			
20	7188	42	1339	16493	94	湖北省	0	1	.			
21	5639	54	1012	14052	68	湖南省	0	1	.			
22	5157	53	573	11398	24	重慶市	0	1	.			
23	4784	53	1418	10057	44	四川省	0	0	.			
24	2662	58	397	7528	3	貴州省	0	0	.			
25	4637	54	684	8577	13	雲南省	0	0	.			
26	4559	47	64	4657	.	西藏自治	0	0	.			
27	4549	50	654	16384	29	陝西省	0	0	.			
28	3838	46	395	12528	6	甘肅省	0	0	.			
29	5087	46	151	13729	.	青海省	0	0	.			
30	4839	49	158	14600	2	寧夏自治	0	0	.			
31	7470	35	610	17230	2	新疆自治	0	0	.			

資料檢視 / 變數檢視 SPSS 處理器 已就緒

步驟 14 同樣，針對地域 = 3 之值，設定虛擬變數的西部。

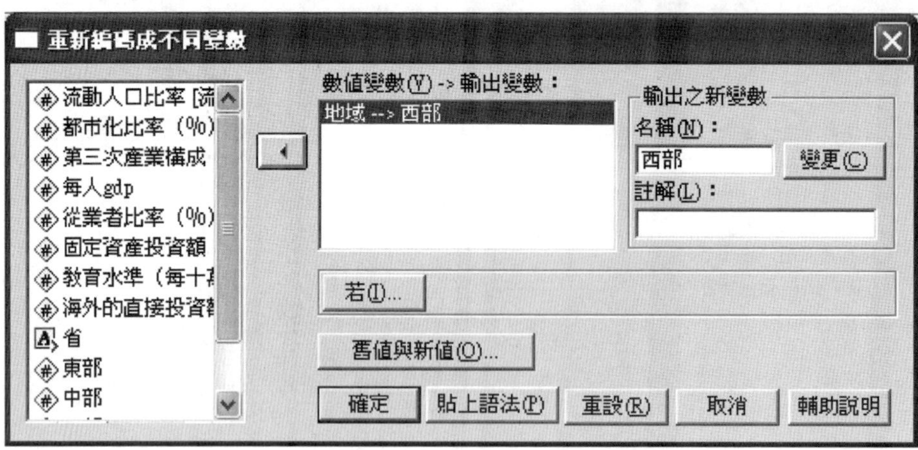

步驟 15　成爲如下：

	從業者率	固定資產	教育水準	直接投資	省	東部	中部	西部	var	var	var	var
1	45	1280	39994	168	北京市	1	0	0				
2	41	611	29858	117	天津市	1	0	0				
3	51	1817	13415	68	河北省	1	0	0				
4	43	1268	19387	204	遼寧省	1	0	0				
5	40	1869	33958	316	上海市	1	0	0				
6	48	2570	16956	643	江蘇省	1	0	0				
7	58	2350	13947	161	浙江省	1	0	0				
8	48	1112	13569	343	福建省	1	0	0				
9	51	2531	14367	297	山東省	1	0	0				
10	56	583	11943	53	廣西自治	1	0	0				
11	42	199	15658	43	海南省	1	0	0				
12	45	3145	16440	1128	廣東省	1	0	0				
13	43	548	14985	23	山西省	0	1	0				
14	43	424	17563	11	內蒙古	0	1	0				
15	40	604	20002	34	吉林省	0	1	0				
16	44	833	18663	30	黑龍江省	0	1	0				
17	56	804	9922	32	安徽省	0	1	0				
18	47	516	12395	23	江西省	0	1	0				
19	60	1378	12705	56	河南省	0	1	0				
20	42	1339	16493	94	湖北省	0	1	0				
21	54	1012	14052	68	湖南省	0	1	0				
22	53	573	11398	24	重慶市	0	1	0				
23	53	1418	10057	44	四川省	0	0	1				
24	58	397	7528	3	貴州省	0	0	1				
25	54	684	8577	13	雲南省	0	0	1				
26	47	64	4657	.	西藏自治	0	0	1				
27	50	654	16384	29	陝西省	0	0	1				
28	46	395	12528	6	甘肅省	0	0	1				
29	46	151	13729	.	青海省	0	0	1				
30	49	158	14600	2	寧夏自治	0	0	1				
31	35	610	17230	2	新疆自治	0	0	1				

資料檢視 / 變數檢視

步驟 16　從分析的清單如下選擇迴歸方法 (R) 中的線性 (L)。

檔案(F)　編輯(E)　檢視(V)　資料(D)　轉換(T)　分析(A)　統計圖(G)　公用程式(U)　視窗(W)　輔助說明(H)

分析(A)：報表(P)　描述性統計(E)　比較平均數法(M)　一般線性模式(G)　相關(C)　迴歸方法(R)　對數線性(O)　分類(Y)　資料縮減(D)　量尺法(A)　無母數檢定(N)　時間數列(I)　存活分析(S)　複選題分析(L)　遺漏值分析(V)...

迴歸方法(R)：線性(L)...　曲線估計(C)...　二元 Logistic(G)...　多項性 Logistic(M)...　次序的(D)...　Probit 分析(P)...　非線性(N)...　加權估計(W)...　二階最小平方法(2)...　最適尺度(O)...

	從業者率	固定資產	教育水準	直接投資	省	東部	中部	西部	var	var	var	var
1	45	1280			京市		0	0				
2	41	611					0	0				
3	51	1817					0	0				
4	43	1268					0	0				
5	40	1869					0	0				
6	48	2570					0	0				
7	58	2350					0	0				
8	48	1112					0	0				
9	51	2531					0	0				
10	56	583					0	0				
11	42	199					0	0				
12	45	3145	16440	1128			0	0				
13	43	548	14985	23	山西省	0	1	0				
14	43	424	17563	11	內蒙古	0	1	0				
15	40	604	20002	34	吉林省	0	1	0				
16	44	833	18663	30	黑龍江省	0	1	0				
17	56	804	9922	32	安徽省	0	1	0				
18	47	516	12395	23	江西省	0	1	0				
19	60	1378	12705	56	河南省	0	1	0				
20	42	1339	16493	94	湖北省	0	1	0				
21	54	1012	14052	68	湖南省	0	1	0				
22	53	573	11398	24	重慶市	0	1	0				
23	53	1418	10057	44	四川省	0	0	1				
24	58	397	7528	3	貴州省	0	0	1				
25	54	684	8577	13	雲南省	0	0	1				
26	47	64	4657	.	西藏自治	0	0	1				
27	50	654	16384	29	陝西省	0	0	1				
28	46	395	12528	6	甘肅省	0	0	1				
29	46	151	13729	.	青海省	0	0	1				
30	49	158	14600	2	寧夏自治	0	0	1				

資料檢視 / 變數檢視

步驟 **17** 將流動人口比率移到依變數 (D) 的方框中。

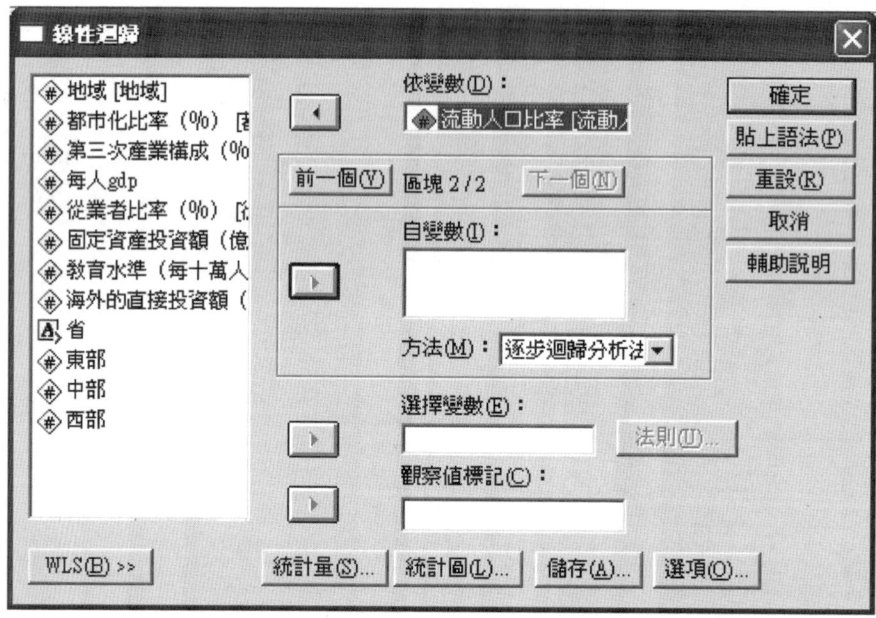

步驟 **18** 將東部、中部移到自變數 (I) 的方框中，選擇強迫進入變數法。

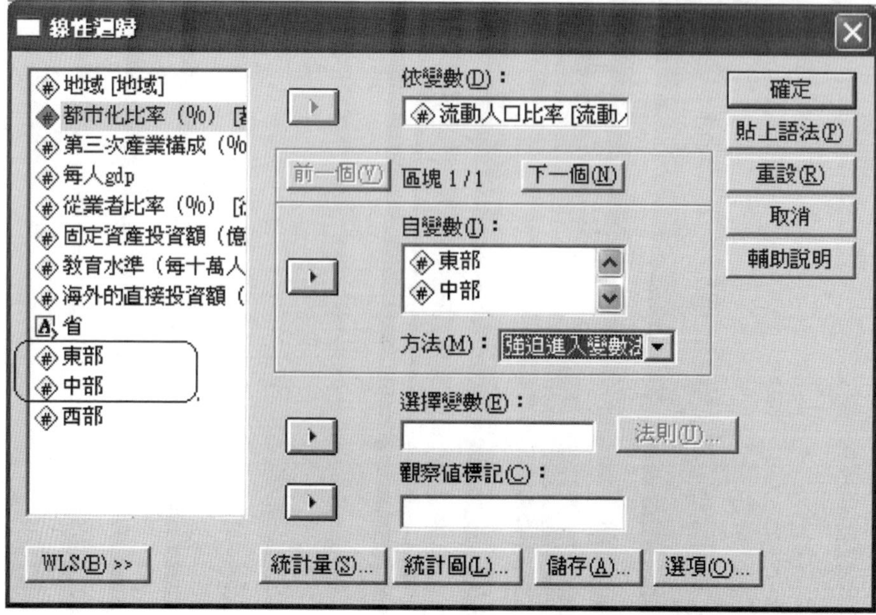

步驟 19　按一下下一個 (N)，將剩餘的變數移到自變數 (I) 的方框中。

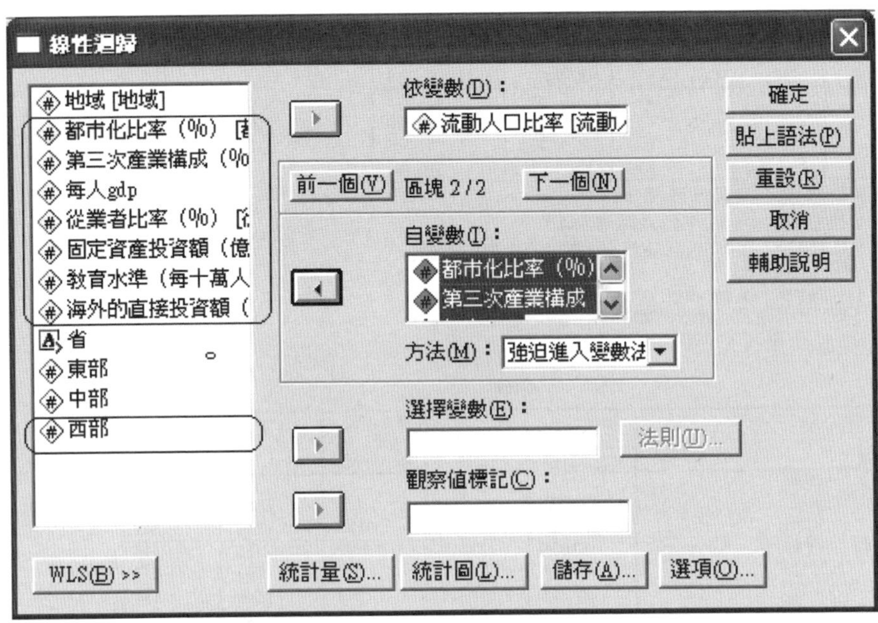

步驟 20　選擇逐步迴歸分析法後，按確定。

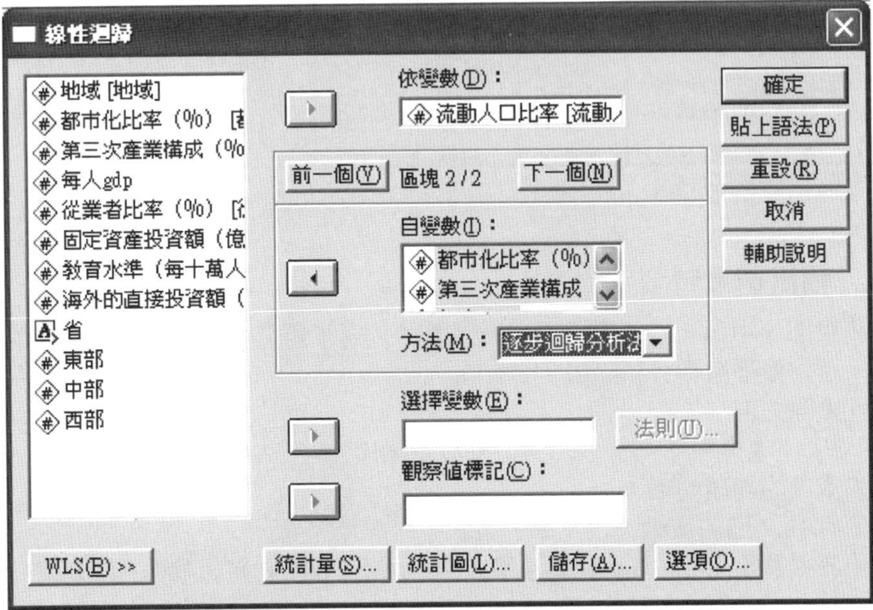

二、SPSS 輸出

模式摘要

模式	R	R 平方	調過後的 R 平方	估計的標準誤
1	.559[a]	.312	.259	455.978
2	.855[b]	.731	.699	290.778
3	.896[c]	.803	.770	253.946
4	.927[d]	.859	.829	219.343

a. 預測變數：(常數), 中部, 東部

b. 預測變數：(常數), 中部, 東部, 每人GDP

c. 預測變數：(常數), 中部, 東部, 每人GDP, 海外的直接投資額（千萬美元）

d. 預測變數：(常數), 中部, 東部, 每人GDP, 海外的直接投資額（千萬美元）, 第三次產業構成（%）

係數[a]

模式		未標準化係數		標準化係數	t	顯著性	
		B之估計值	標準誤	Beta分配			
1	(常數)	247.614	172.343		1.437	.163	
	東部	499.002	216.861	.472	2.301	.030	← ①
	中部	-138.834	224.708	-.127	-.618	.542	
2	(常數)	-60.885	120.512		-.505	.618	
	東部	-94.935	167.884	-.090	-.565	.577	
	中部	-222.745	143.927	-.203	-1.548	.134	
	每人GDP	6.588E-02	.011	.830	6.240	.000	
3	(常數)	-58.483	105.251		-.556	.584	
	東部	-275.922	158.836	-.261	-1.737	.095	
	中部	-237.933	125.800	-.217	-1.891	.071	
	每人GDP	6.319E-02	.009	.796	6.821	.000	
	海外的直接投資額（千萬美元）	.730	.246	.327	2.963	.007	
4	(常數)	-1142.105	369.218		-3.093	.005	
	東部	-305.897	137.549	-.289	-2.224	.036	← ②
	中部	-219.284	108.833	-.200	-2.015	.056	
	每人GDP	4.231E-02	.011	.533	4.005	.001	← ③
	海外的直接投資額（千萬美元）	.875	.218	.392	4.013	.001	
	第三次產業構成（%）	32.970	10.888	.355	3.028	.006	

a. 依變數\：流動人口比率

三、輸出結果判讀

①將東部、中部、西部變換成虛擬變數時，為了避免多重共線性，將其中的一個虛擬變數從分析除去。

此處除去西部。

〔註〕：東部 + 中部 + 西部 = 1 即為共線性。

②對東部的判讀如下：

假設 H_0：關於流動人口比率，東部與西部無差異。

由於顯著水準 0.036 < 顯著水準 0.05，因之假設 H_0 可以捨棄。

因此，將每人 GDP、海外的直接投資額、第三次產業構成作爲自變數時，有關流動人口比率，知東部與西部有差異。

③對西部的判讀如下：

假設 H_0：關於流動人口比率，中部與西部無差異。

由於顯著水準 0.056 > 顯著水準 0.05，因之假設 H_0 無法捨棄。

因此，將每人 GDP、海外的直接投資額、第三次產業構成作爲自變數時，有關流動人口比率，中部與西部不能說有差異。

Note

第 6 章
順序迴歸分析
——調查順序尺度數據的因果關係

6.1 順序迴歸分析

以下的數據是將 40 個國家的所得分成高所得、中所得、低所得 3 類，所調查的結果：

表 6.1.1 高所得國、中所得國、低所得國的社會經濟調查

	所得	死亡率	軍事支出	icrg	國名
1	3	6	2.2	83.5	澳大利亞
2	3	6	.9	82.0	澳洲
3	3	7	1.3	85.5	加拿大
4	3	5	3.0	80.3	法國
5	3	6	1.6	83.3	德國
6	3	8	4.6	75.8	希臘
7	3	6	2.0	79.5	義大利
8	3	5	1.0	82.0	日本
9	3	11	3.4	80.0	韓國
10	3	7	1.3	80.3	紐西蘭
11	3	6	2.1	89.3	挪威
12	3	6	5.7	89.0	新加坡
13	3	15	3.3	80.0	美國
14	2	22	1.2	71.0	阿根廷
15	2	40	1.8	64.8	巴西
16	2	12	3.9	74.5	智利
17	2	36	2.2	72.3	中國
18	2	28	3.7	57.0	哥倫比亞
19	2	15	.6	76.5	哥斯大黎
20	2	59	2.8	70.5	埃及
21	2	12	2.2	75.3	馬來西亞
22	2	35	1.1	70.5	墨西哥
23	2	61	4.3	72.8	摩洛哥
24	2	118	7.6	58.8	緬甸
25	2	27	1.3	63.8	巴拉圭
26	2	47	2.1	66.8	秘魯
27	2	40	1.5	70.8	菲律賓
28	2	83	1.8	70.5	南非
29	2	33	2.3	74.8	泰國
30	2	42	4.0	54.5	土耳其
31	2	19	1.4	73.3	烏拉圭
32	1	96	1.4	62.3	孟加拉
33	1	150	3.0	60.5	喀麥隆
34	1	83	2.8	64.3	印度
35	1	52	2.3	50.3	印尼
36	1	124	2.1	56.8	肯亞
37	1	119	1.4	53.3	奈及利亞
38	1	120	5.7	54.3	巴基斯坦
39	1	121	1.6	62.5	塞內加爾
40	1	42	2.8	67.3	越南

一、想分析的事情

將每人國民所得依高所得國、中所得國、低所得國之分類，從保健醫療、軍事、投資風險的要因去評估看看。

此時，可以考慮如下的統計處理：

【統計處理 1】

列舉各要因的變數

保健醫療的要因………死亡率

軍事的要因……………軍事支出

投資風險要因…………ICRG

進行順序迴歸分析，計算各國的

屬於高所得類的的預測機率
屬於中所得類的的預測機率
屬於低所得類的的預測機率

〔註〕：ICRG 是 International Country Risk Guide 的縮寫。

二、撰寫論文時

順序迴歸分析時：

「……以保健醫療、軍事、投資風險的要因來說，列舉死亡率、軍事支出、ICRG 3 個變數，進行了順序迴歸分析。結果，知中國屬於各類的預測機率是：

類別 1（低所得國）……0.0017
類別 2（中所得國）……0.9803
類別 3（高所得國）……0.0179」

由此，可以判讀如比較此 3 個預測機率時，知中國接近高所得國群甚於低所得國群。

三、數據輸入類型

表 6.1.1 的數據，如下輸入：

	所得	死亡率	軍事支出	icrg	國名	var	var	var	var	var	var	va
1	3	6	2.2	83.5	澳大利亞							
2	3	6	.9	82.0	澳洲							
3	3	7	1.3	85.5	加拿大							
4	3	5	3.0	80.3	法國							
5	3	6	1.6	83.3	德國							
6	3	8	4.6	75.8	希臘							
7	3	6	2.0	79.5	義大利							
8	3	5	1.0	82.0	日本							
9	3	11	3.4	80.0	韓國							
10	3	7	1.3	80.3	紐西蘭							
11	3	6	2.1	89.3	挪威							
12	3	6	5.7	89.0	新加坡							
13	3	15	3.3	80.0	美國							
14	2	22	1.2	71.0	阿根廷							
15	2	40	1.8	64.8	巴西							
16	2	12	3.9	74.5	智利							
17	2	36	2.2	72.3	中國							
18	2	28	3.7	57.0	哥倫比亞							
19	2	15	.6	76.5	哥斯大黎							
20	2	59	2.8	70.5	埃及							
21	2	12	2.2	75.3	馬來西亞							
22	2	35	1.1	70.5	墨西哥							
23	2	61	4.3	72.8	摩洛哥							
24	2	118	7.6	58.8	緬甸							
25	2	27	1.3	63.8	巴拉圭							
26	2	47	2.1	66.8	秘魯							
27	2	40	1.5	70.8	菲律賓							
28	2	83	1.8	70.5	南非							
29	2	33	2.3	74.8	泰國							
30	2	42	4.0	54.5	土耳其							
31	2	19	1.4	73.3	烏拉圭							
32	1	96	1.4	62.3	孟加拉							
33	1	150	3.0	60.5	喀麥隆							
34	1	83	2.8	64.3	印度							
35	1	52	2.3	50.3	印尼							
36	1	124	2.1	56.8	肯亞							
37	1	119	1.4	53.3	奈及利亞							
38	1	120	5.7	54.3	巴基斯坦							
39	1	121	1.6	62.5	塞內加爾							
40	1	42	2.8	67.3	越南							
41												

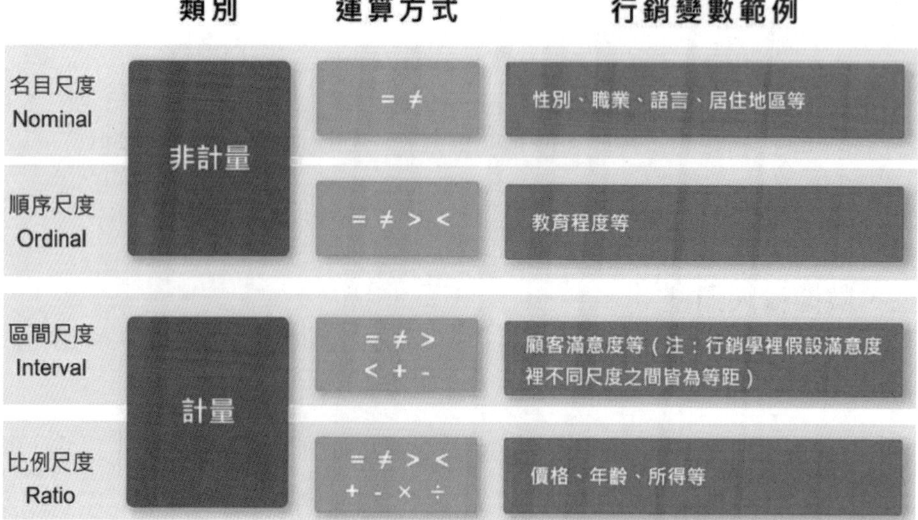

類別
運算方式
行銷變數範例
名目尺度
Nominal
非計量
= ≠
性別、職業、語言、居住地區等
順序尺度
Ordinal
= ≠ > <
教育程度等
區間尺度
Interval
計量
= ≠ >
< + -
顧客滿意度等（注：行銷學裡假設滿意度
裡不同尺度之間皆為等距）
比例尺度
Ratio
= ≠ > <
+ - × ÷
價格、年齡、所得等

6.2 SPSS 的順序迴歸分析

一、統計處理步驟

步驟 1 如輸入表 6.1.1 的數據時，從分析 (A) 的清單如下選擇次序的 (D)。

步驟 2 將所得移到依變數 (D) 的方框中。

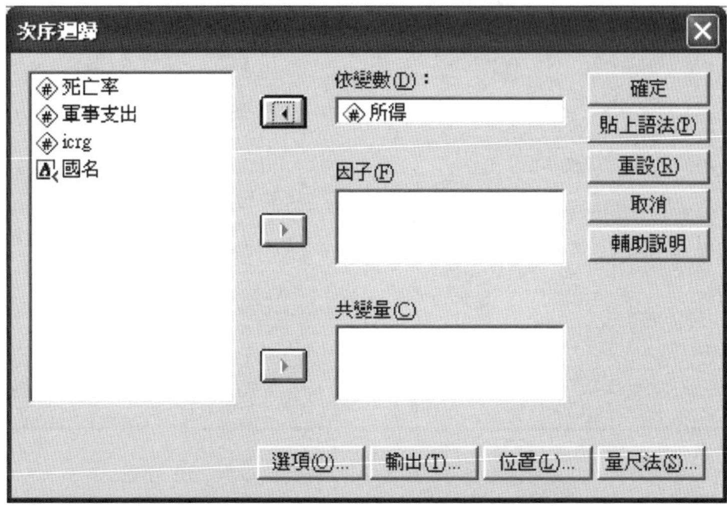

步驟 3 將死亡率、軍事支出、ICRG 移到共變量 (C) 的方框中，按一下 輸出 (T)。

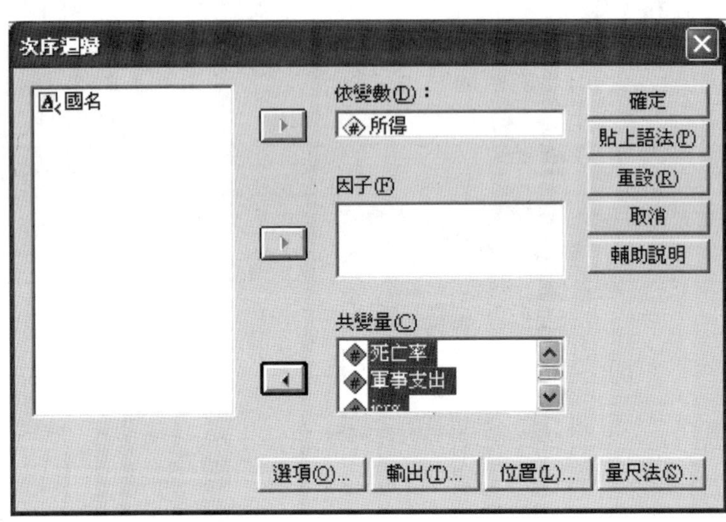

步驟 4 如下勾選後按 繼續。

回到步驟 3 的畫面時，按 確定。

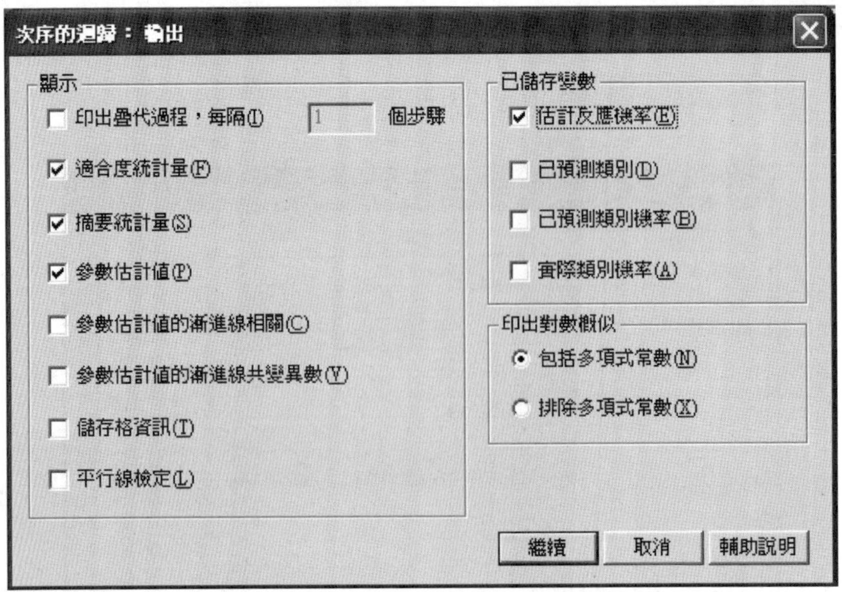

二、SPSS 輸出 1

模式適合度資訊

模式	-2 對數概似	卡方	自由度	顯著性。
只截距	84.818			
最後	20.649	64.169	3	.000

連結函數：Logit。

適合度

	卡方	自由度	顯著性。
Pearson 相關係數	88.485	75	.137
離差	20.649	75	1.000

連結函數：Logit。

← ①

假 R 平方

Cox 和 Snell	.799
Nagelkerke	.908
McFadden	.757

連結函數：Logit。

②

參數估計值

		估計	標準誤差	Wald	自由度	顯著性。	95% 信賴區間	
							下界	上界
起始值	[所得 = 1]	26.246	11.003	5.690	1	.017	4.680	47.811
	[所得 = 2]	36.613	13.853	6.985	1	.008	9.462	63.764
位置	死亡率	-7.938E-02	.033	5.903	1	.015	-.143	-1.535E-02
	軍事支出	1.261	.562	5.029	1	.025	.159	2.362
	ICRG	.452	.168	7.250	1	.007	.123	.781

連結函數：Logit。

③

三、輸出結果判讀 1

①這是適合度檢定。

假設 H_0：適合於模式

顯著機率 0.137 > 顯著水準 0.05，因之假設 H_0 無法捨棄。

因此，此模式可以認爲是合適的。

②模式的決定係數。

當此值接近 1 時，模式的適配可以認爲佳。

③模式成爲如下。

由於連結函數是 Logit，因之模式成爲

類別 1[所得 = 1] 時，

$$\log\frac{\gamma_1}{1-\gamma_1} = 26.246 - 0.079 \times \text{死亡率} + 1.261 \times \text{軍事支出} + 0.452 \times \text{ICRG}$$

類別 2[所得 = 2] 時，

$$\log\frac{\gamma_2}{1-\gamma_2} = 36.613 - 0.079 \times \text{死亡率} + 1.261 \times \text{軍事支出} + 0.452 \times \text{ICRG}$$

四、SPSS 輸出 2

	所得	死亡率	軍事支出	icrg	國名	estl_1	est2_1	est3_1	var	
1	3	6	2.2	83.5	澳大利亞	.00	.03	.97		
2	3	6	.9	82.0	澳洲	.00	.24	.76		
3	3	7	1.3	85.5	加拿大	.00	.04	.96		
4	3	5	3.0	80.3	法國	.00	.04	.96		
5	3	6	1.6	83.3	德國	.00	.07	.93		
6	3	8	4.6	75.8	希臘	.00	.06	.94		
7	3	6	2.0	79.5	義大利	.00	.20	.80		
8	3	5	1.0	82.0	日本	.00	.21	.79		
9	3	11	3.4	80.0	韓國	.00	.05	.95		
10	3	7	1.3	80.3	紐西蘭	.00	.31	.69		
11	3	6	2.1	89.3	挪威	.00	.00	1.00		
12	3	6	5.7	89.0	新加坡	.00	.00	1.00		
13	3	15	3.3	80.0	美國	.00	.07	.93		
14	2	22	1.2	71.0	阿根廷	.00	.99	.01		
15	2	40	1.8	64.8	巴西	.10	.90	.00		
16	2	12	3.9	74.5	智利	.00	.26	.74		
17	2	36	2.2	72.3	中國	.00	.98	.02		← ⑦
18	2	28	3.7	57.0	哥倫比亞	.12	.88	.00		
19	2	15	.6	76.5	哥斯大黎	.00	.92	.08		
20	2	59	2.8	70.5	埃及	.01	.99	.00		
21	2	12	2.2	75.3	馬來西亞	.00	.68	.32		
22	2	35	1.1	70.5	墨西哥	.01	.98	.00		
23	2	61	4.3	72.8	摩洛哥	.00	.96	.04		
24	2	118	7.6	58.8	緬甸	.36	.64	.00		
25	2	27	1.3	63.8	巴拉圭	.11	.89	.00		
26	2	47	2.1	66.8	秘魯	.05	.95	.00		
27	2	40	1.5	70.8	菲律賓	.01	.99	.00		
28	2	83	1.8	70.5	南非	.21	.79	.00		
29	2	33	2.3	74.8	泰國	.00	.92	.08		
30	2	42	4.0	54.5	土耳其	.47	.53	.00		
31	2	19	1.4	73.3	烏拉圭	.00	.96	.04		
32	1	96	1.4	62.3	孟加拉	.98	.02	.00		
33	1	150	3.0	60.5	喀麥隆	1.00	.00	.00		
34	1	83	2.8	64.3	印度	.56	.44	.00		
35	1	52	2.3	50.3	印尼	.99	.01	.00		
36	1	124	2.1	56.8	肯亞	1.00	.00	.00		
37	1	119	1.4	53.3	奈及利亞	1.00	.00	.00		
38	1	120	5.7	54.3	巴基斯坦	.98	.02	.00		
39	1	121	1.6	62.5	塞內加爾	1.00	.00	.00		
40	1	42	2.8	67.3	越南	.01	.99	.00		
41										

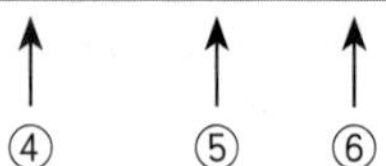

五、輸出結果判讀 2

④EST1_1 是屬於類別 1（低所得國）的預測機率。
⑤EST2_1 是屬於類別 2（中所得國）的預測機率。
⑥EST3_1 是屬於類別 1（低所得國）的預測機率。
⑦中國的預測機率如下計算：

類別 1[所得 = 1] 時，

$$\log\frac{\gamma_1}{1-\gamma_1} = 26.246 - (-0.079 \times 36 + 1.261 \times 2.2 + 0.452 \times 72.3)$$

$$= -6.3638$$

$$\gamma_1 = \frac{\exp(-6.3638)}{1+\exp(-6.3638)}$$

$$= 0.00172$$

類別 2[所得 = 2] 時，

$$\log\frac{\gamma_2}{1-\gamma_2} = 36.613 - (-0.079 \times 36 + 1.261 \times 2.2 + 0.452 \times 72.3)$$

$$= 4.0032$$

$$\gamma_2 = \frac{\exp(4.0032)}{1+\exp(4.0032)}$$

$$= 0.98207$$

Note

第 7 章
名義迴歸分析
——調查名義尺度數據的因果關係

7.1 名義迴歸分析

以下的數據是在中國 31 個都市中調查流動人口的結果。

表 7.1.1　中國的流動人口調查

	地域	流動人口	都市化	勞動收入	三次產業	每人gdp	從業者率	教育水準	家庭收入	直接投資	省
1	1	1782.4	77.6	16350	58.3	22460	45	39994	10416	168.4	北京市
2	1	734.3	72.0	12480	45.5	17993	41	29858	8165	116.6	天津市
3	1	138.0	26.1	7781	33.5	7663	51	13415	5686	67.9	河北省
4	1	246.6	54.3	8811	39.0	11226	43	19387	5389	204.4	遼寧省
5	1	1872.7	88.3	18531	50.6	34547	40	33958	11802	316.0	上海市
6	1	341.1	41.5	10299	36.3	11773	48	16956	6841	642.6	江蘇省
7	1	788.7	48.7	13076	36.3	13461	58	13947	9334	161.3	浙江省
8	1	618.1	41.6	10584	40.0	11601	48	13569	7486	343.2	福建省
9	1	113.8	38.0	8772	35.5	9555	51	14367	6522	297.1	山東省
10	1	95.4	28.2	7651	37.2	4319	56	11943	5882	52.5	廣西自治
11	1	485.1	40.2	7408	42.3	6894	42	15658	5416	43.1	海南省
12	1	1743.2	55.0	13823	39.3	12885	45	16440	9854	1128.1	廣東省
13	2	202.4	34.9	6918	38.7	5137	43	14985	4745	22.5	山西省
14	2	230.6	42.7	6974	35.3	5872	43	17563	5151	10.6	內蒙古
15	2	113.1	49.7	7924	34.2	6847	40	20002	4829	33.7	吉林省
16	2	104.8	51.5	7835	31.6	8562	44	18663	4945	30.1	黑龍江省
17	2	38.4	27.8	6989	33.2	4867	56	9922	5332	31.8	安徽省
18	2	61.1	27.7	7014	40.8	4851	47	12395	5130	22.7	江西省
19	2	51.5	23.2	6930	30.4	5444	60	12705	4784	56.4	河南省
20	2	101.2	40.2	7565	34.9	7188	42	16493	5543	94.4	湖北省
21	2	54.2	29.8	8128	39.1	5639	54	14052	6261	67.8	湖南省
22	2	130.5	33.1	8020	40.8	5157	53	11398	6297	24.4	重慶市
23	3	64.4	26.7	8323	34.0	4784	53	10057	5926	43.7	四川省
24	3	115.9	23.9	7468	33.7	2662	58	7528	5137	2.5	貴州省
25	3	271.5	23.4	9231	34.6	4637	54	8577	6370	12.8	雲南省
26	3	414.8	19.1	14976	45.9	4559	47	4657	7477	.	西藏自治
27	3	118.2	32.3	7804	39.1	4549	50	16384	5149	28.8	陝西省
28	3	88.9	24.0	8560	35.6	3838	46	12528	4944	6.2	甘肅省
29	3	240.0	34.8	10050	42.1	5087	46	13729	5197	.	青海省
30	3	341.4	32.4	8590	37.5	4839	49	14600	4948	1.7	寧夏自治
31	3	733.0	33.8	8717	35.9	7470	35	17230	5687	1.9	新疆自治

名義尺度也稱為名目尺度（nomial scale）。

一、想分析的事情

想調查在東部地域（沿海地域）、中部地域、西部地域（內陸地域）中的流動人口比率、都市比率、勞工平均收入……與來自海外的直接投資的影響程度。

此時，可以考慮如下的統計處理：

【統計處理 1】

將東部地域、中部地域、西部地域當作依變數；流動人口比率、都市化率、勞工年平均收入、第三次產業構成、每人 GDP、從業者比率、教育水準、都市每人的家庭收入、來自海外的直接投資額當作自變數，進行名義迴歸分析。

二、撰寫論文時

名義迴歸分析時：

「以東部地域（沿海地域）、中部地域、西部地域（內陸地域）當作依變數；流動人口比率、都市比率、勞工年平均收入、第三次產業構成、每人 GDP、從業者比率、教育水準、都市每人的家庭收入、來自海外的直接投資額當作自變數，進行名義迴歸分析之後，就每人 GDP、都市化率、勞工平均收入的 3 個變數而言，偏迴歸係數是顯著的。」

由此事，可以判讀出什麼呢？不妨依序閱讀下去。

三、數據輸入類型

表 7.1.1 的數據如下輸入：

	地域	流動人口	都市化	勞動收入	三次產業	每人gdp	從業者率	教育水準	家庭收入	直接投資	省
1	1	1782.4	77.6	16350	58.3	22460	45	39994	10416	168.4	北京市
2	1	734.3	72.0	12480	45.5	17993	41	29858	8165	116.6	天津市
3	1	138.0	26.1	7781	33.5	7663	51	13415	5686	67.9	河北省
4	1	246.6	54.3	8811	39.0	11226	43	19387	5389	204.4	遼寧省
5	1	1872.7	88.3	18531	50.6	34547	40	33958	11802	316.0	上海市
6	1	341.1	41.5	10299	36.3	11773	48	16956	6841	642.6	江蘇省
7	1	788.7	48.7	13076	36.3	13461	58	13947	9334	161.3	浙江省
8	1	618.1	41.6	10584	40.0	11601	48	13569	7486	343.2	福建省
9	1	113.8	38.0	8772	35.5	9555	51	14367	6522	297.1	山東省
10	1	95.4	28.2	7651	37.2	4319	56	11943	5882	52.5	廣西自治
11	1	485.1	40.2	7408	42.3	6894	42	15658	5416	43.1	海南省
12	1	1743.2	55.0	13823	39.3	12885	45	16440	9854	1128.1	廣東省
13	2	202.4	34.9	6918	38.7	5137	43	14985	4745	22.5	山西省
14	2	230.6	42.7	6974	35.3	5872	43	17563	5151	10.6	內蒙古
15	2	113.1	49.7	7924	34.2	6847	40	20002	4829	33.7	吉林省
16	2	104.8	51.5	7835	31.6	8562	44	18663	4945	30.1	黑龍江省
17	2	38.4	27.8	6989	33.2	4867	56	9922	5332	31.8	安徽省
18	2	61.1	27.7	7014	40.8	4851	47	12395	5130	22.7	江西省
19	2	51.5	23.2	6930	30.4	5444	60	12705	4784	56.4	河南省
20	2	101.2	40.2	7565	34.9	7188	42	16493	5543	94.4	湖北省
21	2	54.2	29.8	8128	39.1	5639	54	14052	6261	67.8	湖南省
22	2	130.5	33.1	8020	40.8	5157	53	11398	6297	24.4	重慶市
23	3	64.4	26.7	8323	34.0	4784	53	10057	5926	43.7	四川省
24	3	115.9	23.9	7468	33.7	2662	58	7528	5137	2.5	貴州省
25	3	271.5	23.4	9231	34.6	4637	54	8577	6370	12.8	雲南省
26	3	414.8	19.1	14976	45.9	4559	47	4657	7477	.	西藏自治
27	3	118.2	32.3	7804	39.1	4549	50	16384	5149	28.8	陝西省
28	3	88.9	24.0	8560	35.6	3838	46	12528	4944	6.2	甘肅省
29	3	240.0	34.8	10050	42.1	5087	46	13729	5197	.	青海省
30	3	341.4	32.4	8590	37.5	4839	49	14600	4948	1.7	寧夏自治
31	3	733.0	33.8	8717	35.9	7470	35	17230	5687	1.9	新疆自治

7.2 SPSS 的名義迴歸分析

一、統計處理步驟

步驟 1　如表 7.1.1 輸入數據時，從分析 (A) 的清單中如下選擇最適尺度 (O)。

步驟 2　將地域移到依變數 (D) 的方框中，按一下 定義比例 (F) 。

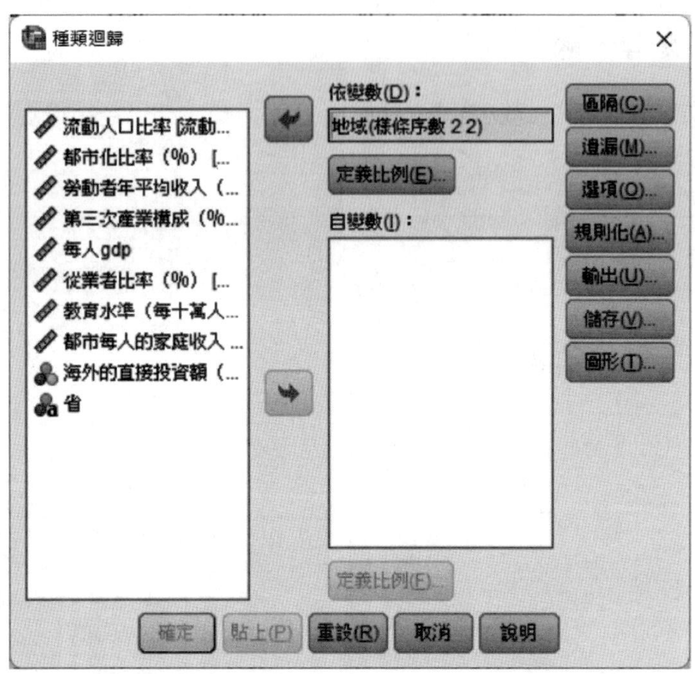

步驟 3　變成定義比例的畫面時，如下選擇後，按 繼續 。

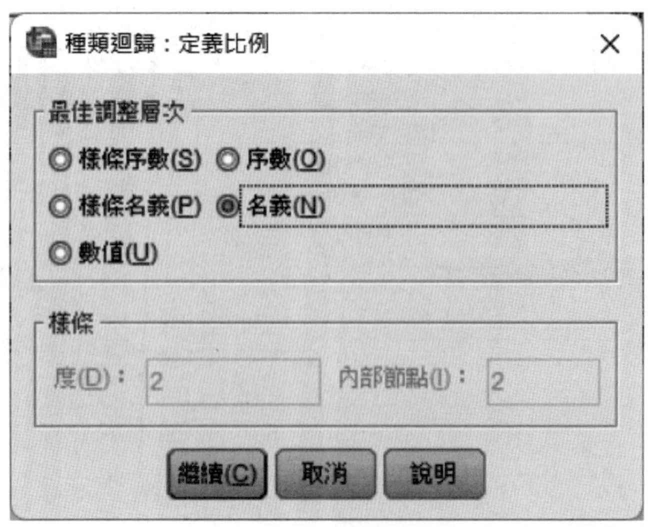

步驟 4　接著，從流動人口比率到海外投資的各變數移到自變數 (I) 的方框中。

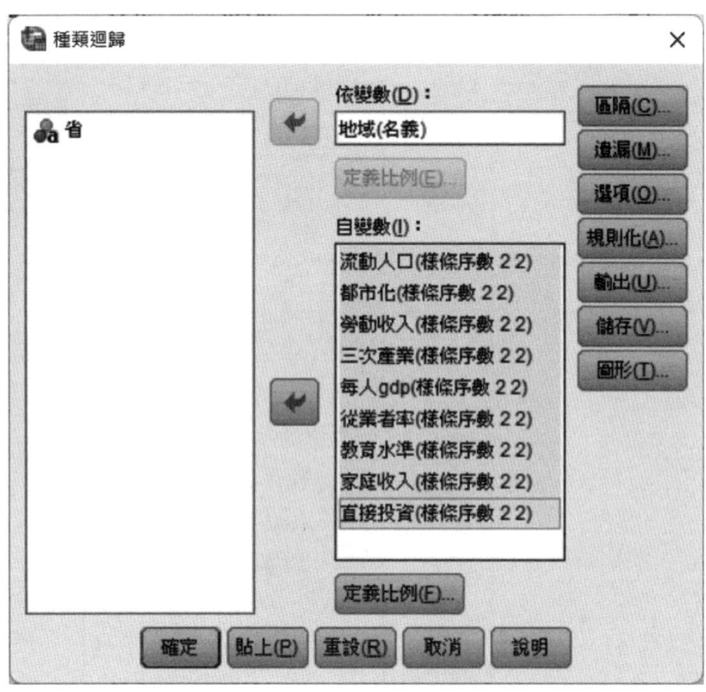

步驟 5　按一下定義比例 (F)，再如下選擇數值 (U)。

接著，按 繼續 。

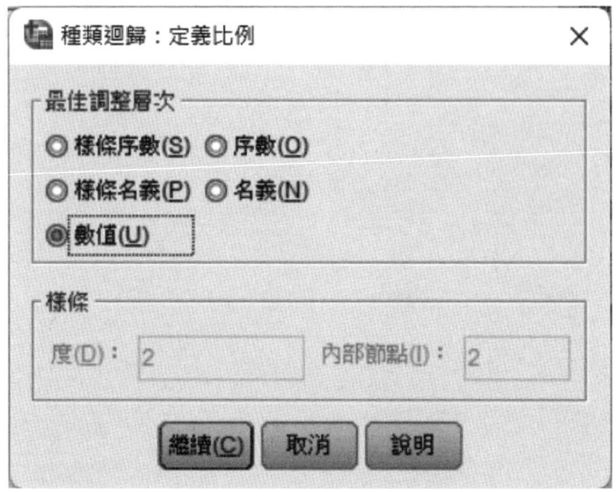

步驟 6 變成如下畫面時，按一下 區隔 (C)。

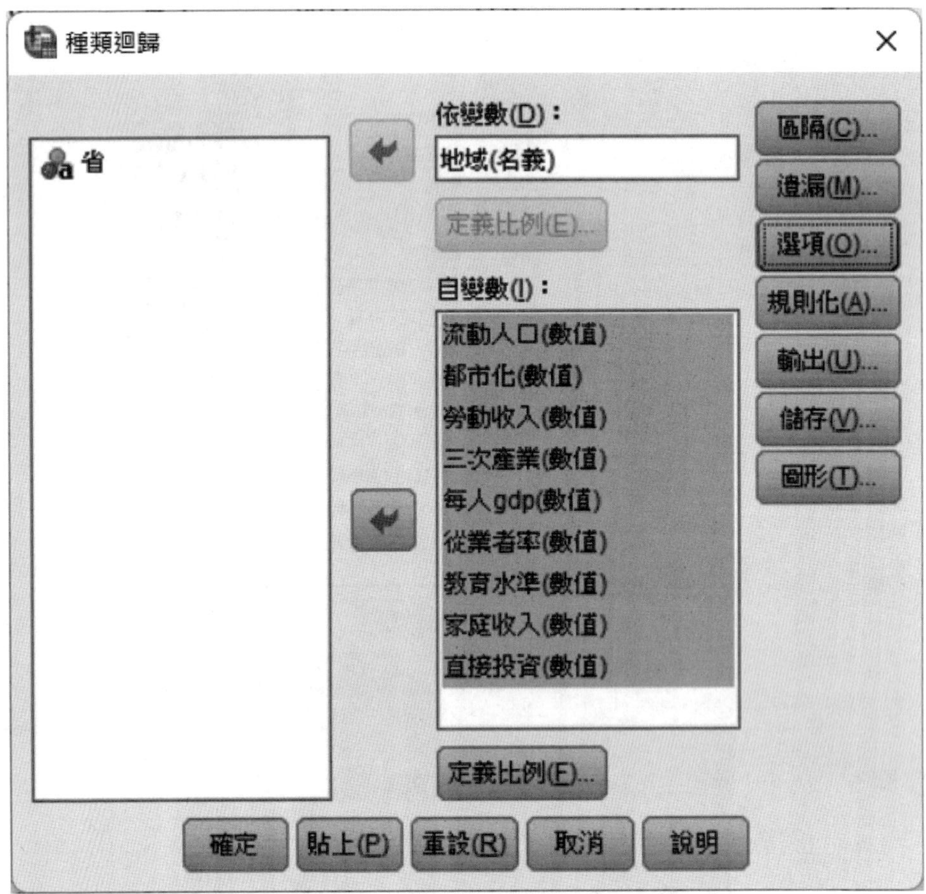

步驟 7　選擇地域，按一下 變更 (H)，變成如下。

接著，按 繼續 (C)。

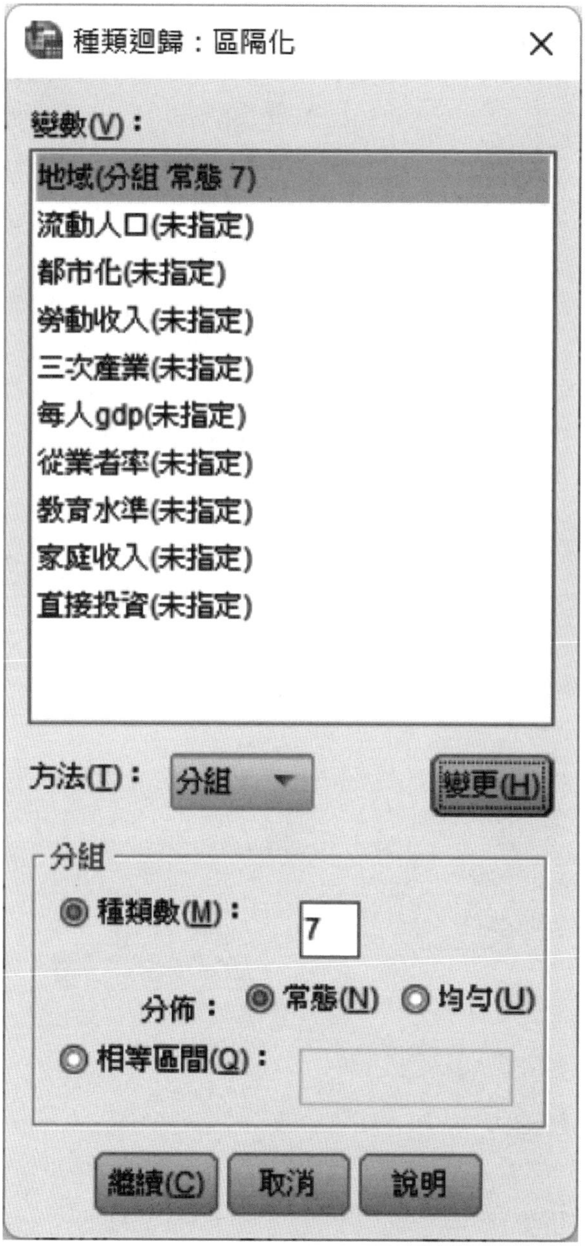

種類迴歸：區隔化

變數(V)：

地域(分組 常態 7)
流動人口(未指定)
都市化(未指定)
勞動收入(未指定)
三次產業(未指定)
每人gdp(未指定)
從業者率(未指定)
教育水準(未指定)
家庭收入(未指定)
直接投資(未指定)

方法(T)：分組　變更(H)

分組
種類數(M)：7
分佈：常態(N)　均勻(U)
相等區間(Q)：

繼續(C)　取消　說明

步驟 8　變成如下畫面時，按一下 選項 (O)。

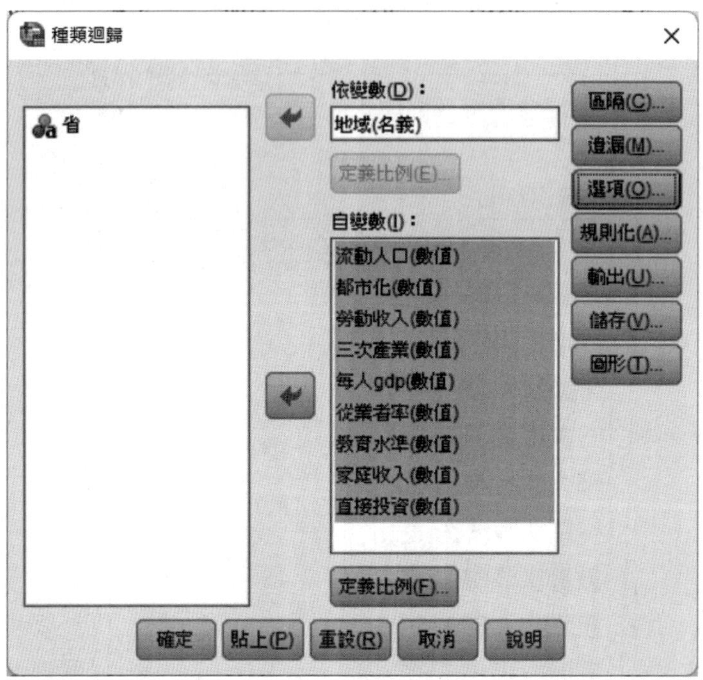

步驟 9　在起始配置的地方，選擇隨機 (D)，再按 繼續 (C)。

種類迴歸：選項
增補物件
觀察值範圍(N)
第一個(F)：
最後一個(S)：
單一觀察值(I)：
要視為增補的觀察值
新增(A)
變更(C)
移除(M)
準則
收斂(V)：.00001
反覆運算次數上限(X)：100
標註圖方式
變數標籤或值標籤(R)
標籤長度限制(L)：20
變數名稱或值(M)
起始配置
數值(U)
隨機(D)
多重系統化起點(T)
要檢定的型樣
所有可能的符號型樣(P)
減少的符號型樣數
遺失變異臨界值 (%)(C)：50
縮減集由僅變異百分比遺失超過臨界值的變數允許使用負號的型樣組成。
針對迴歸係數使用固定符號(G)
迴歸係數符號
要使用之符號型樣的觀察值數目(O)：
從資料集讀取
資料集名稱(D)：
從資料檔讀取
檔案(I)...
繼續(C)
取消
說明

步驟 10　回到以下畫面時，按一下 輸出 (U)。

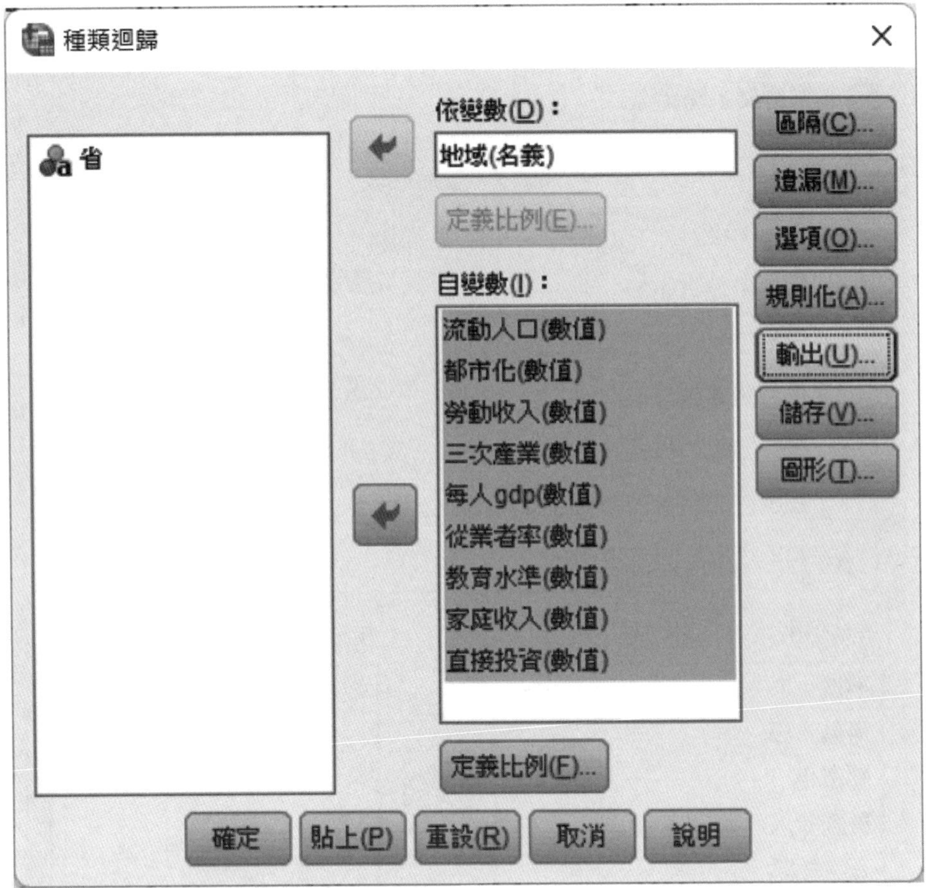

步驟 11 將地域移到種類量化 (T) 的方框中。

接著按 繼續 (C) 。

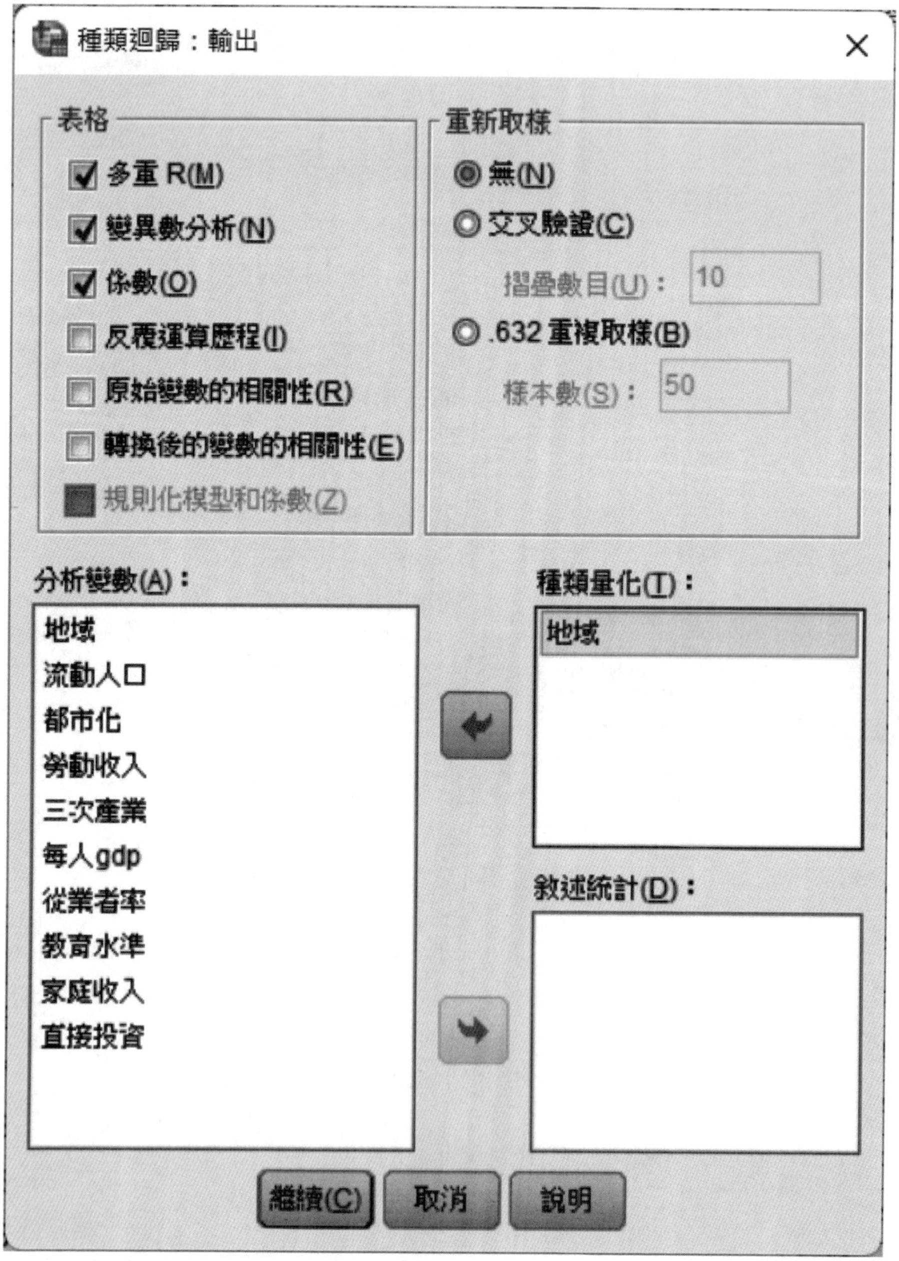

步驟 12　回到以下的畫面時，按一下 確定 。

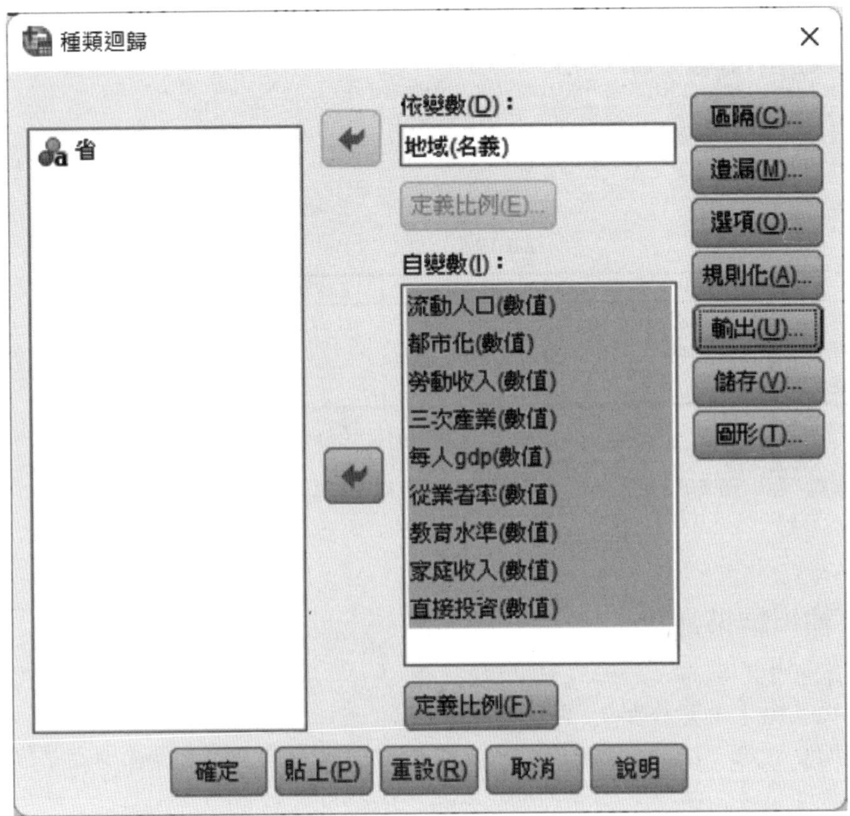

二、SPSS 輸出 1

▸CATREG - 類別資料的迴歸

警告

未指定實數變數 流動人口,都市化,三次產業,從業者率,直接投資的離差。設為預設值：GROUPING NCAT=7 DISTR=NORMAL。 將變數 地域 指定或隱含為分組成幾個類別 (NCAT)，這個類別數等於或大於變數的不同數值數 (把 NCAT 設成這個數字)。對於整數變數，這表示分組沒有任何效應，對於實數和字串變數，則表示分組會造成分級。

← ①

模式摘要

複相關係數 R	R 平方	調過後的 R 平方
.881	.775	.669

← ②

Dependent Variable: 地域
Predictors: 流動人口比率 都市化比率（%） 勞動者年平均收入（元/人） 第三次產業構成（%） 每人gdp 從業者比率（%） 教育水準（每十萬人高中畢業人數） 都市每人的家庭收入 海外的直接投資額（千萬美元）

ANOVA

	平方和	自由度	平均平方和	F 檢定	顯著性
迴歸	22.485	9	2.498	7.286	.000
殘差	6.515	19	.343		
總和	29.000	28			

← ③

Dependent Variable: 地域
Predictors: 流動人口比率 都市化比率（%） 勞動者年平均收入（元/人） 第三次產業構成（%） 每人gdp 從業者比率（%） 教育水準（每十萬人高中畢業人數） 都市每人的家庭收入 海外的直接投資額（千萬美元）

三、輸出結果判讀 1

①在離散化的地方，於形成未指定的變數之中，將流動人口比率等的變數設定為「組化常態分配 7」時出現警告訊息。

對於它來說，地域的類別是 3，在「組化常態分配 7」中儘管指定 7 個類別，而實際上是以 3 個類別加以設定，出現如此警告。

②R 是複相關係數。

R 平方是決定係數。

R 平方越接近 1，迴歸式的適配認為越佳。

R 平方 = 0.775 接近 1，因之迴歸式的適配並不太差。

③這是迴歸分析的變異數分析表。

假設 H_0：東部、中部、西部 3 個地域間無差異。

顯著機率 0.000 < 顯著水準 0.05，因之假設可以捨棄。

因此，依據流動人口比率、都市化率、勞工年平均收入……、來自海外的直接投資額作為自變數，顯示出東部地域、中部地域、西部地域有地域差距。

四、SPSS 輸出 2

係數

	標準化係數		自由度	F 檢定	顯著性	
	Beta	標準誤				
流動人口比率	.171	.348	1	.242	.628	← ⑤⑥
都市化比率（%）	.673	.273	1	6.068	.023	
勞動者年平均收入（元/人）	-2.550	.652	1	15.311	.001	← ④⑥
第三次產業構成（%）	.086	.172	1	.249	.623	
每人gdp	.885	.410	1	4.652	.044	← ⑥
從業者比率（%）	.294	.187	1	2.469	.133	
教育水準（每十萬人高中畢業人數）	.087	.333	1	.068	.797	
都市每人的家庭收入	1.282	.579	1	4.906	.039	
海外的直接投資額（千萬美元）	.322	.161	1	3.997	.060	

依變數：地域

五、輸出結果判讀 2

④標準化係數的絕對值大的變數是勞工年平均收入、每人 GDP、都市每人的家庭收入。

因此，以對 3 個地域差距有影響的較大要因來說，可以認爲是勞工年平均收入、每人 GDP、都市每人的家庭收入。

⑤譬如：都市化率的 F 值與顯著機率的關係如下。

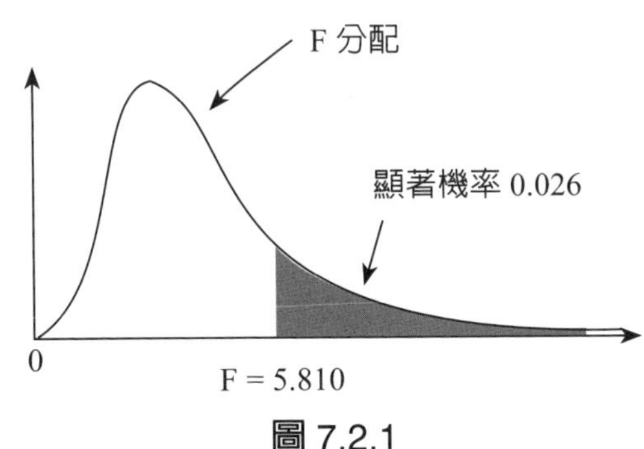

圖 7.2.1

假設 H_0：都市化率對 3 個地域差距沒有影響

顯著機率 0.026 < 顯著水準 0.05，因之假設 H_0 可以捨棄。

因此，都市化率可以認爲是 3 個地域差距的要因之一。

⑥顯著水準在 0.05 以下的變數，可以認爲對 3 個地域差距有影響，所以都市化率、勞工年平均收入、每人 GDP 知是重要的要因。

六、SPSS 輸出 3

相關係數和容許度

	相關			重要性	容忍度	
	零階	淨相關	部份		轉換後	轉換前
流動人口比率	.313	.112	.054	.069	.098	.098
都市化比率（%）	.632	.492	.268	.548	.159	.159
勞動者年平均收入（元/人）	.379	-.668	-.425	-1.247	.028	.028
第三次產業構成（%）	.335	.114	.054	.037	.401	.401
每人gdp	.524	.444	.235	.598	.070	.070
從業者比率（%）	-.159	.339	.171	-.060	.337	.337
教育水準（每十萬人高中畢業人數）	.413	.060	.028	.046	.107	.107
都市每人的家庭收入	.472	.453	.241	.781	.035	.035
海外的直接投資額（千萬美元）	.527	.417	.217	.219	.456	.456

依變數：地域

⑦

量化

表格

地域a

類別	次數	量化
東部	12	.914
中部	10	.055
西部	7	-1.645

a. 最適尺度水準：名義量數.

⑧

七、輸出結果判讀 3

⑦重要度依序為
勞工年平均收入、每人 GDP、都市化率

⑧將東部、中部、西部的 3 個地域數量化為平均 0，變異數 1。

平均……$\dfrac{12\times(-0.934)+10\times(-0.019)+7\times(1.627)}{12+10+7}=0$

變異數…$\dfrac{12\times(-0.934)^2+10\times(-0.019)^2+7\times(1.627)^2}{12+10+7}=1$

Note

第 8 章
Logit 分析
——調查邊際效果

8.1 Logit 分析

以下的數據是男性無專職工作者就業意願的調查結果：

表 8.1.1　男性無專職工作者的社會經濟調查

NO.	收入狀況（萬元）	學歷	年齡	與雙親同住	就業意願有無	工作時間	支出狀況
1	9.4	高畢	18	有	無	23	8.8
2	13.5	高畢	29	無	有	40	11.7
3	20.5	大學畢	23	無	無	57	10.2
4	11.6	高畢	19	有	無	30	9.3
5	27.0	大學畢	23	無	無	54	22.6
6	10.6	大學畢	24	有	有	31	9.5
7	22.0	大學畢	25	無	有	55	17.5
8	8.2	高畢	21	有	無	35	12.6
9	15.5	高畢	22	無	有	23	12.9
10	28.4	大學畢	26	無	有	43	15.3
11	21.8	大學畢	25	無	有	43	12.5
12	17.4	大學畢	23	有	無	41	9.2
13	17.7	大學畢	27	無	有	52	12.0
:	:	:	:	:	:	:	:
:	:	:	:	:	:	:	:
29	7.1	高畢	18	有	有	12	8.8
30	20.4	大學畢	24	無	無	35	14.9

〔註〕：此處的無專職工作者是指除學生與主婦外，年青人之中從事兼職、打工以及有工作意願而無職業者。

「對數機率模型」英語稱為 Logit model。將對數發生率轉換為機率的函數就是「邏輯斯函數」，因此而得名。對數發生率單位稱為 logit。處理二元應變數的方法有好幾個，最常用的有兩種，第一種是「邏輯斯迴歸分析」（logistic regression，或稱為 logit model），另一種是「機率單位值模型」（probit model）。這兩種方式都是透過非線性的函數去估算我們所感興趣的參數值，前者是使用 logit 函數，後者是使用常態分佈的累積函數。

一、想分析的事情

1. 想調查與雙親同住對就業意願的影響。
2. 想調查收入狀況對就業意願的影響。
3. 想調查學歷與就業的關係。
4. 想調查年齡與就業的關係。

此時，可以考慮如下的統計處理：

【統計處理 1】

將就業意願的有無當作依變數，進行 Logit 分析。

【統計處理 2】

計算虛擬變數（學歷、與雙親同住）的邊際效果。

【統計處理 3】

計算連續變數（收入狀況、年齡）的邊際效果。

二、撰寫論文時

Logit 分析時：

「……進行 Logit 分析的結果，在平均值的週邊收入狀況的邊際效果是 −0.129019，與雙親同住的邊際效果是 −0.850816。因此，收入增加一萬元，使就業意願（就業的預測機率）減少 12.9%，與雙親同住者比未與雙親同住者，就業意願（就業的預測機率）減少大約 85%。」

由此事可以判讀出什麼呢？不妨依序閱讀下去。

三、數據輸入類型

表 8.1.1 的數據，如下輸入：

	收入狀況	學歷	年齡	雙親同住	就業意願	var	var	var	var	var	var	var
1	9.4	1	18	1	0							
2	13.5	1	29	0	1							
3	20.5	2	23	0	0							
4	11.6	1	19	1	0							
5	27.0	2	23	0	0							
6	10.6	2	24	1	1							
7	22.0	2	25	0	1							
8	8.2	1	21	1	0							
9	15.5	1	22	0	1							
10	26.4	2	26	0	1							
11	21.8	2	25	0	1							
12	17.4	2	23	1	0							
13	17.7	2	27	0	1							
14	6.5	1	18	1	0							
15	25.5	1	29	0	0							
16	7.4	1	19	1	0							
17	8.3	1	18	0	1							
18	23.8	2	26	0	1							
19	12.4	1	19	1	0							
20	25.6	2	23	0	0							
21	13.8	2	23	1	1							
22	24.2	2	27	0	1							
23	17.5	2	25	1	0							
24	14.8	1	29	0	1							
25	25.3	2	25	0	1							
26	22.6	1	28	0	1							
27	16.7	2	23	1	0							
28	17.3	2	29	0	1							
29	7.1	1	18	1	1							
30	20.4	2	24	0	0							

資料檢視 / 變數檢視

8.2 SPSS 的 Logit 分析——二元 Logistic 迴歸

一、統計處理步驟

步驟 1　輸入表 8.1.1 的數據時，從分析 (A) 的清單如下選擇。

步驟 2 將就業意願的有無移到應變數 (D) 的方框中。

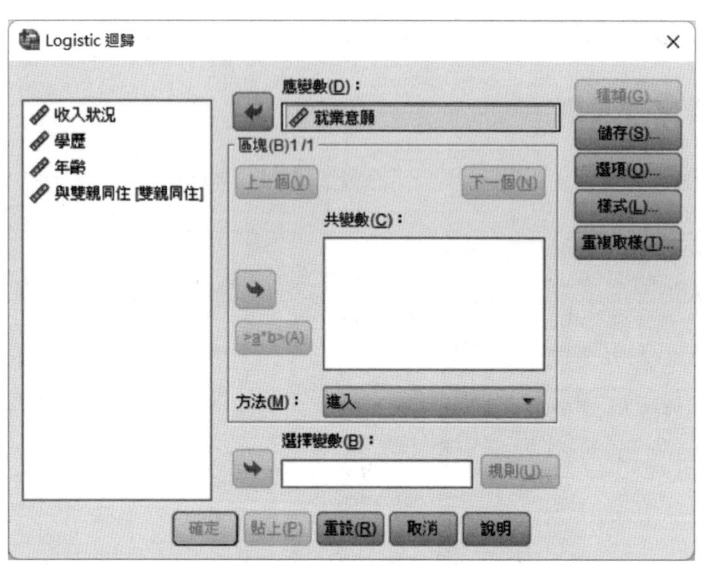

步驟 3 將收入狀況、學歷、年齡與雙親同住移到共變數 (C) 的方框中，按一下 種類 (G)。

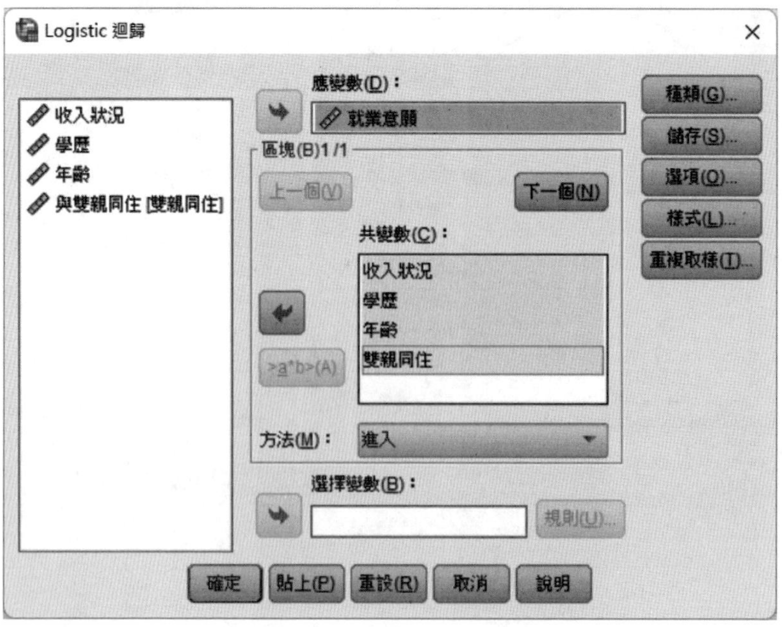

步驟 4　變成如下畫面時，將學歷移到類別共變數 (T) 的方框中。

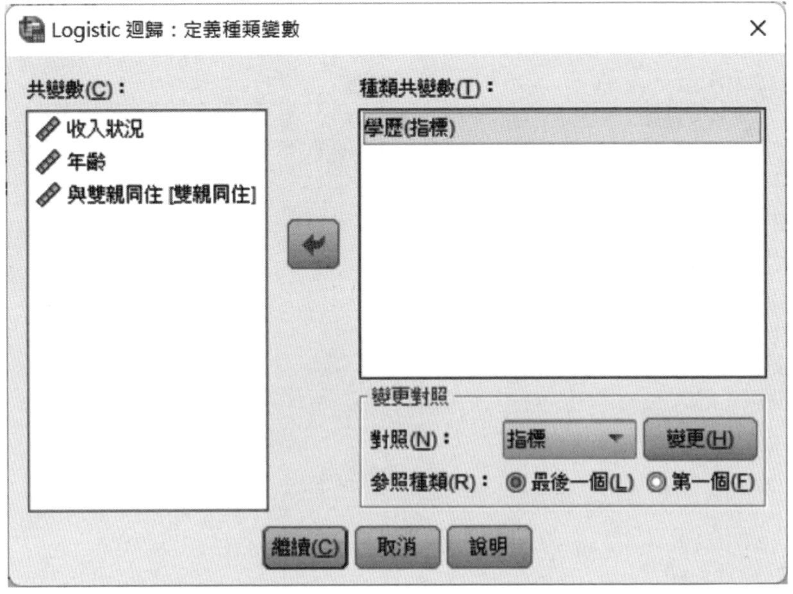

步驟 5　在參照種類 (R)：的地方，選擇第一個 (F)，按一下 變更 (H)，變成如下。

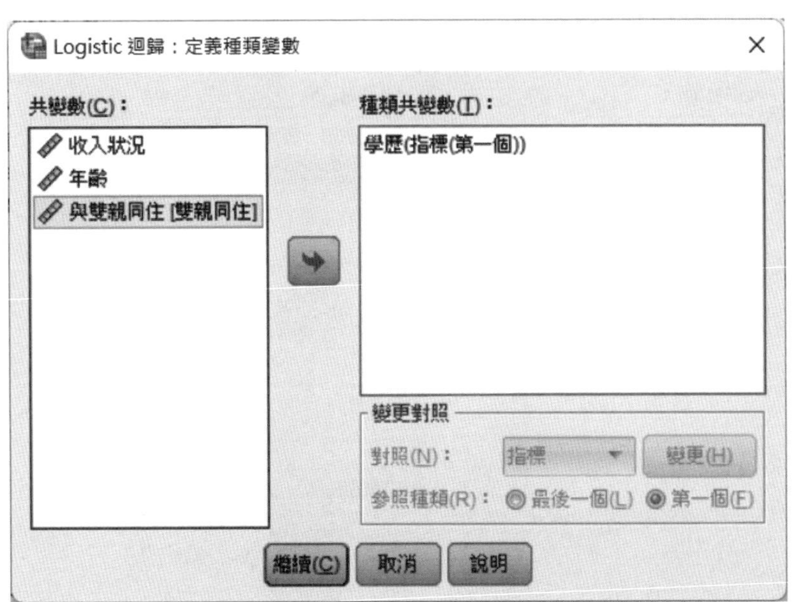

步驟 6 接著，將與雙親同住移到種類共變數的方框中。

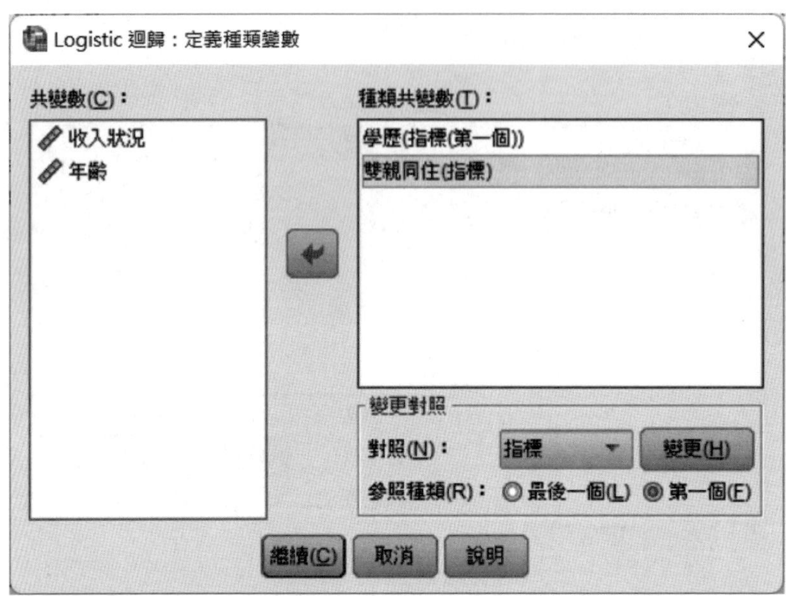

步驟 7 同樣，變更成第一個 (F)。

接著，按 繼續 。

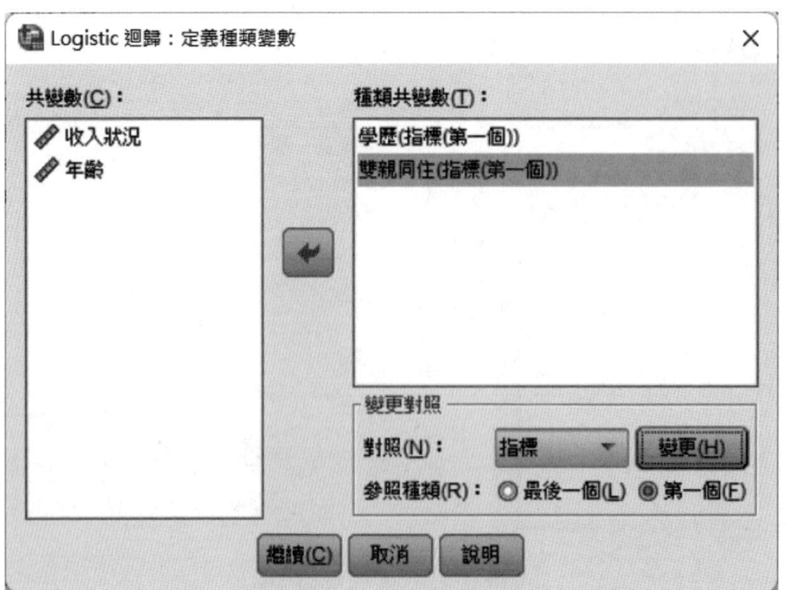

步驟 8　變成如下畫面時，按一下 儲存 (S)。

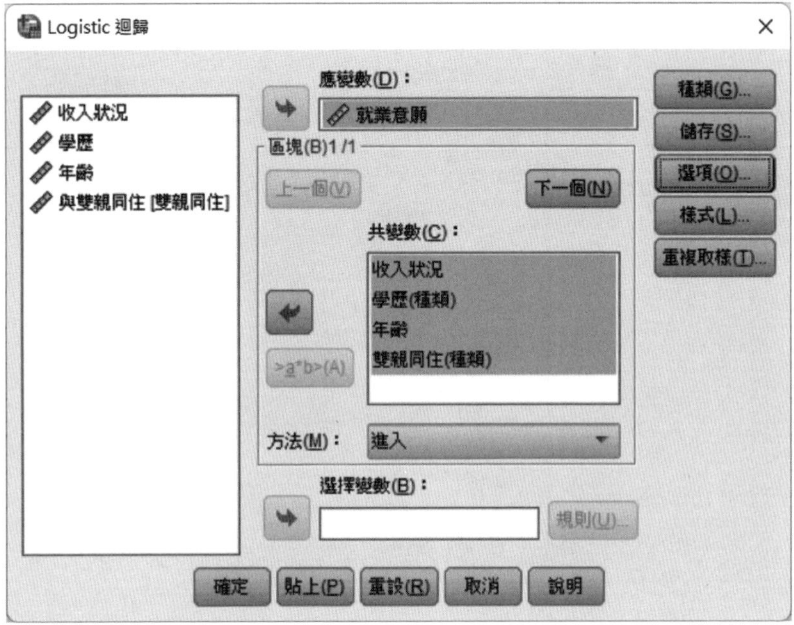

步驟 9　在預測值的地方按一下機率 (P)，再按 繼續。

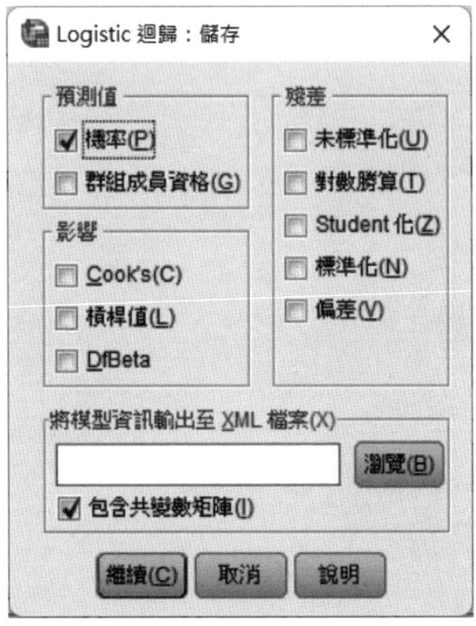

步驟 10 回到以下畫面，按一下 選項(O)。

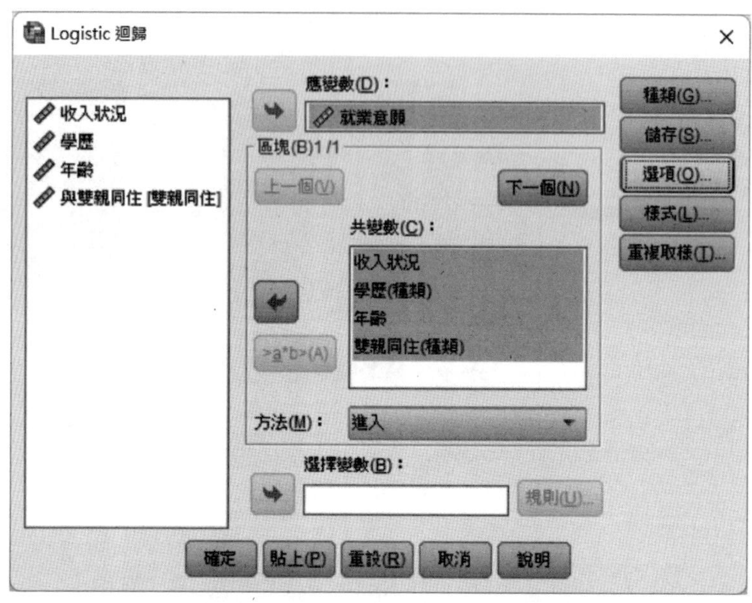

步驟 11 如下勾選後，按 繼續。

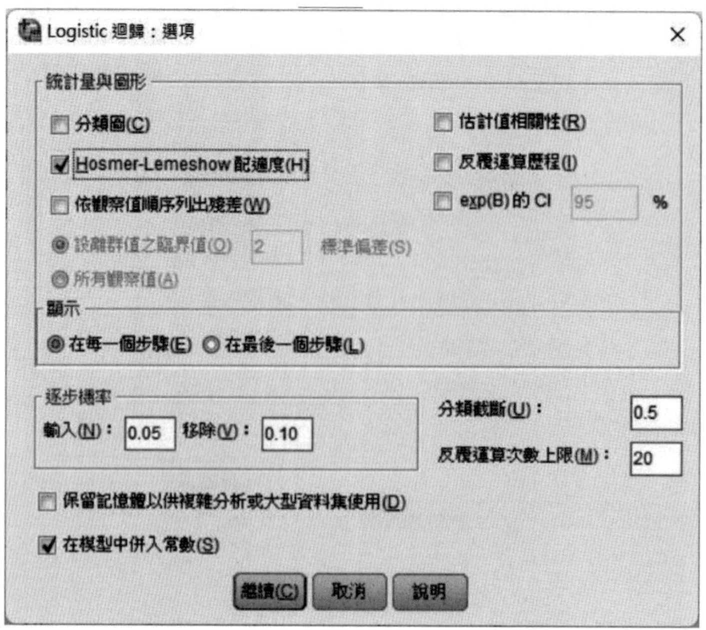

步驟 12　回到以下的畫面時，按 確定 。

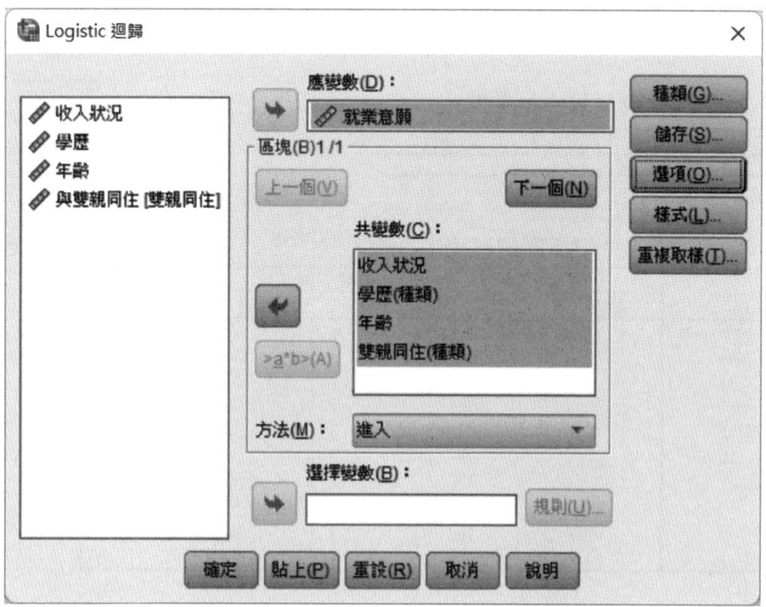

Tea Break

在實際的應用中，通常用 Hosmer-Lemeshow good of fit test（擬合優度檢定）來評價預測模型的校準度。若所得的統計量卡方值越小，對應的 P 值越大，則提示預測模型的校準度越好。若檢驗結果顯示有統計學顯著性（$P < 0.05$），則表明模型預測值和實際觀測值之間存在一定的差異，模型校準度差。

二、SPSS 輸出 1

模式係數的 Omnibus 檢定

		卡方	自由度	顯著性
步驟1	步驟	17.673	4	.001
	區塊	17.673	4	.001
	模式	17.673	4	.001

模式摘要

步驟	-2 對數概似	Cox & Snell R 平方	Nagelkerke R 平方
1	23.782	.445	.594

← ①

Hosmer 和 Lemeshow 檢定

步驟	卡方	自由度	顯著性。
1	7.203	8	.515

← ②

Hosmer 和 Lemeshow 檢定的列聯表格

		就業意願 = 無		就業意願 = 有		
		觀察	期望	觀察	期望	總和
步驟 1	1	3	2.908	0	.092	3
	2	3	2.661	0	.339	3
	3	2	2.485	1	.515	3
	4	3	2.091	0	.909	3
	5	0	1.631	3	1.369	3
	6	1	.997	2	2.003	3
	7	1	.620	2	2.380	3
	8	1	.441	2	2.559	3
	9	0	.160	3	2.840	3
	10	0	.005	3	2.995	3

三、輸出結果判讀 1

①這是 Logit 模式的決定係數

當此值接近 1 時，模式的適配可以認爲佳。

此數據的情形

$$\begin{cases} \text{Cox \& Snell}\ \ R\ 平方 = 0.445 \\ \text{Nagelkerke}\ \ R\ 平方 = 0.594 \end{cases}$$

因之，Logit 模式的適配不壞。

②這是 Logit 模式的適合度檢定

假設 H_0：Logit 模式是合適的

顯著機率 0.515 > 顯著水準 0.05，因之假設 H_0 被捨棄。

因此，Logit 模式可以認爲是合適的。

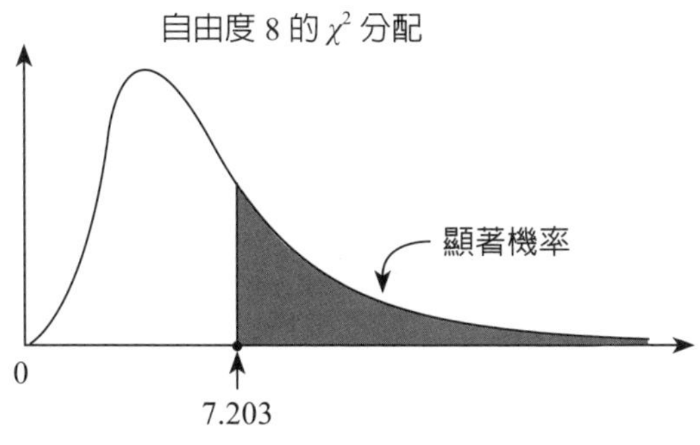

圖 8.2.1　卡方分配

四、SPSS 輸出 2

分類表 [a]

觀察			預測 就業意願 無	有	百分比修正
步驟1	就業意願	無	11	3	78.6
		有	4	12	75.0
	概要百分比				76.7

a. 分割值爲 .500

變數在方程式中

		B	S.E.	Wald	自由度	顯著性。	Exp(B)
步驟 1 [a]	收入狀況	-.559	.249	5.054	1	.025	.572
	學歷(1)	2.181	1.463	2.224	1	.136	8.857
	年齡	.635	.336	3.571	1	.059	1.886
	雙親同住(1)	-5.040	2.103	5.743	1	.017	.006
	常數	-4.126	5.575	.548	1	.459	.016

a. 在步驟 1 中選入的變數：收入狀況, 學歷, 年齡, 雙親同住.

← ③

五、輸出結果判讀 2

③這是 Logistic 迴歸式。

$$\text{Log}\left(\frac{\text{就業的預測機率}}{1+\text{就業的預測機率}}\right) = -0.559\times \text{收入狀況} + 2.181\times \text{學歷}(1) + 0.635\times \text{年齡} - 5.040\times \text{與雙親同住}(1) - 4.126$$

【連續的情形】

收入狀況的邊際效果 = 0.6386×(1 − 0.6386)×(−0.559)
= −0.129019

因此，收入增加 1 單位時的邊際效果是 −0.129019，因之，收入如增加 1 萬元時，就業的機率減少 12.9%。

【虛擬變數的情形】

與雙親同住的邊際效果 = 0.0790793 − 0.929895
= −0.850816

因此，與雙親同住的人，以及與雙親未同住的人，其間差異是 −0.850816，因之，與雙親同住的人比與雙親未同住的人，就業的預測機率減少 85%。

〔註〕：此處的「學歷 (1)」是虛擬變數。步驟 5 中因爲變更爲第一個 (F)，因之變成「大學畢」。

學歷
1
1
2
1
2
:

⇒

學歷 (1) ↓

高畢	大學畢
1	0
1	0
0	1
1	0
0	1
:	:

■ 收入狀況的邊際效果的求法——連續變數時

其 1. 將各變數的平均值代入③的 Logit 模式

−0.559× 收入狀況的平均 + 2.181× 學歷 (1) 的平均 + 0.635 × 年齡的平均 − 5.040× 與雙親同住 (1) 的平均 − 4.126

= −0.559× 17.027 + 2.181× 0.57 + 0.635× 23.6 − 5.040× 0.4 − 4.126

= 0.5691

其 2. 計算 0.5691 的機率

$$機率 = \frac{\exp(0.5691)}{1 + \exp(0.5691)}$$

= 0.6386

其 3. 將 0.6386 與 (1 − 0.6386) 與收入狀況的係數 (−0.559) 相乘。

邊際效果 = 0.6386×(1 − 0.6386)×(−0.559)

= − 0.129019

■ 與雙親同住的邊際效果的求法——虛擬變數時

1. 計算與雙親同住者的就業預測機率

−0.559× 收入狀況的平均 + 2.181× 學歷 (1) 的平均 + 0.635 × 年齡的平均 − 5.040× 同住 − 4.126

= −0.559× 17.027 + 2.181× 0.57 + 0.635× 23.6 − 5.040× 1 − 4.126

= −2.454923

$$就業的預測機率 = \frac{\exp(-2.454923)}{1+\exp(-2.454923)}$$

= 0.0790793

2. 與雙親未同住者的就業的預測機率

−0.559× 收入狀況的平均 + 2.181× 學歷 (1) 的平均 + 0.635 × 年齡的平均 − 5.040 × 未同住 − 4.126

= −0.559× 17.027 + 2.181× 0.57 + 0.635× 23.6 − 5.040× 0 − 4.126

= 2.585077

$$就業的預測機率 = \frac{\exp(2.585077)}{1+\exp(2.585077)}$$

= 0.929895

3. 與雙親同住的邊際效果 = 同住者的就業預測機率 − 未同住者的就業預測機率

= 0.0790793 − 0.929895 = −0.850816

六、SPSS 輸出 3

	收入狀況	學歷	年齡	雙親同住	就業意願	pre_1	var
1	9.4	1	18	1	0	.04759	
2	13.5	1	29	0	1	.99881	
3	20.5	2	23	0	0	.76715	
4	11.6	1	19	1	0	.02681	
5	27.0	2	23	0	0	.08005	
6	10.6	2	24	1	1	.91069	
7	22.0	2	25	0	1	.83521	
8	8.2	1	21	1	0	.39618	
9	15.5	1	22	0	1	.76346	
10	26.4	2	26	0	1	.44962	
11	21.8	2	25	0	1	.85003	
12	17.4	2	23	1	0	.10771	
13	17.7	2	27	0	1	.99502	
14	6.5	1	18	1	0	.20181	
15	25.5	1	29	0	0	.50595	
16	7.4	1	19	1	0	.22382	
17	8.3	1	18	0	1	.93452	
18	23.8	2	26	0	1	.77754	
19	12.4	1	19	1	0	.01731	
20	25.6	2	23	0	0	.15990	
21	13.8	2	23	1	1	.47461	
22	24.2	2	27	0	1	.84056	
23	17.5	2	25	1	0	.28887	
24	14.8	1	29	0	1	.99754	
25	25.3	2	25	0	1	.44475	
26	22.6	1	28	0	1	.73310	
27	16.7	2	23	1	0	.15149	
28	17.3	2	29	0	1	.99888	
29	7.1	1	18	1	1	.15310	
30	20.4	2	24	0	0	.86794	

資料檢視 / 變數檢視

← ④

七、輸出結果判讀 3

④計算就業的預測機率 r

譬如：收入狀況 = 20.5，學歷 = 2，年齡 = 23，未與雙親同住者的就業預測機率 r 是

$$\text{Log}\frac{r}{1-r} = -0.559\times \text{收入狀況} + 2.181\times \text{學歷}(1) + 0.635\times \text{年齡}$$

$$-5.040\times \text{與雙親同住}(1) - 4.126$$

$$= -0.559\times 20.5 + 2.181\times 1 + 0.635\times 23$$

$$-5.040\times 0 - 4.126$$

$$= 1.2005$$

$$\text{就業的預測機率 } r = \frac{\exp(1.2005)}{1+\exp(1.2005)} = 0.7686$$

〔註〕：此處，「學歷 (1)」是對應虛擬變數的「大學畢」。因此，「大學畢」並非對應「2」而是對應「1」。

學歷
1
1
2
1
2
:

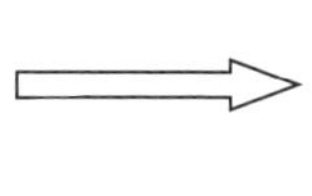

學歷 (1)
↓

高畢	大學畢
1	0
1	0
0	1
1	0
0	1
:	:

8.3 SPSS 的 Logit 分析——順序迴歸

以下的數據是針對男性無專職工作者的就業意願調查結果：

表 8.3.1　男性無專職工作者就業的社會經濟調查

NO.	收入狀況（萬元）	學歷	年齡	與雙親同住	就業意願有無
1	9.4	高畢	18	有	無
2	13.5	高畢	29	無	有
3	20.5	大學畢	23	無	無
4	11.6	高畢	19	有	無
5	27.0	大學畢	23	無	無
6	10.6	大學畢	24	有	有
7	22.0	大學畢	25	無	有
8	8.2	高畢	21	有	無
9	15.5	高畢	22	無	有
10	28.4	大學畢	26	無	有
11	21.8	大學畢	25	無	有
12	17.4	大學畢	23	有	無
13	17.7	大學畢	27	無	有
:	:	:	:	:	:
:	:	:	:	:	:
29	7.1	高畢	18	有	有
30	20.4	大學畢	24	無	無

一、數據輸入類型

表 8.3.1 的數據如下輸入：

	收入狀況	學歷	年齡	雙親同住	就業意願	var
1	9	1	18	1	0	
2	14	1	29	0	1	
3	21	2	23	0	0	
4	12	1	19	1	0	
5	27	2	23	0	0	
6	11	2	24	1	1	
7	22	2	25	0	1	
8	8	1	21	1	0	
9	16	1	22	0	1	
10	26	2	26	0	1	
11	22	2	25	0	1	
12	17	2	23	1	0	
13	18	2	27	0	1	
14	7	1	18	1	0	
15	26	1	29	0	0	
16	7	1	19	1	0	
17	8	1	18	0	1	
18	24	2	26	0	1	
19	12	1	19	1	0	
20	26	2	23	0	0	
21	14	2	23	1	1	
22	24	2	27	0	1	
23	18	2	25	1	0	
24	15	1	29	0	1	
25	25	2	25	0	1	
26	23	1	28	0	1	
27	17	2	23	1	0	
28	17	2	29	0	1	
29	7	1	18	1	1	
30	20	2	24	0	0	

資料檢視 / 變數檢視

步驟 1 如輸入表 8.3.1 的數據時，從分析 (A) 的清單中如下選擇。

	收入狀況	學歷
1	9	1
2	14	1
3	21	2
4	12	1
5	27	2
6	11	2
7	22	2
8	8	1
9	16	1
10	26	2
11	22	2
12	17	2
13	18	2
14	7	1
15	26	1
16	7	1
17	8	1
18	24	2
19	12	1
20	26	2
21	14	2
22	24	2
23	18	2
24	15	1

步驟 2 將就業意願的有無移到應變數 (D) 的方框中。

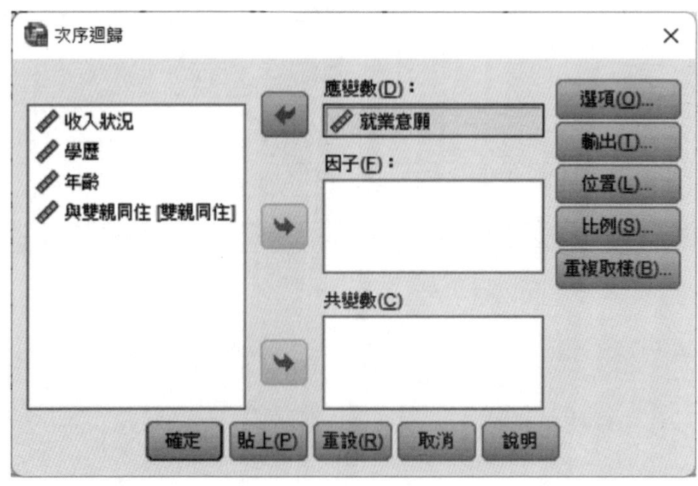

步驟 3　將收入狀況、學歷、年齡、與雙親同住移到共變數 (C) 中，按一下 選項 (O)。

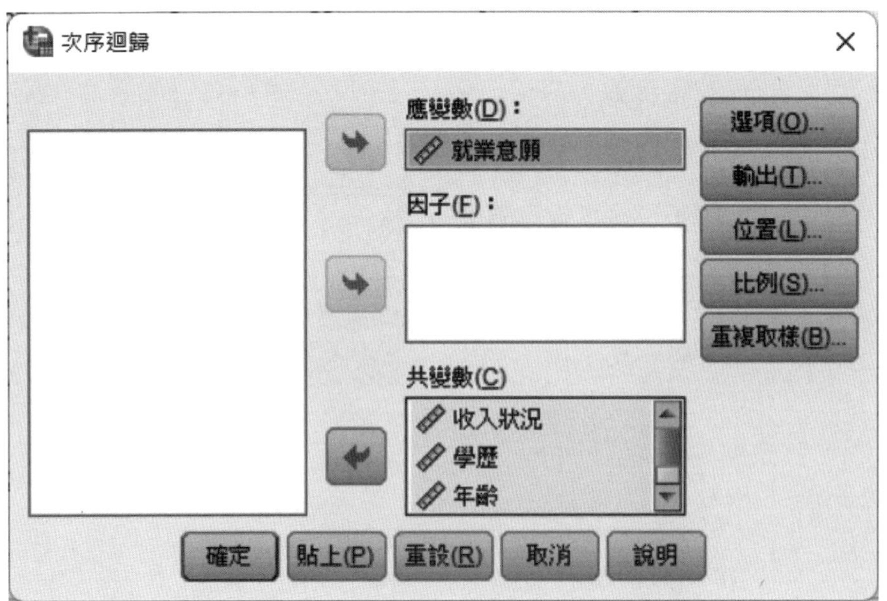

Tea Break

共變數（covariate）在心理學、行為科學中，是指與因變數有線性相關並在探討自變數與依變數關係時透過統計技術加以控制的變量。常用的共變數包括依變數的前測分數、人口統計學指標以及與依變數明顯不同的個人特徵等。

步驟 4 變成如下的畫面時，在鏈結 (K) 的地方選擇 Logit，再按 繼續。

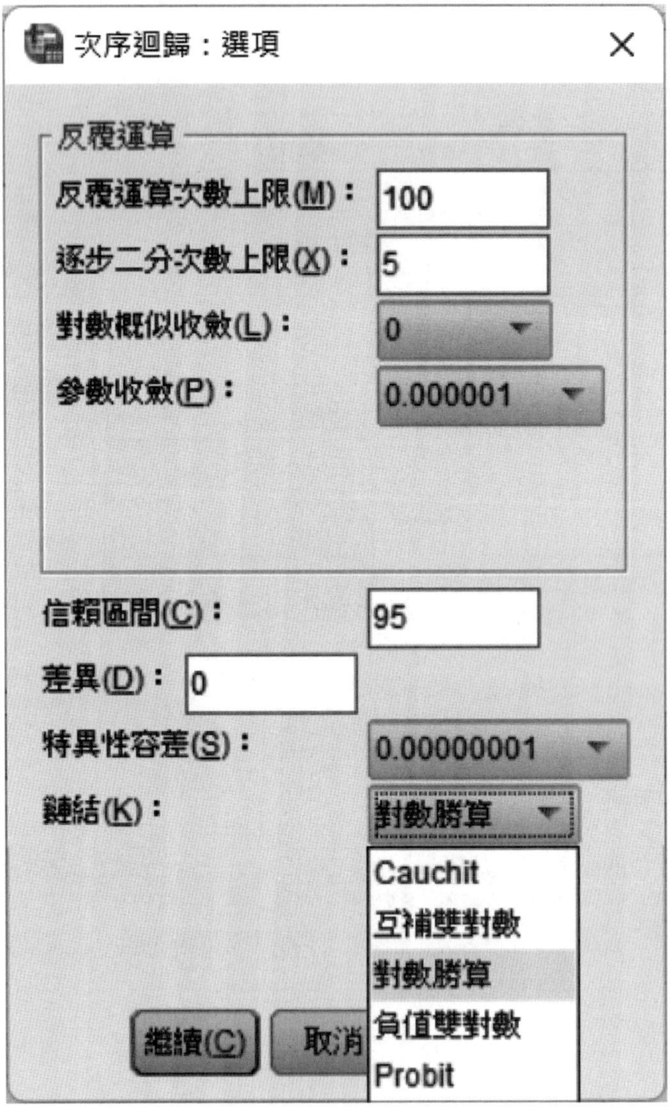

次序迴歸：選項

反覆運算

反覆運算次數上限(M)： 100

逐步二分次數上限(X)： 5

對數概似收斂(L)： 0

參數收斂(P)： 0.000001

信賴區間(C)： 95

差異(D)： 0

特異性容差(S)： 0.00000001

鏈結(K)： 對數勝算

Cauchit

互補雙對數

對數勝算

負值雙對數

Probit

繼續(C) 取消

步驟 5 回到以下畫面時，按一下 輸出 (T) 。

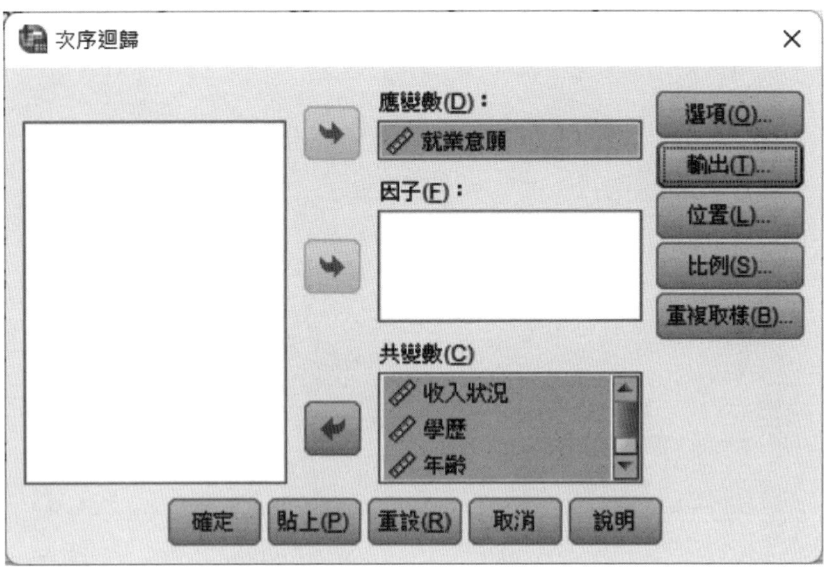

步驟 6 如下勾選，按 繼續 。

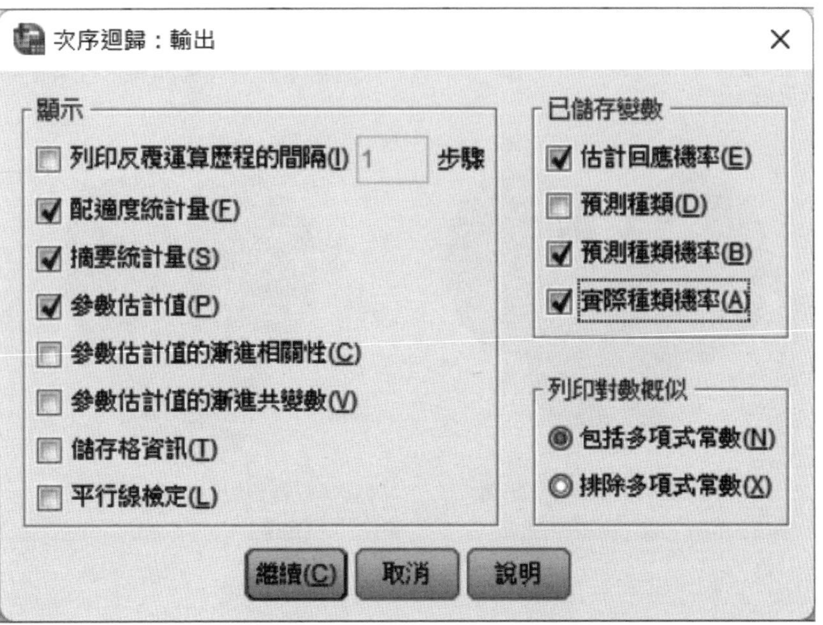

步驟 7 回到以畫面，按 確定 。

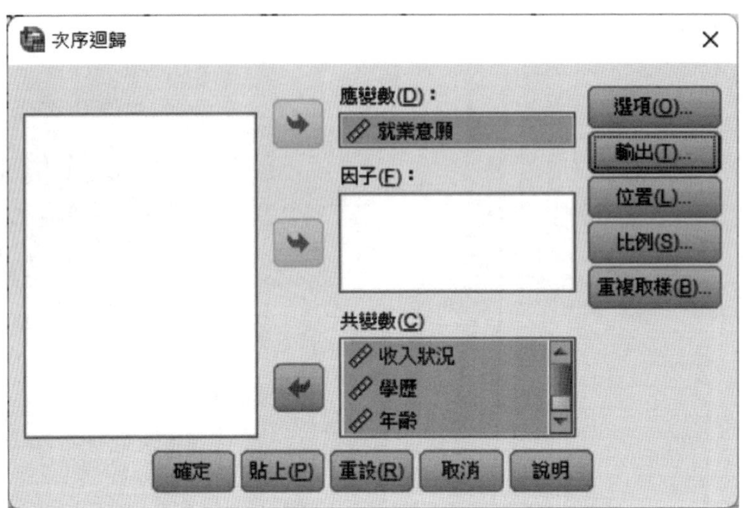

我們將這個額外多出來卻又會影響結果的變數叫做「共變數」（covariate）或稱共變量、協變量。如果我們能排除共變數的影響，就更能掌握自變數對應變數的解釋力。

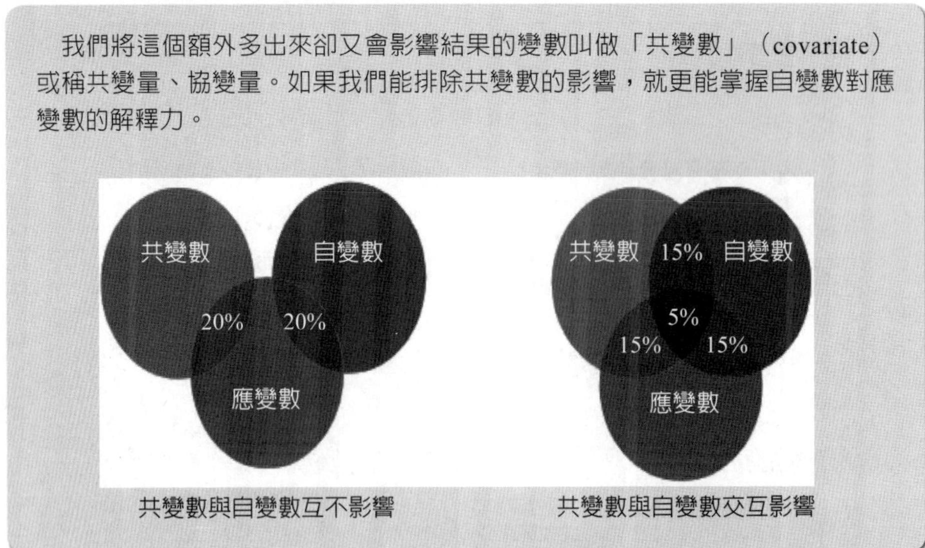

二、SPSS 輸出 1

模式適合度資訊

模式	-2 對數概似	卡方	自由度	顯著性。
只截距	41.455			
最後	23.782	17.673	4	.001

連結函數：Logit。

適合度

	卡方	自由度	顯著性。
Pearson 相關係數	23.979	25	.521
離差	23.782	25	.532

← ①

連結函數：Logit。

假 R 平方

Cox和 Snell	.445
Nagelkerke	.594
McFadden	.426

← ②

連結函數：Logit。

三、輸出結果判讀 1

①這是 Logit 模式的適合度檢定。

假設 H_0：Logit 模式是合適的

顯著機率 0.521 > 顯著水準 0.05，因之假設 H_0 被捨棄。

因此，Logit 模式可以認爲是合適的。

②這是 Logit 式的決定係數

當此值接近 1 時，Logit 式的適配認爲是好的。

Cox 與 Snell = 0.445
Nagelkerke = 0.594
McFadden = 0.426

此 Logit 式的適配是不壞的。

四、SPSS 輸出 2

參數估計值

		估計	標準誤差	Wald	自由度	顯著性
起始值	[就業意願 = 0]	6.307	5.843	1.165	1	.280
位置	收入狀況	-.559	.249	5.054	1	.025
	學歷	2.181	1.463	2.224	1	.136
	年齡	.635	.336	3.571	1	.059
	雙親同住	-5.040	2.103	5.743	1	.017

← ③

連結函數：Logit。

		95% 信賴區間	
		下界	上界
起始值	[就業意願 = 0]	-5.146	17.760
位置	收入狀況	-1.046	-7.167E-02
	學歷	-.686	5.048
	年齡	-2.358E-02	1.293
	雙親同住	-9.161	-.918

連結函數：Logit。

五、輸出結果判讀 2

③這是 Logit 式。

【就業意願 = 0】的預測機率設爲 r 時，Logit 式成爲

$$\text{Log}\frac{r}{1-r} = 8.307 - (-0.559\times \text{收入狀況} + 2.181\times \text{學歷} + 0.635\times \text{年齡} - 5.04\times \text{與雙親同住})$$

〔註〕：

$y = b_0 + b_1x_1 + \cdots + b_px_p$ 是複迴歸式。

$\log\frac{y}{1-y} = b_0 + b_1x_1 + \cdots + b_px_p$ 是 Logistic 迴歸式。

六、SPSS 輸出 3

	收入狀況	學歷	年齡	雙親同住	就業意願	estl_1	est2_1	pcp_1	acp_1	var	var	var
1	9	1	18	1	0	.95	.05	.95	.95			
2	14	1	29	0	1	.00	1.00	1.00	1.00			
3	21	2	23	0	0	.23	.77	.77	.23			
4	12	1	19	1	0	.97	.03	.97	.97			
5	27	2	23	0	0	.92	.08	.92	.92			
6	11	2	24	1	1	.09	.91	.91	.91			
7	22	2	25	0	1	.16	.84	.84	.84			
8	8	1	21	1	0	.60	.40	.60	.60			
9	16	1	22	0	1	.24	.76	.76	.76			
10	26	2	26	0	1	.55	.45	.55	.45			
11	22	2	25	0	1	.15	.85	.85	.85			
12	17	2	23	1	0	.89	.11	.89	.89			
13	18	2	27	0	1	.00	1.00	1.00	1.00			
14	7	1	18	1	0	.80	.20	.80	.80			
15	26	1	29	0	0	.49	.51	.51	.49			
16	7	1	19	1	0	.78	.22	.78	.78			
17	8	1	18	0	1	.07	.93	.93	.93			
18	24	2	26	0	1	.22	.78	.78	.78			
19	12	1	19	1	0	.98	.02	.98	.98			
20	26	2	23	0	0	.84	.16	.84	.84			
21	14	2	23	1	1	.53	.47	.53	.47			
22	24	2	27	0	1	.16	.84	.84	.84			
23	18	2	25	1	0	.71	.29	.71	.71			
24	15	1	29	0	1	.00	1.00	1.00	1.00			
25	25	2	25	0	1	.56	.44	.56	.44			
26	23	1	28	0	1	.27	.73	.73	.73			
27	17	2	23	1	0	.85	.15	.85	.85			
28	17	2	29	0	1	.00	1.00	1.00	1.00			
29	7	1	18	1	1	.85	.15	.85	.15			
30	20	2	24	0	0	.13	.87	.87	.13			

資料檢視 / 變數檢視

④　⑤　⑥　⑦

七、輸出結果判讀 3

④這是【就業意願 = 0】的預測機率 r。

$$\text{Log}\,\frac{r}{1-r} = 8.307 - (-0.559\times 20.5 + 2.181\times 2 + 0.635\times 23 - 5.040\times 0)$$

$$= -1.2005$$

$$\text{預測機率 } r = \frac{\exp(-1.2005)}{1+\exp(-1.2005)}$$

$$= 0.231386$$

⑤【就業意願 = 1】的預測機率

【就業意願 = 1】的預測機率 = 1 −【就業意願 = 0】的預測機率

= 1 − 0.231386

= 0.768614

⑥這是預測類別機率。

⑦這是實際類別機率。

Note

第 9 章
Probit 分析
——調查邊際效果

9.1 Probit 分析
9.2 SPSS 的 Probit 分析——群組數據時
9.3 SPSS 的 Probit 分析——選擇 2 値數據時

9.1 Probit 分析

以下的數據是就 20 歲到 30 歲單身女性的結婚意願所調查的結果：

表 9.1.1　單身女性的社會經濟調查

NO.	收入狀況（10 萬元）	學歷	與雙親同住	調查人數	結婚意願有無人數
1	20	高畢	有	4	3
2	20	高畢	無	1	1
3	20	大學畢	有	3	2
4	20	大學畢	無	1	1
5	30	高畢	有	4	2
6	30	高畢	無	2	2
7	30	大學畢	有	6	3
8	30	大學畢	無	3	3
9	40	高畢	有	1	0
10	40	高畢	無	2	1
11	40	大學畢	有	3	1
12	40	大學畢	無	4	2
13	50	高畢	有	1	0
14	50	高畢	無	1	1
15	50	大學畢	有	2	0
16	50	大學畢	無	3	1

一、想分析的事情

1. 與雙親同住的人與不同住的人，結婚的預測機率有何不同？
2. 收入如增加時，結婚的預測機率增加多少或減少多少？

此時，可以考慮如下的統計處理：

【統計處理 1】

以調查人數當作總觀測次數，有結婚意願的人數當作回答次數，進行 Probit 分析。

【統計處理 2】

計算虛擬變數（與雙親同住）的邊際效果。

【統計處理 3】

計算連續變數（收入狀況）的邊際效果。

二、撰寫論文時

Probit 分析時：

「進行 Probit 分析的結果，在平均值的周邊的收入狀況的邊際效果是 −0.03075，與雙親同住的邊際效果是 −0.4820。因此，收入增加 10 萬元時，使結婚意願（結婚的預測機率）約減少 3%，與雙親同住的人，比不同住的人，結婚意願（結婚的預測機率）約減少 48%。」

由此可以判讀出什麼呢？不妨依序閱讀下去。

三、數據輸入類型

表 9.1.1 的數據，如下輸入：

	收入狀況	學歷	雙親同住	調查人數	結婚意願	var	var	var	var	var	var	var
1	20	1	1	4	3							
2	20	1	0	1	1							
3	20	2	1	3	2							
4	20	2	0	1	1							
5	30	1	1	4	2							
6	30	1	0	2	2							
7	30	2	1	6	3							
8	30	2	0	3	3							
9	40	1	1	1	0							
10	40	1	0	2	1							
11	40	2	1	3	1							
12	40	2	0	4	2							
13	50	1	1	1	0							
14	50	1	0	1	1							
15	50	2	1	2	0							
16	50	2	0	3	1							
17												
18												
19												
20												
21												
22												
23												
24												
25												
26												
27												
28												
29												
30												

資料檢視　變數檢視

9.2 SPSS 的 Probit 分析——群組數據時

一、統計處理步驟

步驟 1 如輸入表 9.1.1 的數據時從分析 (A) 的清單中如下選擇 Probit(P)。

步驟 2　將結婚意願之有無移到回應次數 (S) 的方框中。

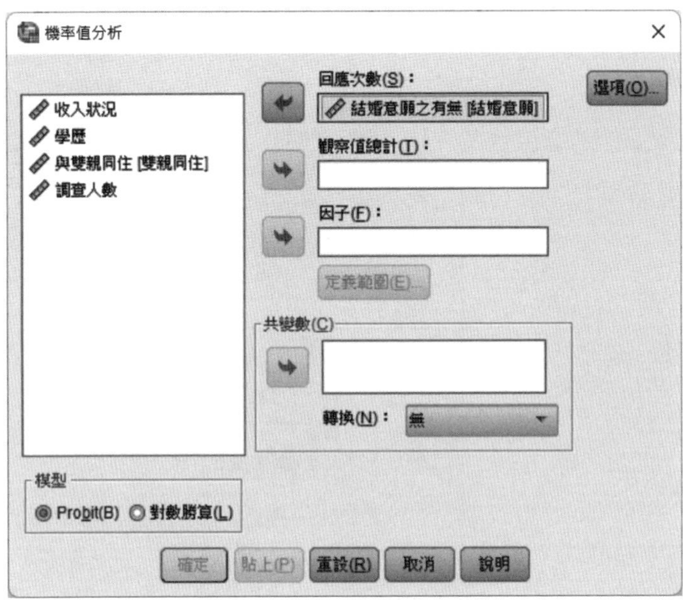

步驟 3　將調查人數移到觀察值總計 (T) 的方框中。

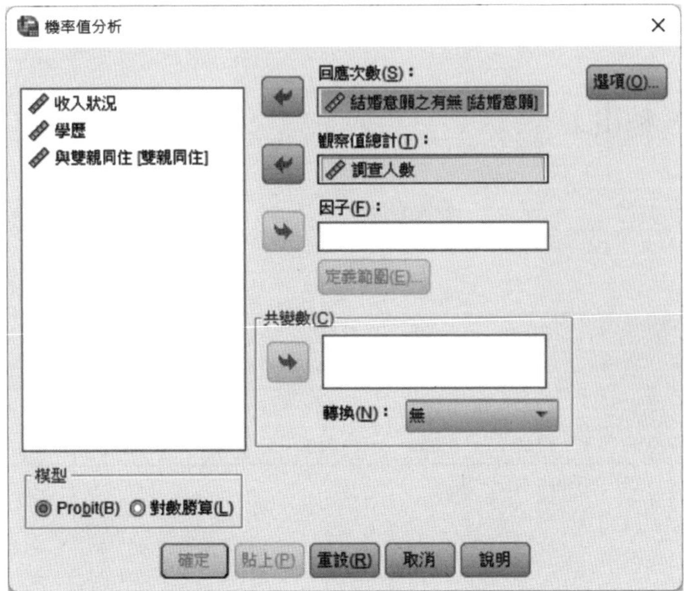

步驟 4 將收入狀況、學歷、與雙親同住移到共變數 (C) 的方框中，按確定。

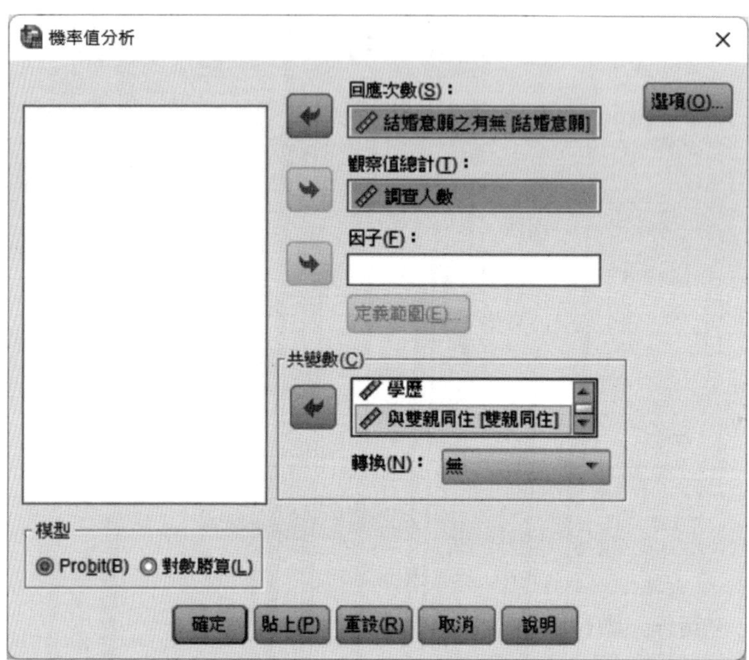

二、SPSS 輸出 1

參數估計值

	參數	估計	標準誤	Z	顯著性	95% 信賴區間 下限	95% 信賴區間 上限
Probit[a]	收入狀況	-.078	.028	-2.764	.006	-.134	-.023
	學歷	-.103	.462	-.224	.823	-1.008	.801
	與雙親同住	-1.357	.554	-2.451	.014	-2.442	-.272
	截距	3.799	1.336	2.843	.004	2.462	5.135

a. Probit 模型：PROBIT(p) = 截距 + BX

← ①

卡方檢定

		卡方檢定	自由度[a]	顯著性
Probit	皮爾森 (Pearson) 適合度檢定	4.103	12	.982

← ②

a. 基於個別觀察值的統計量不同於基於聚集觀察值的統計量。

三、輸出結果判讀 1

①這是 Probit 模式的式子。

Probit（結婚的預測機率）= −0.07849× 收入狀況 − 0.10336× 學歷 −1.35691× 與雙親同住 + 3.79882

使用此式，如下可以求出邊際效果。

【連續的情形】

收入狀況的邊際效果 = 0.391816×(−0.07849) = −0.03075

因此，收入狀況增加 1 單位時的邊際效果是 −0.03075，因之收入狀況（年收入）每增加 10 萬元時，結婚的預測機率減少 3%。

【虛擬的情形】

與雙親同住的邊際效果 = 0.3570061 − 0.83902 = −0.48201

因此，與雙親同住的人，以及與雙親不同住的人，其間之差異是 −0.48201，與雙親同住的人比不同住的人，結婚的預測機率減少 48%。

②模式的適合度檢定

假設 H_0：模式是適合的

顯著機率 0.982 > 顯著水準 0.05，因之假設無法捨棄。

因此，此 Probit 模式可以認爲是合適的。

■ 收入狀況的邊際效果的求法——連續變數時

1. 將各變數的平均值代入①的 Probit 的模式中

−0.07849× [收入狀況的平均] − 0.10336× [學歷的平均]

−1.35691× [與雙親同住的平均] + 3.79882

= −0.07849× [33.66] − 0.10336× [1.61] − 1.35691× [0.59] + 3.79882

= 0.18986

2. 將 0.18986 代入標準常態分配的機率密度函數 $f(z)$ 中。

$$f(0.18986) = \frac{1}{\sqrt{2\pi}} e^{-\frac{(0.18986)^2}{2}}$$
$$= 0.39816$$

3. 將 0.391816 與收入狀況的係數 (−0.07849) 相乘。

收入狀況的邊際效果 = 0.391816×(−0.07849)
= −0.03075

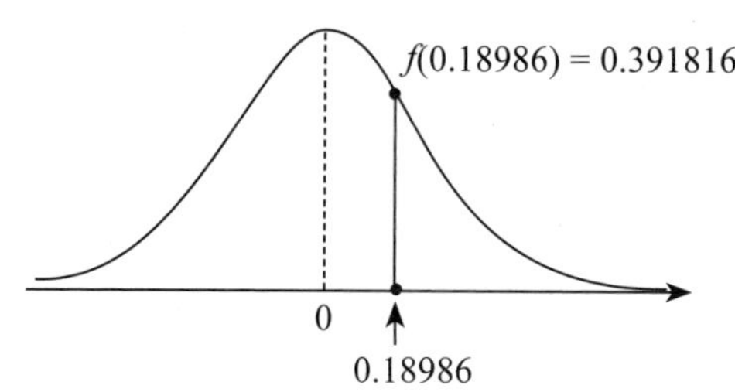

■ 與雙親同住的邊際效果的求法

1. 計算與雙親同住者之結婚的預測機率。

−0.07849× 收入狀況的平均 − 0.10336× 學歷的平均

−1.35691× 同住 + 3.79882

= −0.07849× 33.66 − 0.10336× 1.61 − 1.35691× 1 + 3.79882

= −0.366473

結婚的預測機率 = NORMSDIST(−0.366473)
= 0.350061

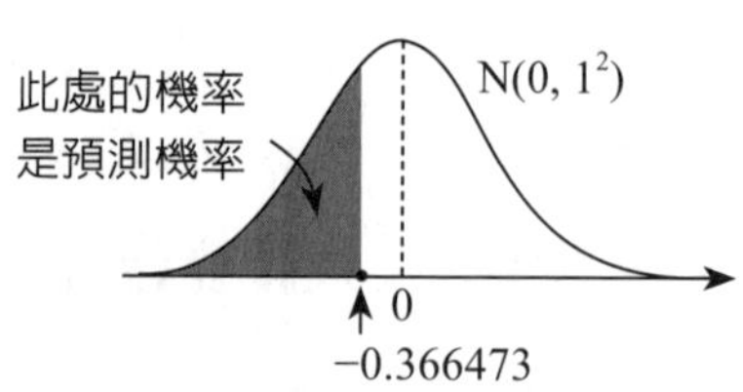

2. 計算與雙親不同住者的結婚的預測機率。

−0.07849× 收入狀況的平均 − 0.10336× 學歷的平均

−1.35691× 不同住 + 3.79882

= −0.07849× 33.66 − 0.10336× 1.61 − 1.35691× 0 + 3.79882

= −0.990437
結婚的預測機率 = NORMSDIST(0.990437)
= 0.83902

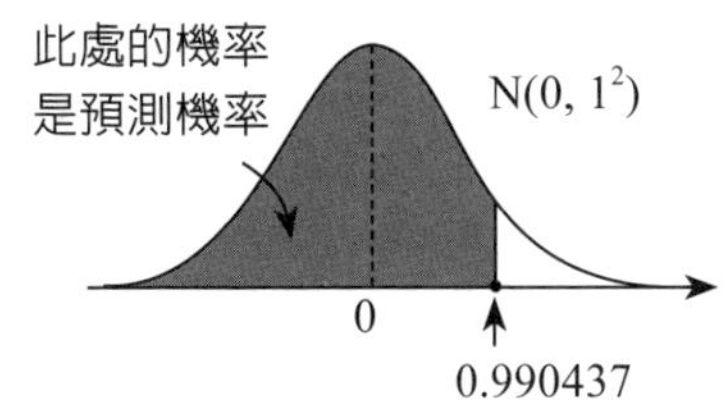

3. 與雙親同住的邊際效果 = 同住者之結婚的預測機率 − 不同住者之結婚的預測機率
= 0.350061 − 0.83902 = −0.488959

四、SPSS 輸出 2

參數估計值的共變數及相關性

		收入狀況	學歷	與雙親同住
Probit	收入狀況	.001	-.158	.569
	學歷	-.002	.213	-.017
	與雙親同住	.009	-.004	.306

共變數（下方）及相關性（上方）。

單元計數及殘差

	數字	收入狀況	學歷	與雙親同住	受試者數	觀察的回應	預期的回應	殘差	機率
Probit	1	20.000	1.000	1.000	4	3	3.116	-.116	.779
	2	20.000	1.000	.000	1	1	.983	.017	.983
	3	20.000	2.000	1.000	3	2	2.241	-.241	.747
	4	20.000	2.000	.000	1	1	.978	.022	.978
	5	30.000	1.000	1.000	4	2	1.974	.026	.494
	6	30.000	1.000	.000	2	2	1.820	.180	.910
	7	30.000	2.000	1.000	6	3	2.715	.285	.452
	8	30.000	2.000	.000	3	3	2.676	.324	.892
	9	40.000	1.000	1.000	1	0	.212	-.212	.212
	10	40.000	1.000	.000	2	1	1.422	-.422	.711
	11	40.000	2.000	1.000	3	1	.549	.451	.183
	12	40.000	2.000	.000	4	2	2.698	-.698	.675
	13	50.000	1.000	1.000	1	0	.056	-.056	.056
	14	50.000	1.000	.000	1	1	.410	.590	.410
	15	50.000	2.000	1.000	2	0	.091	-.091	.046
	16	50.000	2.000	.000	3	1	1.110	-.110	.370

← ③

五、輸出結果判讀 2

③計算結婚的預測機率。

譬如：收入狀況是 20，高中畢業，與雙親同住者的結婚的預測機率是 0.77901。

此預測機率如下計算。

Probit（結婚的預測機率）= −0.07849× 收入狀況 − 0.10336× 學歷 −1.35691× 與雙親同住 + 3.79882
= −0.07849×20 − 0.10336×1 − 10.35691×1 + 3.79882
= 0.76875

結婚的預測機率 = NORMSDIST(0.76875)
= 0.778979

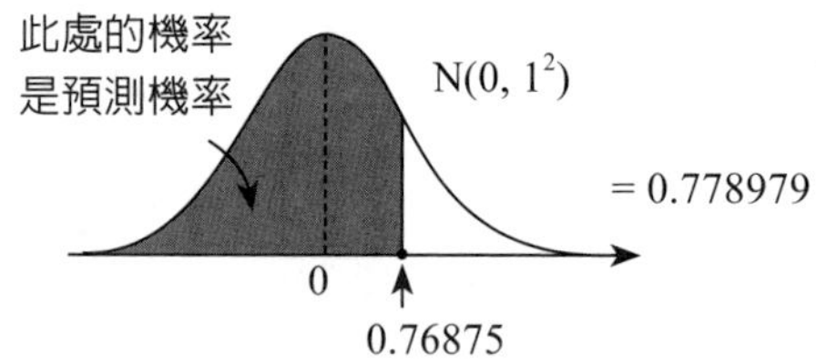

〔註〕：

Microsoft Excel - Book1

檔案(F) 編輯(E) 檢視(V) 插入(I) 格式(O) 工具(T) 資料(D) 視窗(W)

C7 | fx =NORMSDIST(C5)

	A	B	C	D	E	F
1	-0.07849	20	-1.5698			
2	-0.10336	1	-0.10336			
3	-1.35691	1	-1.35691			
4	3.79882	1	3.79882			
5			0.76875			
6						
7			0.778979			
8						

⇨ 如使用 EXCEL 函數的 NORMSDIST 時，即可立即求出 0.76875 的標準常態累積分配函數之值。

9.3 SPSS 的 Probit 分析——選擇 2 值數據時

以下的數據是就 20 歲到 30 歲的單身女性的結婚意願所調查之結果：

表 9.3.1　單身女性的社會經濟調查（選擇 2 值數據）

NO.	收入狀況（10萬元）	學歷	與雙親同住	結婚意願有無	支出狀況（10萬元）	年齡	工作時間
1	20	高畢	有	無	13	30	57
2	20	高畢	有	有	18	33	47
3	20	高畢	有	有	15	31	53
4	20	高畢	有	有	12	29	47
5	20	高畢	無	有	23	31	56
6	20	大學畢	有	無	7	27	61
7	20	大學畢	有	有	9	33	52
8	20	大學畢	有	有	14	39	50
9	20	大學畢	無	有	9	25	51
10	30	高畢	有	無	26	23	51
11	30	高畢	有	無	25	28	48
12	30	高畢	有	有	14	32	63
13	30	高畢	有	有	11	27	50
14	30	高畢	無	有	17	21	55
15	30	高畢	無	有	14	26	57
16	30	大學畢	有	無	13	33	44
:	:	:	:	:	:	:	:
:	:	:	:	:	:	:	:
39	50	大學畢	無	無	36	29	43
40	50	大學畢	無	無	27	26	42
41	50	大學畢	無	有	35	27	45

一、數據輸入類型

表 9.3.1 的數據如下輸入：

	收入狀況	學歷	雙親同住	結婚意願	支出狀況	年齡	工作時間	var
1	20	1	1	0	13	30	57	
2	20	1	1	1	18	33	47	
3	20	1	1	1	15	31	53	
4	20	1	1	1	12	29	47	
5	20	1	0	1	23	31	56	
6	20	2	1	0	7	27	61	
7	20	2	1	1	9	33	52	
8	20	2	1	1	14	39	50	
9	20	2	0	1	9	25	51	
10	30	1	1	0	26	23	51	
11	30	1	1	0	25	28	48	
12	30	1	1	1	14	32	63	
13	30	1	1	1	11	27	50	
14	30	1	0	1	17	21	55	
15	30	1	0	1	14	26	57	
16	30	2	1	0	13	33	44	
17	30	2	1	0	20	21	47	
18	30	2	1	0	27	24	48	
19	30	2	1	1	17	28	61	
20	30	2	1	1	13	37	50	
21	30	2	1	1	30	29	55	
22	30	2	0	1	28	36	51	
23	30	2	0	1	27	39	45	
24	30	2	0	1	19	34	52	
25	40	1	1	0	15	38	48	
26	40	1	0	0	35	29	48	
27	40	1	0	1	19	33	44	
28	40	2	1	0	17	37	61	
29	40	2	1	0	21	32	55	
30	40	2	1	1	29	31	53	

	收入狀況	學歷	雙親同住	結婚意願	支出狀況	年齡	工作時間	var
31	40	2	0	0	27	21	57	
32	40	2	0	0	39	26	49	
33	40	2	0	1	27	27	67	
34	40	2	0	1	31	37	49	
35	50	1	1	0	33	29	49	
36	50	1	0	1	22	28	44	
37	50	2	1	0	24	33	55	
38	50	2	1	0	11	33	46	
39	50	2	0	0	36	29	43	
40	50	2	0	0	27	26	42	
41	50	2	0	1	35	27	45	
42								

〔註〕：

學歷：1 是高中畢業，2 是大學畢業；

雙親同住：0 是不同住，1 是同住；

結婚意願：0 是無，1 是有。

二、統計處理步驟

步驟 1　如輸入表 9.3.1 的數據時，從分析 (A) 的清單中如下選擇迴歸 (R) 中的序數 (D)。

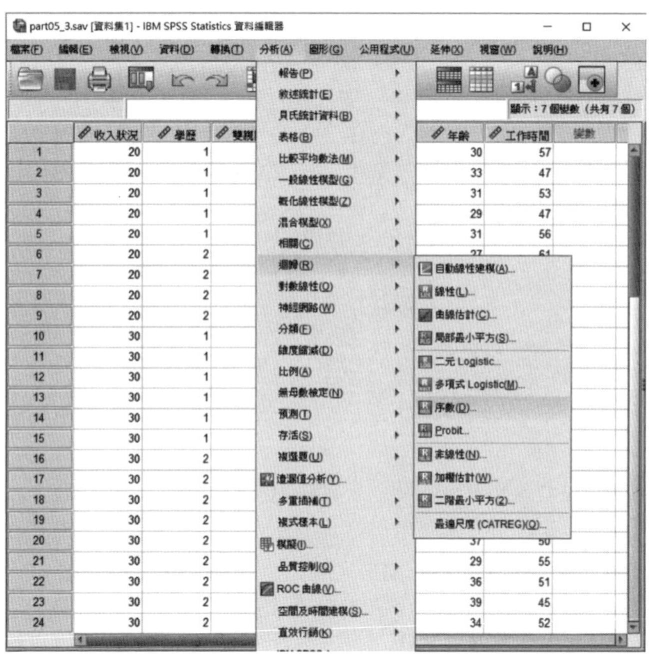

步驟 2　將結婚意願之有無放到應變數 (D) 的方框中。

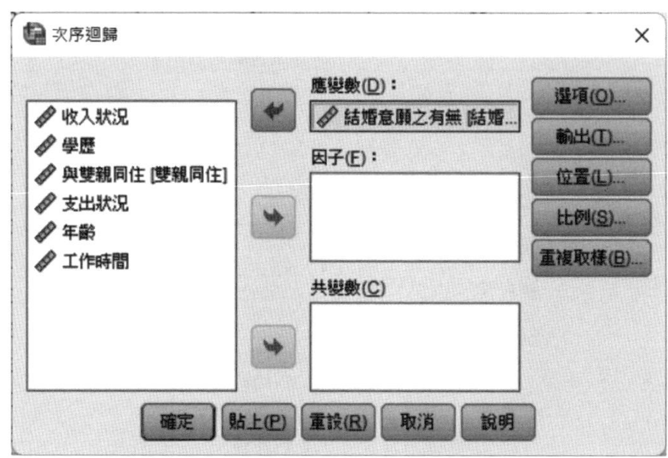

步驟 3 將收入狀況、學歷、與雙親同住移到共變數 (C) 的方框，按一下 選項 (O)。

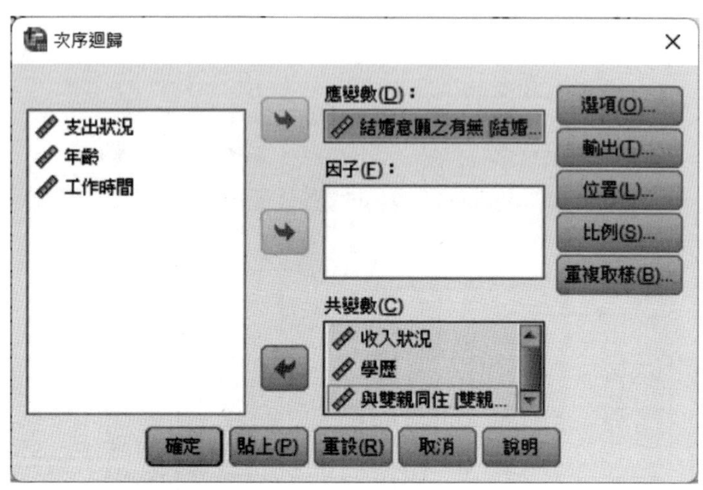

步驟 4 如變成以下畫面時，按一下鏈結 (K) 的地方。

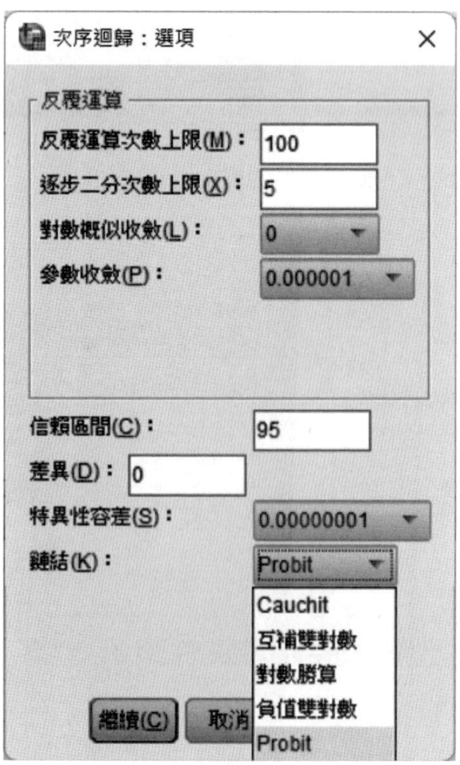

步驟 5　變成如下鏈結 (K) 選擇 Probit，接著按 繼續 。

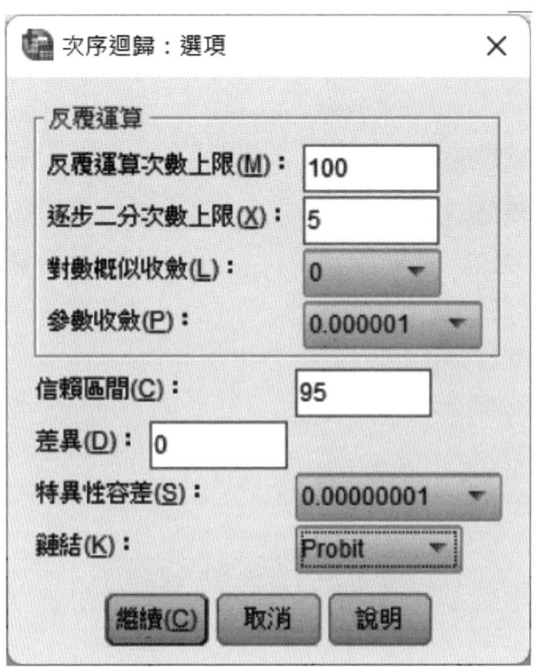

步驟 6　回到以下的畫面，按一下 輸出 (T) 。

步驟 7 如下選擇後，按 繼續 。

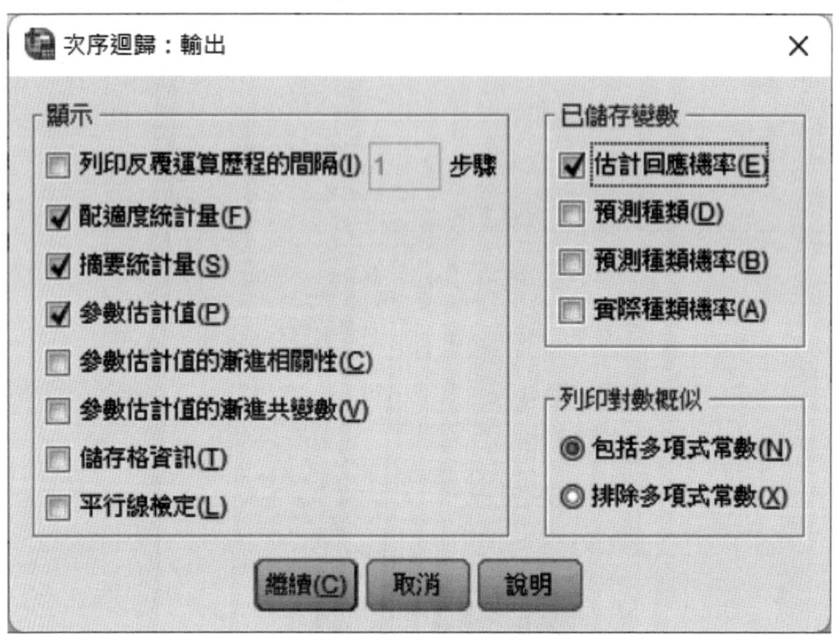

步驟 8 回到以下的畫面，按 確定 。

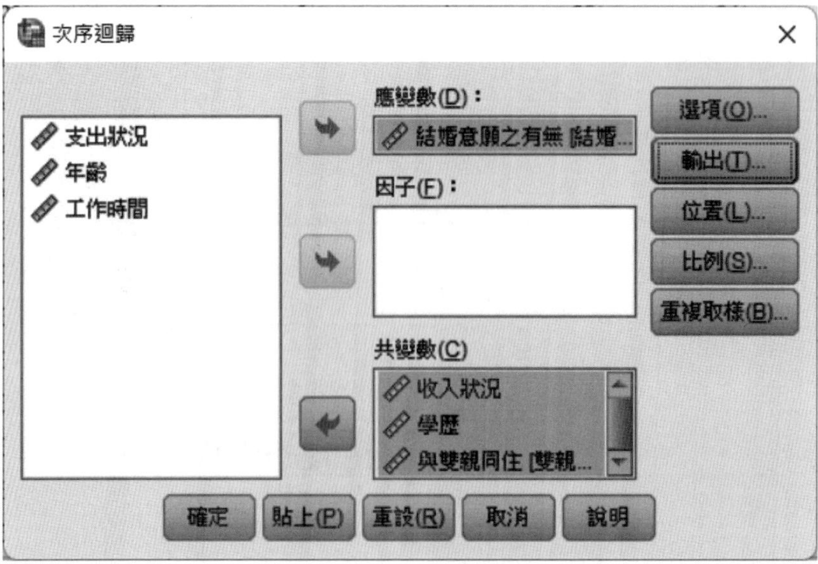

三、SPSS 輸出 1

PLUM - 順序尺度迴歸

觀察值處理摘要

		N	邊際百分比
結婚意願之有無	無	18	43.9%
	有	23	56.1%
有效		41	100.0%
遺漏		0	
總和		41	

模式適合度資訊

模式	-2 對數概似	卡方	自由度	顯著性。
只截距	32.318			
最後	19.418	12.900	3	.005

連結函數：Probit。

適合度

	卡方	自由度	顯著性。
Pearson 相關係數	4.103	12	.902
離差	5.190	12	.951

← ①

連結函數：Probit。

假 R 平方

Cox和 Snell	.270
Nagelkerke	.362
McFadden	.229

← ②

連結函數：Probit。

四、輸出結果判讀 1

①這是模式的適合度檢定。

假設 H_0：模式是合適的。

由於顯著機率 0.902 > 顯著水準 0.05，因之假設 H_0 無法捨棄。

因此，此 Probit 模式可以認為是合適的。

②模式的決定係數。

當此值接近 1 時，判定模式的適配佳。

本數據的情形，由於假 R 平方不接近 1，因之模式的適配不能說好。

警告

有 8 (25.0%) 個儲存格 (也就是依變數水準 x 預測變數值的組合) 的次數為零。

雖出現此種警告，但不必介意。

五、SPSS 輸出 2

參數估計值

		估計	標準誤差	Wald	自由度	顯著性。
起始值	[結婚意願 = 0]	-3.799	1.312	8.383	1	.004
位置	收入狀況	-7.849E-02	.028	8.017	1	.005
	學歷	-.103	.462	.050	1	.823
	雙親同住	-1.357	.540	6.309	1	.012

← ③

連結函數：Probit。

		95% 信賴區間	
		下界	上界
起始值	[結婚意願 = 0]	-6.370	-1.227
位置	收入狀況	-.133	-2.416E-02
	學歷	-1.009	.803
	雙親同住	-2.416	-.298

連結函數：Probit。

六、輸出結果判讀 2

③這是 Probit 模式的式子。

模式成為如下。

Probit（【結婚意願 = 0】的預測機率）

= −3.799 −（−0.078× 收入狀況 − 0.103× 學歷 − 1.357× 與雙親同住）

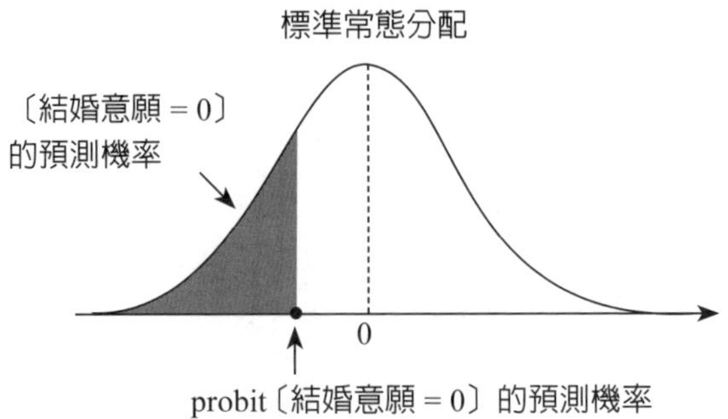

圖 9.3.1　常態分配

七、SPSS 輸出 3

	收入狀況	學歷	雙親同住	結婚意願	支出狀況	年齡	工作時間	EST1_1	EST2_1	
1	20	1	1	0	13	30	57	.22	.78	
2	20	1	1	1	18	33	47	.22	.78	
3	20	1	1	1	15	31	53	.22	.78	
4	20	1	1	1	12	29	47	.22	.78	
5	20	1	0	1	23	31	56	.02	.98	
6	20	2	1	0	7	27	61	.25	.75	
7	20	2	1	1	9	33	52	.25	.75	
8	20	2	1	1	14	39	50	.25	.75	
9	20	2	0	1	9	25	51	.02	.98	← ④
10	30	1	1	0	26	23	51	.51	.49	
11	30	1	1	0	25	28	48	.51	.49	
12	30	1	1	1	14	32	63	.51	.49	
13	30	1	1	1	11	27	50	.51	.49	
14	30	1	0	1	17	21	55	.09	.91	
15	30	1	0	1	14	26	57	.09	.91	
16	30	2	1	0	13	33	44	.55	.45	
17	30	2	1	0	20	21	47	.55	.45	
18	30	2	1	0	27	24	48	.55	.45	
19	30	2	1	1	17	28	61	.55	.45	
20	30	2	1	1	13	37	50	.55	.45	
21	30	2	1	1	30	29	55	.55	.45	
22	30	2	0	1	28	36	51	.11	.89	
23	30	2	0	1	27	39	45	.11	.89	
24	30	2	0	1	19	34	52	.11	.89	
25	40	1	1	0	15	38	48	.79	.21	
26	40	1	0	0	35	29	48	.29	.71	
27	40	1	0	1	19	33	44	.29	.71	
28	40	2	1	0	17	37	61	.82	.18	
29	40	2	1	0	21	32	55	.82	.18	
30	40	2	1	1	29	31	53	.82	.18	
31	40	2	0	0	27	21	57	.33	.67	
32	40	2	0	0	39	26	49	.33	.67	
33	40	2	0	1	27	27	67	.33	.67	
34	40	2	0	1	31	37	49	.33	.67	
35	50	1	1	0	33	29	49	.94	.06	
36	50	1	0	1	22	28	44	.59	.41	
37	50	2	1	0	24	33	55	.95	.05	
38	50	2	1	0	11	33	46	.95	.05	
39	50	2	0	0	36	29	43	.63	.37	
40	50	2	0	0	27	26	42	.63	.37	
41	50	2	0	1	35	27	45	.63	.37	
42										

↑ 【結婚意願 = 0】的預測機率

↑ 【結婚意願 = 1】的預測機率

八、輸出結果判讀 3

④計算結婚的預測機率。

譬如：收入狀況是 20，學歷是高中畢，與雙親同住時，

【結婚意願 = 0】的預測機率是 0.22

【結婚意願 = 1】的預測機率是 0.78

此預測機率如下計算。

Probit（【結婚意願 = 0】的預測機率）

= −3.799 − (−0.078×20 − 0.103×1 − 1.357×1)

= −0.779

因之，【結婚意願 = 0】之預測機率 = 0.21799

〔註〕：

Microsoft Excel - Book1

檔案(F) 編輯(E) 檢視(V) 插入(I) 格式(O) 工具(T) 資料(D)

C7 fx =NORMSDIST(C5)

	A	B	C	D	E
1	-3.799	1	-3.799		
2	0.078	20	1.56		
3	0.103	1	0.103		
4	1.357	1	1.357		
5			-0.779		
6					
7			0.21799		
8					
9					

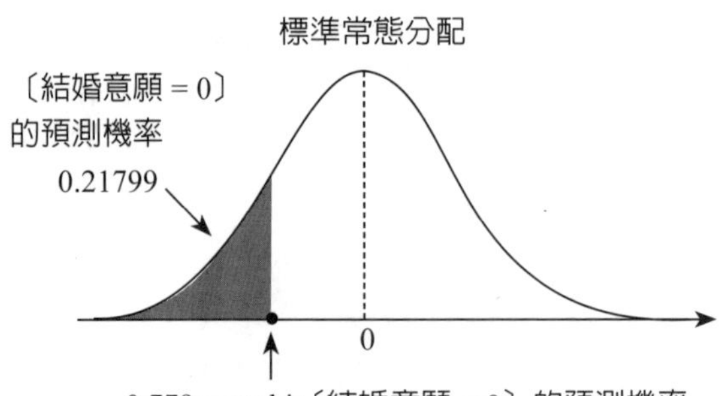

第 10 章
時間數列數據的變換

10.1 採取差分
10.2 進行移動平均
10.3 採取延遲
10.4 進行對數變換

10.1 採取差分

在時間數列數據中，「將時間數列數據變換成各種形式」是經常採行的。其中，較具代表的變換有：

1. 採取差分（也稱「階差」）
2. 進行移動平均
3. 採取延遲
4. 進行對數變換

差分是指選取差異的操作。

對於時間數列數據

$\{x(1), x(2), x(3), \cdots x(t-2), x(t-1), x(t) \cdots\}$

來說，

$\Delta x(t) = x(t) - x(t-1)$

稱爲 1 次差分。

又，差分的差分是

$$\begin{aligned}\Delta^2 x(t) &= \Delta(\Delta x(t)) \\ &= (x(t) - x(t-1)) - (x(t-1) - x(t-2)) \\ &= x(t) - 2 \cdot x(t-1) + x(t-2))\end{aligned}$$

稱爲 2 次差分。

〔註 1〕：Δ 代號是表示差分的操作元。

〔註 2〕：差分英文稱爲 Difference。

表 10.1　採取差分

時間	時間數列	1 次差分
1	$x(1)$	
2	$x(2)$	$x(2) - x(1)$
3	$x(3)$	$x(3) - x(2)$
4	$x(4)$	$x(4) - x(3)$
⋮	⋮	⋮
$t-1$	$x(t-1)$	$x(t-1) - x(t-2)$
t	$x(t)$	$x(t) - x(t-1)$

〔註〕：取差分時，n 次式變成 $(n-1)$ 次式。此與階差數列相同。

$t^2 - (t-1)^2 = 2t - 1$

■ 利用 Excel 的差分計算

步驟 1　如下先輸入好數據：

	A	B	C	D	E	F	G	H	I
1	1	合成時間數列	差分						
2	2	2.510294336							
3	3	5.479040154							
4	4	4.381638967							
5	5	7.15283401							
6	6	7.743431318							
7	7	16.61888313							
8	8	11.87171618							
9	9	12.37038746							
10	10	9.048102889							
11	11	15.59121272							
12	12	8.879664394							

步驟 2　於 C3 的方格中輸入：
=B3-B2。

C3　=B3-B2

	A	B	C	D	E	F	G	H	I
1	1	合成時間數列	差分						
2	2	2.510294336							
3	3	5.479040154	2.968746						
4	4	4.381638967							
5	5	7.15283401							
6	6	7.743431318							
7	7	16.61888313							
8	8	11.87171618							
9	9	12.37038746							
10	10	9.048102889							
11	11	15.59121272							
12	12	8.879664394							

步驟 3　複製 C3 的方格，貼至 C4 至 C49。

	A	B	C	D	E	F	G	H	I
1	1	合成時間數列	差分						
2	2	2.510294336							
3	3	5.479040154	2.968746						
4	4	4.381638967	-1.0974						
5	5	7.15283401	2.771195						
6	6	7.743431318	0.590597						
7	7	16.61888313	8.875452						
8	8	11.87171618	-4.74717						
9	9	12.37038746	0.498671						
10	10	9.048102889	-3.32228						
11	11	15.59121272	6.54311						
12	12	8.879664394	-6.71155						

■ 爲何採取差分呢？

採取差分時，可以消去時間數列數據的長期趨勢。

不妨實際感受此事情看看。

步驟 1 的時間數列數據成爲如下：

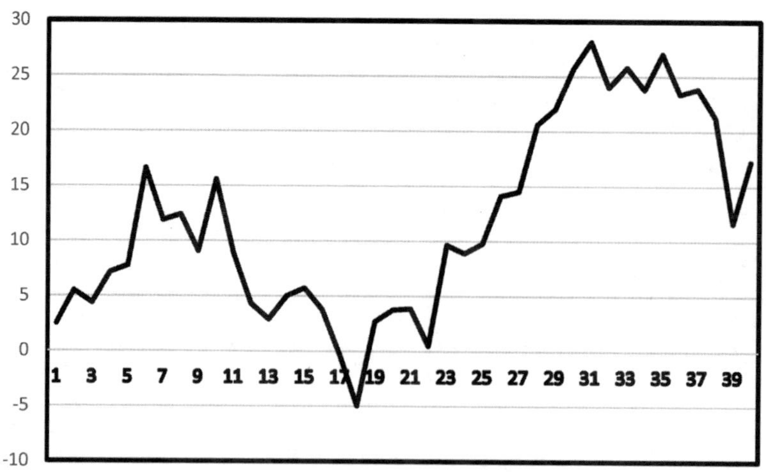

圖 10.1.1　差分前（步驟 1 的圖形）

就此時間數列數據取差分後的滯延繪圖時，即爲如下：

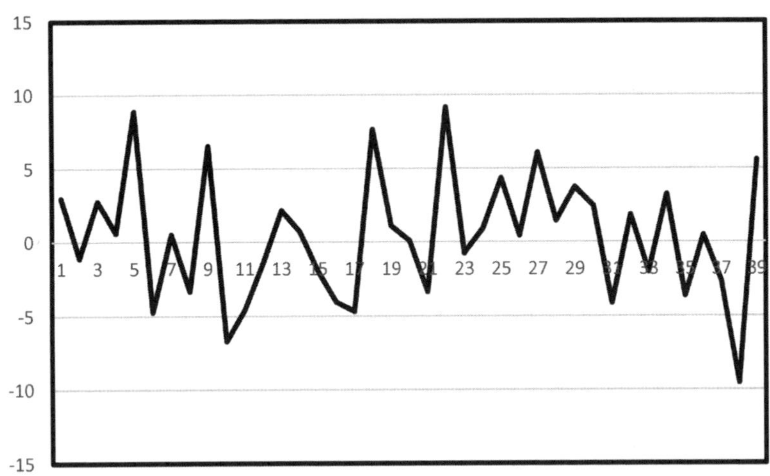

圖 10.1.2　差分後（步驟 3 的滯延）

10.2 進行移動平均

移動平均有：[3 項移動平均]、[5 項移動平均]、[12 個月移動平均]。
移動平均是從時間數列數據中去除季節變動與不規則變動的方法。

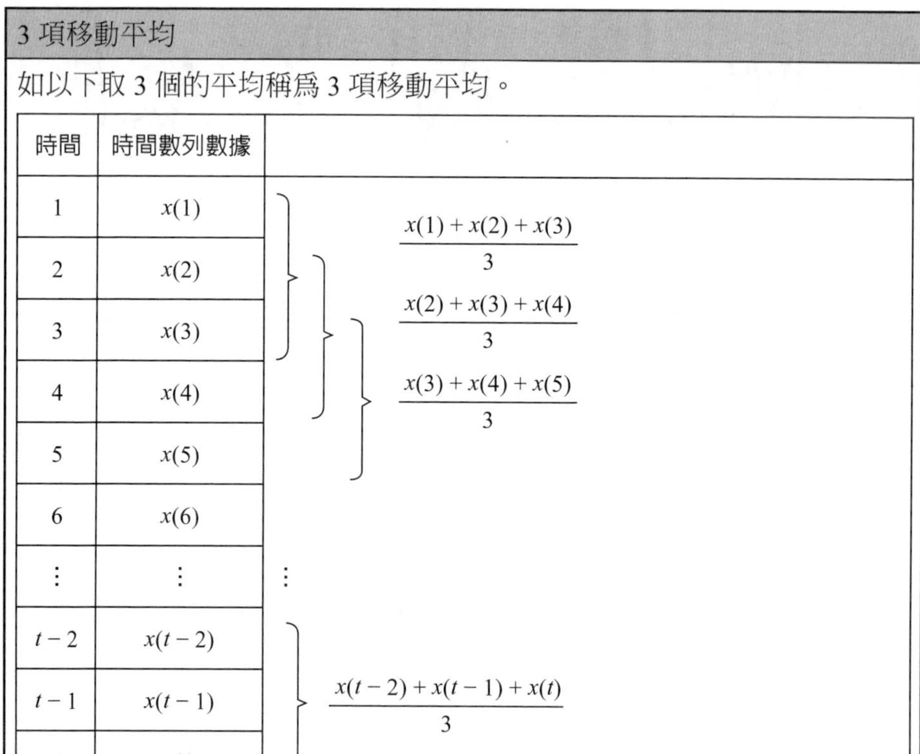

3 項移動平均

如以下取 3 個的平均稱為 3 項移動平均。

時間	時間數列數據	
1	$x(1)$	$\frac{x(1)+x(2)+x(3)}{3}$
2	$x(2)$	$\frac{x(2)+x(3)+x(4)}{3}$
3	$x(3)$	$\frac{x(3)+x(4)+x(5)}{3}$
4	$x(4)$	
5	$x(5)$	
6	$x(6)$	
⋮	⋮	⋮
$t-2$	$x(t-2)$	
$t-1$	$x(t-1)$	$\frac{x(t-2)+x(t-1)+x(t)}{3}$
t	$x(t)$	

5 項移動平均

如以下取 5 個的平均稱爲 5 項移動平均。

時間	時間數列數據	
1	$x(1)$	$\frac{x(1)+x(2)+x(3)+x(4)+x(5)}{5}$
2	$x(2)$	$\frac{x(2)+x(3)+x(4)+x(5)+x(6)}{5}$
3	$x(3)$	$\frac{x(3)+x(4)+x(5)+x(6)+x(7)}{5}$
4	$x(4)$	
5	$x(5)$	
6	$x(6)$	
7	$x(7)$	
⋮	⋮	⋮
$t-4$	$x(t-4)$	$\frac{x(t-4)+x(t-3)+x(t-2)+x(t-1)+x(t)}{5}$
$t-3$	$x(t-3)$	
$t-2$	$x(t-2)$	
$t-1$	$x(t-1)$	
t	$x(t)$	

12 個月移動平均

如以下取 12 個月的平均稱爲 12 個月移動平均。

時間	時間數列數據	12 個月移動平均	12 個月移動平均
1 月	$x(1)$		
2 月	$x(2)$	$\bar{x}(6.5)=\dfrac{x(1)+x(2)+\cdots+x(12)}{12}$	
3 月	$x(3)$		$\bar{x}(7)=\dfrac{x(6.5)+x(7.5)}{12}$
4 月	$x(4)$	$\bar{x}(7.5)=\dfrac{x(2)+x(3)+\cdots+x(13)}{12}$	$\bar{x}(8)=\dfrac{x(7.5)+x(8.5)}{12}$
5 月	$x(5)$		
6 月	$x(6)$	$\bar{x}(8.5)$	$\bar{x}(9)$
7 月	$x(7)$	$\bar{x}(9.5)$	$\bar{x}(10)$ ⋮
8 月	$x(8)$	$\bar{x}(10.5)$	
9 月	$x(9)$	$\bar{x}(11.5)$	$\bar{x}(11)$
10 月	$x(10)$	$\bar{x}(12.5)$	$\bar{x}(12)$
11 月	$x(11)$	$\bar{x}(13.5)$	$\bar{x}(13)=\dfrac{x(12.5)+x(13.5)}{12}$
12 月	$x(12)$		
1 月	$x(13)$		
2 月	$x(14)$	$\bar{x}(14.5)=\dfrac{x(9)+x(10)+\cdots+x(20)}{12}$	
3 月	$x(15)$		
⋮	⋮		
8 月	$x(20)$		

〔註〕：取 12 個月移動平均，時間會變成
6.5 月、7.5 月、10.5 月……
爲了當作 7 月、8 月、9 月……
再次取相鄰的平均。

■ 利用 Excel 12 月移動平均的步驟

步驟 1　先如下輸入數據：

	A	B	C	D	E	F	G	H	I
1	年	月	銷售額		12月移動平均				
2	2005年	1月	89						
3		2月	73						
4		3月	94						
5		4月	87						
6		5月	86						
7		6月	86						
8		7月	118						
9		8月	73						
10		9月	77						
11		10月	92						
12		11月	91						

	A	B	C	D	E	F	G	H	I
61		12月	125						
62	2010年	1月	85						
63		2月	70						
64		3月	88						
65		4月	80						
66		5月	79						
67		6月	77						
68		7月	99						
69		8月	66						
70		9月	71						
71		10月	84						
72		11月	84						
73		12月	123						

步驟 2　此處利用 Excel 的分析工具，從「資料」→「資料分析」叫出分析工具時，選擇移動平均法，再按 確定 。

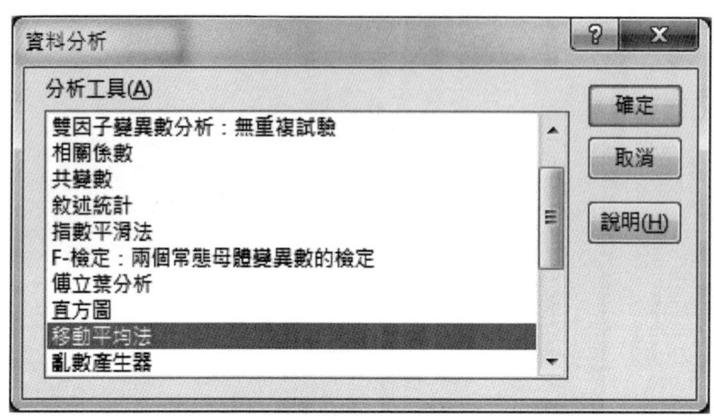

〔註〕：資料分析如不在畫面的右上時，有需要讀取「分析工具」。
步驟 1.Office 按鈕→ Excel 選項。
步驟 2. 增益集→管理→ Excel 增益集。
步驟 3. 分析工具→ OK。

步驟 3　如下讀取數據的範圍與輸出處，此時，「間隔」當作 12，然後按 確定 。

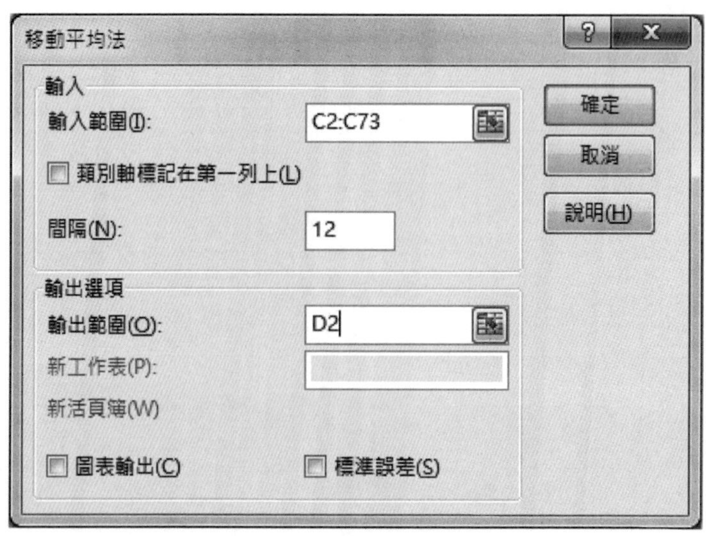

步驟 4　變成如下：

D2 : × ✓ fx #N/A

	A	B	C	D	E	F
2	2005年	1月	89	#N/A		
3		2月	73	#N/A		
4		3月	94	#N/A		
5		4月	87	#N/A		
6		5月	86	#N/A		
7		6月	86	#N/A		
8		7月	118	#N/A		
9		8月	73	#N/A		
10		9月	77	#N/A		
11		10月	92	#N/A		
12		11月	91	#N/A		
13		12月	144	92.5		
14	2006年	1月	85	92.16667		
15		2月	71	92		
16		3月	92	91.83333		
17		4月	85	91.66667		
18		5月	85	91.58333		
19		6月	84	91.41667		
20		7月	114	91.08333		
21		8月	72	91		
22		9月	77	91		
23		10月	89	90.75		
24		11月	91	90.75		
25		12月	140	90.41667		
26	2007年	1月	88	90.66667		
27		2月	74	90.91667		

步驟 5 最後在 E8 的方格輸入 = (D13+D14)/2
複製 E8 貼在 E9 至 E67。

E8 =(D13+D14)/2

	A	B	C	D	E	F
1	年	月	銷售額		12月移動平均	
2	2005年	1月	89	#N/A		
3		2月	73	#N/A		
4		3月	94	#N/A		
5		4月	87	#N/A		
6		5月	86	#N/A		
7		6月	86	#N/A		
8		7月	118	#N/A	92.33333333	
9		8月	73	#N/A	92.08333333	
10		9月	77	#N/A	91.91666667	
11		10月	92	#N/A	91.75	
12		11月	91	#N/A	91.625	
13		12月	144	92.5	91.5	
14	2006年	1月	85	92.16667	91.25	
15		2月	71	92	91.04166667	
16		3月	92	91.83333	91	
17		4月	85	91.66667	90.875	
18		5月	85	91.58333	90.75	
19		6月	84	91.41667	90.58333333	
20		7月	114	91.08333	90.54166667	
21		8月	72	91	90.79166667	
22		9月	77	91	91.125	
23		10月	89	90.75	91.41666667	
24		11月	91	90.75	91.54166667	
25		12月	140	90.41667	91.70833333	
26	2007年	1月	88	90.66667	91.75	

■ 爲何要進行移動平均數呢？

爲了理解其理由，試比較移動平均前的滯延與移動平均後的滯延。

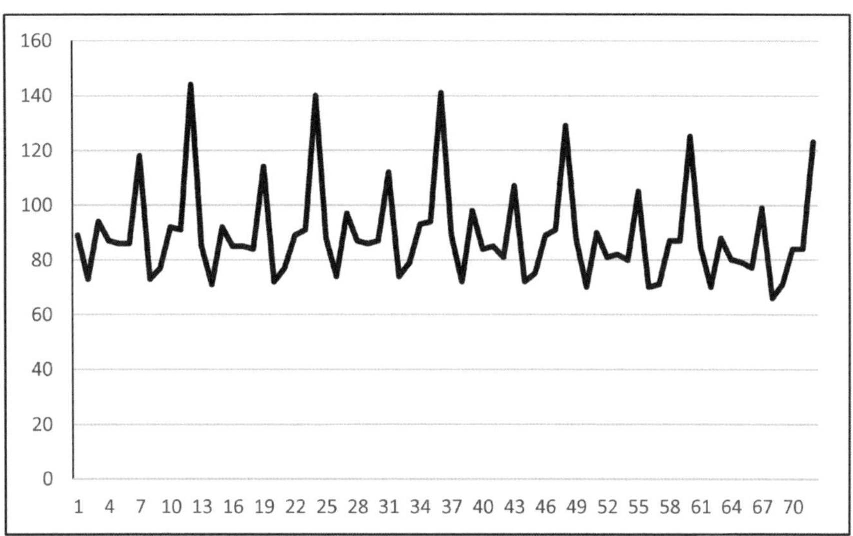

圖 10.2.1　移動平均前（步驟 1 的圖形，即為 C 行的圖形）

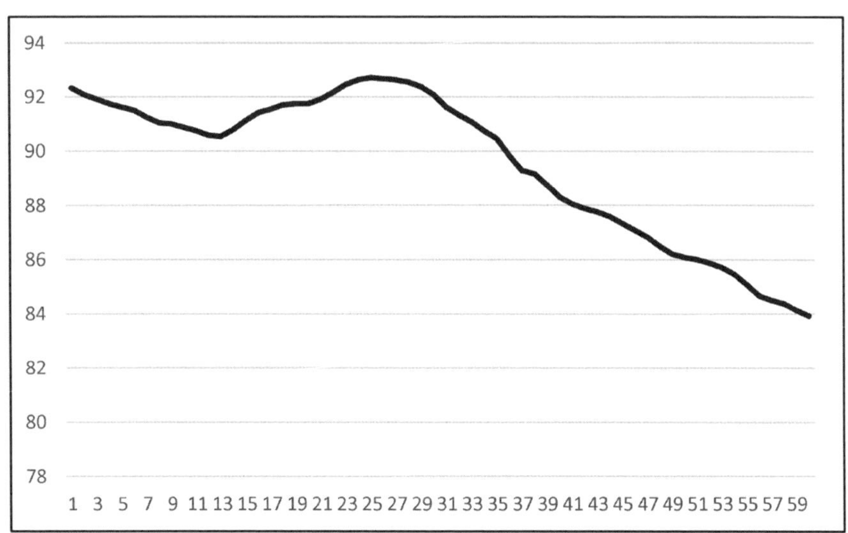

圖 10.2.2　移動平均後（步驟 5 的圖形，即為 E 行的圖形）

像這樣，藉由進行移動平均可以消去不規則變動，時間數列數據的長期趨勢與週期變動，即可清楚地浮現出來。

就 12 個月移動平均數的情形來說，可消去 12 個月的季節變動。至經濟時間數列中，處理此季節變動甚爲重要。

10.3 採取滯延

滯延（lag）即爲延後之意，也稱爲落後。

對於時間類別數據 $\{x(1), x(2), x(3), \dots x(t-2), x(t-1), x(t)\}$ 來說，

$Lx(t) = x(t-1)$

稱爲第一次滯延。

第二次滯延即爲

$L^2x(t) = L(Lx(t)) = (t-2)$。

〔註〕：L 稱爲「滯延操作元」（lag operator），也有領先（lead）的用語。
圖示如下：

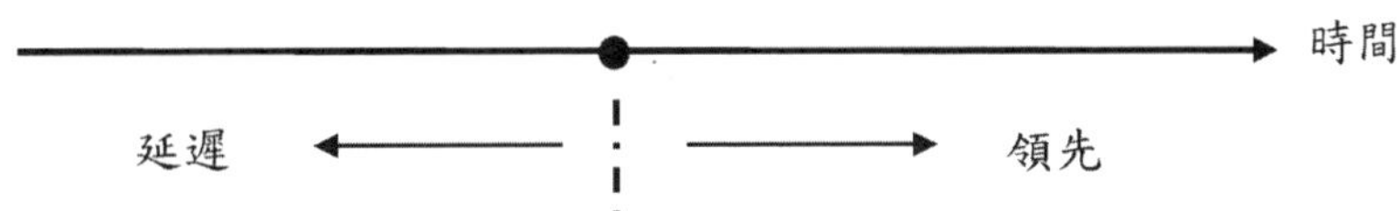

■ 爲何要採取滯延呢？

至時間數列分析中發現先行指標或遲行指標甚爲重要。因此，有需要調查與 1 期前的時間數列之關係或 1 期後的時間數列之關係。

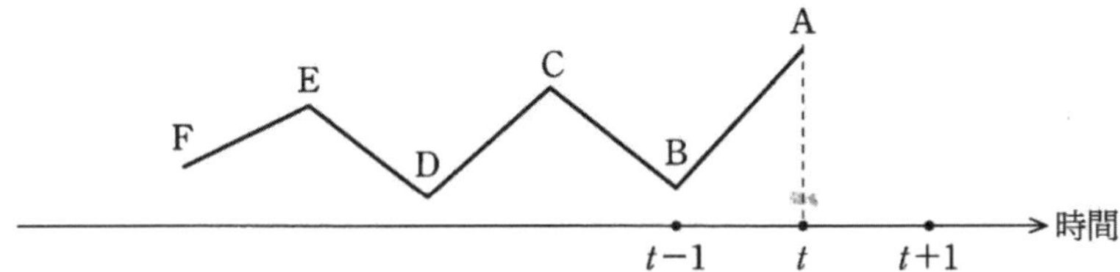

圖 10.3.1　時間數列數據

因此，想知道與 1 期前的關係時，

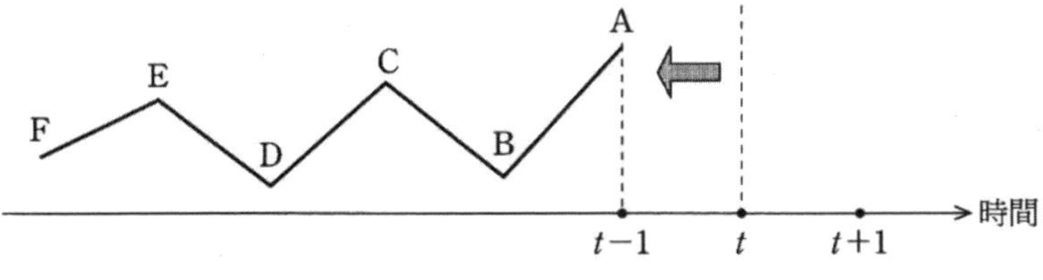

圖 10.3.2　1 期前

想知道與 1 期後的關係時，

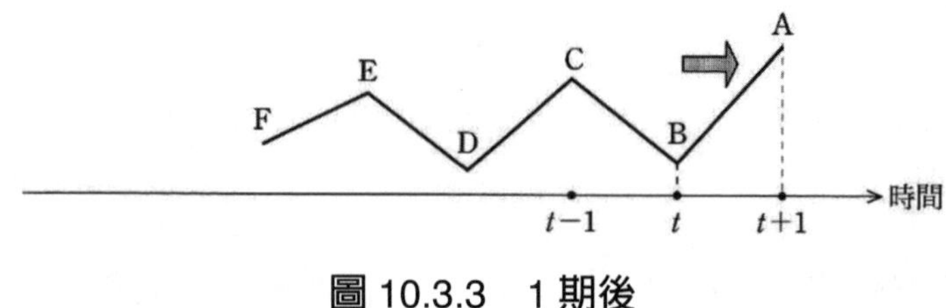

圖 10.3.3　1 期後

像這樣有需要將時間數列數據左或右挪移。

10.4 進行對數變換

所謂對數變換是指對時間數列數據 $\{x(t)\}$ 取對數的一種操作。

$$x(t) \rightarrow \log_x(t)$$

■ 利用 Excel 對數變換的步驟

步驟 1　如下先輸入好數據時，於 B2 方格輸入 = LN(A2)。

B2 =LN(A2)

	A	B	C	D	E
1	時間數列	對數變換			
2	1	0			
3	7				
4	2				
5	8				
6	4				
7	10				
8	8				
9	14				
10					
11					
12					
13					
14					
15					

步驟 2　複製 B2 的方格，貼至 B3 至 B9(P124)。

檔案　常用　插入　版面配置　公式　資料　校閱

B2 =LN(A2)

	A	B	C	D	E
1	時間數列	對數變換			
2	1	0			
3	7	1.94591			
4	2	0.693147			
5	8	2.079442			
6	4	1.386294			
7	10	2.302585			
8	8	2.079442			
9	14	2.639057			
10					
11					
12					

■ 爲何要進行對數變換？

對數具有如下的重要性質：

$$\underset{\text{積}}{(A \times B)} \xrightarrow{\text{對數變換}} \log(A \times B) = \underset{\text{和}}{\log A + \log B}$$

對數具有將乘算變換爲加算之性質，利用此性質可使時間數列數據變得平穩。

譬如：先畫出時間數列數據時間圖形，如進行對數變換後，即成爲如下：

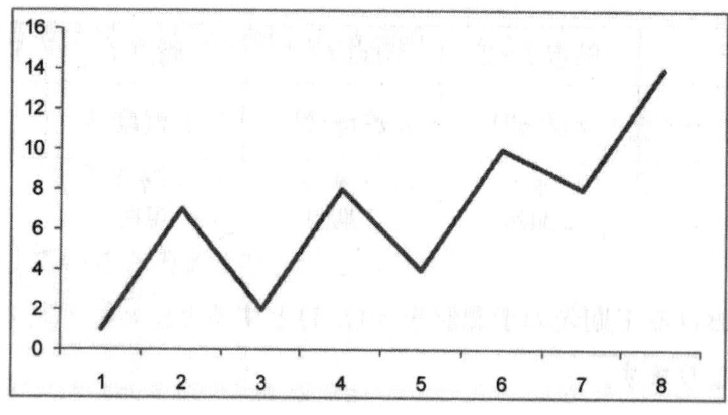

圖 10.4.1　對數變換前（步驟 1 的圖形）

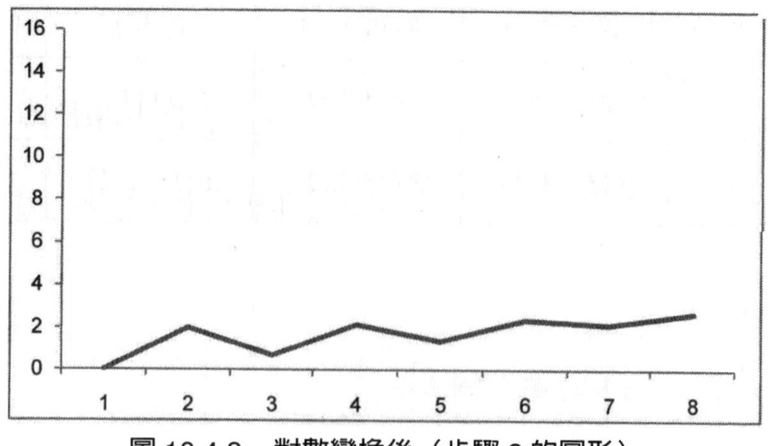

圖 10.4.2　對數變換後（步驟 2 的圖形）

第 11 章
指數平滑法

11.0 前言

我們常常會想到「預測明日」。「指數平滑法」是預測明日的一種統計手法。對於時間數列數據來說，

$$\begin{array}{ccccc} \cdots\cdots, x(t-3), & x(t-2), & x(t-1), & x(t), & \hat{x}(t,1) \\ \| & \| & \| & \| & \| \\ 3\text{期前} & 2\text{期前} & 1\text{期前} & \text{現在} & \text{預測值？} \end{array}$$

將時點 t 中的下 1 期的預測值當作 $\hat{x}(t, 1)$ 時，使用適當值 $\alpha(0 \leqq \alpha \leqq 1)$，如下定義下 1 個的預測值，

$$\hat{x}(t, 1) = \alpha \cdot x(t) + \alpha(1-\alpha) \cdot x(t-1) + \alpha(1-\alpha)^2 x(t-2) + \cdots\cdots$$

此時，是否找得到最適的 α 是指數平滑化的重點。
此方法由於是除去不規則變動，所以稱爲「平滑化」（smoothing）。
但是，以下的等式是成立的：

$$\hat{x}(t, 1) = \alpha \cdot x(t) + (1-\alpha) \cdot \hat{x}(t-1, 1)$$

在時序資料前處理中，平滑化（smoothing）為最常見的一個資料前處理的步驟，其目的在於移除資料中的干擾（noise），期望找到長期（long-term）的特徵並減少短期（short-term）訊號影響。常使用的方法為移動平均（moving average），為利用統計方法將一定時間内的數值加以平均，並將不同時間所獲得的平均值連接在一起。利用 Excel 可以簡易地進行預測，節約了預測時間並提高了預測的準確率，預測者可根據數據數列散佈圖的歷史趨勢等，選擇一次或多次指數平滑。

以下數據是調查某生技醫療保健公司所生產的醫療輪椅產品的庫存量所得出的數據表。利用此時間數列數據，進行指數平滑化看看。

表 11.0.1　產品的庫存量

No.	年　月	在庫量	No.	年　月	在庫量
1	1990 年 1 月	1008	37	1993 年 1 月	999
2	1990 年 2 月	1015	38	1993 年 2 月	1003
3	1990 年 3 月	1006	39	1993 年 3 月	1024
4	1990 年 4 月	1017	40	1993 年 4 月	1029
5	1990 年 5 月	1015	41	1993 年 5 月	1036
6	1990 年 6 月	1006	42	1993 年 6 月	1049
7	1990 年 7 月	1013	43	1993 年 7 月	1039
8	1990 年 8 月	1009	44	1993 年 8 月	1040
9	1990 年 9 月	1011	45	1993 年 9 月	1019
10	1990 年 10 月	1009	46	1993 年 10 月	1007
11	1990 年 11 月	995	47	1993 年 11 月	1008
12	1990 年 12 月	1024	48	1993 年 12 月	1020
13	1991 年 1 月	1008	49	1994 年 1 月	1022
14	1991 年 2 月	999	50	1994 年 2 月	1023
15	1991 年 3 月	997	51	1994 年 3 月	1031
16	1991 年 4 月	999	52	1994 年 4 月	1011
17	1991 年 5 月	1004	53	1994 年 5 月	1019
18	1991 年 6 月	1001	54	1994 年 6 月	1009
19	1991 年 7 月	1003	55	1994 年 7 月	1005
20	1991 年 8 月	1018	56	1994 年 8 月	1012
21	1991 年 9 月	1026	57	1994 年 9 月	1017
22	1991 年 10 月	1015	58	1994 年 10 月	1000
23	1991 年 11 月	1019	59	1994 年 11 月	997
24	1991 年 12 月	1034	60	1994 年 12 月	983
25	1992 年 1 月	1033	61	1995 年 1 月	984
26	1992 年 2 月	1021	62	1995 年 2 月	992
27	1992 年 3 月	1017	63	1995 年 3 月	967
28	1992 年 4 月	1008	64	1995 年 4 月	966
29	1992 年 5 月	1009	65	1995 年 5 月	970
30	1992 年 6 月	984	66	1995 年 6 月	982
31	1992 年 7 月	964	67	1995 年 7 月	995
32	1992 年 8 月	964	68	1995 年 8 月	981
33	1992 年 9 月	976	69	1995 年 9 月	990
34	1992 年 10 月	985	70	1995 年 10 月	1003
35	1992 年 11 月	997	71	1995 年 11 月	1005
36	1992 年 12 月	1008	72	1995 年 12 月	1016

No.	年　月	在庫量
73	1996 年 1 月	1028
74	1996 年 2 月	1003
75	1996 年 3 月	993
76	1996 年 4 月	995
77	1996 年 5 月	1003
78	1996 年 6 月	1003
79	1996 年 7 月	1013
80	1996 年 8 月	1020
81	1996 年 9 月	1019
82	1996 年 10 月	1014
83	1996 年 11 月	1014
84	1996 年 12 月	1018
85	1997 年 1 月	998
86	1997 年 2 月	996
87	1997 年 3 月	994
88	1997 年 4 月	983
89	1997 年 5 月	994
90	1997 年 6 月	992
91	1997 年 7 月	997
92	1997 年 8 月	990
93	1997 年 9 月	993
94	1997 年 10 月	988
95	1997 年 11 月	1004
96	1997 年 12 月	995
97	1998 年 1 月	995
98	1998 年 2 月	1011
99	1998 年 3 月	991
100	1998 年 4 月	994
101	1998 年 5 月	991
102	1998 年 6 月	999
103	1998 年 7 月	995
104	1998 年 8 月	996
105	1998 年 9 月	1002
106	1998 年 10 月	1010
107	1998 年 11 月	1016
108	1998 年 12 月	1017

No.	年　月	在庫量
109	1999 年 1 月	1029
110	1999 年 2 月	1036
111	1999 年 3 月	1024
112	1999 年 4 月	1022
113	1999 年 5 月	1021
114	1999 年 6 月	1019
115	1999 年 7 月	1009
116	1999 年 8 月	1021
117	1999 年 9 月	1025
118	1999 年 10 月	1020
119	1999 年 11 月	1021
120	1999 年 12 月	1030
121	2000 年 1 月	1015
122	2000 年 2 月	1014
123	2000 年 3 月	1016
124	2000 年 4 月	995
125	2000 年 5 月	1002
126	2000 年 6 月	993
127	2000 年 7 月	1018
128	2000 年 8 月	1008
129	2000 年 9 月	1017
130	2000 年 10 月	996
131	2000 年 11 月	1005
132	2000 年 12 月	1014
133	2001 年 1 月	1003
134	2001 年 2 月	1000
135	2001 年 3 月	1018
136	2001 年 4 月	1002
137	2001 年 5 月	997
138	2001 年 6 月	1002
139	2001 年 7 月	1007
140	2001 年 8 月	990
141	2001 年 9 月	994
142	2001 年 10 月	1005
143	2001 年 11 月	1012
144	2001 年 12 月	1012
145	2002 年 1 月	1028
146	2002 年 2 月	1002
147	2002 年 3 月	998
148	2002 年 4 月	1029
149	2002 年 5 月	1026

■ 數據輸入類型

試如下輸入數據，不要忘了日期：

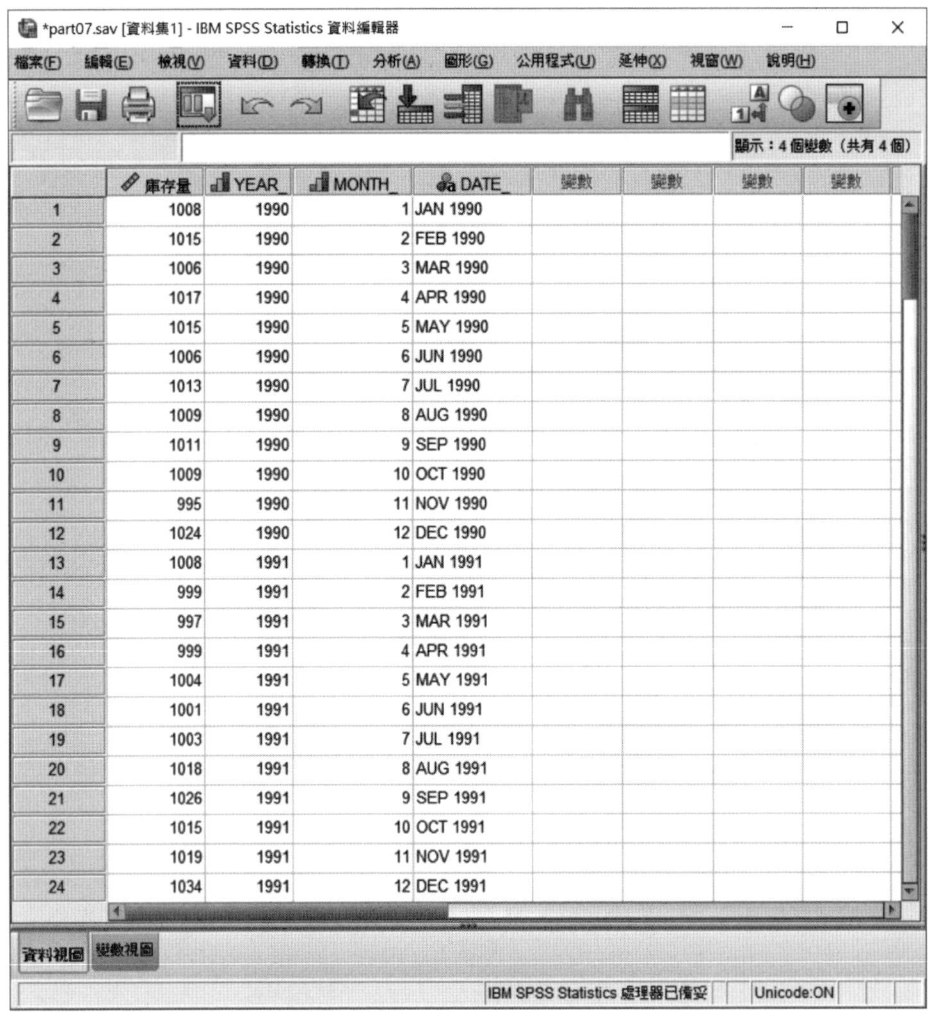

	庫存量	YEAR_	MONTH_	DATE_	變數	變數	變數	變數
1	1008	1990	1	JAN 1990				
2	1015	1990	2	FEB 1990				
3	1006	1990	3	MAR 1990				
4	1017	1990	4	APR 1990				
5	1015	1990	5	MAY 1990				
6	1006	1990	6	JUN 1990				
7	1013	1990	7	JUL 1990				
8	1009	1990	8	AUG 1990				
9	1011	1990	9	SEP 1990				
10	1009	1990	10	OCT 1990				
11	995	1990	11	NOV 1990				
12	1024	1990	12	DEC 1990				
13	1008	1991	1	JAN 1991				
14	999	1991	2	FEB 1991				
15	997	1991	3	MAR 1991				
16	999	1991	4	APR 1991				
17	1004	1991	5	MAY 1991				
18	1001	1991	6	JUN 1991				
19	1003	1991	7	JUL 1991				
20	1018	1991	8	AUG 1991				
21	1026	1991	9	SEP 1991				
22	1015	1991	10	OCT 1991				
23	1019	1991	11	NOV 1991				
24	1034	1991	12	DEC 1991				

11.1 指數平滑化

一、統計處理步驟

步驟 1 按一下分析 (A)。選擇清單之中的預測 (T)，再選擇子清單之中建立模型 (C)。

步驟 2 方法選擇指數平滑化。

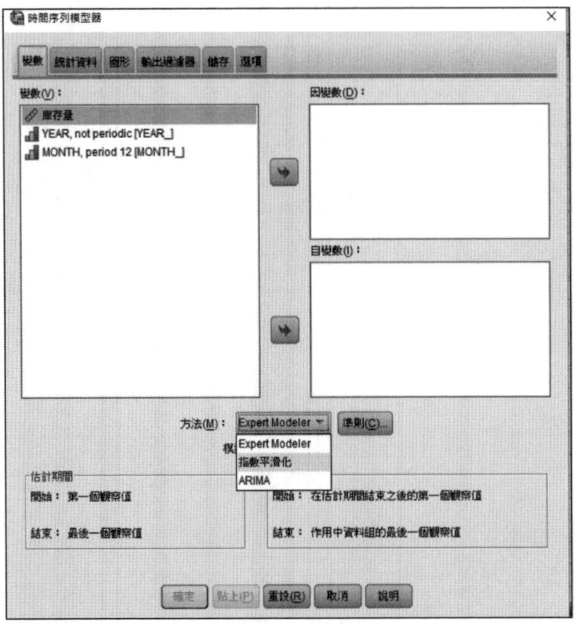

步驟 3　按一下準則 (C)，模型類型選擇簡單 (S)，然後按 繼續 。

時間序列模型器：指數平滑化準則

模型類型
非週期性：
簡單(S)
Holt 線性趨勢
Brown 線性趨勢
減幅趨勢(D)
週期性：
簡單週期性(M)
Winters 可加性(A)
Winters 相乘性
目前週期性：12

因變數轉換
無(N)
平方根(Q)
自然對數(T)

繼續　取消　說明

步驟 4　於是模型類型出現簡單非週期性，因之將庫存量移到因變數 (D) 的方框之中。注意指數平滑法中不能包含自變數。

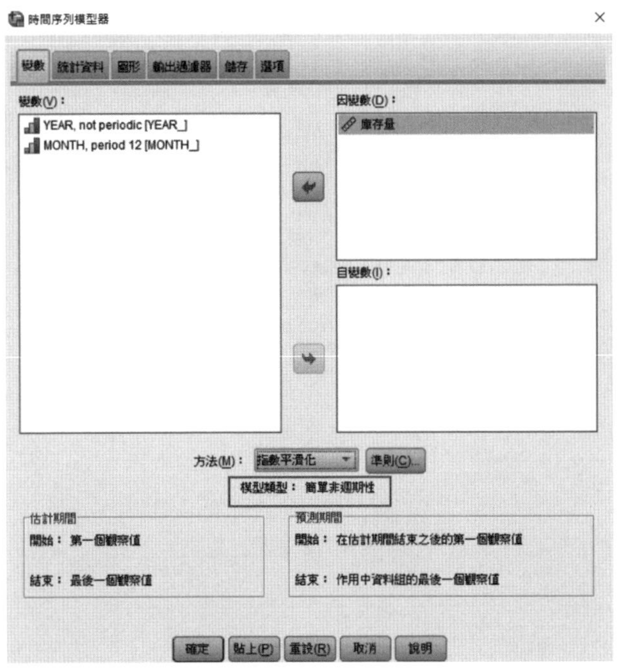

步驟 5 點選統計資料，如下勾選後，以滑鼠點選圖形。

時間序列模型器
變數 統計資料 圖形 輸出過濾器 儲存 選項
☑ 依模型顯示適度測量、Ljung-Box 統計資料，以及偏離值數目(D)
適度測量
☑ 平穩型 R 平方(Y) ☐ 平均絕對誤差(E)
☐ R 平方 ☐ 最大絕對百分誤差(B)
☐ 均方根誤差(Q) ☐ 最大絕對誤差(X)
☐ 平均絕對百分誤差(P) ☐ 標準化 BIC(L)
比較模型的統計資料
☑ 適合度(G)
☐ 殘差項自動相關性函數 (ACF)
☐ 殘差項部分自動相關性函數 (PACF)(U)
個別模型的統計資料
☐ 參數估計值(M)
☐ 殘差項自動相關性函數 (ACF)
☐ 殘差項部分自動相關性函數 (PACF)
☑ 顯示預測(S)
確定 貼上(P) 重設(R) 取消 說明

步驟 6 出現圖形的畫面後，如下勾選觀察值 (O)、預測 (S)、適合值 (I)。

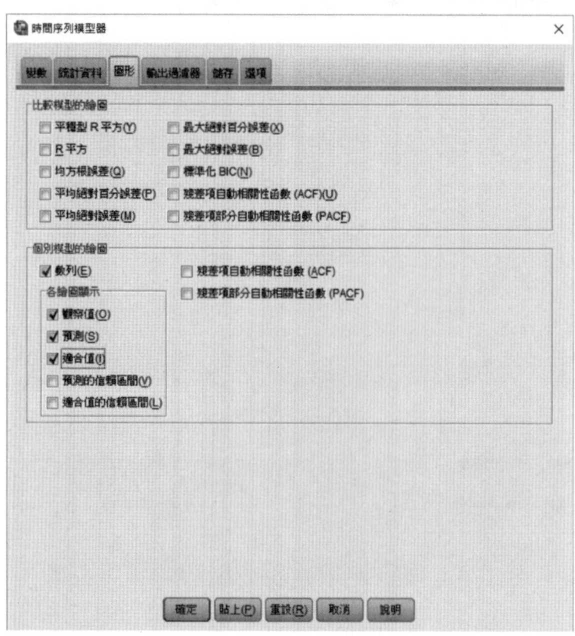

步驟 7　在儲存中勾選預測值及雜訊殘差。

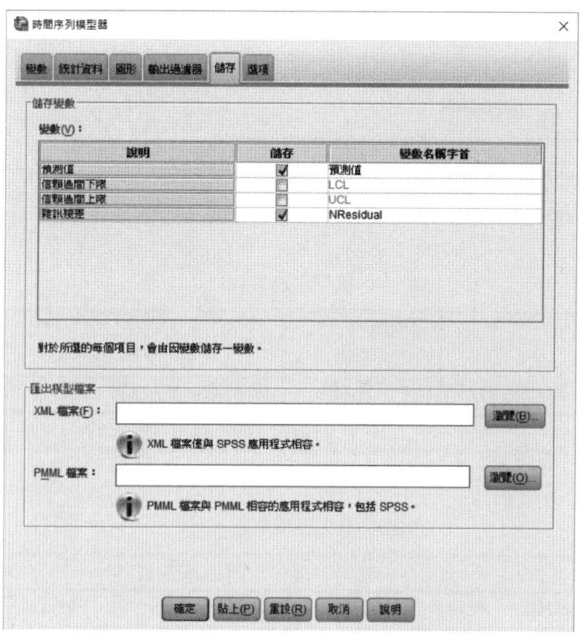

步驟 8　點選選項，將下 1 期的日期在年與月的地方輸入。按一下 確定 。

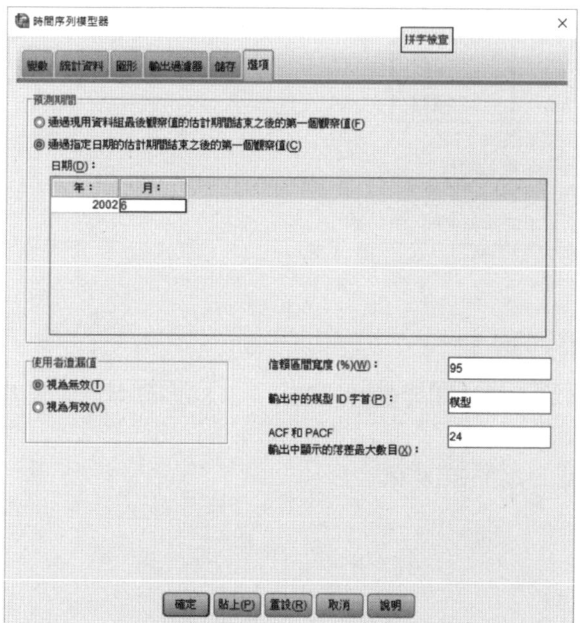

二、SPSS 輸出 1

時間序列模型器

型號說明

	模型類型
模型 ID　庫存量　模型_1	簡單

模型統計資料

模型	預測變數數目	模型適合度統計資料	Ljung-Box Q(18)			離群值數目
		平穩 R 平方	統計資料	DF	顯著性	
庫存量-模型_1	0	.033	9.789	17	.912	0

指數平滑化模型參數

模型			估計	SE	T	顯著性	
庫存量-模型_1	無轉換	Alpha（水準）	.802	.081	9.944	.000	← ①

預測

模型		六月 2002
庫存量-模型_1	預測	1025
	UCL	1047
	LCL	1004

針對每一個模型，預測是在所要求的估計期間範圍內的前次非遺漏開始，並在其所有預測值的非遺漏值可用的前次期間，或是在所要求的預測期間的結束日期結束，取較早的時間。

三、輸出結果判讀 1

①當 α 值在 0.1 到 1.0 之間變動時，知 $\alpha = 0.802$ 的時候，誤差是最小的。亦即，這是方格檢索。

因此，下 1 期的預測值即爲

$$\hat{x}(t, 1) = 0.802x(t) + 0.8(1 - 0.802)x(t-1) + 0.802(1 - 0.802)^2 x(t-2) + \cdots\cdots$$

四、SPSS 輸出 2

	庫存量	YEAR_	MONTH_	DATE_	預測值_庫存量_模型_1	NResidual_庫	var
133	1003	2001	1	JAN 2001	1012.0183	-9.0183	
134	1000	2001	2	FEB 2001	1004.7836	-4.7836	
135	1018	2001	3	MAR 2001	1000.9461	17.0539	
136	1002	2001	4	APR 2001	1014.6271	-12.6271	
137	997	2001	5	MAY 2001	1004.4974	-7.4974	
138	1002	2001	6	JUN 2001	998.4828	3.5172	
139	1007	2001	7	JUL 2001	1001.3044	5.6956	
140	990	2001	8	AUG 2001	1005.8735	-15.8735	
141	994	2001	9	SEP 2001	993.1394	.8606	
142	1005	2001	10	OCT 2001	993.8298	11.1702	
143	1012	2001	11	NOV 2001	1002.7908	9.2092	
144	1012	2001	12	DEC 2001	1010.1786	1.8214	
145	1028	2002	1	JAN 2002	1011.6398	16.3602	
146	1002	2002	2	FEB 2002	1024.7643	-22.7643	
147	998	2002	3	MAR 2002	1006.5023	-8.5023	
148	1029	2002	4	APR 2002	999.6816	29.3184	
149	1026	2002	5	MAY 2002	1023.2015	2.7985	
150	.	2002	6	JUN 2002	1025.4465	.	
151							

③

②

五、輸出結果判讀 2

②換言之，知 2002 年 6 月的預測值$\hat{x}(t, 1)$是

$$\hat{x}(t, 1) = 1025.4465$$

但是，先確認以下的等式：

$$
\begin{aligned}
\hat{x}(t, 1) &= \alpha \cdot x(t) + (1-\alpha) \cdot \hat{x}(t-1, 1) \\
&= 0.802 \times 1026 + (1 - 0.802) \times 1023.2015 \\
&= 1025.4465
\end{aligned}
$$

③NResidual 是指殘差。譬如：

$$2.7985 = 1026 - 1023.2015$$

〔註〕：簡單說明畫面下方的 4 個模式

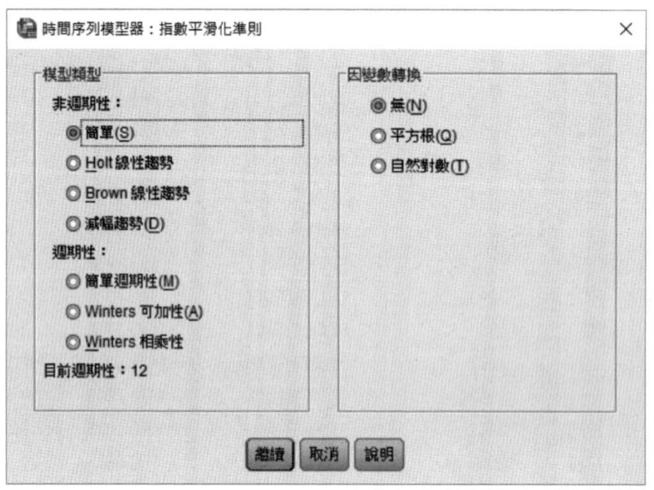

1. 簡單……時間數列沒有長期趨勢，沒有季節變動時所利用。

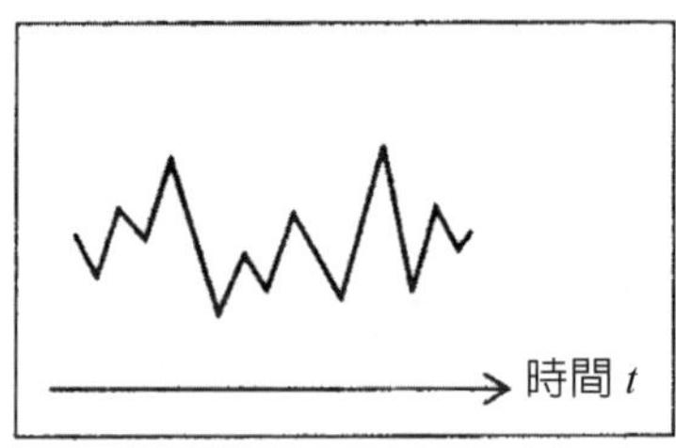

2. Holt 線性趨勢……時間數列有長期趨勢，沒有季節變動時所使用。

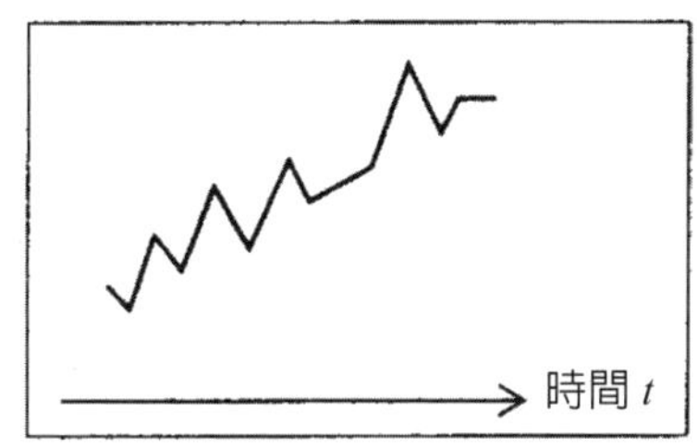

3. Winters 相乘性……時間數列有線性趨勢，有乘法的季節變動時利用。

Winters 可加性……時間數列有線性趨勢，有加法的季節變動時利用。

4. Brown 線性趨勢是

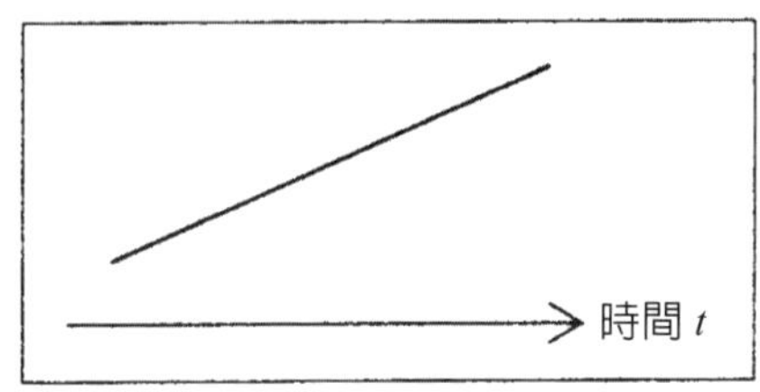

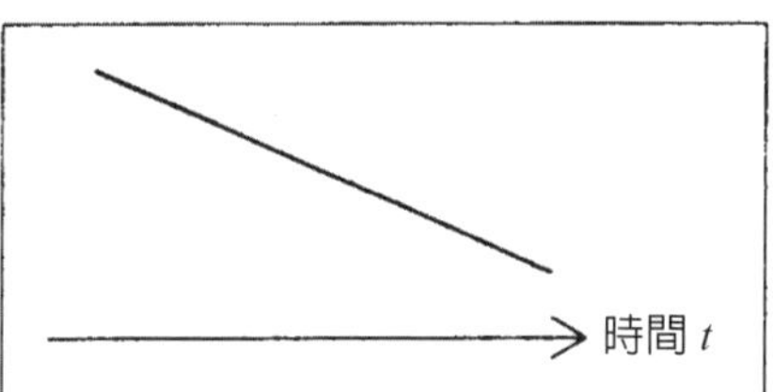

所謂指數是

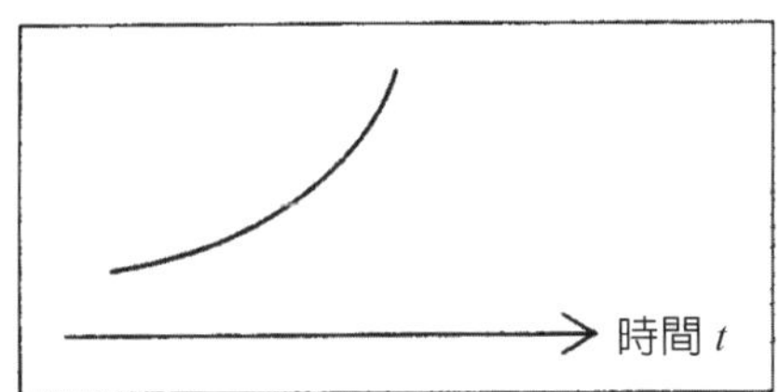

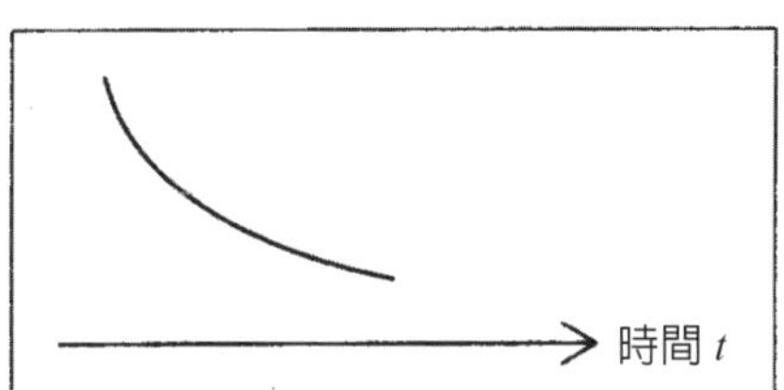

所謂減幅趨勢（damped 曲線：指衰減）是

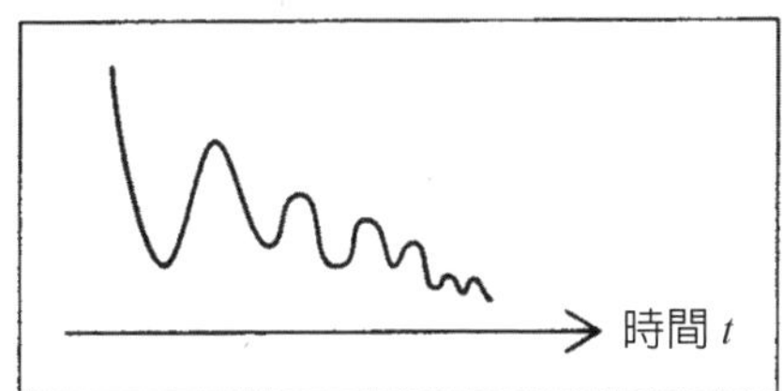

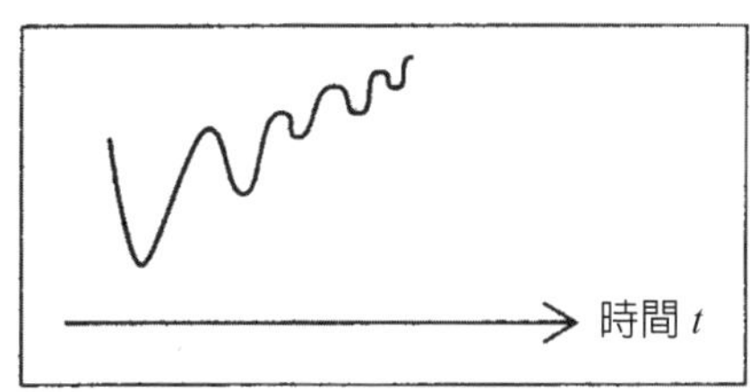

Note

第 12 章
時間數列數據的迴歸分析

12.0 前言

說到「預測」時，就會立刻想到「迴歸分析」。
然而，像時間數列數據，可以照樣應用在迴歸分析嗎？
將時間數列數據照樣套用在迴歸分析，試著計算殘差時，

殘差＝實測值－預測值

有很多的「殘差的時間數列仍保留有時間上的關聯」。

殘差的時間數列是任何的類型也不行存在，因之爲了將時間數列數據應用在迴歸分析，必須先處理有關

「殘差的自身相關」

之問題才行。

■ 時間數列數據的迴歸分析模型

在 3 個時間數列數據之中 $\{y(t)\}, \{x_1(t)\}, \{x_2(t)\}$ 之中，如將

$y(t)$ 設爲依變數，$x_1(t), x_2(t)$ 設爲自變數時，

試考察以下的模式：

$$\begin{cases} y(t) = a + b_1 x_1(t) + b_2 x_2(t) + r(t) \\ r(t) = \rho \cdot r(t-1) + u(t) \end{cases}$$

其中，$r(t)$ 是使用自我迴歸 AR(1) 模式所表現的殘差（＝誤差），因此，$u(t)$ 當作白色干擾（white noise）。

複迴歸分析的模式可以如下表示，即

$$y_i = \alpha + \beta_{1i} + \beta_{2i} + \varepsilon_i$$

因之，時間數列數據的迴歸分析可以想成是

「複迴歸分析模式＋自我迴歸模式」

【範例】

中央健保局爲了掌握國民所得與健康之關係，以下的數據是從 1930 年到 1998 年調查酒消費量、國民所得、物價指數所得者。將酒消費量當作依變數，將國民所得與物價指數當作自變數，試進行時間數列數據的迴歸分析看看。

表 12.1　酒消費量與國民所得、物價指數之關係

No.	年	酒消費量	國民所得	物價指數
1	1930	1.9565	1.7669	1.9176
2	1931	1.9794	1.7766	1.9059
3	1932	2.0120	1.7764	1.8798
4	1933	2.0449	1.7942	1.8727
5	1934	2.0561	1.8156	1.8984
6	1935	2.0678	1.8083	1.9137
7	1936	2.0561	1.8083	1.9176
8	1937	2.0428	1.8067	1.9176
9	1938	2.0290	1.8166	1.9420
10	1939	1.9980	1.8041	1.9547
11	1940	1.9884	1.8053	1.9379
12	1941	1.9835	1.8242	1.9462
13	1942	1.9773	1.8395	1.9504
14	1943	1.9748	1.8464	1.9504
15	1944	1.9629	1.8492	1.9723
16	1945	1.9396	1.8668	2.0000
17	1946	1.9309	1.8783	2.0097
18	1947	1.9271	1.8914	2.0146
19	1948	1.9239	1.9166	2.0146
20	1949	1.9414	1.9363	2.0097
21	1950	1.9685	1.9548	2.0097
22	1951	1.9727	1.9453	2.0097
23	1952	1.9736	1.9292	2.0048
24	1953	1.9499	1.9209	2.0097
25	1954	1.9432	1.9510	2.0296
26	1955	1.9569	1.9776	2.0399
27	1956	1.9647	1.9814	2.0399
28	1957	1.9710	1.9819	2.0296
29	1958	1.9719	1.9828	2.0146
30	1959	1.9956	2.0076	2.0245
31	1960	2.0000	2.0000	2.0000
32	1961	1.9904	1.9939	2.0048
33	1962	1.9752	1.9933	2.0048
34	1963	1.9494	1.9797	2.0000
35	1964	1.9332	1.9772	1.9952
36	1965	1.9139	1.9924	1.9952
37	1966	1.9091	2.0117	1.9905
38	1967	1.9139	2.0204	1.9813
39	1968	1.8886	2.0018	1.9905
40	1969	1.7945	2.0038	1.9859
41	1970	1.7644	2.0099	2.0518
42	1971	1.7817	2.0174	2.0474
43	1972	1.7784	2.0279	2.0341
44	1973	1.7945	2.0359	2.0255
45	1974	1.7888	2.0216	2.0341
46	1975	1.8751	1.9896	1.9445
47	1976	1.7853	1.9843	1.9939
48	1977	1.6075	1.9764	2.2082
49	1978	1.5185	1.9965	2.2700
50	1979	1,6513	2.0652	2.2430
51	1980	1.6247	2.0369	2.2567
52	1981	1.5391	1.9723	2.2988
53	1982	1.4922	1.9797	2.3723
54	1983	1.4606	2.0136	2.4105

No.	年	酒消費量	國民所得	物價指數
55	1984	1.4551	2.0165	2.4081
56	1985	1.4425	2.0213	2.4081
57	1986	1.4023	2.0206	2.4367
58	1987	1.3991	2.0563	2.4284
59	1988	1.3798	2.0579	2.4310
60	1989	1.3782	2.0649	2.4363
61	1990	1.3366	2.0582	2.4552
62	1991	1.3026	2.0517	2.4838
63	1992	1.2592	2.0491	2.4958
64	1993	1.2635	2.0766	2.5048
65	1994	1.2549	2.0890	2.5017
66	1995	1.2527	2.1059	2.4958
67	1996	1.2763	2.1205	2.4838
68	1997	1.2906	2.1205	2.4636
69	1998	1.2721	2.1182	2.4580

■ 數據輸入類型

如下輸入數據，日期的輸入方法，請參考第 11 章。

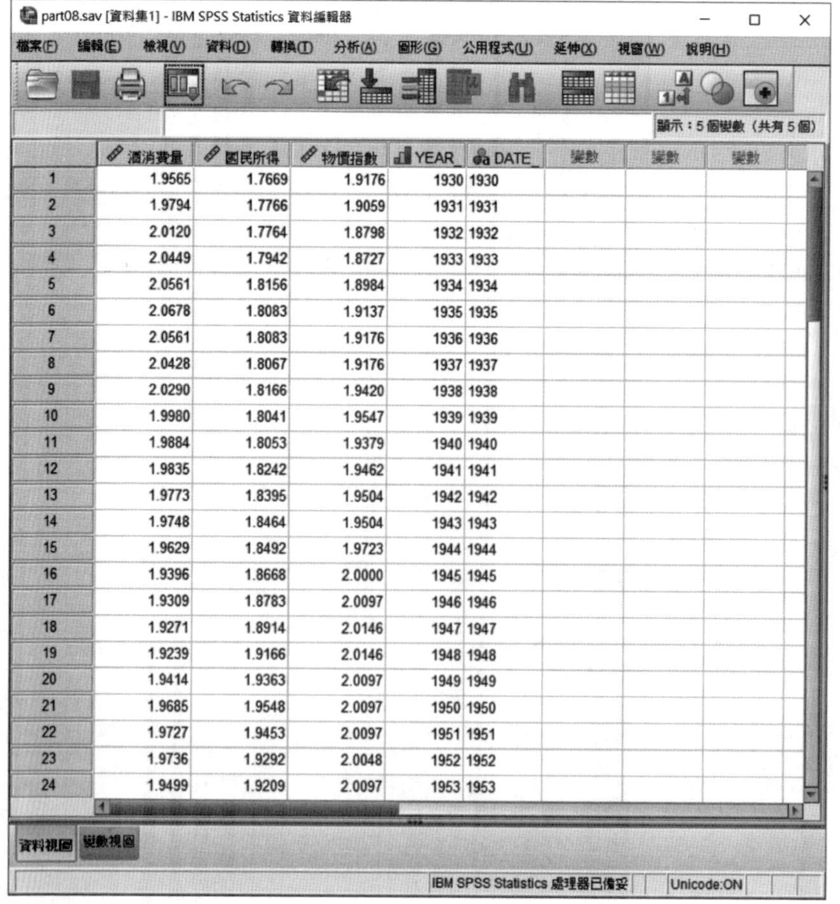

	酒消費量	國民所得	物價指數	YEAR_	DATE_	變數	變數	變數
1	1.9565	1.7669	1.9176	1930	1930			
2	1.9794	1.7766	1.9059	1931	1931			
3	2.0120	1.7764	1.8798	1932	1932			
4	2.0449	1.7942	1.8727	1933	1933			
5	2.0561	1.8156	1.8984	1934	1934			
6	2.0678	1.8083	1.9137	1935	1935			
7	2.0561	1.8083	1.9176	1936	1936			
8	2.0428	1.8067	1.9176	1937	1937			
9	2.0290	1.8166	1.9420	1938	1938			
10	1.9980	1.8041	1.9547	1939	1939			
11	1.9884	1.8053	1.9379	1940	1940			
12	1.9835	1.8242	1.9462	1941	1941			
13	1.9773	1.8395	1.9504	1942	1942			
14	1.9748	1.8464	1.9504	1943	1943			
15	1.9629	1.8492	1.9723	1944	1944			
16	1.9396	1.8668	2.0000	1945	1945			
17	1.9309	1.8783	2.0097	1946	1946			
18	1.9271	1.8914	2.0146	1947	1947			
19	1.9239	1.9166	2.0146	1948	1948			
20	1.9414	1.9363	2.0097	1949	1949			
21	1.9685	1.9548	2.0097	1950	1950			
22	1.9727	1.9453	2.0097	1951	1951			
23	1.9736	1.9292	2.0048	1952	1952			
24	1.9499	1.9209	2.0097	1953	1953			

12.1 時間數列數據的迴歸分析

一、統計處理步驟

步驟 1　點選分析 (A)，從清單中選擇預測 (T)，並且，從子清單中選擇建立模型 (C)。

步驟 2　將方法從〔Expert Modeler〕改成〔ARIMA〕。

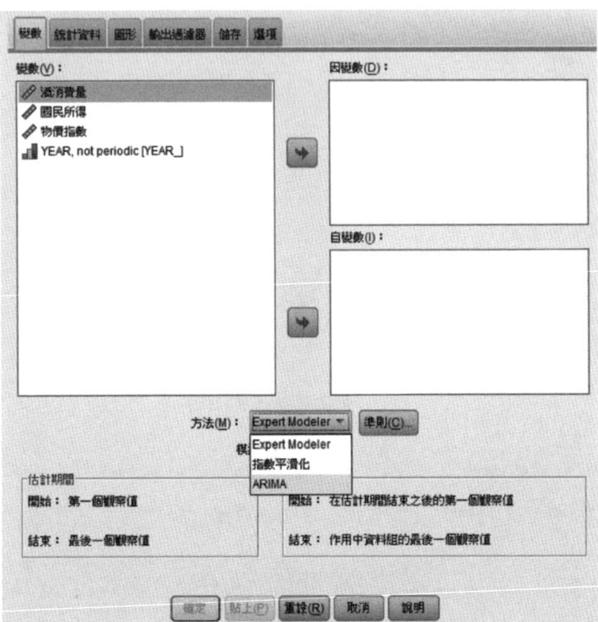

步驟 3 點一下準則 (C)，將自身迴歸 (p) 從 0 改成 1。按 繼續 。

時間序列模型器：ARIMA 準則

模型 | 偏離值(O)

ARIMA 順序

結構(S)：

	非週期性	週期性
自身迴歸 (p)	1	0
差分(d)	0	0
移動均數 (q)	0	0

目前週期性：無

轉換

◉ 無(N)

○ 平方根(Q)

○ 自然對數(T)

☑ 常數項納入模型中(I)

繼續 取消 說明

步驟 4 出現以下畫面時，將酒消費量移到因變數 (D) 的方框之中，將國民所得與物價指數移到自變數 (1) 的方框之中。接著，按一下 統計資料 。

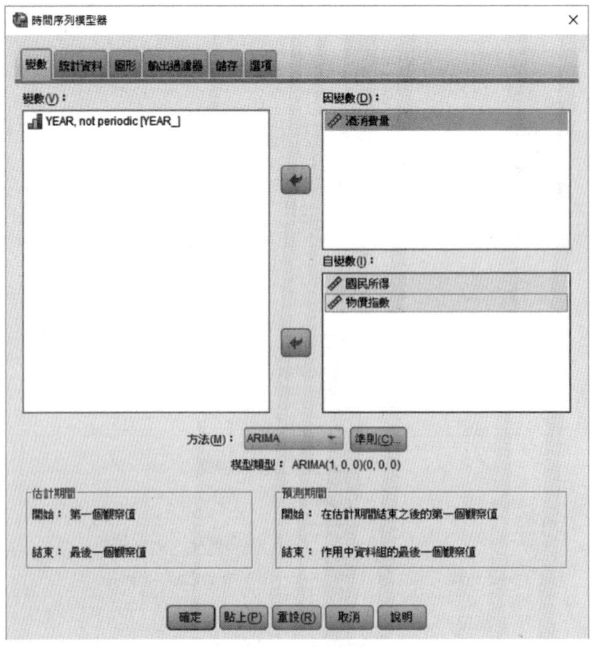

步驟 5　勾選平穩型 R 平方 (Y)、適合度 (G)、顯示預測 (S)、參數估計值 (M)。接著點一下選項。

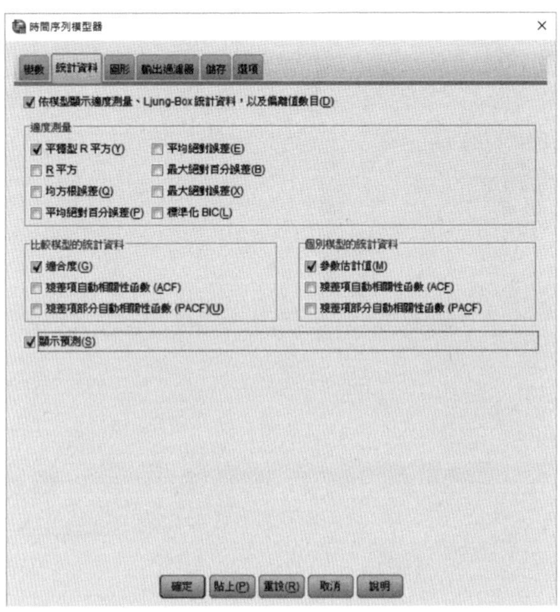

步驟 6　出現以下的畫面。若不需要指定日期，選擇前者，若需要指定日期，則選擇後者。此處輸入 1999。

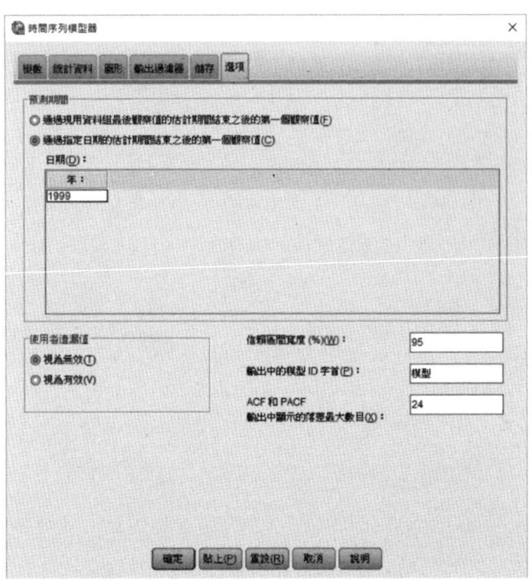

步驟 7 若想預測時，可如下先輸入數據。國民所得輸入 2.1，物價指數輸入 2.44。

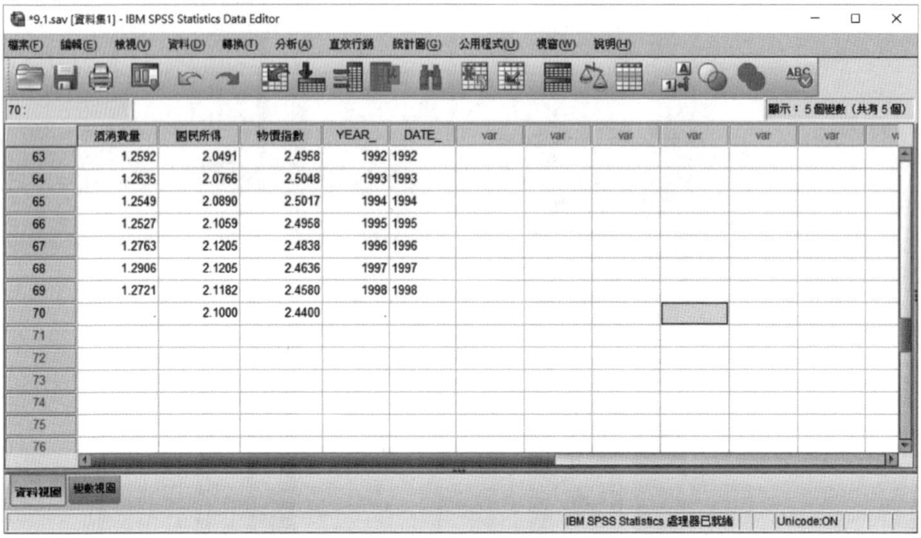

*9.1.sav [資料集1] - IBM SPSS Statistics Data Editor

檔案(F) 編輯(E) 檢視(V) 資料(D) 轉換(T) 分析(A) 直效行銷 統計圖(G) 公用程式(U) 視窗(W) 說明(H)

70 : 顯示：5 個變數（共有 5 個）

	酒消費量	國民所得	物價指數	YEAR_	DATE_	var	var	var	var	var	var
63	1.2592	2.0491	2.4958	1992	1992						
64	1.2635	2.0766	2.5048	1993	1993						
65	1.2549	2.0890	2.5017	1994	1994						
66	1.2527	2.1059	2.4958	1995	1995						
67	1.2763	2.1205	2.4838	1996	1996						
68	1.2906	2.1205	2.4636	1997	1997						
69	1.2721	2.1182	2.4580	1998	1998						
70	.	2.1000	2.4400	.							
71											
72											
73											
74											
75											
76											

資料視圖 變數視圖

IBM SPSS Statistics 處理器已就緒 Unicode:ON

前 1 期即 1999 年的國民所得與物價指數之值必須先輸入到資料檔案。

此 1999 年國民所得（= 2.1000）與物價指數（= 2.4400）的數據求法，是利用

〔分析 (A)〕→〔迴歸 (R)〕→〔曲線估計〕→〔儲存 (A)〕

進行預測。

步驟 8　點一下儲存。勾選預測值、雜訊殘差。按 確定 。

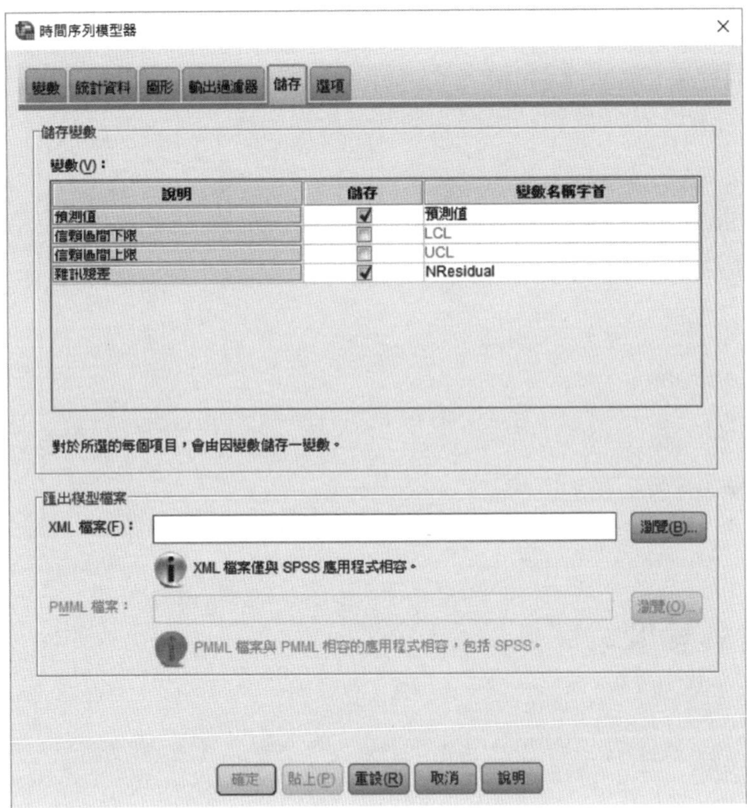

二、SPSS 輸出 1

模型統計資料

模型	預測變數數目	模型適合度統計資料	Ljung-Box Q(18)			離群值數目
		平穩 R 平方	統計資料	DF	顯著性	
酒消費量-模型_1	2	.986	11.761	17	.814	0

← ①

ARIMA 模型參數

					估計	SE	T	顯著性
酒消費量-模型_1	酒消費量	無轉換	常數		2.452	.492	4.988	.000
			AR	落後 1	.993	.021	47.153	.000
	國民所得	無轉換	分子	落後 0	.621	.147	4.220	.000
	物價指數	無轉換	分子	落後 0	-.929	.079	-11.712	.000

← ②

三、輸出結果判讀 1

①平穩 R 平方是表示模式的配適良否，此值越大模式越強。本例是 0.986，顯示模式甚佳。

②設酒消費量 = $y(t)$，國民所得 = $x_1(t)$，物價指數 = $x_2(t)$，殘差 = $r(t)$，白色干擾 = $u(t)$，則時間數列數據的迴歸分析模式爲

$$\begin{cases} y(t) = 2.452 + 0.621 \times x_1(\mathrm{t}) - 0.929 \times x_2(t) + r(t) \\ r(t) = 0.993 + r(t-1) + u(t) \end{cases}$$

時間數列 $\{x(t)\}$ 滿足

- ◆ $x(t)$ 服從平均 0，變異數 σ^2 的分配
- ◆ 對所有的 t 而言，自身相關為 0 時，稱為不規則變動（white noise）。

四、SPSS 輸出 2

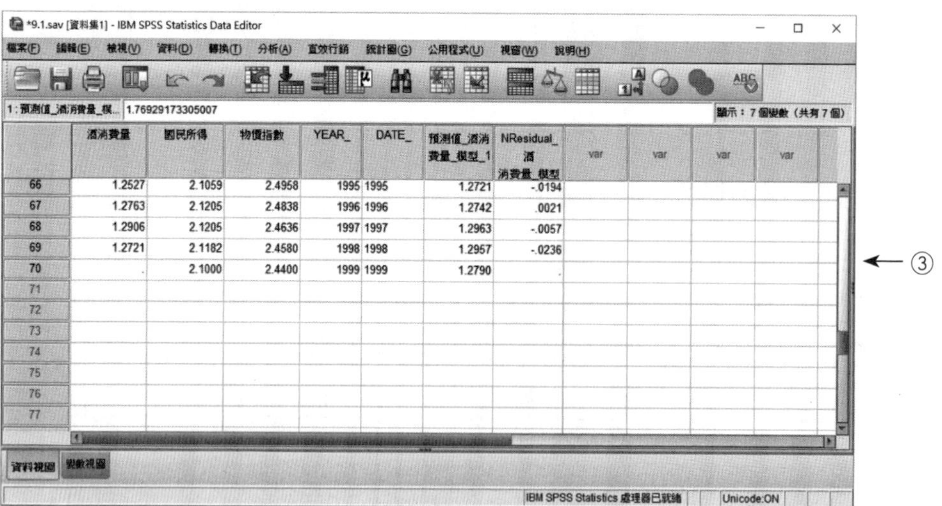

	酒消費量	國民所得	物價指數	YEAR_	DATE_	預測值_酒消費量_模型_1	NResidual_酒消費量_模型	var	var	var	var
66	1.2527	2.1059	2.4958	1995	1995	1.2721	-.0194				
67	1.2763	2.1205	2.4838	1996	1996	1.2742	.0021				
68	1.2906	2.1205	2.4636	1997	1997	1.2963	-.0057				
69	1.2721	2.1182	2.4580	1998	1998	1.2957	-.0236				
70	.	2.1000	2.4400	1999	1999	1.2790	.				
71											
72											
73											
74											
75											
76											
77											

五、輸出結果判讀 2

③下 1 期的預測值 $\hat{y}(t, 1) = 1.2790$，如下求出：

國民所得 = $x_1(t)$，物價指數 = $x_2(t)$，殘差 = $r(t)$ 的下 1 期的預測值分別設爲

$\hat{x}_1(t, 1)$，$\hat{x}_2(t, 1)$，$\hat{r}(t, 1)$

$$r(t) = y(t) - 2.452 - 0.621 \times x_1(t) + 0.929 \times x_2(t) \cdots\cdots \quad \text{(I)}$$

與

$$\hat{r}(t, 1) = \hat{y}(t, 1) - 2.452 - 0.621 \times \hat{x}_1(t, 1) + 0.929 \times \hat{x}_2(t, 1) \cdots \quad \text{(II)}$$

是成立的。

殘差 $r(t)$ 是自我迴歸 AR(I)，因之與下 1 期的預測值 $\hat{r}(t, 1)$ 之間成立有

$$\hat{r}(t, 1) = 0.993 \times r(t) \cdots\cdots\cdots \quad \text{(III)}$$

因此，將上面 2 式 (I)，(II) 帶入殘差的式子 (III)，即爲

$$\begin{aligned} &\hat{y}(t, 1) - 2.452 - 0.621 \times \hat{x}_1(t, 1) + 0.929 \times \hat{x}_2(t, 1) \\ &= 0.993 \times [y(t) - 2.452 - 0.621 \times x_1(t) + 0.929 \times x_2(t)] \end{aligned}$$

因之，將

$$\begin{aligned} &\hat{x}_1(t, 1) = 2.1 \;,\; \hat{x}_2(t, 1) = 2.44 \\ &y(t) = 1.2721 \;,\; x_1(t) = 2.1182 \;,\; x_2(t) = 2.4580 \end{aligned}$$

代入時，則

$$\begin{aligned} \hat{y}(t, 1) &= 2.452 + 0.621 \times 2.1 - 0.9280366 \times 2.44 + 0.993 \\ &\quad \times [1.2721 - 2.452 - 0.621 \times 2.1182 + 0.929 \times 2.4580] \\ &= 1.2790 \end{aligned}$$

此即爲所求的酒消費量的下 1 期的預測值。

12.2 自身相關的迴歸與複迴歸分析之不同

時間數列分析最重要的事情是「殘差必須是不規則變動」。

因此，試調查由步驟 1 到步驟 7 利用所求出的自身相關誤差的迴歸出現的誤差是否是不規則變動。如選擇

分析 (A) ⇨ 預測 (T) ⇨ 自動相關性 (A)

接著從本章的〔SPSS 輸出 2〕將來自「酒消費量 - 模型 _1」的雜訊殘差（NResidual）移到變數框中。

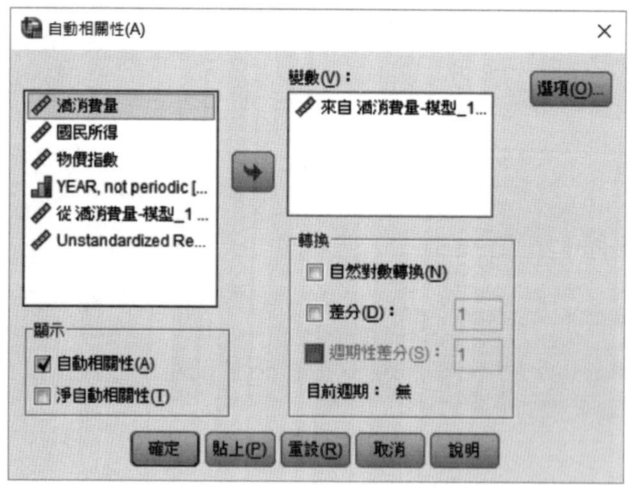

按 確定 得到如下輸出結果：

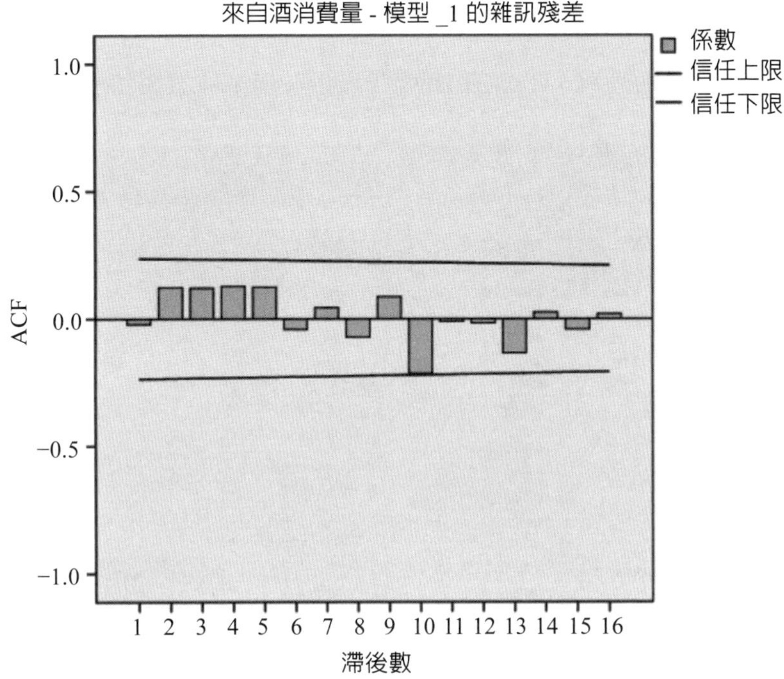

觀此圖形知，自身相關係數位於信賴界限之中。因此，殘差（= 誤差）的時間數列是屬於不規則變動。

那麼，要如何進行複迴歸分析呢？

一、統計處理的步驟

步驟 1　點選分析 (A)，從清單選擇迴歸 (R)，從子清單選擇線性 (L)。

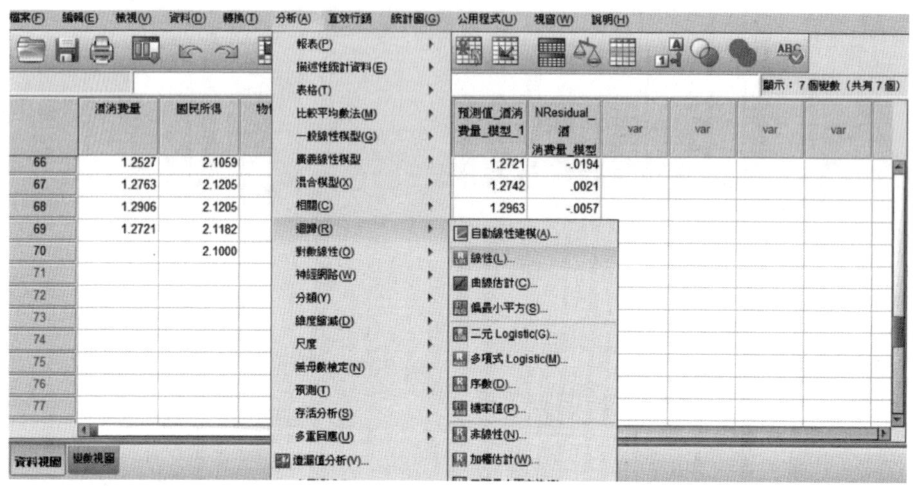

步驟 2　變成以下畫面時，將酒消費者移到因變數 (D) 的方框中，將國民所得與物價指數移到自變數 (I) 的方框中。其次，按一下儲存 (S)。

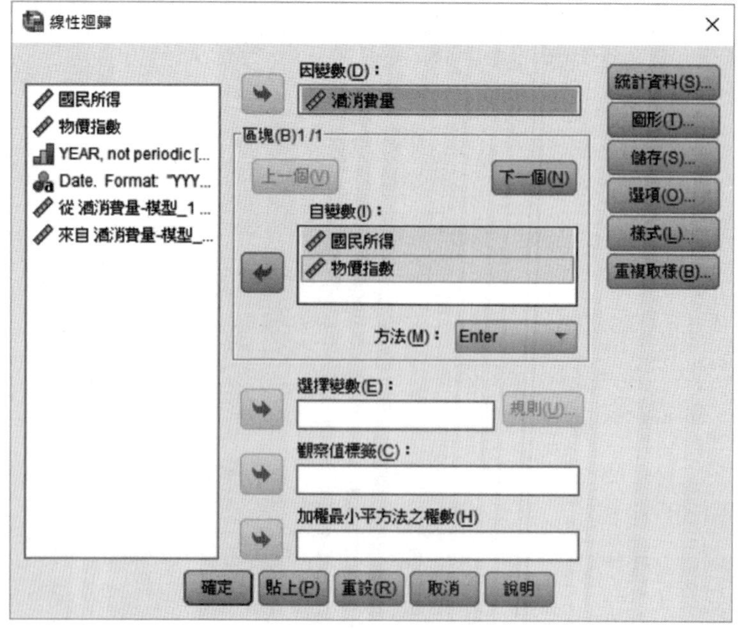

步驟 3　以滑鼠點選殘差的未標準化 (N)，按 繼續。

回到步驟 2 的畫面時，按一下 確定。

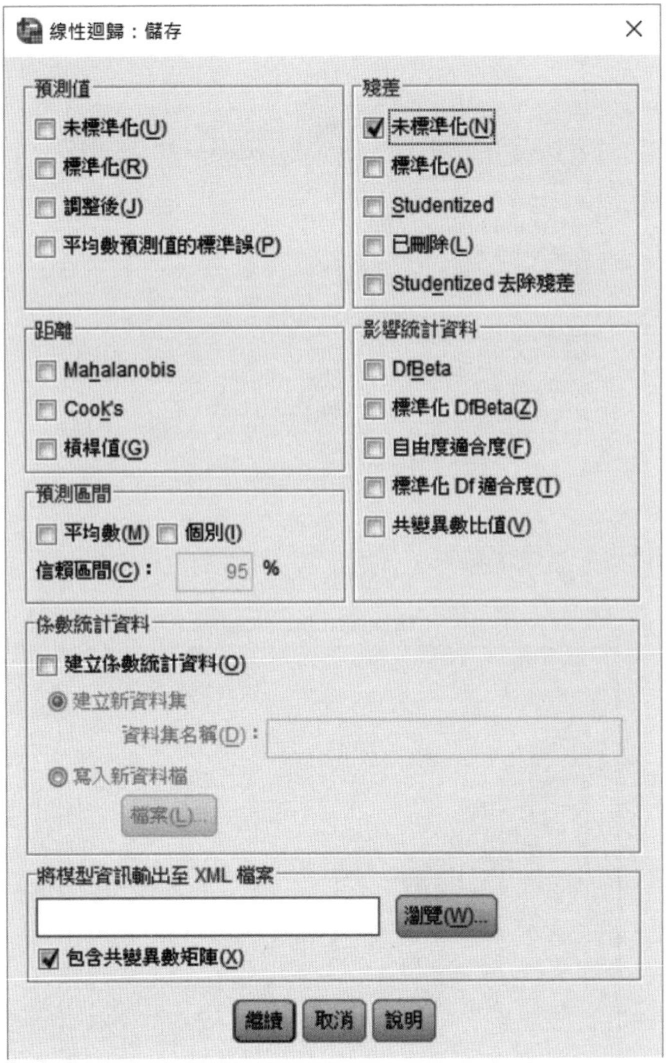

線性迴歸：儲存

預測值
- 未標準化(U)
- 標準化(R)
- 調整後(J)
- 平均數預測值的標準誤(P)

殘差
- ☑ 未標準化(N)
- 標準化(A)
- Studentized
- 已刪除(L)
- Studentized 去除殘差

距離
- Mahalanobis
- Cook's
- 槓桿值(G)

影響統計資料
- DfBeta
- 標準化 DfBeta(Z)
- 自由度適合度(F)
- 標準化 Df 適合度(T)
- 共變異數比值(V)

預測區間
- 平均數(M)　個別(I)
- 信賴區間(C)：95 %

係數統計資料
- 建立係數統計資料(O)
- 建立新資料集
  - 資料集名稱(D)：
- 寫入新資料檔
  - 檔案(L)...

將模型資訊輸出至 XML 檔案
- 瀏覽(W)...
- ☑ 包含共變異數矩陣(X)

繼續　取消　說明

步驟 4 複迴歸分析的殘差在資料檔案的地方是以變數名 res-1 輸出。因此，試就所求出的殘差，求自身相關係數。如選擇

分析 (A) → 預測 (T) → 自動相關性 (A)

接著，將 Unstandardized Residual 移到變數框中。

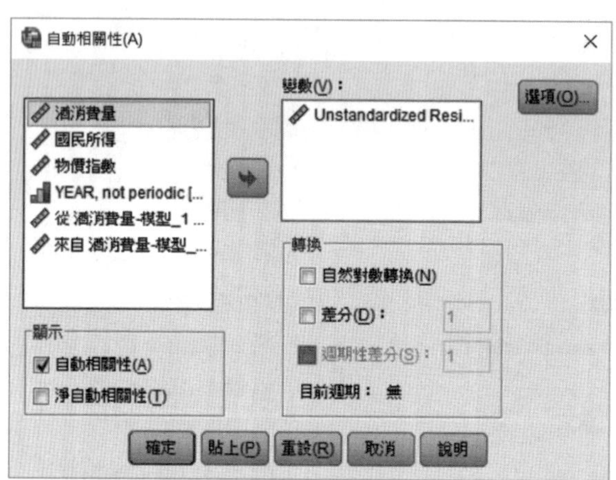

按 確定 得出如下輸出結果：

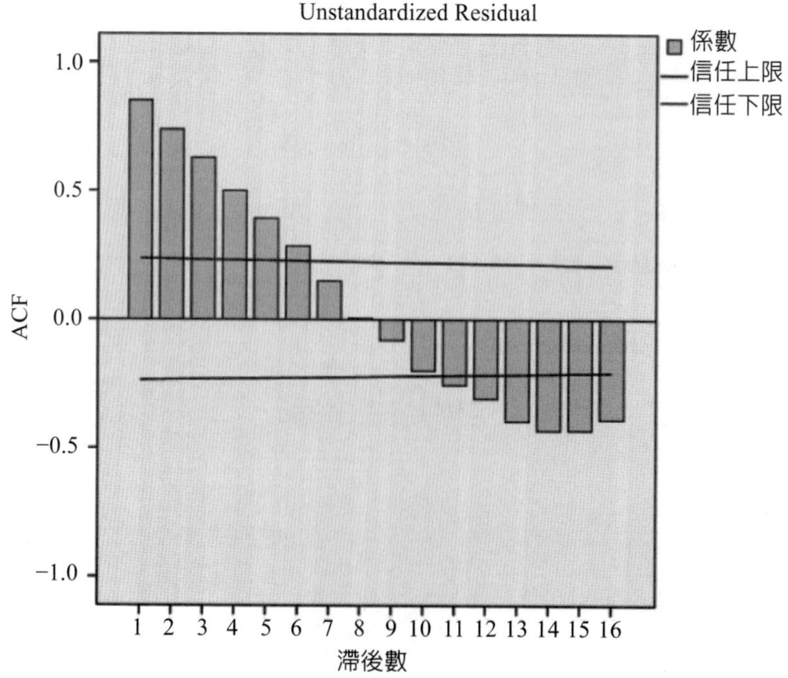

觀此圖形時，自身相關係數到處都超出信賴界線。亦即，知「此殘差是有類型的」。

因此，使用複迴歸分析的統計處理很遺憾是失敗的。換言之，時間數列數據時，利用平常的複迴歸分析進行統計處理是無法順利「清除（clear）」自身相關的部分。

因此，所想出的方法即爲本章所說明的「自身相關的迴歸」。

Note

第 13 章
Panel 分析
——分析橫斷面與時間數列

13.1 Panel 分析

以下的表 13.1.1 是具有縱橫斷面（cross section）數據與時間數列數據兩方特性之數據。此種數據稱爲「panel 資料」（臺灣稱爲縱橫資料、追蹤資料、平行資料；大陸稱爲面板數據）。

表 13.1.1 panel 數據

組	經濟主體	時間 1		時間 2		時間 3	
		自變數	依變數	自變數	依變數	自變數	依變數
組 1	No.1	2	116	4	130	1	98
	No.2	3	73	1	55	3	72
	No.3	2	115	1	99	3	123
	No.4	1	79	4	110	1	66
	No.5	2	58	3	67	4	88
	No.6	2	70	2	72	3	99
	No.7	4	128	3	130	1	102
組 2	No.8	1	62	3	94	3	95
	No.9	2	93	2	108	3	141
	No.10	1	107	3	139	1	105
	No.11	1	108	3	122	2	110
	No.12	3	82	1	113	4	124

Panel Data 一般稱為「追蹤數據」，是指在時間序列上取多個截面，在這些截面上同時選取樣本觀測値所構成的樣本數據。其有時間序列和截面兩個維度。當這類數據按兩個維度排列時，是排在一個平面上，與只有一個維度的數據排在一條線上有著明顯的不同，整個表像是一個面板，所以也稱為「面板數據」。

追蹤資料（panel data）形式：追蹤個別個體單位不同時間的資料。

混合資料（pooling data）形式：將不同時點的不同個體混合的資料。

時間 1

組	經濟主體	自變數	依變數
組 1	No.1	2	116
	No.2	3	73
	No.3	2	115
	No.4	1	79
	No.5	2	58
	No.6	2	70
	No.7	4	128
組 2	No.8	1	62
	No.9	2	93
	No.10	1	107
	No.11	1	108
	No.12	3	82

時間 2

組	經濟主體	自變數	依變數
組 1	No.1	1	130
	No.2	3	55
	No.3	3	99
	No.4	1	110
	No.5	4	69
	No.6	3	72
	No.7	1	130
組 2	No.8	3	94
	No.9	3	1081
	No.10	1	139
	No.11	2	122
	No.12	4	113

時間數列

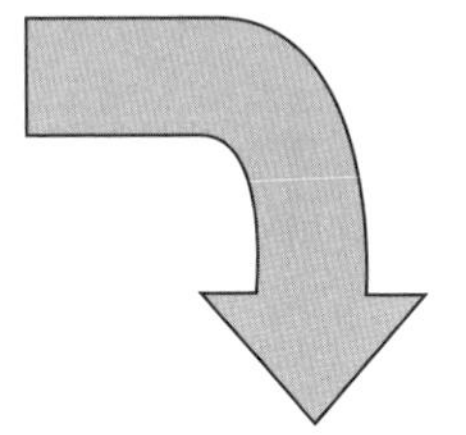

時間 3

組	經濟主體	自變數	依變數
組 1	No.1	1	98
	No.2	3	72
	No.3	3	123
	No.4	1	66
	No.5	4	88
	No.6	3	99
	No.7	1	102
組 2	No.8	3	95
	No.9	3	141
	No.10	1	105
	No.11	2	110
	No.12	4	124

〔註〕：各個是斷面數據，但整體是 Panel 數據。
經濟主體是指公司名、地域名、顧客名等。

■ Panel 分析的模式

Panel 分析的模式形成如下形式：
依變數 = 截距 + 斜率 × 自變數 + 個體效果 + 時間效果 + 誤差

$$y_{it} = \alpha_0 + \beta_i \times x_{it} + \alpha_i + \gamma_i + \varepsilon_{it}$$

$(i = 1...N，t = 1...T)$

〔註〕：個體效果是指個別效果、個人效果。

表 13.1.1 的 panel 數據的情形，模式成爲如下。

$$\begin{cases} y_{11} = \alpha_0 + \beta_1 x_{11} + \alpha_1 + \gamma_1 + \varepsilon_{11} & \longleftarrow \text{時間 1} \\ y_{12} = \alpha_0 + \beta_1 x_{12} + \alpha_1 + \gamma_2 + \varepsilon_{12} & \longleftarrow \text{時間 2} \\ y_{13} = \alpha_0 + \beta_1 x_{13} + \alpha_1 + \gamma_3 + \varepsilon_{13} & \longleftarrow \text{時間 3} \end{cases}$$

$$\begin{cases} y_{21} = \alpha_0 + \beta_2 x_{21} + \alpha_2 + \gamma_1 + \varepsilon_{21} & \longleftarrow \text{時間 1} \\ y_{22} = \alpha_0 + \beta_2 x_{22} + \alpha_2 + \gamma_2 + \varepsilon_{22} & \longleftarrow \text{時間 2} \\ y_{23} = \alpha_0 + \beta_2 x_{11} + \alpha_2 + \gamma_3 + \varepsilon_{23} & \longleftarrow \text{時間 3} \end{cases}$$

$$\begin{cases} y_{31} = \alpha_0 + \beta_3 x_{31} + \alpha_3 + \gamma_1 + \varepsilon_{31} & \longleftarrow \text{時間 1} \\ y_{32} = \alpha_0 + \beta_3 x_{32} + \alpha_3 + \gamma_2 + \varepsilon_{32} & \longleftarrow \text{時間 2} \\ y_{33} = \alpha_0 + \beta_3 x_{33} + \alpha_3 + \gamma_3 + \varepsilon_{33} & \longleftarrow \text{時間 3} \end{cases}$$

$$\vdots \qquad\qquad \vdots$$

$$\begin{cases} y_{111} = \alpha_0 + \beta_{11} x_{111} + \alpha_{11} + \gamma_1 + \varepsilon_{111} & \longleftarrow \text{時間 1} \\ y_{112} = \alpha_0 + \beta_{11} x_{112} + \alpha_{11} + \gamma_2 + \varepsilon_{112} & \longleftarrow \text{時間 2} \\ y_{113} = \alpha_0 + \beta_{11} x_{113} + \alpha_{11} + \gamma_3 + \varepsilon_{113} & \longleftarrow \text{時間 3} \end{cases}$$

$$\begin{cases} y_{121} = \alpha_0 + \beta_{12} x_{121} + \alpha_{12} + \gamma_1 + \varepsilon_{121} & \longleftarrow \text{時間 1} \\ y_{122} = \alpha_0 + \beta_{12} x_{122} + \alpha_{12} + \gamma_2 + \varepsilon_{122} & \longleftarrow \text{時間 2} \\ y_{123} = \alpha_0 + \beta_{12} x_{123} + \alpha_{12} + \gamma_3 + \varepsilon_{123} & \longleftarrow \text{時間 3} \end{cases}$$

此時，panel 分析的模式是

針對斜率 β_i，個體效果 α_i，時間效果 γ_t，可以考慮各種情況。

情況 1

斜率 β_i 共同，個體效果 $\alpha_i = 0$，時間效果 $\gamma_t = 0$ 時

$y_{it} = \alpha_0 + \beta x_{it} + 0 + 0 + \varepsilon_{it}$

情況 2

斜率 β_i 共同，個體效果 $\alpha_i \neq 0$，時間效果 $\gamma_t = 0$ 時

$y_{it} = \alpha_0 + \beta x_{it} + \alpha_i + 0 + \varepsilon_{it}$

情況 3

斜率 β_i 共同，個體效果 $\alpha_i = 0$，時間效果 $\gamma_t \neq 0$ 時

$y_{it} = \alpha_0 + \beta x_{it} + 0 + \gamma_t + \varepsilon_{it}$

情況 4

按各組求斜率 β_k 與截距 $\alpha_0 + \alpha_k$ 時

$$y_{kit} = \alpha_0 + \beta_k x_{kit} + \alpha_k + 0 + \varepsilon_{kit}$$

情況 5

針對經濟主體，利用虛擬變數 $DV_i(i = 1，2\cdots，N)$ 時

$$y_{it} = \alpha_0 + \beta x_{it} + \beta_1 DV_1 + \beta_2 DV_2 + \cdots + \beta_N DV_N + 0 + \varepsilon_{it}$$

發生於同一時點或同一期間的資料稱為「橫斷面資料」（cross section data）。例如：調查臺灣所有上市公司 2009 年年底的股票價格資料、2009 年的總資產成長率，均屬橫斷面資料。發生於不同時點或不同期間的資料稱為「時間數列資料」（time series data）。例如：台積電在 2009 年的每日股票收盤價。這些有關一個個體在不同時間點的觀察值即形成「時間序列資料」。包含時間數列與橫斷面之資料稱為「縱橫資料」（panel data）或「追蹤資料」。例如：調查台積電、聯電、中信金、中鋼、鴻海等五家公司在 2001～2009 年的總資產成長率，即形成縱橫資料。

■ 數據輸入類型

表 13.1.1 的數據，如下輸入：

	組	經濟主體	時間	自變數	依變數	var
1	1	1	1	2	116	
2	1	1	2	4	130	
3	1	1	3	1	98	
4	1	2	1	3	73	
5	1	2	2	1	55	
6	1	2	3	3	72	
7	1	3	1	2	115	
8	1	3	2	1	99	
9	1	3	3	3	123	
10	1	4	1	1	79	
11	1	4	2	4	110	
12	1	4	3	1	66	
13	1	5	1	2	58	
14	1	5	2	3	69	
15	1	5	3	4	88	
16	1	6	1	2	70	
17	1	6	2	2	72	
18	1	6	3	3	99	
19	1	7	1	4	128	
20	1	7	2	3	130	
21	1	7	3	1	102	
22	2	8	1	1	62	
23	2	8	2	3	94	
24	2	8	3	3	95	
25	2	9	1	2	93	
26	2	9	2	2	108	
27	2	9	3	3	141	
28	2	10	1	1	107	
29	2	10	2	3	139	
30	2	10	3	1	105	
31	2	11	1	1	108	
32	2	11	2	3	122	
33	2	11	3	2	110	
34	2	12	1	3	82	
35	2	12	2	1	113	
36	2	12	3	4	124	
37						

13.2 SPSS 的 Panel 分析——情況 1

（斜率 β_i 共同，個體效果 $\alpha_i = 0$，時間效果 $\gamma_t = 0$ 時）

步驟 1　將表 13.1.1 的數據輸入時，從分析 (A) 的選單中如下選擇線性 (L)。

步驟 2　將經濟主體移到受試者 (S) 的方框中，將時間移到重複 (E)。

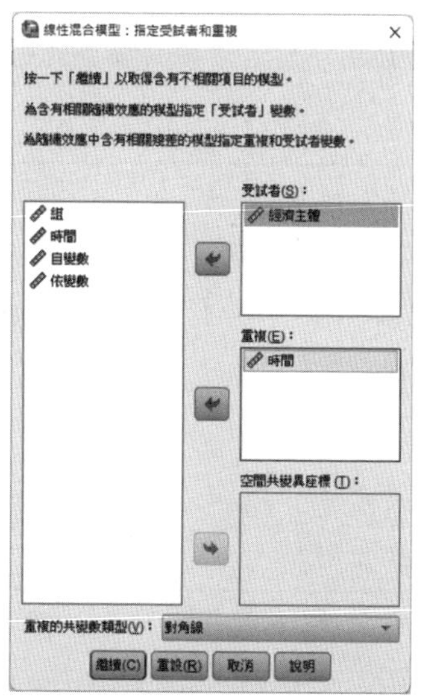

步驟 3　在重複的共變數類型 (V)，選擇調整後的單位，再按 繼續。

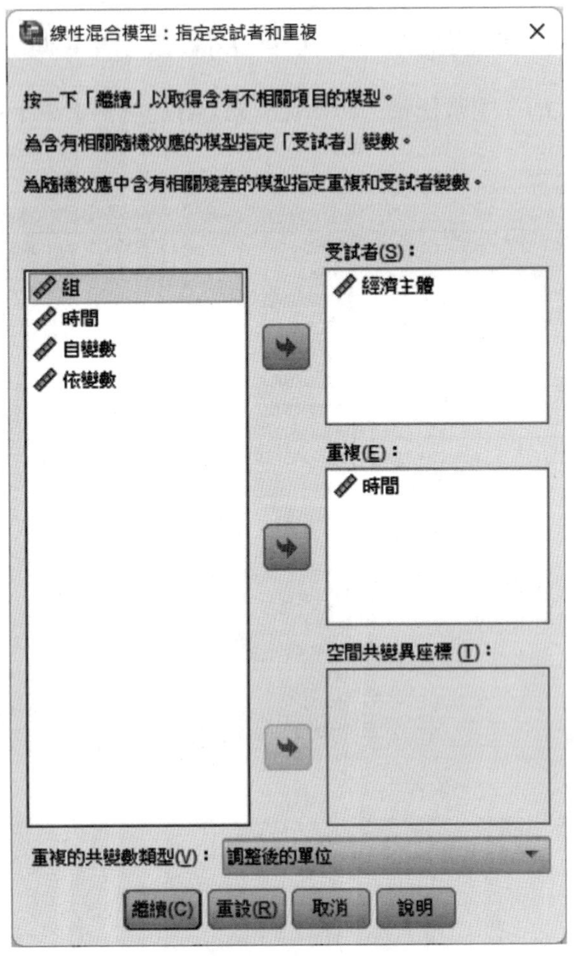

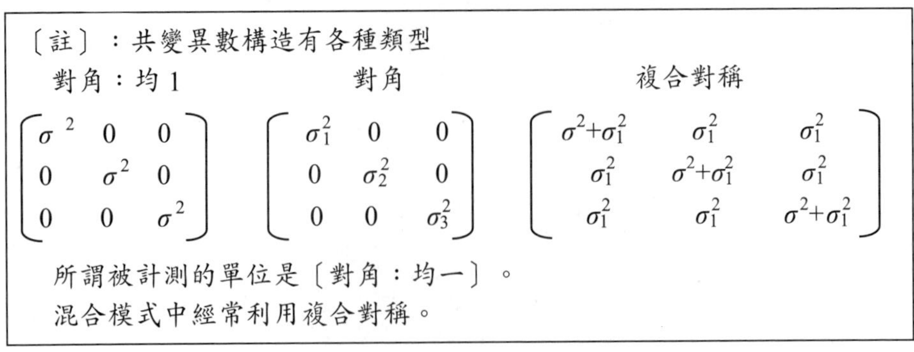

〔註〕：共變異數構造有各種類型

對角：均 1

$$\begin{bmatrix} \sigma^2 & 0 & 0 \\ 0 & \sigma^2 & 0 \\ 0 & 0 & \sigma^2 \end{bmatrix}$$

對角

$$\begin{bmatrix} \sigma_1^2 & 0 & 0 \\ 0 & \sigma_2^2 & 0 \\ 0 & 0 & \sigma_3^2 \end{bmatrix}$$

複合對稱

$$\begin{bmatrix} \sigma^2+\sigma_1^2 & \sigma_1^2 & \sigma_1^2 \\ \sigma_1^2 & \sigma^2+\sigma_1^2 & \sigma_1^2 \\ \sigma_1^2 & \sigma_1^2 & \sigma^2+\sigma_1^2 \end{bmatrix}$$

所謂被計測的單位是〔對角：均一〕。

混合模式中經常利用複合對稱。

步驟 4　如變成線型混合模式的畫面時，將依變數、自變數如下移動，按一下固定 (X)。

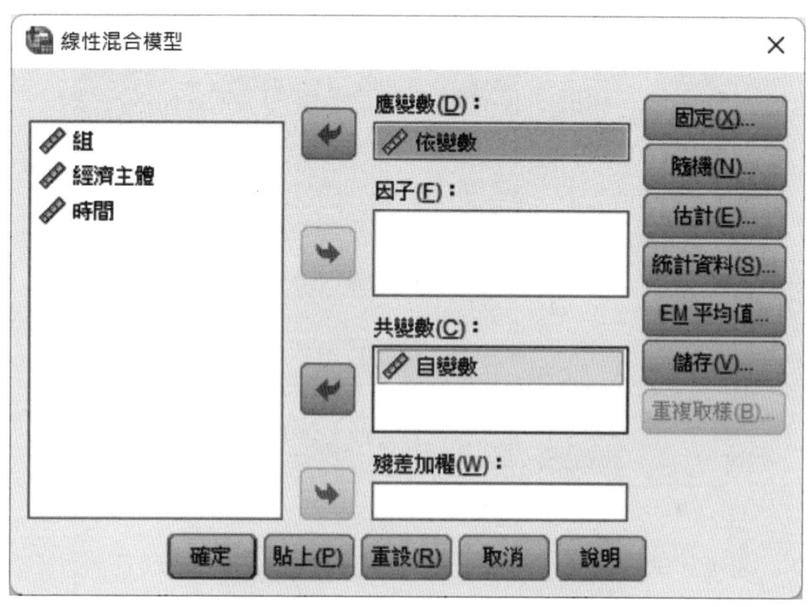

步驟 5　變成固定效果的畫面時，將自變數移到模型 (O) 的方框，接著；按 繼續 。

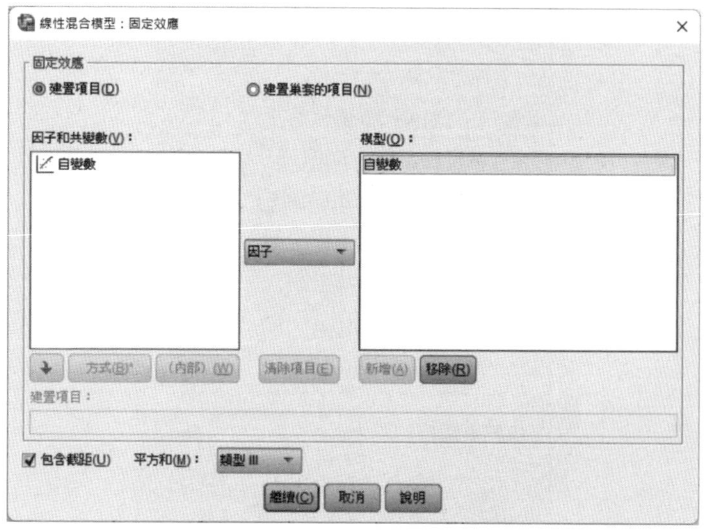

步驟 6 回到以下畫面時，按一下統計資料 (S)。

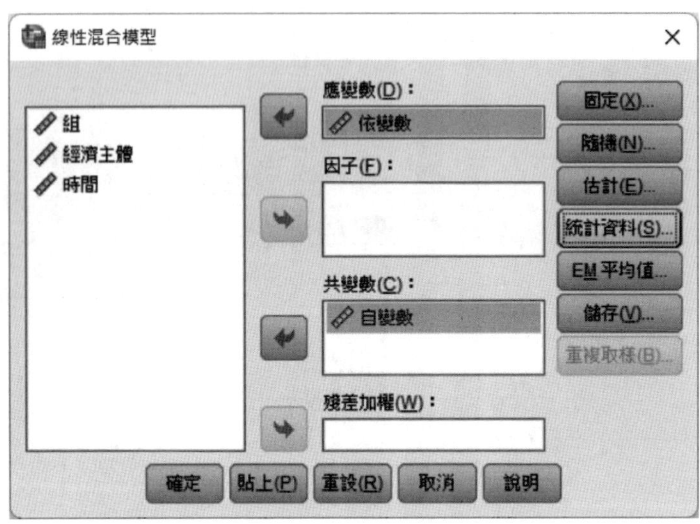

步驟 7 在統計量的畫面中，如下選擇，按 繼續 (C)。

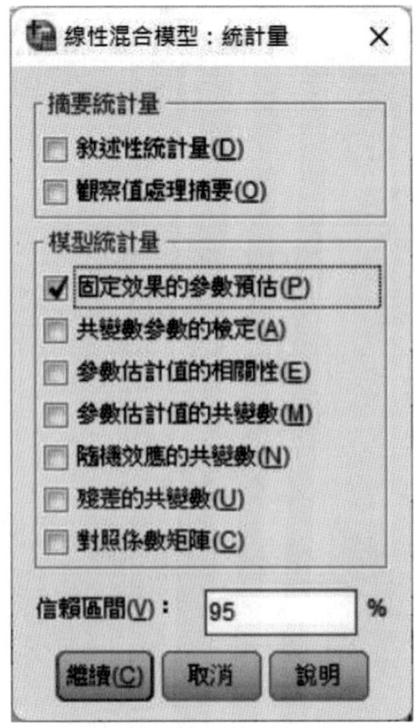

步驟 8 回到以下的畫面時，按 確定 。

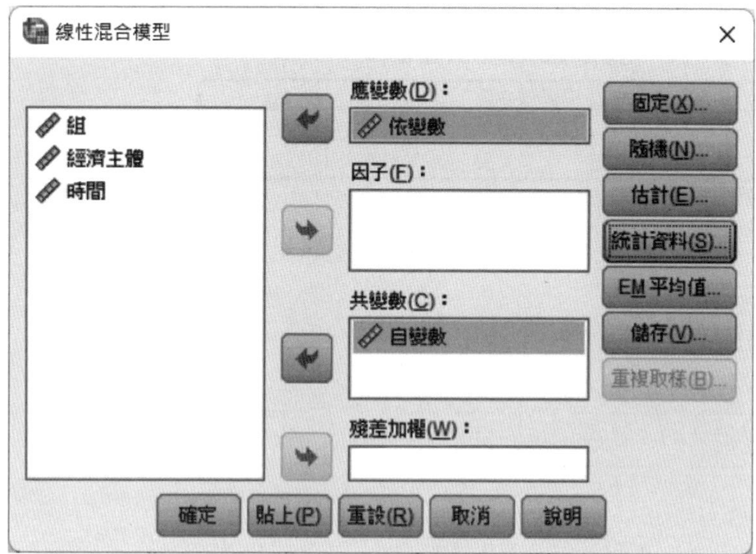

一、SPSS 輸出 1

➜ 混合模式分析

模式維度[a]

		N 層；層數	共變異數結構	N 參數；參數數目	主題變數	N 主題；主題數目
固定效果	截距	1		1		
	自變數	1		1		
重複效果	時間	3	識別	1	經濟主體	12
總計		5		3		

a. 依變數：依變數.

← ①

資訊條件[a]

-2 限制對數概似值	315.806
Akaike 的訊息條件 (AIC)	317.806
Hurvich 和 Tsai 的條件 (AICC)	317.931
Bozdogan 的條件 (CAIC)	320.333
Schwarz 的貝葉斯條件 (BIC)	319.333

以越小越好的形式顯示資訊條件。
a. 依變數：依變數.

← ②

固定效果

固定效果的類型 III 檢定[a]

來源	分子自由度	分母自由度	F	Sig。
截距	1	34	77.734	.000
自變數	1	34	5.013	.032

a. 依變數：依變數.

← ③

二、輸出結果判讀 1

①模式次元的組合，成爲如下

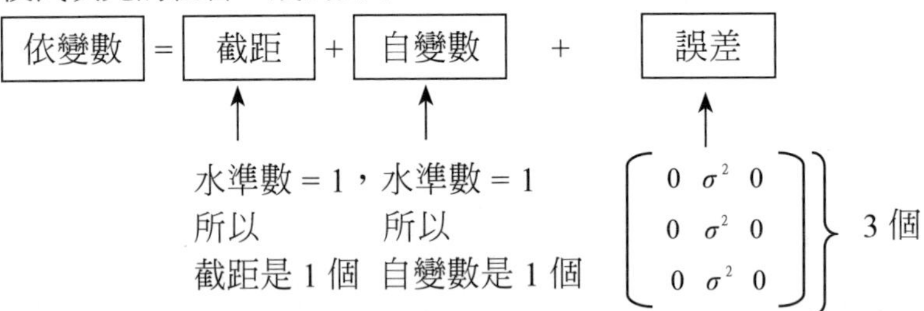

②這是表示模式適配好壞的資訊量基準

當考慮幾個模式時，此資訊量基準小的模式即爲好的模式。

③有關自變數的檢定（變異數分析表）

〔註〕：此輸出與以下的迴歸分析的結果一致。

變異數分析[b]

模式		平方和	自由度	平均平方和	F 檢定	顯著性
1	迴歸	2563.179	1	2563.179	5.013	.032[a]
	殘差	17383.571	34	511.282		
	總和	19946.750	35			

a. 預測變數：(常數), 自變數

b. 依變數：依變數

三、SPSS 輸出 2

固定效果

固定效果的類型 III 檢定a

來源	分子自由度	分母自由度	F	Sig。
截距	1	34	77.734	.000
自變數	1	34	5.013	.032

a. 依變數：依變數.

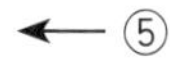

固定效果估計a

參數	估計	標準錯誤	自由度	t	Sig。	95% 信賴區間 下限	95% 信賴區間 上限
截距	80.2102313	9.0975415	34	8.817	.000	61.7218025	98.6986600
自變數	8.0413455	3.5914457	34	2.239	.032	.7426497	15.3400413

a. 依變數：依變數.

共變異數參數

估計共變異數參數a

參數		估計	標準錯誤
重複測量	變異數	511.28150	124.00398

a. 依變數：依變數.

四、輸出結果判讀 2

④模式的參數的估計值

依變數 = 截距 α_0 + 斜率 β × 自變數 + 誤差

↓估計值　↓估計值

依變數 = 80.210231 + 8.041345× 自變數

⑤自變數的斜率的檢定

假設 H_0：自變數的斜率 β 為 0

顯著機率 0.032 < 顯著水準 0.05，因之假設可以捨棄。

因此，知斜率 β 不是 0。

〔註〕：此輸出與如下的迴歸分析的結果一致。

係數a

模式		未標準化係數		標準化係數	t	顯著性
		B 之估計值	標準誤	Beta 分配		
1	(常數)	80.210	9.098		8.817	.000
	自變數	8.041	3.591	.358	2.239	.032

a. 依變數：依變數

13.3 SPSS 的 Panel 分析——情況 2

（斜率 β_i 共同，個體效果 $\alpha_i \neq 0$，時間效果 $\gamma_t = 0$ 時）

步驟 1　輸入表 13.1.1 的數據時，從分析 (A) 的清單中如下選擇：

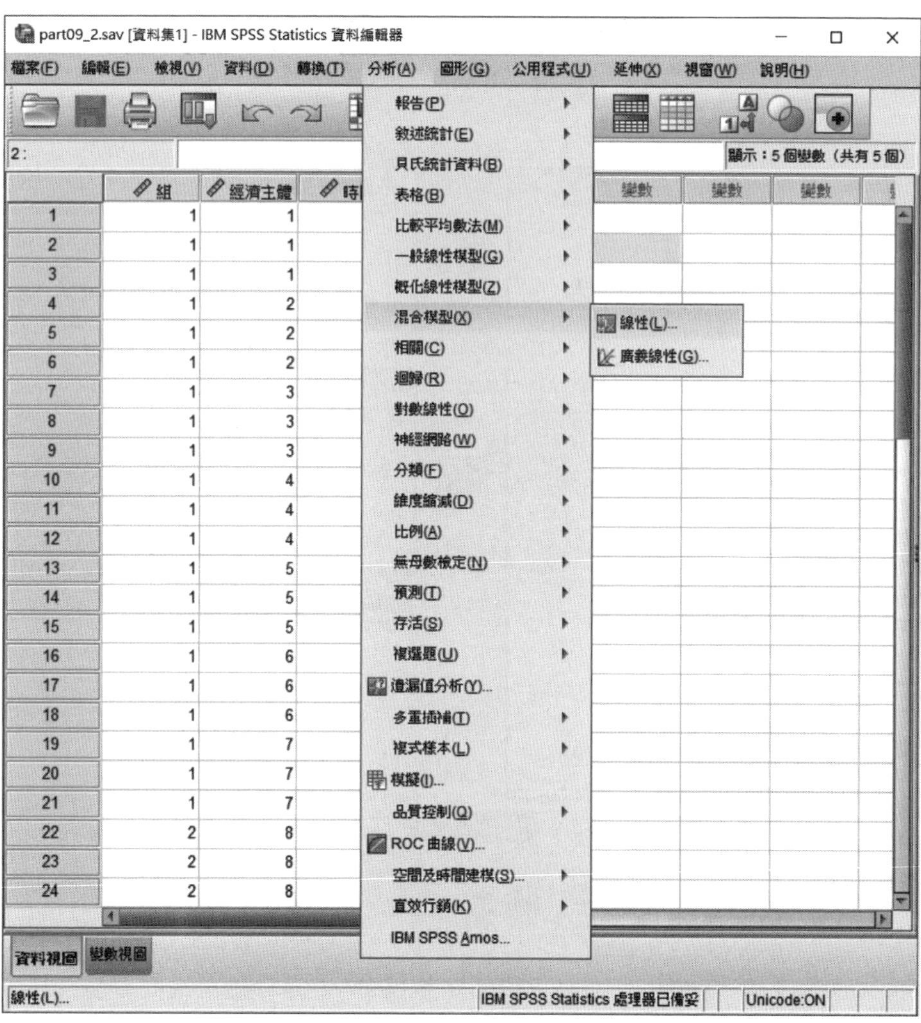

步驟 2　將經濟主體移到受試者 (S)，時間移到重複 (E) 的方框中。

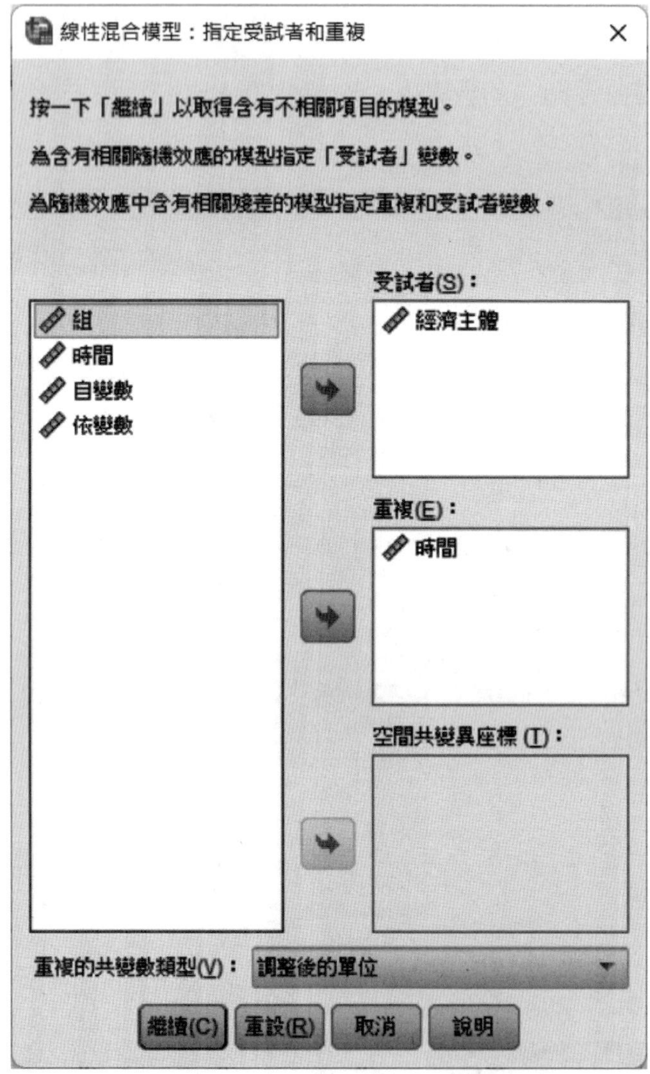

步驟 3　在重複的共變數類型(V)的地方，選擇調整後的單位，按 繼續 (C) 。

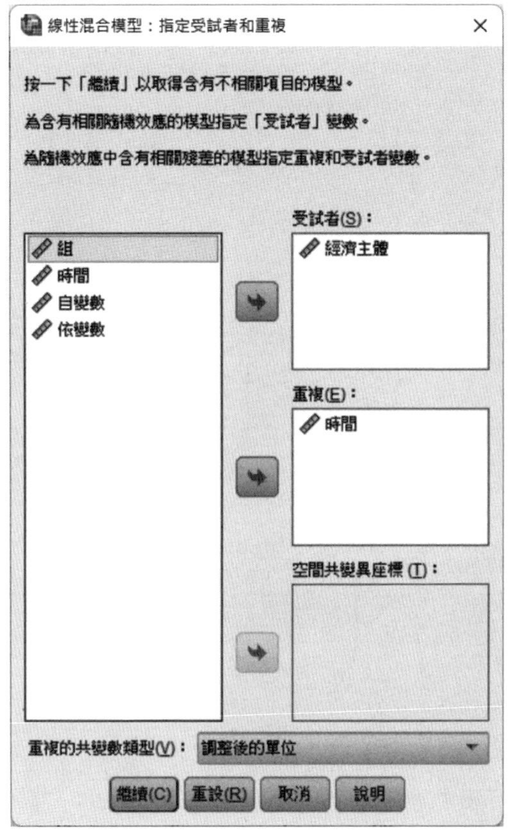

步驟 4　變成線性混合模式的畫面時，如下移動後，按固定 (X)。

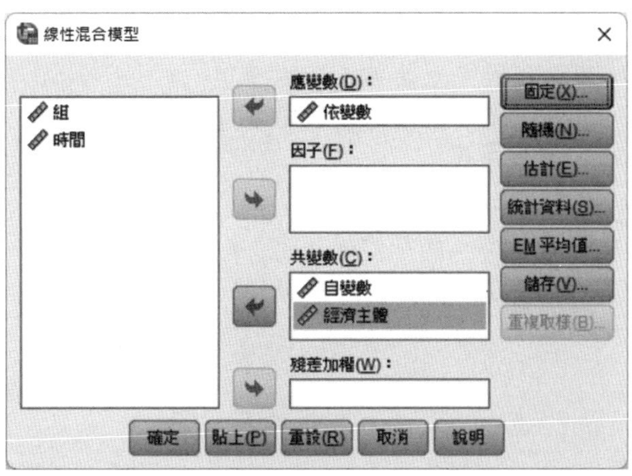

步驟 5 變成固定效果的畫面，將自變數移到模型 (O) 的方框中。

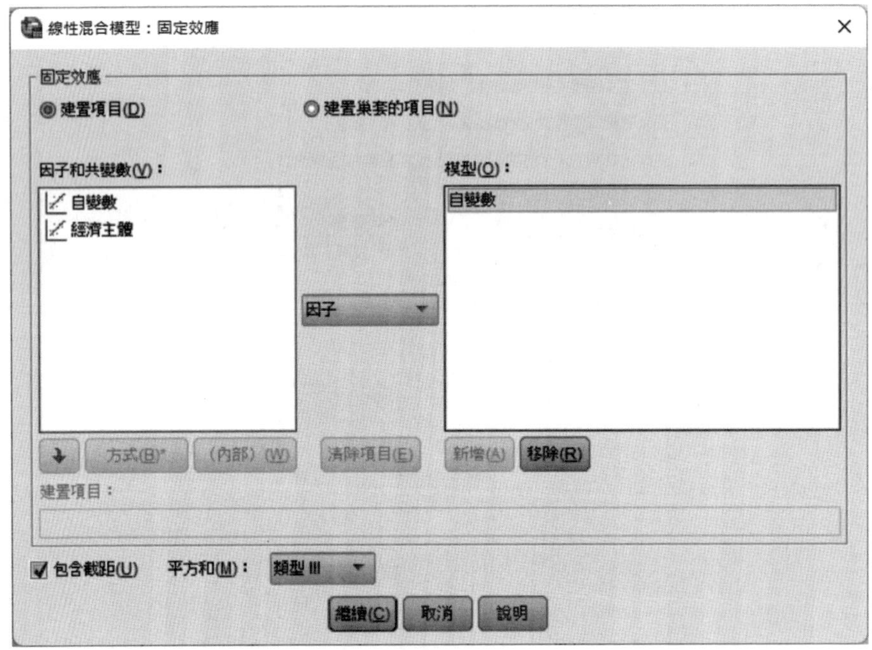

〔註 1〕：

變異數分析的主效果有

固定（因子）模式（fixed effects model）與變量（因子）模式（random effects model）之分。

在二元配置的模式中

$$x_{ijk} = \mu + \alpha_i + \beta_j + (\alpha\beta)_{ij} + \varepsilon_{ijk}$$

當

α_i ……固定模式（主效果 α_i 是常數）

β_j ……變量模式（主效果 β_j 是機率變數）

時，稱爲混合模式。

〔註 2〕：

在二元配置或三元配置的模式中，2 個因子 A 與 B 有相互影響時，稱爲 A 與 B 之間有交互作用，以 A×B 表示。$(\alpha\beta)_{ij}$ 稱爲交互作用效果。

步驟 6　接著，將經濟主體移到模型 (O) 的方框，按 繼續 (C)。

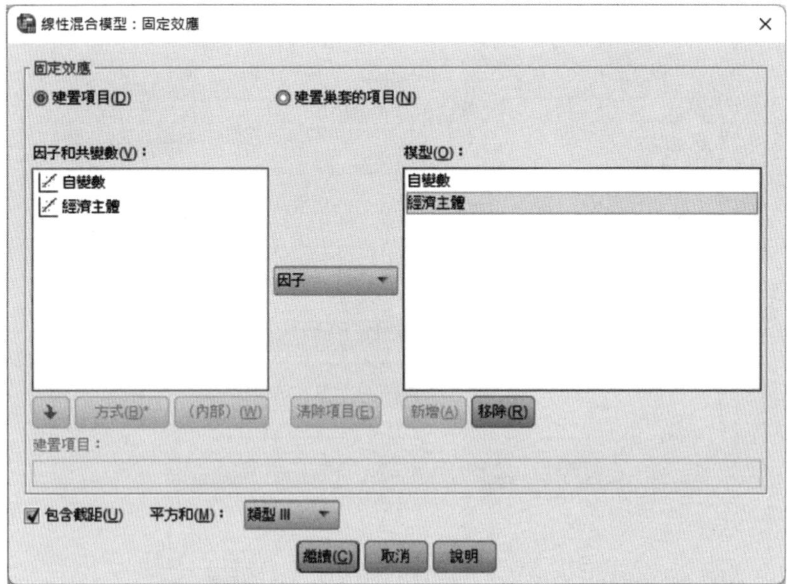

〔註〕：如下，將「因子」變更成「主效應」，也是相同的結果。

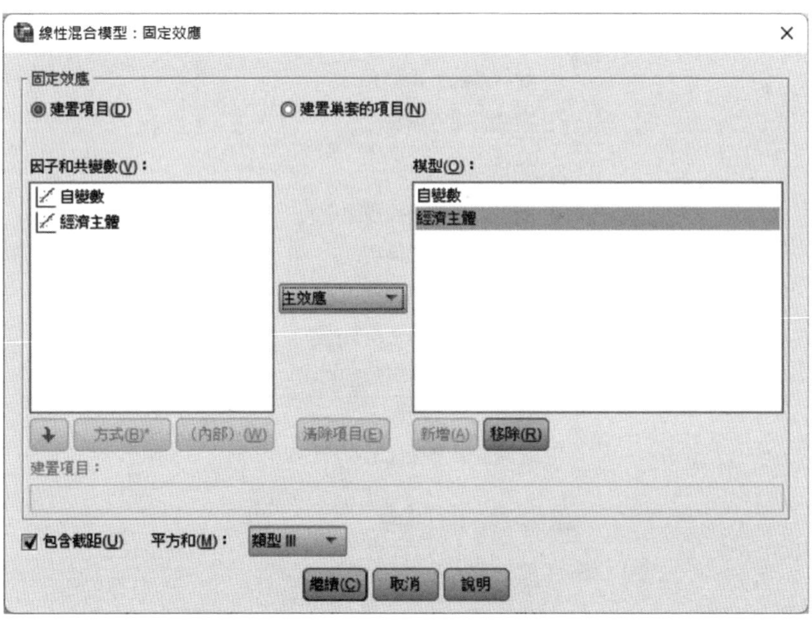

步驟 7　回到以下畫面時，按一下 統計資料 (S)。

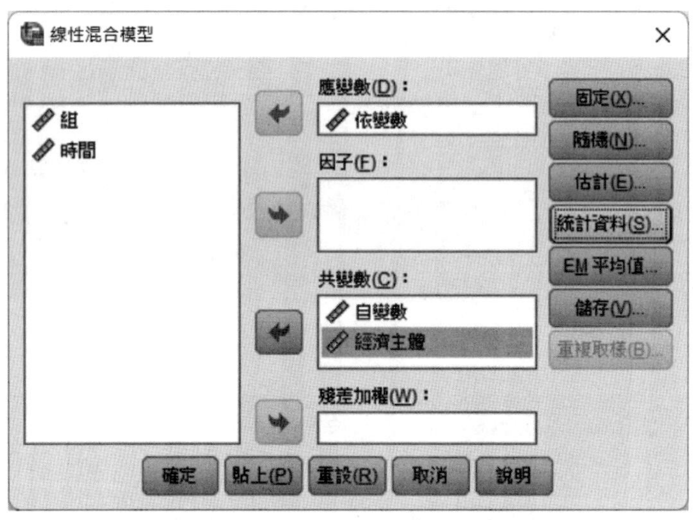

步驟 8　變成統計量的畫面時，如下勾選後，按 繼續 (C)。

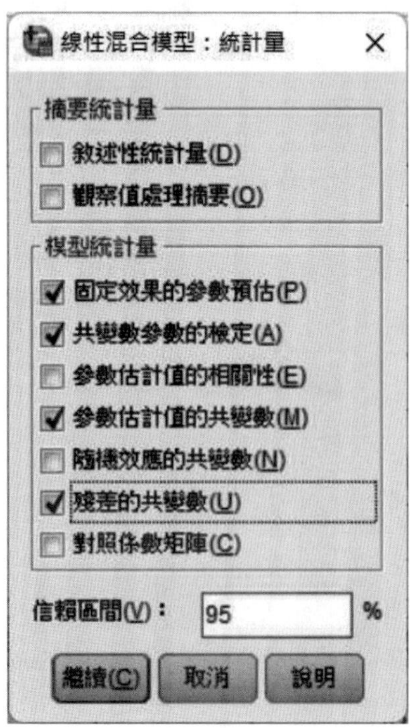

步驟 9　回到如下畫面時，按 確定 。

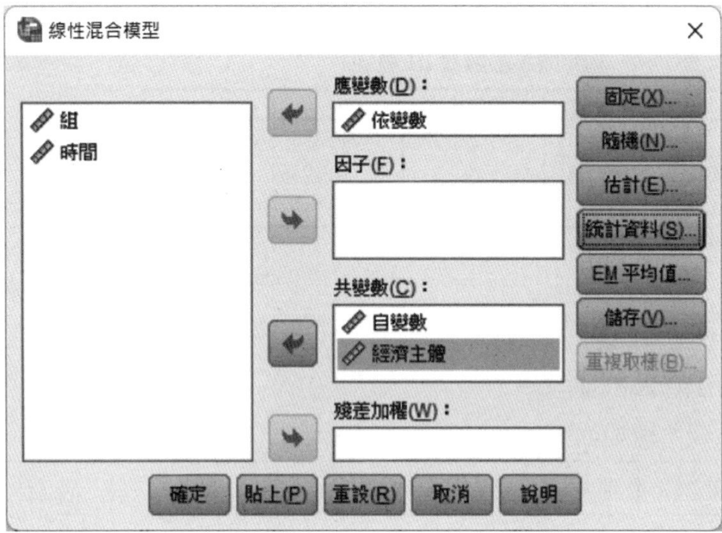

一、SPSS 輸出 1

混合模式分析

模式維度a

		N 層；層數	共變異數結構	N 參數；參數數目	主題變數	N 主題；主題數目
固定效果	截距	1		1		
	經濟主體	12		11		
	自變數	1		1		
重複效果	時間	3	識別	1	經濟主體	12
總計		17		14		

a. 依變數：依變數.

← ①

資訊條件a

-2 限制對數概似值	192.459
Akaike 的訊息條件 (AIC)	194.459
Hurvich 和 Tsai 的條件 (AICC)	194.649
Bozdogan的條件 (CAIC)	196.594
Schwarz 的貝葉斯條件 (BIC)	195.594

以越小越好的形式顯示資訊條件。
a. 依變數：依變數.

← ②

固定效果

固定效果的類型 III 檢定a

來源	分子自由度	分母自由度	F	Sig。	
截距	1	23	245.496	.000	
經濟主體	11	23	10.893	.000	← ③
自變數	1	23	36.279	.000	← ④

a. 依變數：依變數.

二、輸出結果判讀 1

①模式次元，變成如下

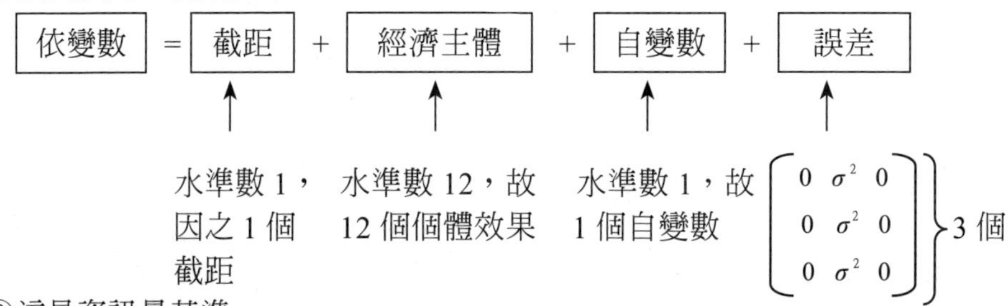

②這是資訊量基準

當列舉幾個模式時，此資訊量基準小的模式即爲佳的模式。

③有關經濟主體的檢定（變異數分析表）

假設 H_0：12 個經濟主體無差異

顯著機率 0.000 < 顯著水準 0.05，因之假設 H_0 可以捨棄。

因此，知 12 個經濟主體間有差異。

④有關自變數的檢定（變異數分析表）

假設 H_0：自變數的斜率 β 是 0

顯著機率 0.000 < 顯著水準 0.05，所以假設 H_0 可以捨棄。

因此，自變數的斜率 β 不是 0。

三、SPSS 輸出 2

固定效果估計[b]

參數	估計	標準錯誤	自由度	t	Sig。	95% 信賴區間 下限	95% 信賴區間 上限
截距	76.5220126	8.0665839	23	9.486	.000	59.8350123	93.2090129
[經濟主體=1]	12.0597484	9.0293190	23	1.336	.195	-6.6188211	30.7383180
[經濟主體=2]	-35.940252	9.0293190	23	-3.980	.001	-54.618821	-17.261682
[經濟主體=3]	13.4528302	9.0926835	23	1.480	.153	-5.3568187	32.2624790
[經濟主體=4]	-13.880503	9.0926835	23	-1.527	.141	-32.690152	4.9291457
[經濟主體=5]	-38.393082	9.0293190	23	-4.252	.000	-57.071651	-19.714512
[經濟主體=6]	-22.273585	9.0293190	23	-2.467	.022	-40.952154	-3.5950153
[經濟主體=7]	13.6666667	9.0080985	23	1.517	.143	-4.9680049	32.3013382
[經濟主體=8]	-18.940252	9.0293190	23	-2.098	.047	-37.618821	-.2616820
[經濟主體=9]	11.3930818	9.0293190	23	1.262	.220	-7.2854878	30.0716513
[經濟主體=10]	21.8459119	9.1973208	23	2.375	.026	2.8198043	40.8720196
[經濟主體=11]	14.4528302	9.0926835	23	1.590	.126	-4.3568187	33.2624790
[經濟主體=12]	0[a]	0	.	.	.	.	.
自變數	11.1792453	1.8560362	23	6.023	.000	7.3397418	15.0187488

a. 這個參數多餘，因此設爲零。
b. 依變數：依變數.

（←⑤ 指截距至[經濟主體=12]各列；←⑥ 指自變數列）

四、輸出結果判讀 2

⑤這是 12 個體效果 α_i 的統計值與檢定。

12 個個體效果之中，將第 12 個個體效果 α_{12} 設爲 0。

個體效果的估計值：

個體效果最大的是〔經濟主體 = 10〕。

它的個體效果的估計值 $\alpha_{10} = 21.845912$。

個體效果最小的是〔經濟主體 = 5〕。

它的個體效果的估計值 $\alpha_5 = -38.393082$。

個體效果的檢定：

〔經濟主體 = 10〕時，

假設 H_0：個體效果 α_{10} 是 0

顯著機率 $0.026 <$ 顯著水準 0.05，因之假設 H_0 可以捨棄。

因此，知 $\alpha_{10} \neq 0$。

⑥這是自變數的斜率的檢定。

假設 H_0：自變數的斜率 β 是 0

顯著機率 $0.000 <$ 顯著水準 0.05，因之假設 H_0 可以捨棄。

因此，$\beta \neq 0$。

此時，β 的統計值是 11.179245。

五、SPSS 輸出 3

共變異數參數

估計共變異數參數a

參數		估計	標準錯誤	Wald Z	Sig。	95% 信賴區間	
						下限	上限
重複測量	變異數	121.71876	35.8929037	3.391	.001	68.2891761	216.95175

a. 依變數 ： 依變數.

↑ ⑧

估計共變異數參數的共變異數矩陣a ← ⑨

參數		重複測量
		變異數
重複測量	變異數	1288.3005

a. 依變數 ： 依變數.

殘差共變異數 (R) 矩陣a ← ⑦

	[時間 = 1]	[時間 = 2]	[時間 = 3]
[時間 = 1]	121.71876	0	0
[時間 = 2]	0	121.71876	0
[時間 = 3]	0	0	121.71876

識別

a. 依變數 ： 依變數.

六、輸出結果判讀 3

⑦這是時間 t_1, t_2, t_3 的變異共變異矩陣

模式的變異共變異矩陣是

$$\begin{array}{c} \\ t_1 \\ t_2 \\ t_3 \end{array} \begin{array}{c} \begin{array}{ccc} t_1 & t_2 & t_3 \end{array} \\ \begin{bmatrix} \sigma^2 & 0 & 0 \\ 0 & \sigma^2 & 0 \\ 0 & 0 & \sigma^2 \end{bmatrix} \end{array}$$

此統計值是

$$\begin{array}{c} \\ t_1 \\ t_2 \\ t_3 \end{array} \begin{array}{c} \begin{array}{ccc} t_1 & t_2 & t_3 \end{array} \\ \begin{bmatrix} 121.718759 & 0 & 0 \\ 0 & 121.718759 & 0 \\ 0 & 0 & 121.718759 \end{bmatrix} \end{array}$$

⑧這是變異數的檢定

假設 H_0：變異數 σ^2 是 0

顯著機率 0.001 < 顯著水準 0.05，因之假設 H_0 可以捨棄。

因此，知 $\sigma^2 \neq 0$。

⑨$1288.3005 = (35.892904)^2$

Tea Break

混合線性模型是標準線性模型之概括，概括的內容是允許資料呈現相關及非常數變異性。混合線性模型非常靈活，不僅可以建立資料平均值的模型，也可以建立其變異數與共變異數的模型。

13.4 SPSS 的 Panel 分析——情況 3

（斜率 β_i 共同，個體效果 $\alpha_i = 0$，時間效果 $\gamma_t \neq 0$ 時）

步驟 1 輸入數據後，從分析 (A) 的清單中如下選擇：

步驟 2　如下移動變數，在重複的共變數類型 (V) 的地方，選擇調整後的單位，按著，按 繼續 (C)。

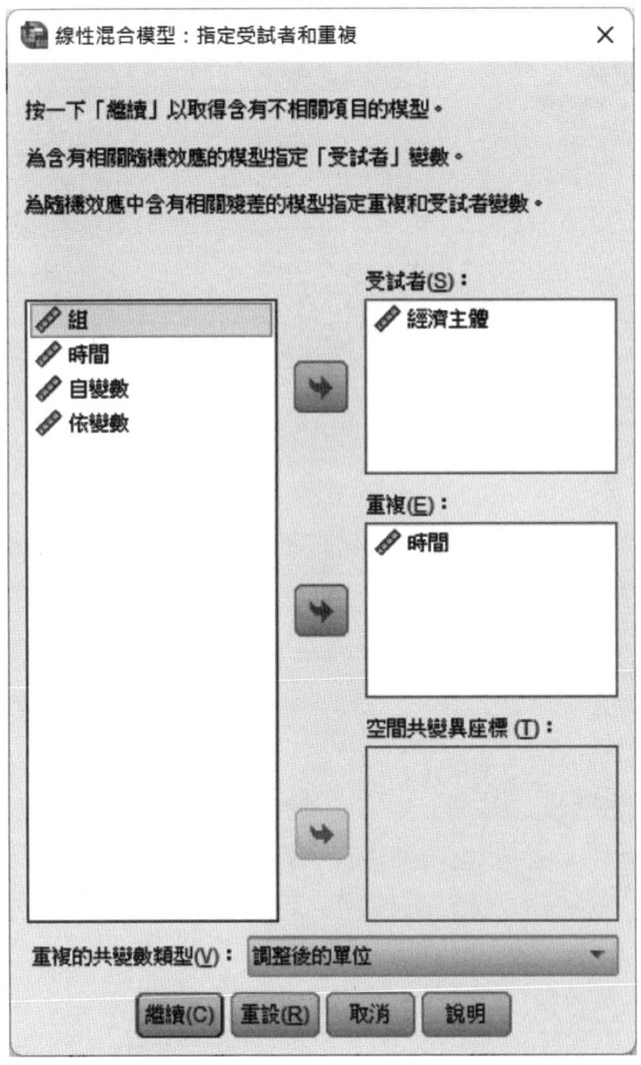

步驟 3　變成線型混合模式的畫面時，如下移動變數後，按固定 (X)。

線性混合模型
應變數(D)：依變數
因子(F)：時間
共變數(C)：自變數
殘差加權(W)：
組
經濟主體
固定(X)... 隨機(N)... 估計(E)... 統計資料(S)... EM 平均值... 儲存(V)... 重複取樣(B)...
確定 貼上(P) 重設(R) 取消 說明

步驟 4　變成固定效果的畫面時，將時間與自變數移到模型 (O) 的方框中，按 繼續 (C) 。

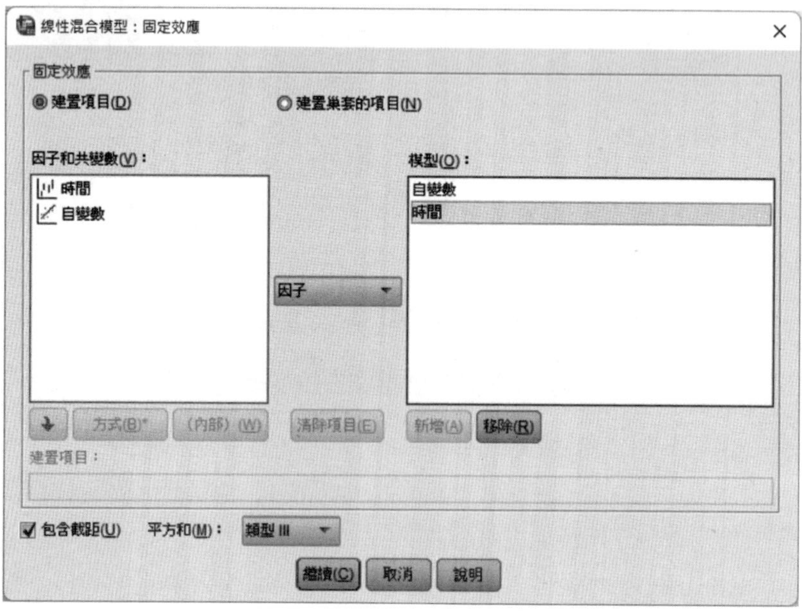

步驟 5 回到以下畫面時，按一下統計資料 (S)。

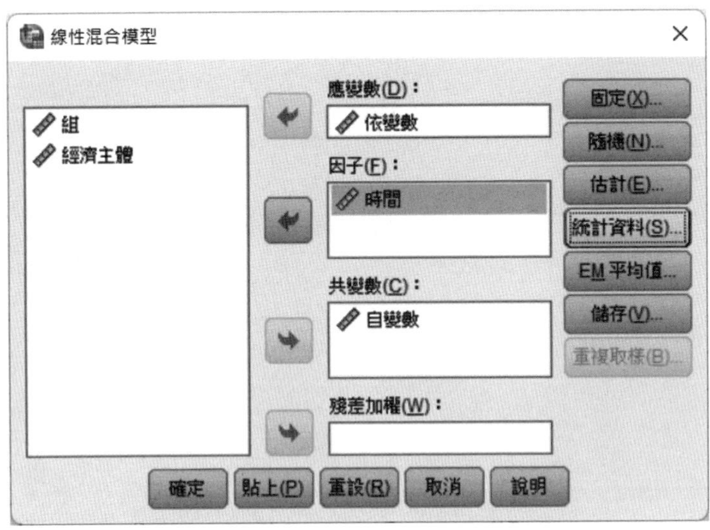

步驟 6 變成統計量的畫面時，如下選擇後，按 繼續 (C)。

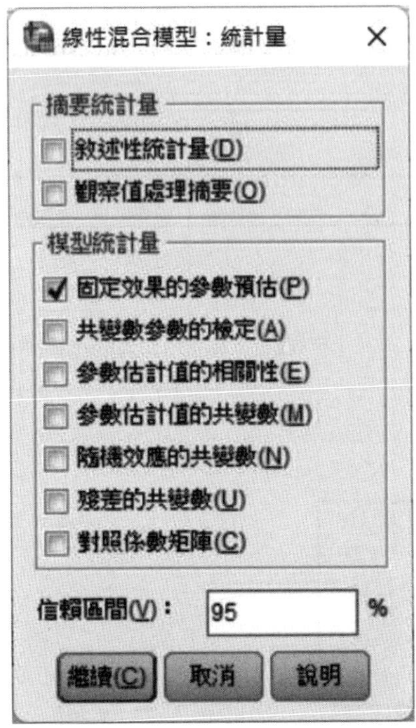

步驟 7　回到以下畫面時，按 確定 。

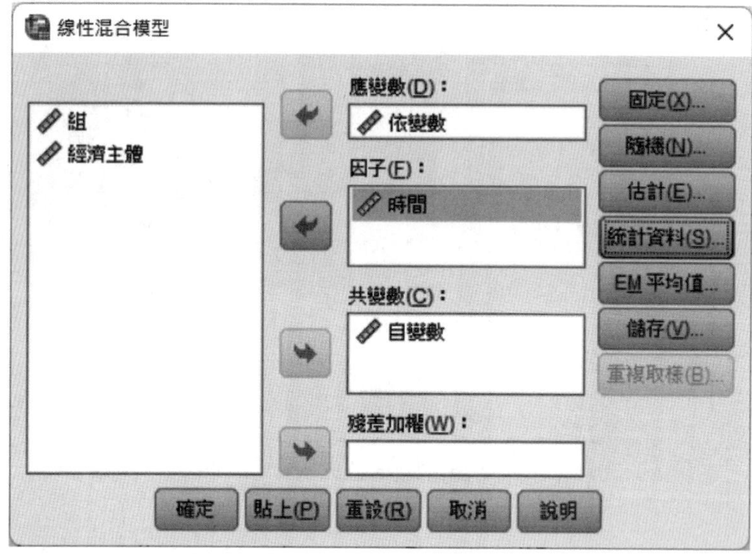

一、SPSS 輸出 1

混合模式分析

模式維度a

		N 層；層數	共變異數結構	N 參數；參數數目	主題變數	N 主題；主題數目
固定效果	截距	1		1		
	自變數	1		1		
	時間	3		2		
重複效果	時間	3	識別	1	經濟主體	12
總計		8		5		

a. 依變數：依變數.

← ①

資訊條件a

-2 限制對數概似值	302.398
Akaike 的訊息條件 (AIC)	304.398
Hurvich 和 Tsai 的條件 (AICC)	304.532
Bozdogan 的條件 (CAIC)	306.864
Schwarz 的貝葉斯條件 (BIC)	305.864

以越小越好的形式顯示資訊條件。
a. 依變數：依變數.

← ②

固定效果

固定效果的類型 III 檢定ª

來源	分子自由度	分母自由度	F	Sig。
截距	1	32	76.151	.000
自變數	1	32	3.789	.060 ← ④
時間	2	32	.521	.599 ← ③

a. 依變數：依變數.

二、輸出結果判讀 1

①模式次元成爲如下：

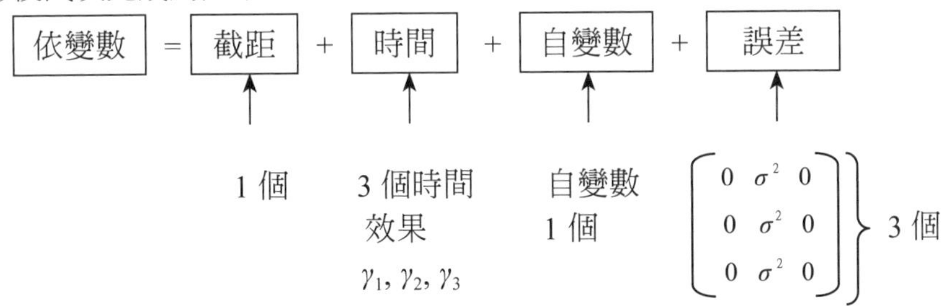

②這是表示模式的適配良好與否的資訊量基準

當列舉幾個模式時，此資訊量基準小的模式是好的模式。

③有關時間的檢定（變異數分析表）

假設 H_0：3 個時間之間無差異。

顯著機率 0.599 > 顯著水準 0.05，因之無法捨棄 H_0。

因此，3 個時間之間不能沒有差異。

④有關自變數的檢定（變異數分析表）

假設 H_0：自變數的斜率 β 是 0。

顯著機率 0.060 > 顯著水準 0.05，因之假設 H_0 無法捨棄。

因此，不能說 $\beta \neq 0$。

三、SPSS 輸出 2

固定效果估計[b]

參數	估計	標準錯誤	自由度	t	Sig.
截距	84.3945055	11.1748987	32	7.552	.000
自變數	7.2505495	3.7249662	32	1.946	.060
[時間=1]	-7.9789377	9.4917633	32	-.841	.407
[時間=2]	.8957875	9.3691520	32	.096	.924
[時間=3]	0[a]	0	.	.	.

← ⑤（[時間=1]）
← ⑥（[時間=2]）

a. 這個參數多餘，因此設為零。

b. 依變數：依變數.

參數	95% 信賴區間	
	下限	上限
截距	61.6319817	107.15703
自變數	-.3369585	14.8380574
[時間=1]	-27.313027	11.3551514
[時間=2]	-18.188550	19.9801256
[時間=3]	.	.

共變異數參數

估計共變異數參數[a]

參數		估計	標準錯誤
重複測量	變異數	526.10791	131.52698

a. 依變數：依變數.

四、輸出結果判讀 2

⑤這是 3 個時間效果與自變數的估計值與檢定。

時間效果的估計值：

時間效果最大的是〔時間 = 10〕。

它的估計值是 $\gamma_2 = 0.895788$。

時間效果最小的是〔時間 = 1〕。

它的估計值是 $\gamma_1 = -7.978938$。

時間效果的檢定：

〔時間 = 1〕的情形

　　假設 H_0：$\gamma_1 = 0$

　　顯著機率 0.407 > 顯著水準 0.05，因之假設 H_0 無法捨棄。

⑥自變數的斜率 β 的估計值

　　$\beta = 7.250549$

自變數的斜率 β 的檢定

　　假設 H_0：$\beta = 0$

　　顯著機率 0.060 > 顯著水準 0.05，因之假設 H_0 無法捨棄。

13.5 SPSS 的 Panel 分析——情況 4

（按各組求斜率 β_k 與截距 $\alpha_0+\alpha_k$ 時）

步驟 1　輸入數據時，從分析 (A) 的清單中如下選擇：

步驟 2　如下移動變數，在重複的共變數類型 (V) 的地方選擇調整後的單位後，按 繼續 (C) 。

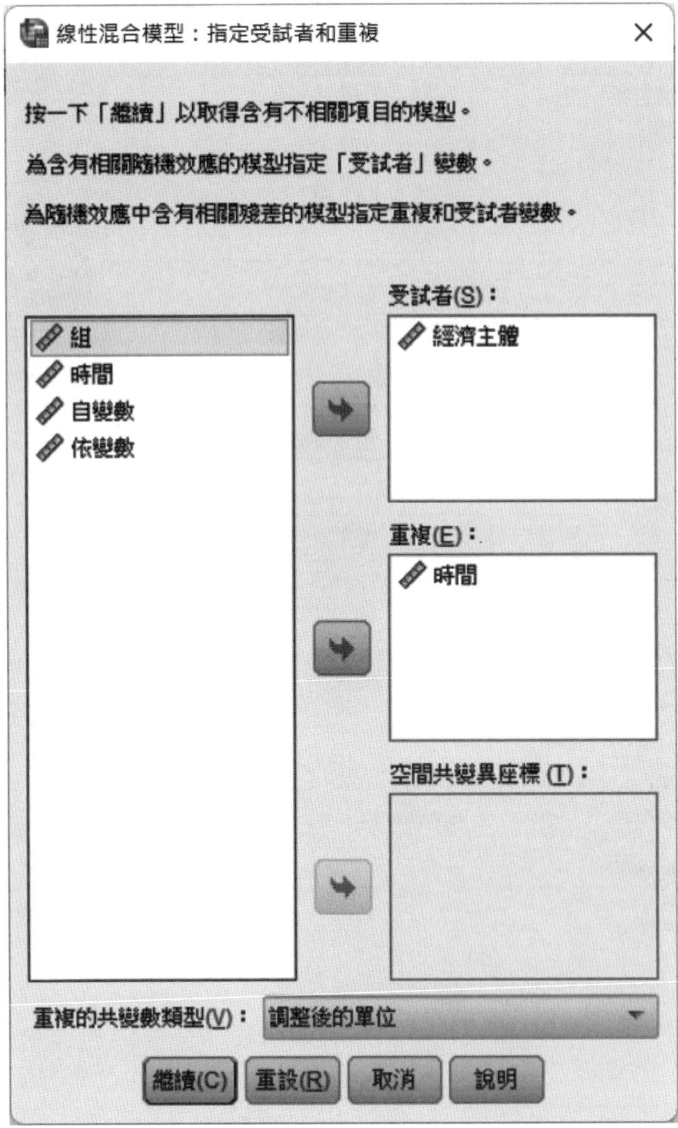

步驟 3　變成線性混合模型的畫面時，如下移動變數後，按固定 (X)。

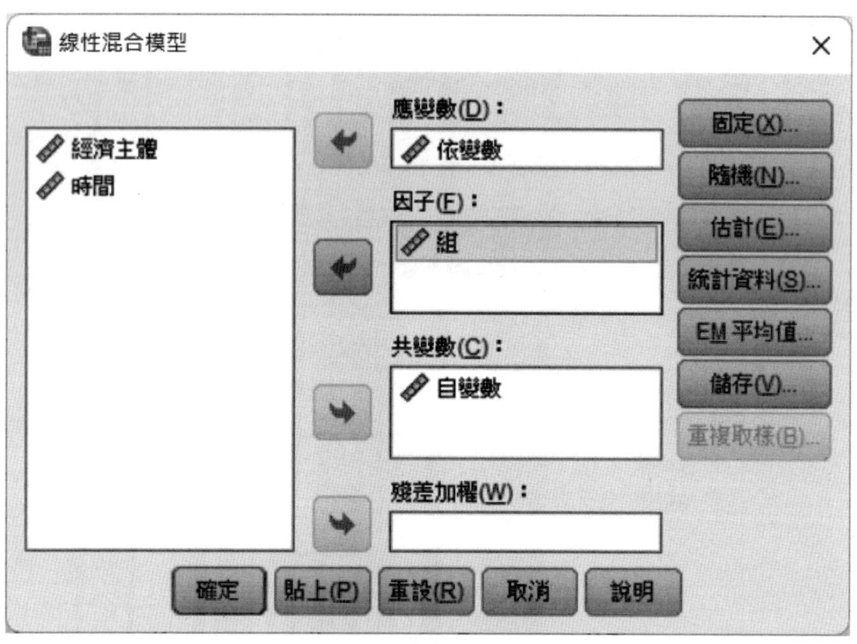

步驟 4　變成固定效應的畫面時，將組移到模型 (O) 的方框中。

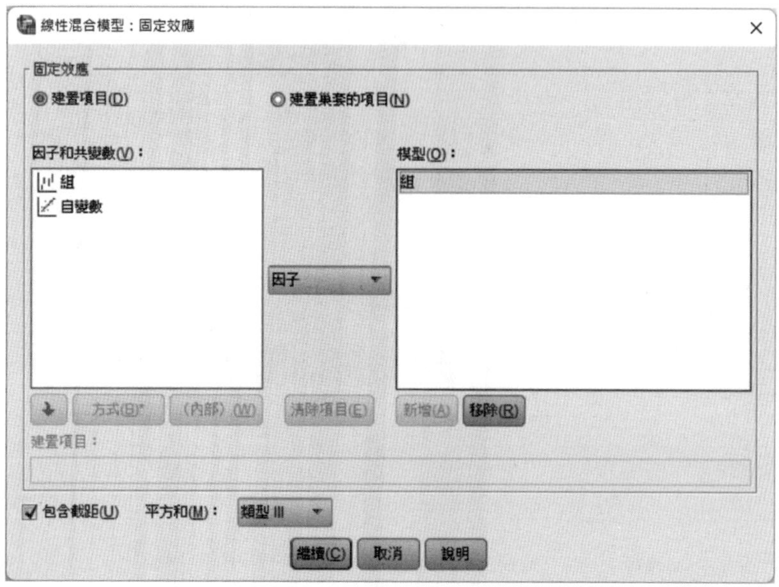

步驟 5　按著，拖曳組與自變數，將因子的地方變更成交互作用，移到模式 (O) 的方框中。

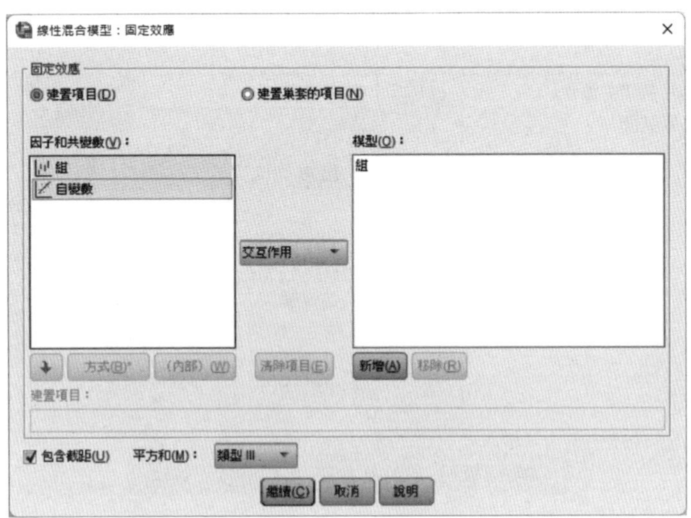

步驟 6　變成如下時，按 繼續 (C) 。

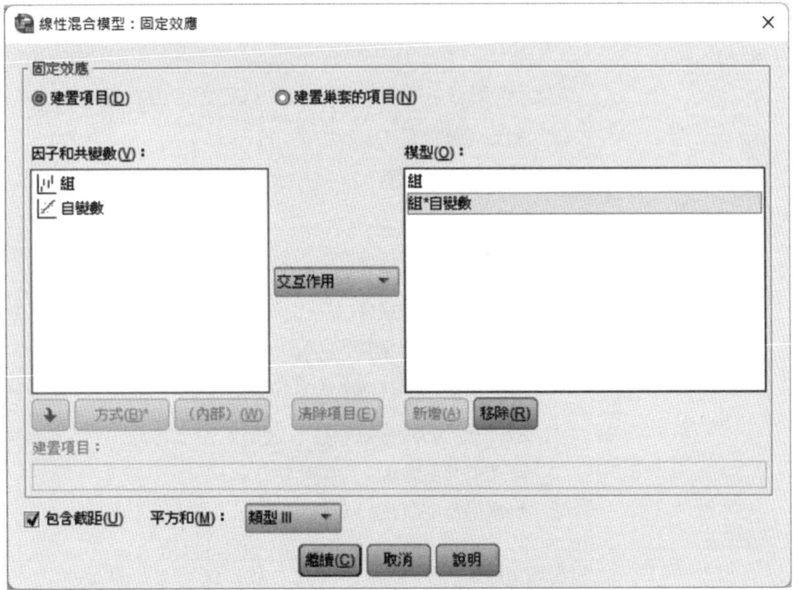

步驟 7　回到以下畫面時，按一下統計資料 (S)。

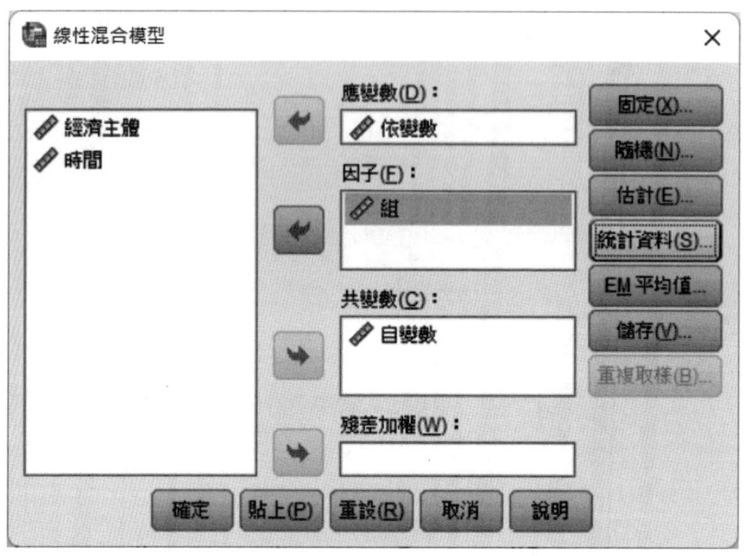

步驟 8　變成統計量的畫面時，如下選擇後，按 繼續 (C)。

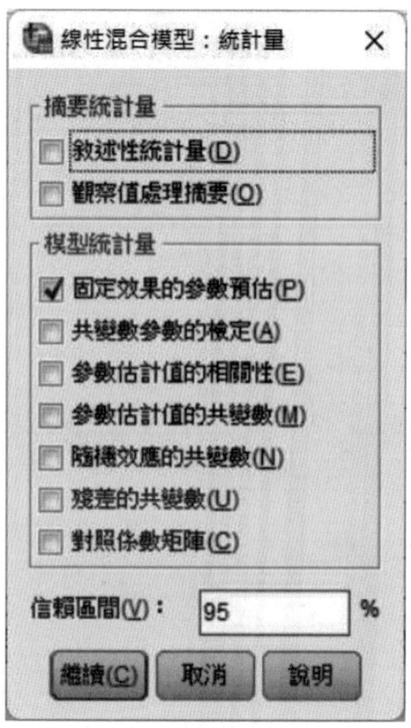

步驟 9　回到如下畫面時，按 確定 。

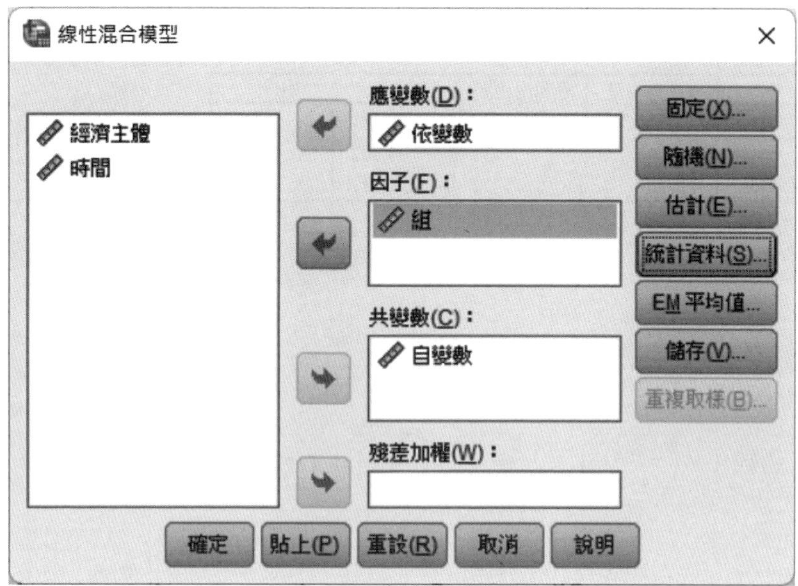

一、SPSS 輸出 1

➡ 混合模式分析

模式維度ª

		N 層；層數	共變異數結構	N 參數；參數數目	主題變數	N 主題；主題數目
固定效果	截距	1		1		
	組	2		1		
	組 * 自變數	2		2		
重複效果	時間	3	識別	1	經濟主體	12
總計		8		5		

a. 依變數：依變數.

← ①

資訊條件ª

-2 限制對數概似值	299.803
Akaike 的訊息條件 (AIC)	301.803
Hurvich 和 Tsai 的條件 (AICC)	301.936
Bozdogan 的條件 (CAIC)	304.268
Schwarz 的貝葉斯條件 (BIC)	303.268

以越小越好的形式顯示資訊條件。
a. 依變數：依變數.

← ②

固定效果

固定效果的類型 III 檢定[a]

來源	分子自由度	分母自由度	F	Sig.
截距	1	32	80.471	.000
組	1	32	1.272	.268
組 *自變數	2	32	3.137	.057

a. 依變數：依變數.

← ③（組）
← ④（組 *自變數）

二、輸出結果判讀 1

①模式次元的組合，變成如下

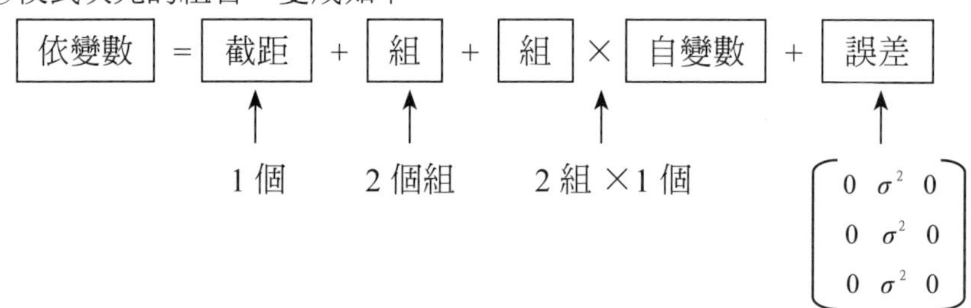

②這是表示模式的適配好壞與否的資訊量基準

當列舉幾個模式時，此資訊量基準小的模式是好的模式。

③有關組的檢定（變異數分析表）

假設 H_0：組間無差異。

顯著機率 0.268 > 顯著水準 0.05，因之假設 H_0 無法捨棄。

④有關組與自變數的交互作用的檢定

假設 H_0：組與自變數之間不存在交互作用。

顯著機率 0.057 > 顯著水準 0.05，因之假設 H_0 無法捨棄。

三、SPSS 輸出 2

固定效果估計[b]

參數	估計	標準錯誤	自由度	t	Sig.
截距	90.7638889	13.8594720	32	6.549	.000
[組=1]	-20.271522	17.9761402	32	-1.128	.268
[組=2]	0[a]	0	.	.	.
[組=1] * 自變數	9.4332061	4.3717764	32	2.158	.039
[組=2] * 自變數	7.3194444	5.7548325	32	1.272	.213

← ⑤

a. 這個參數多餘，因此設為零。

b. 依變數：依變數.

參數	95% 信賴區間	
	下限	上限
截距	62.5330682	118.99471
[組=1]	-56.887722	16.3446770
[組=2]	.	.
[組=1] * 自變數	.5281890	18.3382232
[組=2] * 自變數	-4.4027658	19.0416547

四、輸出結果判讀 2

⑤這是有關 2 個組的估計值。

組 1 之情形：

組 1 的截距 = 90.7638889 − 20.271522

組 1 的斜率 = 13.433206。

因此，模式的估計是

依變數 = 70.492367 + 13.433206× 自變數

組 2 之情形：

組 2 的截距 = 90.7638889 + 0

組 1 的斜率 = 7.319444

因此，模式的估計是

依變數 = 90.7638889 + 7.319444× 自變數

13.6 SPSS 的 Panel 分析——情況 5

（針對經濟主體，利用虛擬變數 DV_i 時）

■ 數據輸入類型

表 13.1.1 的數據，如下輸入：

	組	經濟主體	時間	自變數	依變數	DV1	DV2	DV3	DV4	DV5	DV6
1	1	1	1	2	116	1	0	0	0	0	0
2	1	1	2	4	130	1	0	0	0	0	0
3	1	1	3	1	98	1	0	0	0	0	0
4	1	2	1	3	73	0	1	0	0	0	0
5	1	2	2	1	55	0	1	0	0	0	0
6	1	2	3	3	72	0	1	0	0	0	0
7	1	3	1	2	115	0	0	1	0	0	0
8	1	3	2	1	99	0	0	1	0	0	0
9	1	3	3	3	123	0	0	1	0	0	0
10	1	4	1	1	79	0	0	0	1	0	0
11	1	4	2	4	110	0	0	0	1	0	0
12	1	4	3	1	66	0	0	0	1	0	0
13	1	5	1	2	58	0	0	0	0	1	0
14	1	5	2	3	69	0	0	0	0	1	0
15	1	5	3	4	88	0	0	0	0	1	0
16	1	6	1	2	70	0	0	0	0	0	1
17	1	6	2	2	72	0	0	0	0	0	1
18	1	6	3	3	99	0	0	0	0	0	1
19	1	7	1	4	128	0	0	0	0	0	0
20	1	7	2	3	130	0	0	0	0	0	0
21	1	7	3	1	102	0	0	0	0	0	0
22	2	8	1	1	62	0	0	0	0	0	0
23	2	8	2	3	94	0	0	0	0	0	0
24	2	8	3	3	95	0	0	0	0	0	0
25	2	9	1	2	93	0	0	0	0	0	0
26	2	9	2	2	108	0	0	0	0	0	0
27	2	9	3	3	141	0	0	0	0	0	0
28	2	10	1	1	107	0	0	0	0	0	0
29	2	10	2	3	139	0	0	0	0	0	0
30	2	10	3	1	105	0	0	0	0	0	0
31	2	11	1	1	108	0	0	0	0	0	0
32	2	11	2	3	122	0	0	0	0	0	0
33	2	11	3	2	110	0	0	0	0	0	0
34	2	12	1	3	82	0	0	0	0	0	0
35	2	12	2	1	113	0	0	0	0	0	0
36	2	12	3	4	124	0	0	0	0	0	0

	DV2	DV3	DV4	DV5	DV6	DV7	DV8	DV9	DV10	DV11	DV12
1	0	0	0	0	0	0	0	0	0	0	0
2	0	0	0	0	0	0	0	0	0	0	0
3	0	0	0	0	0	0	0	0	0	0	0
4	1	0	0	0	0	0	0	0	0	0	0
5	1	0	0	0	0	0	0	0	0	0	0
6	1	0	0	0	0	0	0	0	0	0	0
7	0	1	0	0	0	0	0	0	0	0	0
8	0	1	0	0	0	0	0	0	0	0	0
9	0	1	0	0	0	0	0	0	0	0	0
10	0	0	1	0	0	0	0	0	0	0	0
11	0	0	1	0	0	0	0	0	0	0	0
12	0	0	1	0	0	0	0	0	0	0	0
13	0	0	0	1	0	0	0	0	0	0	0
14	0	0	0	1	0	0	0	0	0	0	0
15	0	0	0	1	0	0	0	0	0	0	0
16	0	0	0	0	1	0	0	0	0	0	0
17	0	0	0	0	1	0	0	0	0	0	0
18	0	0	0	0	1	0	0	0	0	0	0
19	0	0	0	0	0	1	0	0	0	0	0
20	0	0	0	0	0	1	0	0	0	0	0
21	0	0	0	0	0	1	0	0	0	0	0
22	0	0	0	0	0	0	1	0	0	0	0
23	0	0	0	0	0	0	1	0	0	0	0
24	0	0	0	0	0	0	1	0	0	0	0
25	0	0	0	0	0	0	0	1	0	0	0
26	0	0	0	0	0	0	0	1	0	0	0
27	0	0	0	0	0	0	0	1	0	0	0
28	0	0	0	0	0	0	0	0	1	0	0
29	0	0	0	0	0	0	0	0	1	0	0
30	0	0	0	0	0	0	0	0	1	0	0
31	0	0	0	0	0	0	0	0	0	1	0
32	0	0	0	0	0	0	0	0	0	1	0
33	0	0	0	0	0	0	0	0	0	1	0
34	0	0	0	0	0	0	0	0	0	0	1
35	0	0	0	0	0	0	0	0	0	0	1
36	0	0	0	0	0	0	0	0	0	0	1
37											

步驟 1 從分析 (A) 的清單中如下選擇：

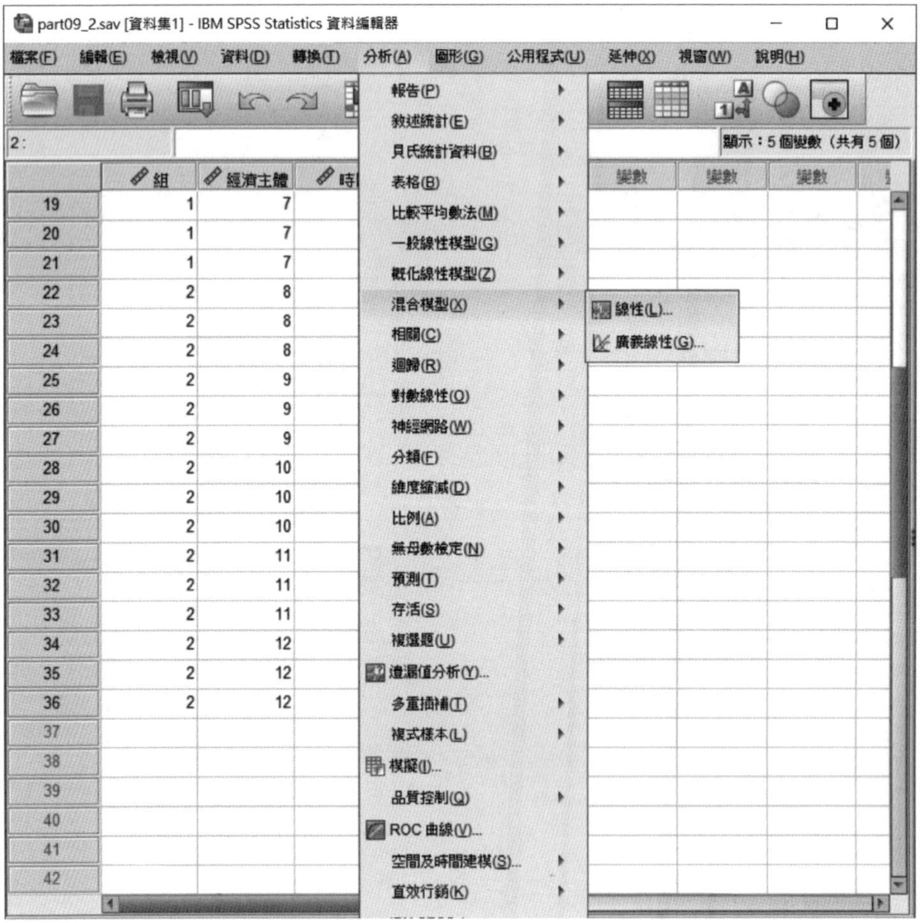

part09_2.sav [資料集1] - IBM SPSS Statistics 資料編輯器

檔案(F) 編輯(E) 檢視(V) 資料(D) 轉換(T) 分析(A) 圖形(G) 公用程式(U) 延伸(X) 視窗(W) 說明(H)

報告(P)
敘述統計(E)
貝氏統計資料(B)
表格(B)
比較平均數法(M)
一般線性模型(G)
概化線性模型(Z)
混合模型(X) → 線性(L)... / 廣義線性(G)...
相關(C)
迴歸(R)
對數線性(O)
神經網路(W)
分類(F)
維度縮減(D)
比例(A)
無母數檢定(N)
預測(T)
存活(S)
複選題(U)
遺漏值分析(Y)...
多重插補(T)
複式樣本(L)
模擬(I)...
品質控制(Q)
ROC 曲線(V)...
空間及時間建模(S)...
直效行銷(K)

顯示：5 個變數（共有 5 個）

	組	經濟主體
19	1	7
20	1	7
21	1	7
22	2	8
23	2	8
24	2	8
25	2	9
26	2	9
27	2	9
28	2	10
29	2	10
30	2	10
31	2	11
32	2	11
33	2	11
34	2	12
35	2	12
36	2	12
37		
38		
39		
40		
41		
42		

步驟 2　變成以下畫面時，將經濟主體移到受試者 (S) 的方框中，將時間移到重複 (E) 的方框中。

重複的共變數類型 (V) 是選擇調整後的單位，按 繼續 (C) 。

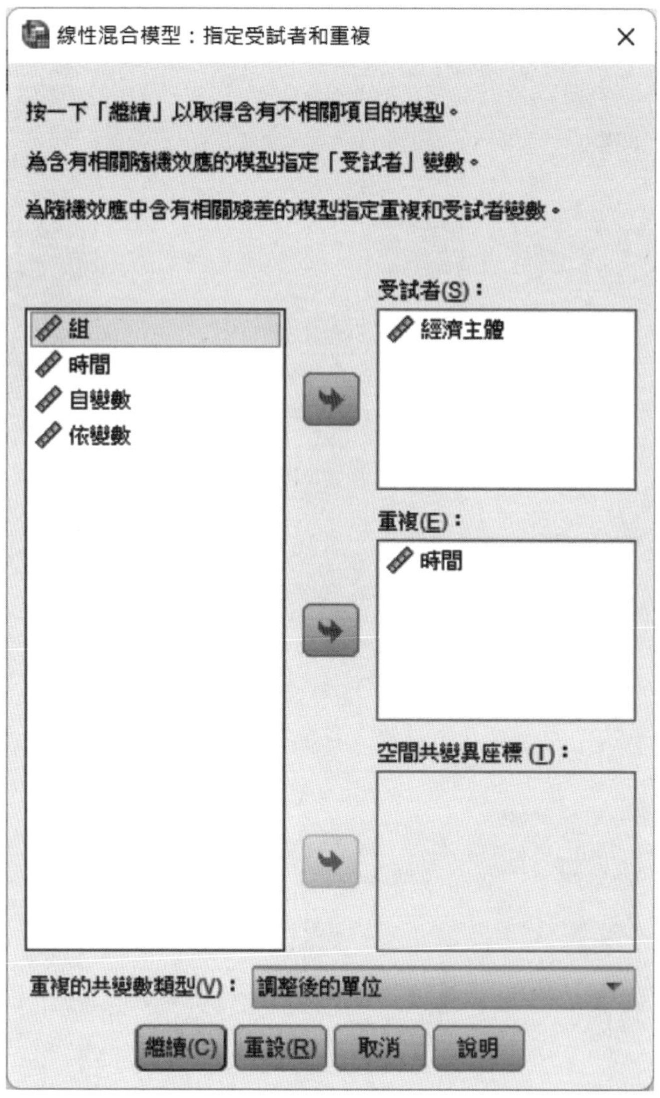

步驟 3 變成線性混合模型的畫面時，將依變數移到應變數 (D) 的方框，從虛擬數 DV1 到 DV12 移到共變數 (C) 的方框中。自變數也移到共變數 (C) 的方框中，按一下固定 (X)。

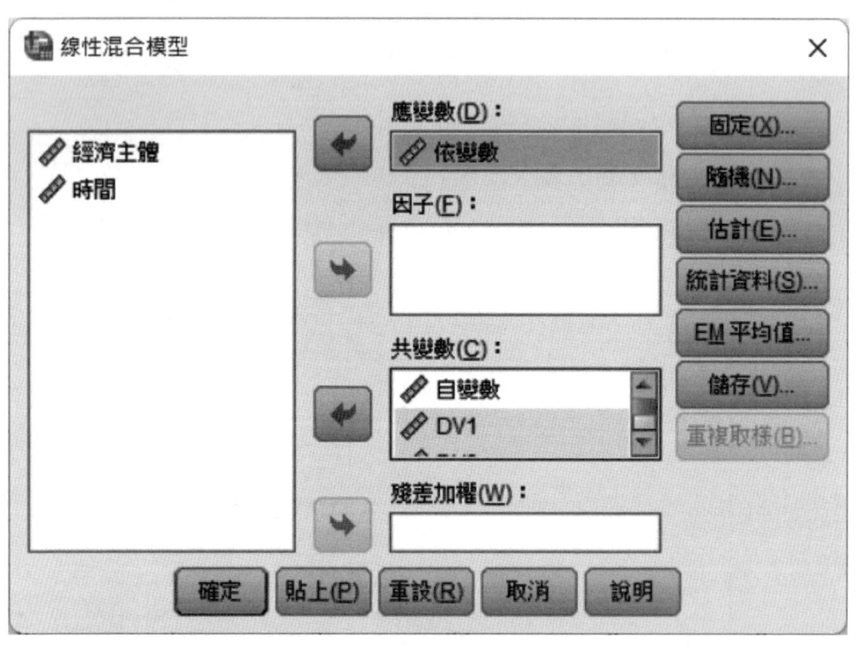

步驟 4 變成固定效應的畫面時，拖曳從 DV1 到 DV12，以及自變數。將因子的地方變更為主效應，移到模型 (O) 時，按 繼續 (C) 。

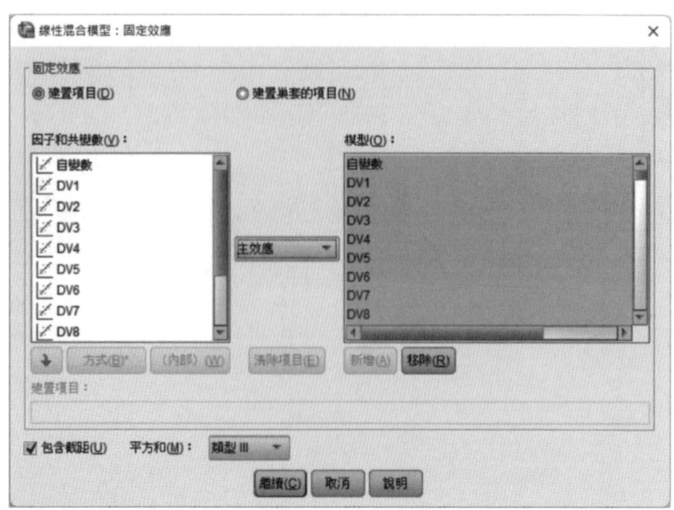

步驟 5　回到以下畫面時，按一下統計資料 (S)。

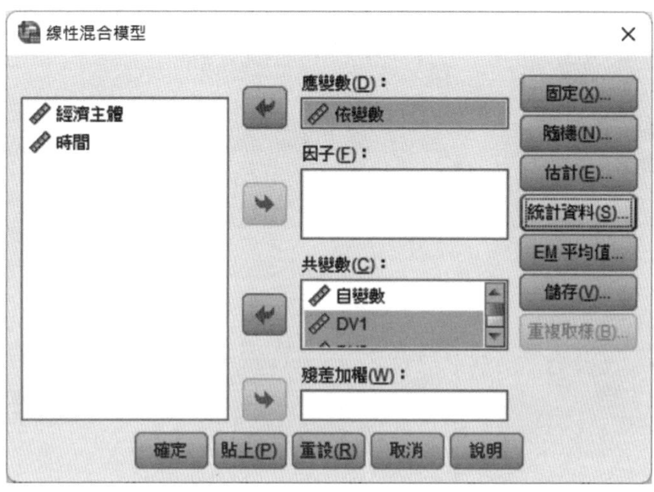

步驟 6　變成統計量的畫面時，如下選擇後，按 繼續 (C)。

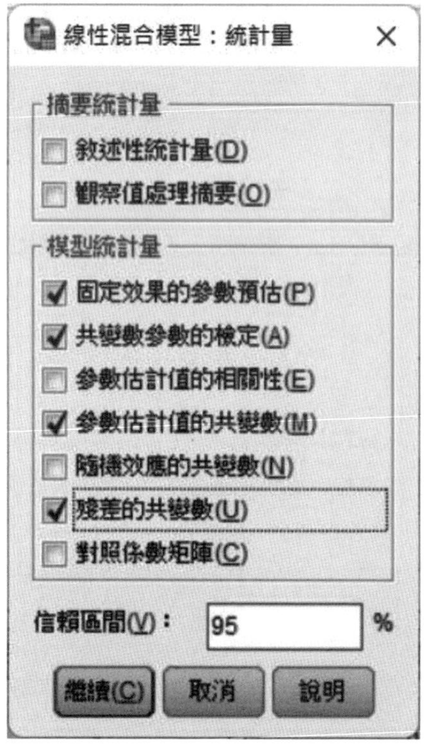

步驟 7　回到以下畫面時，按 確定 。

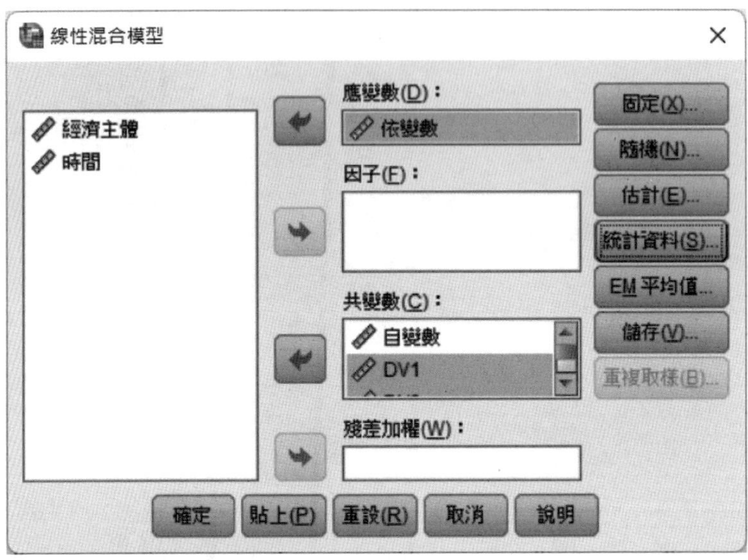

一、SPSS 輸出 1

➧ 混合模式分析

模式維度[a]

		N 層；層數	共變異數結構	N 參數；參數數目	主題變數	N 主題；主題數目
固定效果	截距	1		1		
	自變數	1		1		
	DV1	1		1		
	DV2	1		1		
	DV3	1		1		
	DV4	1		1		
	DV5	1		1		
	DV6	1		1		
	DV7	1		1		
	DV8	1		1		
	DV9	1		1		
	DV10	1		1		
	DV11	1		1		
	DV12	1		0		
重複效果	時間	3	識別	1	經濟主體	12
總計		17		14		

a. 依變數：依變數.

← ①

資訊條件[a]

-2 限制對數概似值	192.459
Akaike 的訊息條件 (AIC)	194.459
Hurvich 和 Tsai 的條件 (AICC)	194.649
Bozdogan的條件 (CAIC)	196.594
Schwarz 的貝葉斯條件 (BIC)	195.594

以越小越好的形式顯示資訊條件。
a. 依變數：依變數.

← ②

固定效果

固定效果的類型 III 檢定[a]

來源	分子自由度	分母自由度	F	Sig.
截距	0	.	.	.
自變數	1	23	36.279	.000
DV1	0	.	.	.
DV2	0	.	.	.
DV3	0	.	.	.
DV4	0	.	.	.
DV5	0	.	.	.
DV6	0	.	.	.
DV7	0	.	.	.
DV8	0	.	.	.
DV9	0	.	.	.
DV10	0	.	.	.
DV11	0	.	.	.
DV12	0	.	.	.

a. 依變數：依變數.

← ③

二、輸出結果判讀 1

①模式次元成爲如下。

依變數 = 截距 + 虛擬變數 DV1 + 虛擬變數 DV2
+ 虛擬變數 DV3 + 虛擬變數 DV4
+ 虛擬變數 DV5 + 虛擬變數 DV6
+ 虛擬變數 DV7 + 虛擬變數 DV8
+ 虛擬變數 DV9 + 虛擬變數 DV10
+ 虛擬變數 DV11 + 虛擬變數 DV12
+ 自變數
+ 誤差

②這是有關模式的適配好壞的資訊量基準
與情況 2 的〔SPSS 輸出 1〕的②一致。
③有關 12 個虛擬變數與自變數的檢定
虛擬變數的地方不計算。
自變數的地方，與情況 2 的〔SPSS 輸出 1〕的③一致。

三、SPSS 輸出 2

固定效果估計[b]

參數	估計	標準錯誤	自由度	t	Sig。	95% 信賴區間 下限	95% 信賴區間 上限
截距	76.5220126	8.0665839	23	9.486	.000	59.8350123	93.2090129
自變數	11.1792453	1.8560362	23	6.023	.000	7.3397418	15.0187488
DV1	12.0597484	9.0293190	23	1.336	.195	-6.6188211	30.7383180
DV2	-35.940252	9.0293190	23	-3.980	.001	-54.618821	-17.261682
DV3	13.4528302	9.0926835	23	1.480	.153	-5.3568187	32.2624790
DV4	-13.880503	9.0926835	23	-1.527	.141	-32.690152	4.9291457
DV5	-38.393082	9.0293190	23	-4.252	.000	-57.071651	-19.714512
DV6	-22.273585	9.0293190	23	-2.467	.022	-40.952154	-3.5950153
DV7	13.6666667	9.0080985	23	1.517	.143	-4.9680049	32.3013382
DV8	-18.940252	9.0293190	23	-2.098	.047	-37.618821	-.2616820
DV9	11.3930818	9.0293190	23	1.262	.220	-7.2854878	30.0716513
DV10	21.8459119	9.1973208	23	2.375	.026	2.8198043	40.8720196
DV11	14.4528302	9.0926835	23	1.590	.126	-4.3568187	33.2624790
DV12	0[a]	0	.	.	.	.	.

← ⑤（截距）
← ④（DV1～DV12）

a. 這個參數多餘，因此設爲零。
b. 依變數：依變數.

四、輸出結果判讀 2

④12 個虛擬變數的個體效果
輸出的結果與情況 2 的〔SPSS 輸出 2〕的⑤一致。
⑤自變數的斜率的檢定
輸出結果與情況 2 的〔SPSS 輸出 2〕的⑥一致。

五、SPSS 輸出 3

估計共變異數參數[a]

參數		估計	標準錯誤	Wald Z	Sig。
重複測量	變異數	121.71876	35.8929037	3.391	.001

a. 依變數：依變數.

參數		95% 信賴區間	
		下限	上限
重複測量	變異數	68.2891761	216.95175

← ⑦

a. 依變數：依變數.

估計共變異數參數的共變異數矩陣[a]

參數		重複測量
		變異數
重複測量	變異數	1288.3005

a. 依變數：依變數.

殘差共變異數 (R) 矩陣[a]

	[時間 = 1]	[時間 = 2]	[時間 = 3]
[時間 = 1]	121.71876	0	0
[時間 = 2]	0	121.71876	0
[時間 = 3]	0	0	121.71876

← ⑥

識別

a. 依變數：依變數.

六、輸出結果判讀 3

⑥確認與情況 2 的〔SPSS 輸出 3〕的⑦一致。
⑦確認與情況 2 的〔SPSS 輸出 3〕的⑧一致。
⑧確認與情況 2 的〔SPSS 輸出 3〕的⑨一致。

Note

第 14 章
曲線的適配
——數據的追蹤與預測

14.1 曲線的適配

以下的數據是 15 歲到 35 歲的年輕人口中的無專職工作者的比率：

表 14.1.1　年輕人口中無專職工作者的比率推移

年	無專職工作者
1990	10.4
1991	10.1
1992	10.3
1993	11.5
1994	11.4
1995	12.9
1996	14.3
1997	15.8
1998	16.4
1999	19.4
2000	19.5
2001	21.2

世代交替

X 世代（1965-1980 年出生）是在數位科技發展之前成長起來的一代，經歷了傳統到數位時代的轉變。X 世代的特點是獨立、實際和有創新精神，在職場上展現出穩定性和對工作的忠誠度。

Y 世代／千禧世代（1981-1996 年出生）是當前職場中占比最多的一代。他們成長於經濟全球化和數位科技蓬勃發展的時代。

Z 世代（1997-2012 年出生）逐漸占據職場，這代員工有著獨特的特質和工作態度。

Alpha 世代（2013-2025 年出生）是最年輕的一代，他們在科技發展迅速的時代長大，對科技和數位媒體的熟悉程度非常高。

一、想分析的事情

1. 想追蹤無專職工作者的增加率
2. 想預測下 1 期的無專職工作者的比率。

此時，可以考慮如下的統計處理：

【統計處理 1】

利用多項式曲線適配看看。

【統計處理 2】

利用成長曲線適配看看。

【統計處理 3】

利用 Logistic 曲線適配看看。

二、撰寫論文時

適配曲線時：

「……如以折線圖表示無專職工作者的增加率時，即成為如圖 A。」

因此，利用 Logistic 曲線進行適配時，即成為如圖 B：

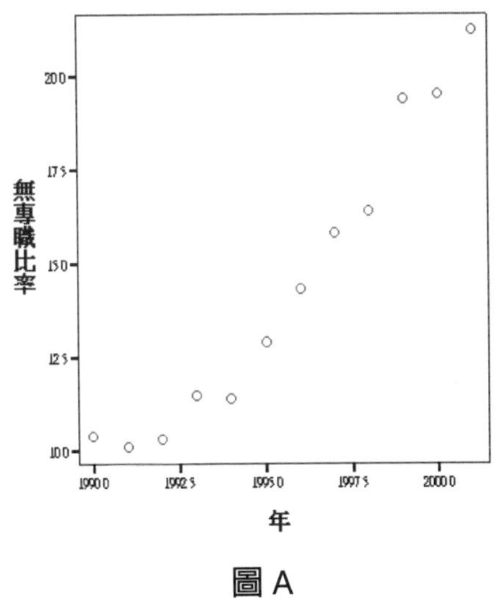

圖 A

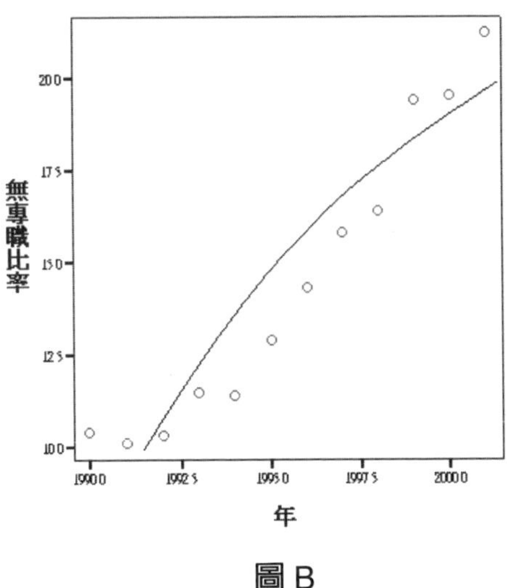

圖 B

並且，成長曲線即成為如圖 C：

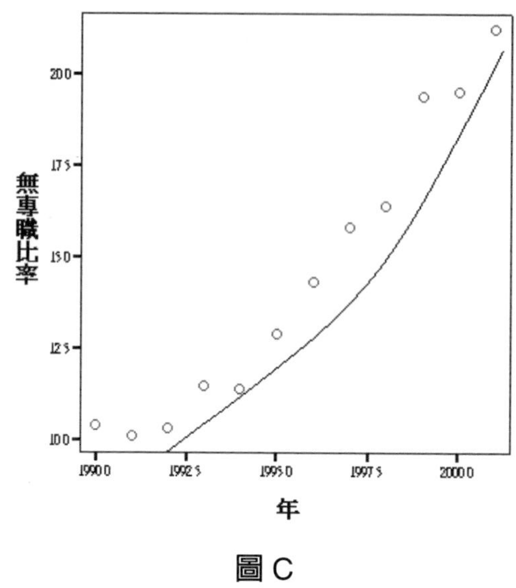

圖 C

由此事，可以判讀出什麼呢？

三、數據輸入類型

表 14.1.1 的數據，如下輸入：

	年	無專職	var
1	1990	10.4	
2	1991	10.1	
3	1992	10.3	
4	1993	11.5	
5	1994	11.4	
6	1995	12.9	
7	1996	14.3	
8	1997	15.8	
9	1998	16.4	
10	1999	19.4	
11	2000	19.5	
12	2001	21.2	
13	.	.	

〔註〕：這是時間序列數據，所以也可以應用指數平滑或自我迴歸模式。

14.2 SPSS 的曲線適配

一、統計處理步驟

步驟 1　輸入表 14.1.1 的數據時，從分析 (A) 清單中如下選擇曲線估計 (C)。

步驟 2　將無專職工作者比率移到依變數 (D) 的方框中。

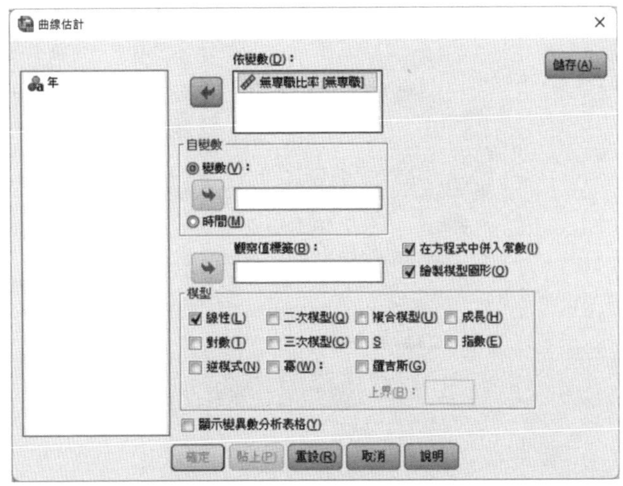

步驟 3　按一下自變數的時間 (M)。

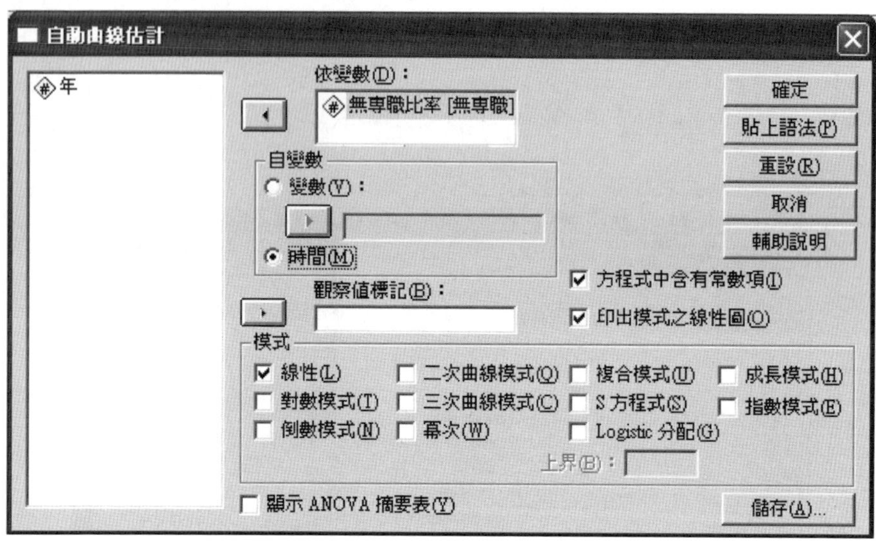

步驟 4　在模式的地方如下選擇，在上限 (B) 的方框輸入 25，接著……

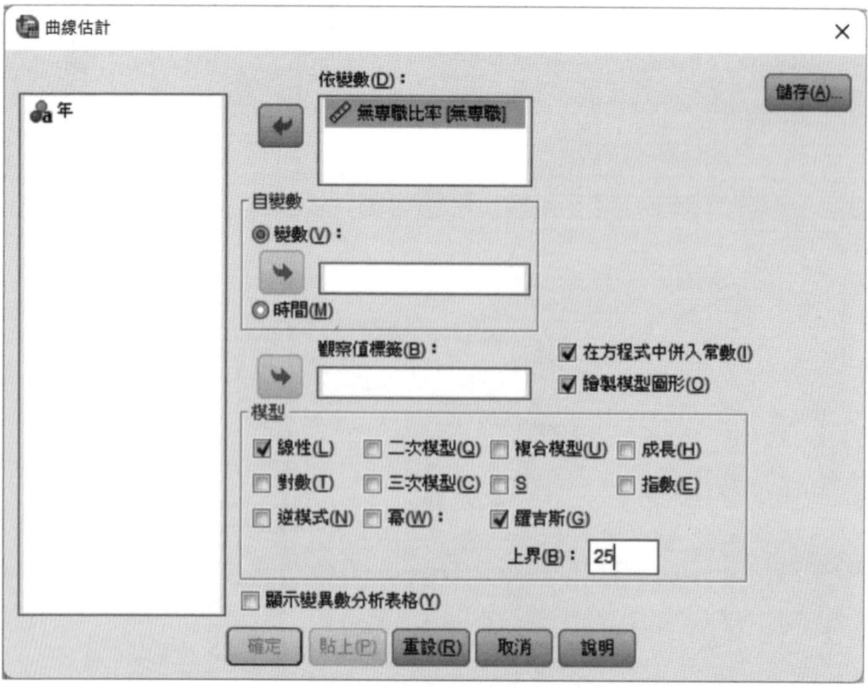

步驟 5　勾選顯示變異數分析表格 (Y) 時，點一下時間 (M)，按一下儲存 (A)。

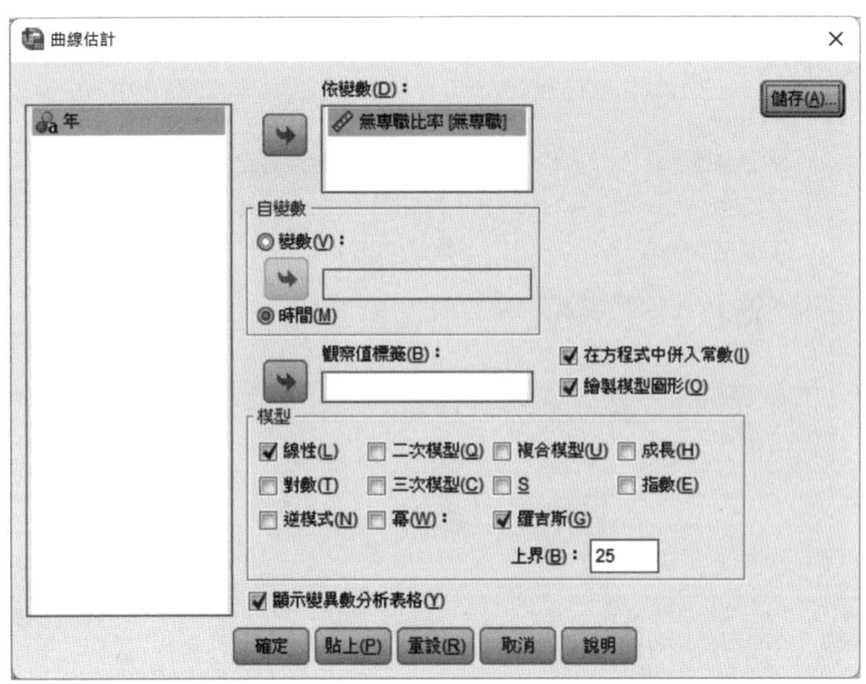

步驟 6　變成儲存畫面時，如下勾選：

曲線估計：儲存

儲存變數
- ☑ 預測值(P)
- ☑ 殘差(R)
- ☑ 預測區間(D)
- 95 % 信賴區間(C)

預測觀察值
- ◉ 預測從估計週期至最後一個觀察值(L)
- ○ 預測至(T)：
- 觀察：

估計週期為：
所有觀察值

繼續(C)　取消　說明

步驟 7　在預測觀察值的地方選擇預測至 (T)，
在觀察的方框輸入 13 後，按 繼續 。

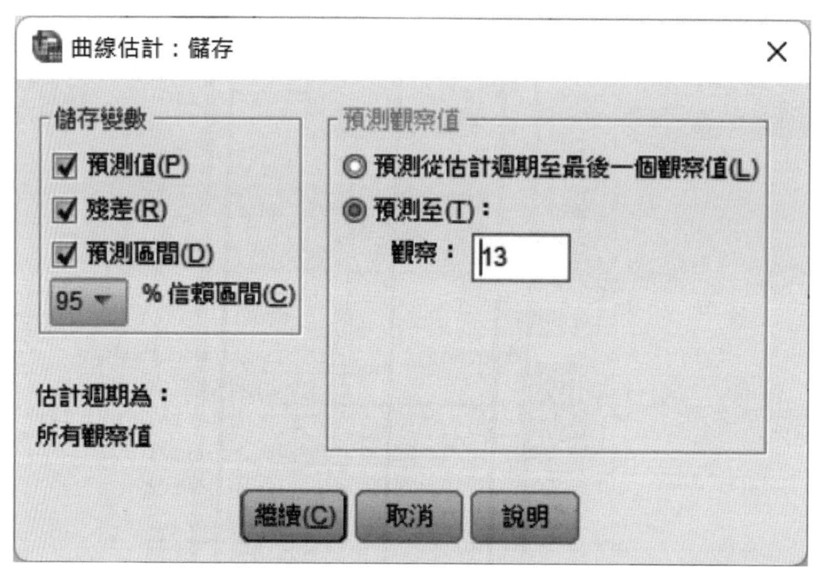

步驟 8　回到以下的畫面時，按一下 確定 。

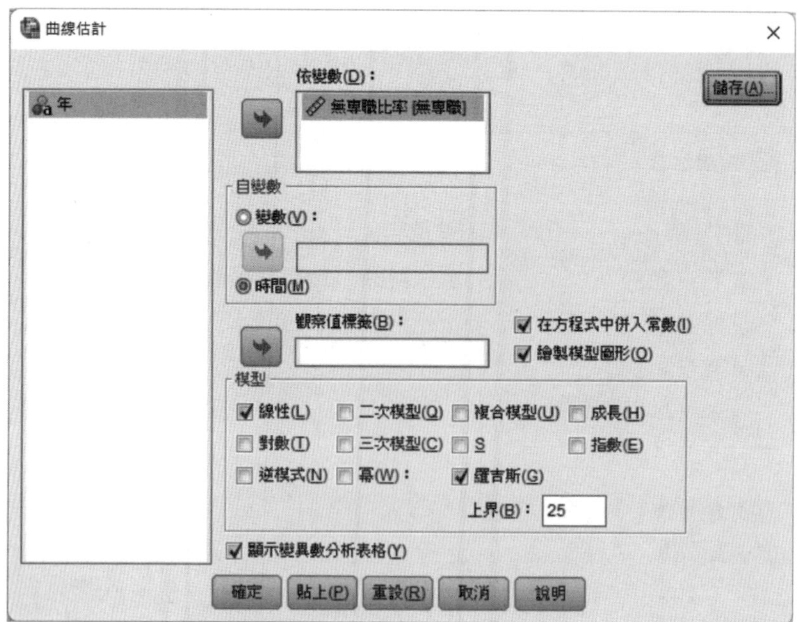

二、SPSS 輸出 1

模型摘要

R	R 平方	調整後 R 平方	估計標準誤
.959	.920	.912	.215

← ①

變異數分析

	平方和	自由度	均方	F	顯著性
迴歸	5.313	1	5.313	115.391	.000
殘差	.460	10	.046		
總計	5.773	11			

← ②

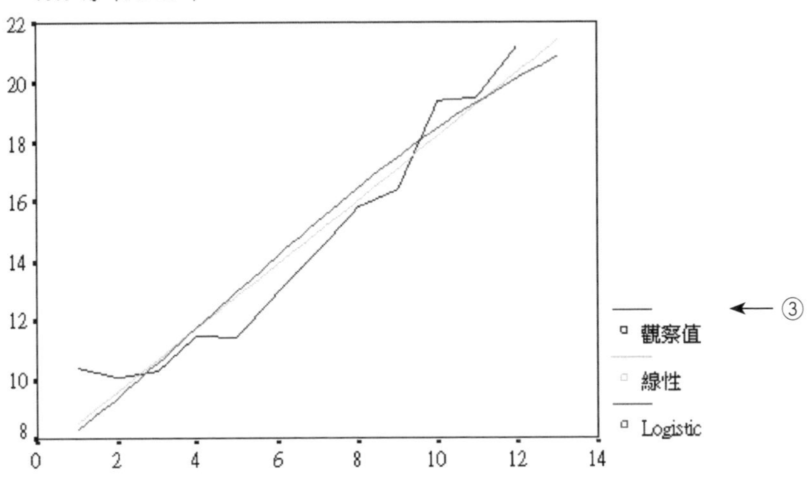

← ③

三、輸出結果判讀 1

①這是複相關係數 R 與決定係數 R^2。

R = 0.959

R^2 = 0.920

決定係數 R^2 是 0.920 接近 1，因之可以認爲利用 logistic 的適配佳。

②利用變異數分析表進行檢定。

假設 H_0：所求出的 logistic 對預測沒有幫助。

顯著機率 0.000 < 顯著水準 0.05，因之假設 H_0 可以捨棄。

因此，所求出的 logistic 的曲線可以想成有助於預測。

③這是利用 logistic 曲線進行適配。

〔註〕：數據多時，可成爲如下曲線：

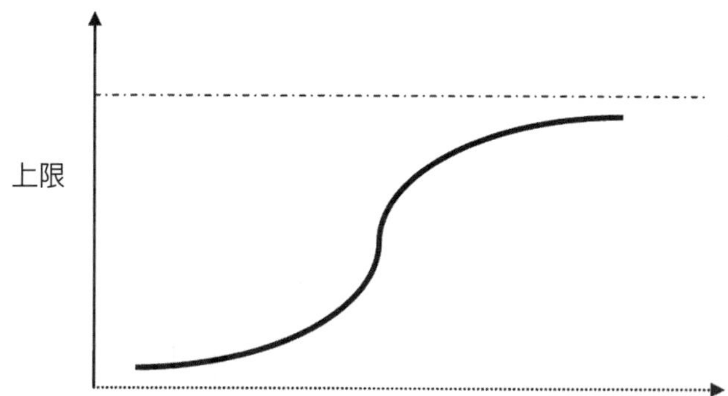

四、SPSS 輸出 2

係數

	非標準化係數		標準化係數		
	B	標準誤	β	T	顯著性
觀察值順序	.825	.015	.383	55.731	.000
（常數）	.097	.013		7.572	.000

應變數是 ln(1 / 無專職比率 - 1 / 25.000)。

← ④

五、輸出結果判讀 2

④這是 logistic 曲線的式子

$$Y = \cfrac{1}{\cfrac{1}{u} + b_0 + b_1^t}$$

$$= \cfrac{1}{\cfrac{1}{25} + 0.097 + 0.825^t}$$

〔註〕：以 EXCEL 描畫此 logistic 曲線之圖形時，即成爲如下：

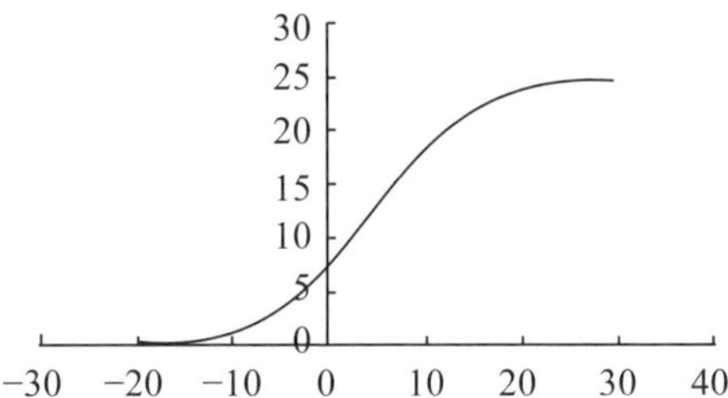

六、SPSS 輸出 3

	年	無專職	FIT_1	ERR_1	LCL_1	UCL_1	FIT_2	ERR_2	LCL_2	UCL_2
1	1990	10	8.54487	1.8551	5.97751	11.112	8.3072	2.093	5.603	11.541
2	1991	10	9.61550	.48450	7.11842	12.113	9.4085	.6915	6.557	12.650
3	1992	10	10.6861	-.3861	8.24674	13.126	10.563	-.263	7.595	13.774
4	1993	12	11.7568	.2568	9.36155	14.152	11.753	.253	8.704	14.895
5	1994	11	12.8274	-1.427	10.4621	15.193	12.957	-1.56	9.865	15.994
6	1995	13	13.8980	-.9980	11.5478	16.248	14.152	-1.25	11.06	17.055
7	1996	14	14.9686	-.6686	12.6184	17.319	15.317	-1.02	12.25	18.061
8	1997	16	16.0393	-.2393	13.6740	18.405	16.433	-.633	13.44	19.000
9	1998	16	17.1099	-.7099	14.7147	19.505	17.483	-1.08	14.58	19.860
10	1999	19	18.1805	1.2195	15.7411	20.620	18.456	.9439	15.68	20.636
11	2000	20	19.2512	.24883	16.7541	21.748	19.344	.1563	16.71	21.326
12	2001	21	20.3218	.87821	17.7544	22.889	20.143	1.057	17.66	21.931
13	.	.	21.3924	.	18.7432	24.042	20.853	.	18.54	22.453
14										
15										
16										

↑ ⑤

七、輸出結果判讀 3

⑤這是利用 logistic 曲線的預測值。

2002 年的無專職工作者預測出是 20.85%。

此值可以如下計算：

$$Y = \frac{1}{\frac{1}{25} + 0.097 + 0.825^{13}}$$

$$= 20.8526$$

第 15 章
主成分分析
——建立綜合性指標後再分類

15.1　主成分分析
15.2　SPSS 輸入步驟
15.3　SPSS 的散佈圖

15.1 主成分分析

以下的數據是在中國 31 個都市中以流動人口爲中心所調查的結果：

表 15.1.1　中國的流動人口調查

	流動人口	都市化	勞動收入	gdp	二次產業	三次產業
1	1782.4	77.6	16350	2479	38.1	58.3
2	734.3	72.0	12480	1639	50.0	45.5
3	138.0	26.1	7781	5089	50.3	33.5
4	246.6	54.3	8811	4669	50.2	39.0
5	1872.7	88.3	18531	4551	47.5	50.6
6	341.1	41.5	10299	8583	51.7	36.3
7	788.7	48.7	13076	6036	52.7	36.3
8	618.1	41.6	10584	3920	43.7	40.0
9	113.8	38.0	8772	8542	49.7	35.5
10	95.4	28.2	7651	2050	36.5	37.2
11	485.1	40.2	7408	518	19.8	42.3
12	1743.2	55.0	13823	9662	50.4	39.3
13	202.4	34.9	6918	1644	50.3	38.7
14	230.6	42.7	6974	1401	39.7	35.3
15	113.1	49.7	7924	1821	43.9	34.2
16	104.8	51.5	7835	3253	57.4	31.6
17	38.4	27.8	6989	3038	42.7	33.2
18	61.1	27.7	7014	2003	35.0	40.8
19	51.5	23.2	6930	5138	47.0	30.4
20	101.2	40.2	7565	4276	49.7	34.9
21	54.2	29.8	8128	3692	39.6	39.1
22	130.5	33.1	8020	1589	41.4	40.8
23	64.4	26.7	8323	4010	42.4	34.0
24	115.9	23.9	7468	994	39.0	33.7
25	271.5	23.4	9231	1955	43.1	34.6
26	414.8	19.1	14976	117	23.2	45.9
27	118.2	32.3	7804	1661	44.1	39.1
28	88.9	24.0	8560	983	44.7	35.6
29	240.0	34.8	10050	264	43.2	42.1
30	341.4	32.4	8590	266	45.2	37.5
31	733.0	33.8	8717	1364	43.0	35.9

資料檢視 / 變數檢視

	每人gdp	從業者率	固定資產	旅客運送	荷物運送	教育水準	家庭收入	直接投資	省
1	22460	45	1280	17610	30714	39994	10416	168	北京市
2	17993	41	611	3532	26026	29858	8165	117	天津市
3	7663	51	1817	65609	75604	13415	5686	68	河北省
4	11226	43	1268	51694	80663	19387	5389	204	遼寧省
5	34547	40	1869	5175	46789	33958	11802	316	上海市
6	11773	48	2570	107180	86266	16956	6841	643	江蘇省
7	13461	58	2350	124457	75282	13947	9334	161	浙江省
8	11601	48	1112	67324	36110	13569	7486	343	福建省
9	9555	51	2531	65936	92499	14367	6522	297	山東省
10	4319	56	583	42209	29642	11943	5882	53	廣西自治
11	6894	42	199	19974	6675	15658	5416	43	海南省
12	12885	45	3145	108529	84626	16440	9854	1128	廣東省
13	5137	43	548	31809	86357	14985	4745	23	山西省
14	5872	43	424	23330	44434	17563	5151	11	內蒙古
15	6847	40	604	24017	29450	20002	4829	34	吉林省
16	8562	44	833	49806	53550	18663	4945	30	黑龍江省
17	4867	56	804	61982	43942	9922	5332	32	安徽省
18	4851	47	516	35527	23502	12395	5130	23	江西省
19	5444	60	1378	83946	60894	12705	4784	56	河南省
20	7188	42	1339	62829	39009	16493	5543	94	湖北省
21	5639	54	1012	87455	50964	14052	6261	68	湖南省
22	5157	53	573	56667	26716	11398	6297	24	重慶市
23	4784	53	1418	123677	51477	10057	5926	44	四川省
24	2662	58	397	53116	15615	7528	5137	3	貴州省
25	4637	54	684	33251	52022	8577	6370	13	雲南省
26	4559	47	64	95	131	4657	7477	.	西藏自治
27	4549	50	654	28494	29201	16384	5149	29	陝西省
28	3838	46	395	12904	23070	12528	4944	6	甘肅省
29	5087	46	151	3587	4697	13729	5197	.	青海省
30	4839	49	158	5497	6493	14600	4948	2	寧夏自治
31	7470	35	610	14631	23134	17230	5687	2	新疆自治

SPSS 處理器 已就緒

一、想分析的事情

■ 想將 31 個都市如下分成幾個類型：

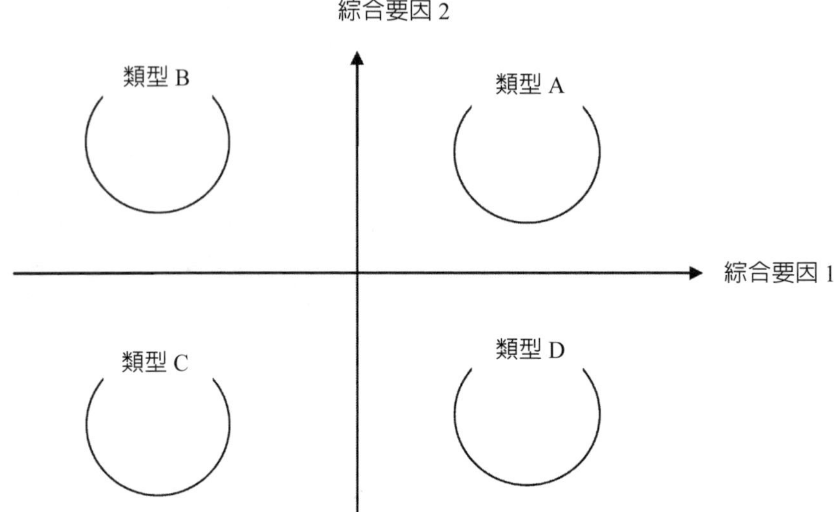

此時，可以考慮如下的統計處理：

【統計處理 1】

進行主成分分析，按第 1 主成分與第 2 主成分將數據的資訊綜合化。

【統計處理 2】

第 1 主成分取成橫軸，第 2 主成分取成縱軸，利用散佈圖表現圖形。

二、撰寫論文時

主成分分析時：

「……進行主成分分析，萃取 2 個主成分之後，知

第 1 主成分是經濟發展水準

第 2 主成分是經濟規模」

因此，橫軸取成第 1 主成分的經濟發展水準，縱軸取成第 2 主成分的經濟規模，如表現成散佈圖時，31 個都市可以分成如下 4 個類型：

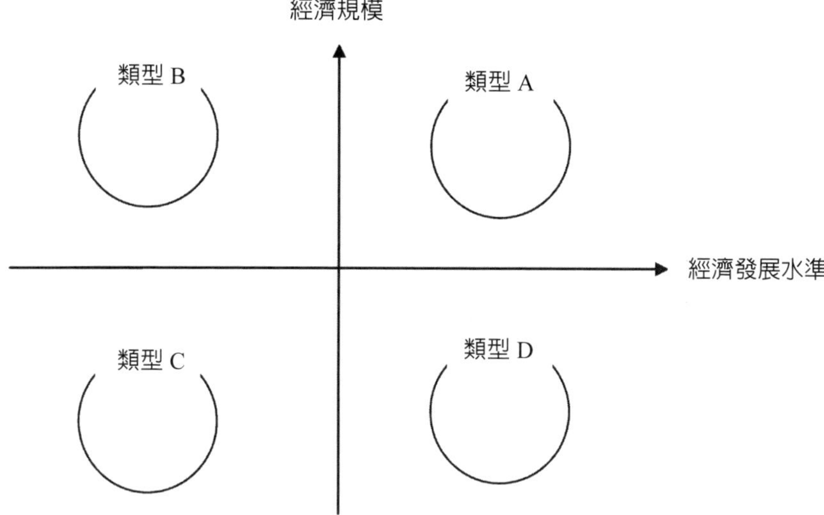

由此事，可以判讀出什麼呢？不妨依序閱讀下去。

主成分分析對數據的等級排列也是有效的。

三、數據輸入類型

表 15.1.1 的數據時，如下輸入：

	流動人口	都市化	勞動收入	gdp	二次產業	三次產業	每人gdp
1	1782.4	77.6	16350	2479	38.1	58.3	22460
2	734.3	72.0	12480	1639	50.0	45.5	17993
3	138.0	26.1	7781	5089	50.3	33.5	7663
4	246.6	54.3	8811	4669	50.2	39.0	11226
5	1872.7	88.3	18531	4551	47.5	50.6	34547
6	341.1	41.5	10299	8583	51.7	36.3	11773
7	788.7	48.7	13076	6036	52.7	36.3	13461
8	618.1	41.6	10584	3920	43.7	40.0	11601
9	113.8	38.0	8772	8542	49.7	35.5	9555
10	95.4	28.2	7651	2050	36.5	37.2	4319
11	485.1	40.2	7408	518	19.8	42.3	6894
12	1743.2	55.0	13823	9662	50.4	39.3	12885
13	202.4	34.9	6918	1644	50.3	38.7	5137
14	230.6	42.7	6974	1401	39.7	35.3	5872
15	113.1	49.7	7924	1821	43.9	34.2	6847
16	104.8	51.5	7835	3253	57.4	31.6	8562
17	38.4	27.8	6989	3038	42.7	33.2	4867
18	61.1	27.7	7014	2003	35.0	40.8	4851
19	51.5	23.2	6930	5138	47.0	30.4	5444
20	101.2	40.2	7565	4276	49.7	34.9	7188
21	54.2	29.8	8128	3692	39.6	39.1	5639
22	130.5	33.1	8020	1589	41.4	40.8	5157
23	64.4	26.7	8323	4010	42.4	34.0	4784
24	115.9	23.9	7468	994	39.0	33.7	2662
25	271.5	23.4	9231	1955	43.1	34.6	4637
26	414.8	19.1	14976	117	23.2	45.9	4559
27	118.2	32.3	7804	1661	44.1	39.1	4549
28	88.9	24.0	8560	983	44.7	35.6	3838
29	240.0	34.8	10050	264	43.2	42.1	5087
30	341.4	32.4	8590	266	45.2	37.5	4839
31	733.0	33.8	8717	1364	43.0	35.9	7470

資料檢視 / 變數檢視

步驟 6　變成如下畫面時，按一下評分 (S)。

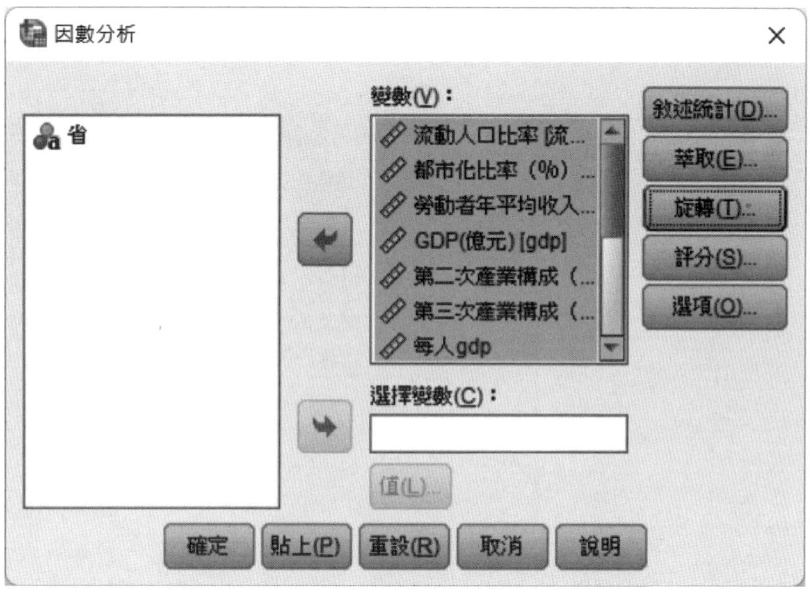

步驟 7　變成因子分析的畫面時，如下選擇：

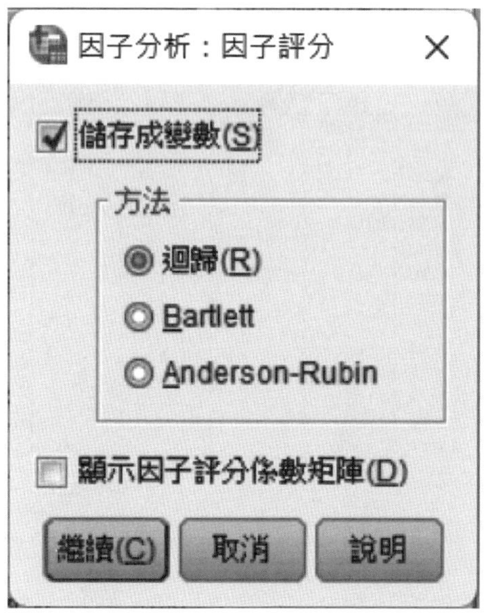

步驟 8 回到以下的畫面時，按 確定 。

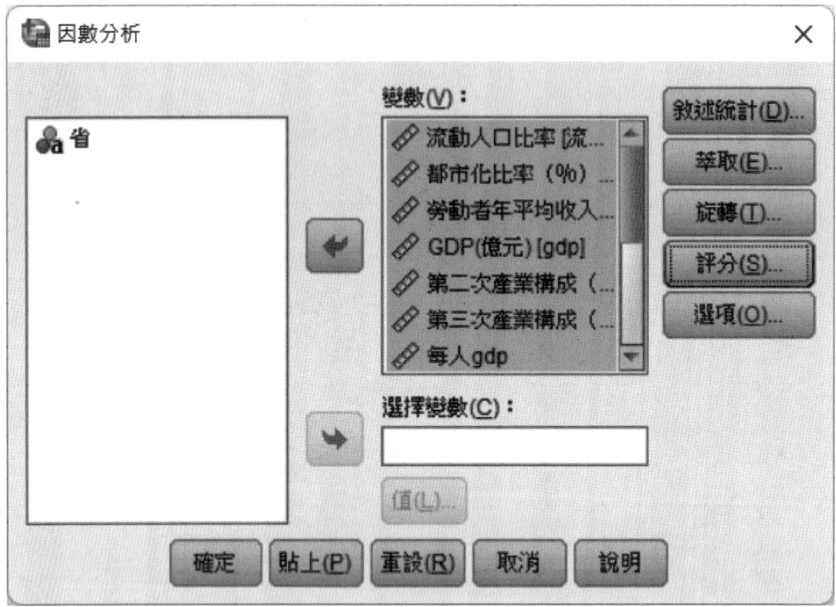

二、SPSS 輸出 1

解說總變異量

成份	初始特徵值			平方和負荷量萃取			轉軸平方和負荷量		
	總和	變異數的%	累積%	總和	變異數的%	累積%	總和	變異數的%	累積%
1	6.763	48.309	48.309	6.763	48.309	48.309	6.010	42.928	42.928
2	4.147	29.621	77.930	4.147	29.621	77.930	4.349	31.067	73.994
3	1.214	8.669	86.599	1.214	8.669	86.599	1.765	12.604	86.599
4	.700	4.997	91.596						
5	.371	2.652	94.248						
6	.232	1.655	95.903						
7	.166	1.188	97.092						
8	.156	1.112	98.204						
9	.100	.715	98.919						
10	.083	.591	99.510						
11	.030	.216	99.726						
12	.021	.148	99.874						
13	.012	.088	99.962						
14	.005	.038	100.000						

← ①（指向成份 1 列）

萃取法：主成份分析。

轉軸後的成份矩陣[a]

	成份		
	1	2	3
流動人口比率	.933	.137	.072
都市化比率（%）	.836	.122	.451
勞動者年平均收入（元/人）	.941	.221	.064
GDP(億元)	.192	.934	-.171
第二次產業構成（%）	-.077	.751	.438
第三次產業構成（%）	.879	-.286	.093
每人gdp	.895	.204	.267
從業者比率（%）	-.292	.126	-.795
固定資產投資額（億元）	.348	.896	-.174
旅客運送量	-.155	.721	-.559
荷物運送量	-.049	.901	.043
教育水準（每十萬人高中畢業人數）	.798	-.064	.501
都市每人的家庭收入	.928	.283	-.098
海外的直接投資額（千萬美元）	.455	.687	-.120

←②

萃取方法：主成分分析。
旋轉方法：旋轉方法：含 Kaiser 常態化的 Varimax 法。
a. 轉軸收斂於 6 個疊代。

三、輸出結果判讀 1

①這是最大變異法（Varimax）轉軸後的貢獻率、累積貢獻率。

第 1 主成分的貢獻率

42.928% = …×100

第 2 主成分的貢獻率

31.067% = …×100

因此，知第 1 主成分第 2 主成分的資訊量占全體的 73.994%。

②這是各主成分的因素負荷量。

一面觀察此因素負荷量，一面對各主成分命名。

譬如：

第 1 主成分，由於勞工者年平均收入、流動人口比率、都市每 1 人家庭收入之類有關地域的經濟水準、所得水準、生活水準之變數其絕對值較大，所以命名爲「經濟發展水準」。

第 2 主成分，由於 GDP、貨物輸送量、固定資產投資額之類有關地域的經濟規模的變數其絕對值較大，因之命名爲「經濟規模」。

四、SPSS 輸出 2

	家庭收入	直接投資	省	fac1_1	fac2_1	fac3_1	var
1	10416	168	北京市	2.93892	-.95710	.22179	
2	8165	117	天津市	1.13072	-.54489	-1.61557	
3	5686	68	河北省	-.73367	.94594	-.23974	
4	5389	204	遼寧省	.	.	.	
5	11802	316	上海市	2.95967	.13596	-.92228	
6	6841	643	江蘇省	.01552	2.00494	-.01427	
7	9334	161	浙江省	.56635	1.44144	1.12142	
8	7486	343	福建省	.44620	.10528	.54271	
9	6522	297	山東省	-.35281	1.64272	-.09169	
10	5882	53	廣西自治	-.25410	-.73864	1.23016	
11	5416	43	海南省	.44905	-1.92059	1.02640	
12	9854	1128	廣東省	1.33383	2.37192	.65096	
13	4745	23	山西省	-.82229	.21173	-1.46607	
14	5151	11	內蒙古	-.44441	-.57372	-.82284	
15	4829	34	吉林省	-.45887	-.43095	-1.46488	
16	4945	30	黑龍江省	-.82803	.59577	-1.94589	
17	5332	32	安徽省	-.69472	-.08486	.76023	
18	5130	23	江西省	-.28142	-.95351	.50326	
19	4784	56	河南省	-.90363	.67336	.77594	
20	5543	94	湖北省	-.56972	.40689	-1.03383	
21	6261	68	湖南省	-.19853	-.03600	1.13020	
22	6297	24	重慶市	-.14517	-.65426	.86161	
23	5926	44	四川省	-.53495	.44027	1.19883	
24	5137	3	貴州省	-.58821	-.82866	1.32048	
25	6370	13	雲南省	-.46057	-.25389	.53264	
26	7477	.	西藏自治	.	.	.	
27	5149	29	陝西省	-.37309	-.58271	-.08119	
28	4944	6	甘肅省	-.64723	-.70836	-.49221	
29	5197	.	青海省	.	.	.	
30	4948	2	寧夏自治	-.34565	-1.05650	-.36052	
31	5687	2	新疆自治	-.20318	-.65158	-1.32566	

五、輸出結果判讀 2

③這是第 1 主成分的主成分分數。
④這是第 2 主成分的主成分分數。

這是最大變異法轉軸前的主成分。
此數據的情形，轉軸前與轉軸後主成分並未改變。

15.3 SPSS 的散佈圖

步驟 1　在本章的〔SPSS 輸出 2〕狀況下，從圖形 (G) 的舊式對話框清單如下選擇。

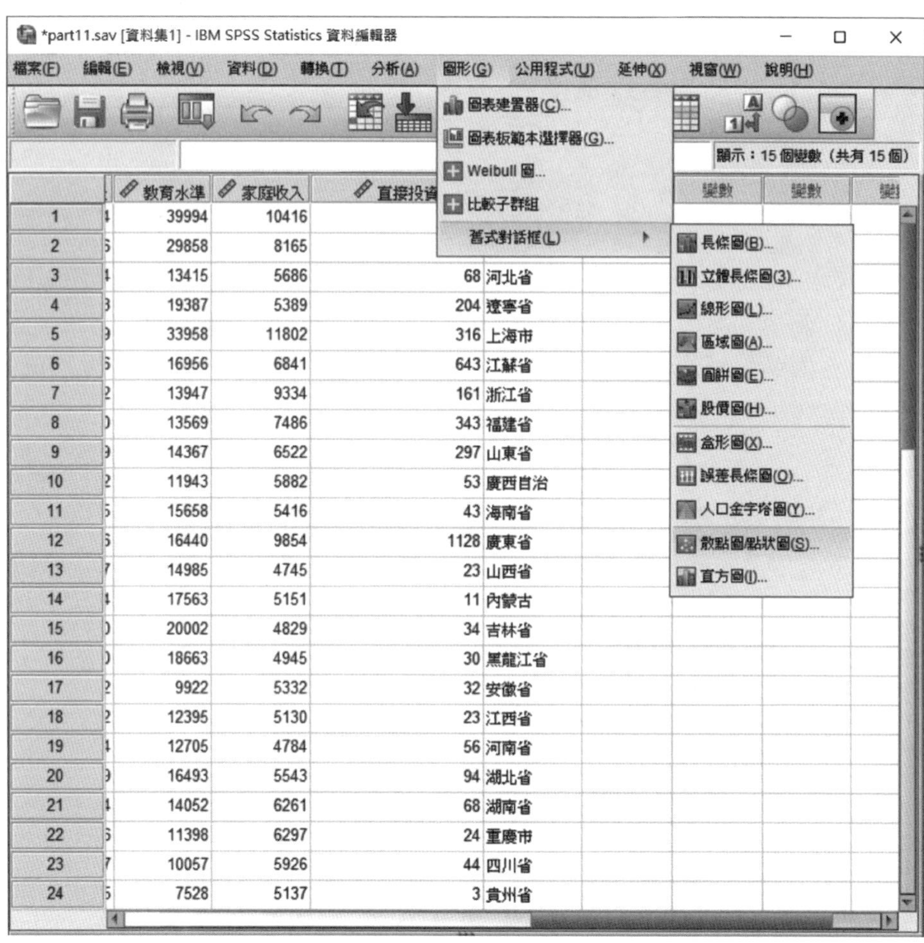

步驟 2　變成散佈圖的畫面時，選擇簡式（散佈圖），按一下定義。

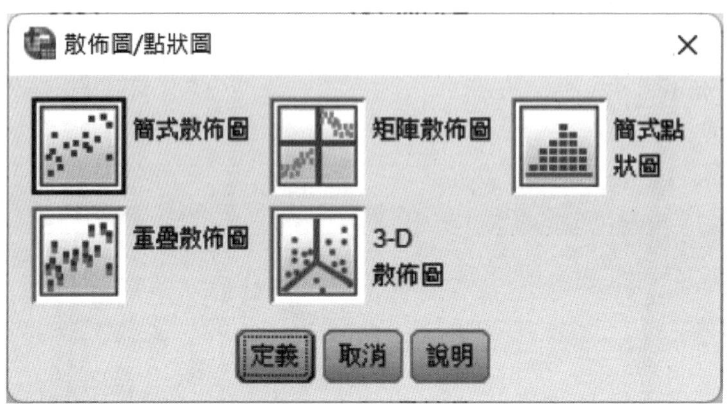

步驟 3　將第 1 主成分移到 X 軸 (X)，第 2 主成分移到 Y 軸 (Y)，省移到設定標記方式 (S)，然後按選項 (O)。

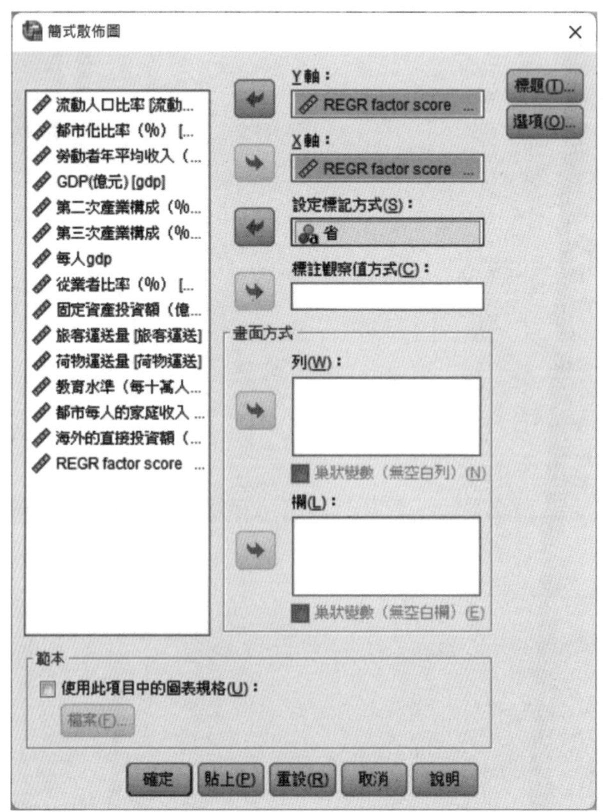

步驟 4　變成選項的畫面時，如下勾選後，按 繼續 。

回到步驟 3 的畫面時，按 確定 。

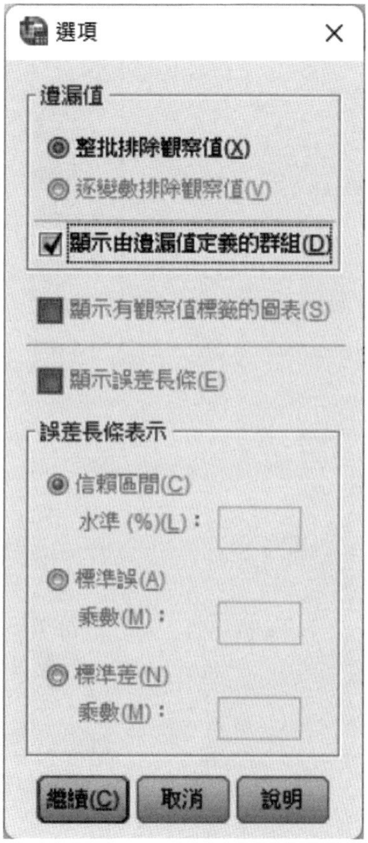

一、SPSS 輸出

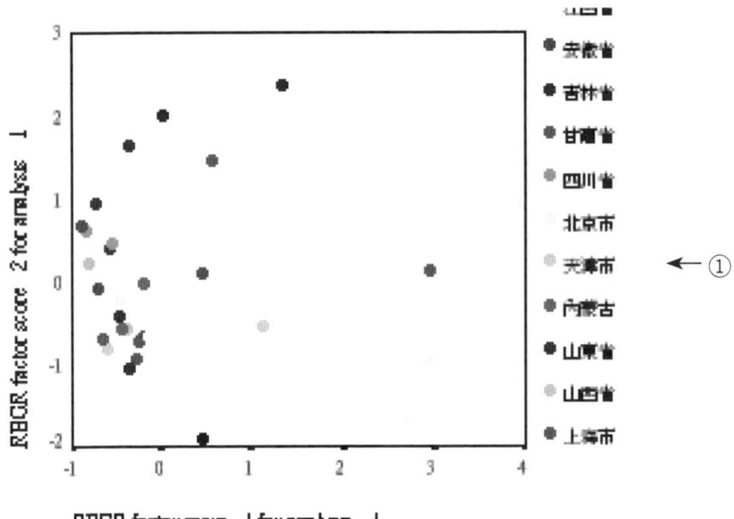

二、輸出結果判讀

①這是將第 1 主成分取成橫軸，第 2 主成分取成縱軸的散佈圖。

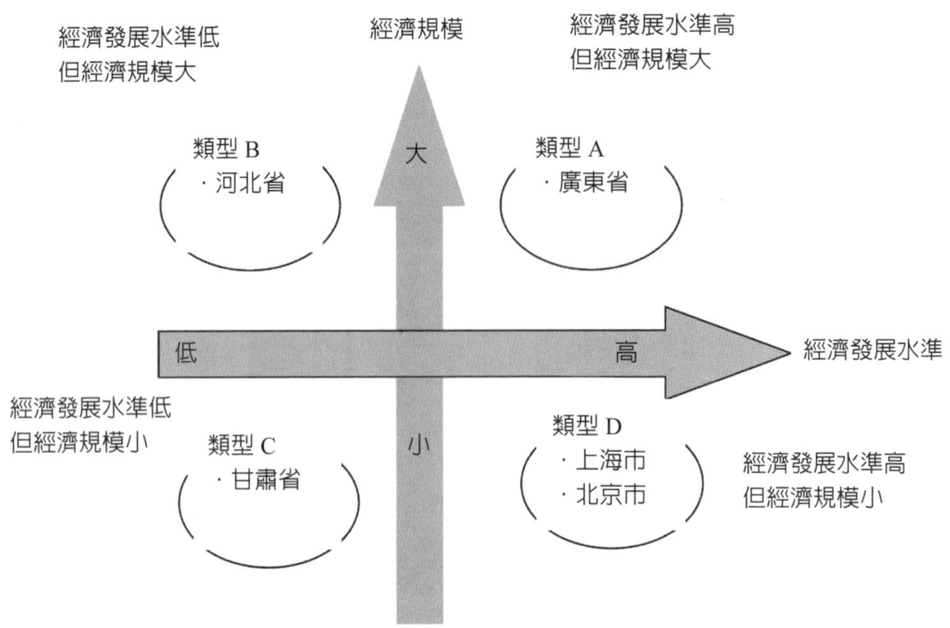

由此事知，廣東省的經濟發展水準高，經濟規模也大。
北京市雖然經濟發展水準高，但經濟規模小。

第 16 章
集群分析
——定義類似度再分類

16.1 集群分析

以下的數據是 27 個國家的中所得國、低所得國的社會經濟調查的結果：

表 16.1.1　中所得國、低所得國的社會經濟調查

	gdp	毛投資	毛儲蓄	民間消費	輸入	輸出	礦業	製造業	服務業	農業	農機具	死亡率	出生	醫師數	年平均	教育	中等教育	日刊新聞	收音
1	6.2	18	16	73	11	10	3.8	2.8	4.5	3.4	190	22	.	268	1.9	3.5	77	37	
2	3.9	34	5	80	19	13	7.3	7.2	4.5	2.9	0	96	58	20	3.0	2.2	22	53	
3	264	21	20	64	12	11	2.6	2.1	3.0	3.2	57	40	63	127	2.2	5.1	66	43	
4	5.5	19	19	71	25	24	-.8	1.4	.2	5.6	0	150	53	7	3.0	3.8	40	7	
5	8.6	24	23	68	27	29	6.0	4.6	5.6	1.5	49	12	72	110	2.4	3.6	85	98	
6	8.2	40	42	50	19	22	13.7	13.4	9.0	4.1	1	36	68	162	1.3	2.3	70	100	
7	20.5	17	19	69	19	18	1.7	-2.3	4.3	-2.2	6	28	67	116	2.7	4.1	76	46	
8	16.8	28	32	51	47	54	6.2	6.7	4.7	4.1	22	15	74	141	2.6	5.4	40	91	
9	9.1	23	14	77	24	16	4.9	6.3	4.5	3.1	11	59	65	202	2.9	4.8	75	35	
10	8.6	24	20	69	15	12	6.4	7.0	8.0	3.0	6	83	62	48	2.3	3.2	60	48	
11	14.4	14	24	70	27	35	5.1	6.2	4.0	2.0	1	52	64	16	2.6	1.4	56	23	
12	14.8	15	7	77	31	24	1.7	2.1	3.3	1.3	1	124	50	13	3.3	6.5	61	10	
13	5.0	32	45	46	97	122	8.6	9.8	7.2	.3	23	12	70	66	3.0	4.9	64	247	
14	19.3	24	23	70	32	31	3.8	4.4	2.9	1.8	20	35	69	186	2.9	4.9	66	158	
15	3.2	23	18	67	34	30	3.2	4.2	2.8	-.9	21	61	65	46	2.7	5.7	56	26	
16	25.9	12	11	89	1	3	10.1	7.0	6.8	5.3	0	118	58	30	1.6	1.2	54	9	
17	34.8	11	0	88	42	37	1.0	1.2	1.9	3.5	2	119	52	19	2.8	.7	60	24	
18	10.7	15	11	78	20	15	3.9	3.5	4.4	4.4	13	120	61	57	2.8	2.7	64	30	
19	13.7	19	17	73	37	23	3.2	.7	1.6	2.5	25	27	68	110	3.3	4.0	61	43	
20	28.7	22	20	65	17	15	5.4	3.8	4.0	5.8	3	47	66	93	2.7	2.9	84	0	
21	8.4	21	16	68	50	51	3.3	3.0	4.1	1.6	1	40	67	123	2.8	3.4	78	82	
22	5.2	21	14	76	39	33	4.8	4.0	3.8	1.9	0	121	51	8	2.6	3.7	20	5	
23	10.2	16	18	63	23	25	1.0	1.2	2.6	.6	68	83	61	56	2.3	7.9	95	32	
24	4.6	21	32	57	45	57	5.3	6.4	3.7	2.1	7	33	70	24	1.7	4.8	48	64	
25	77.9	24	21	68	27	23	4.1	3.8	3.7	1.4	58	42	67	121	2.8	2.2	58	111	
26	36.0	14	13	78	20	18	1.1	-.1	4.6	2.8	173	19	70	370	1.2	3.3	84	293	
27	16.8	29	21	71	39	44	12.1	7.7	7.7	4.8	4	42	66	48	1.8	3.0	55	4	
28																			

	教育	中等教育	日刊新聞	收音機	電視	電腦	軍事支出	電力消費	燃料消費	信用等級	國名
1	3.5	77	37	681	293	51.3	1.2	1891	4	43	阿根廷
2	2.2	22	53	49	7	1.5	1.4	81	46	26	烏拉圭
3	5.1	66	43	433	343	44.1	1.8	1793	29	39	巴西
4	3.8	40	7	163	34	3.3	3.0	185	69	18	喀麥隆
5	3.6	85	98	354	242	82.3	3.9	2082	11	63	智利
6	2.3	70	100	339	293	15.9	2.2	746	6	57	中國
7	4.1	76	46	544	282	35.4	3.7	866	18	43	哥倫比亞
8	5.4	40	91	816	231	149.1	.6	1450	54	43	哥斯大黎
9	4.8	75	35	339	189	22.1	2.8	861	3	45	埃及
10	3.2	60	48	121	78	4.5	2.8	384	21	45	印度
11	1.4	56	23	157	14	9.9	2.3	320	29	28	印尼
12	6.5	61	10	223	25	4.9	2.1	129	80	27	肯亞
13	4.9	64	247	695	789	140.3	2.2	2554	6	55	馬來西亞
14	4.9	66	158	420	168	103.1	1.1	1513	5	50	墨西哥
15	5.7	56	26	243	166	12.3	4.3	443	4	46	摩洛哥
16	1.2	54	9	66	7	1.1	7.6	64	61	17	緬甸
17	.7	60	24	200	68	6.6	1.4	85	68	18	奈及利亞
18	2.7	64	30	105	131	4.2	5.7	337	30	19	巴基斯坦
19	4.0	61	43	182	218	12.7	1.3	756	50	32	巴拉圭
20	2.9	84	0	273	148	40.9	2.1	642	25	39	秘魯
21	3.4	78	82	161	144	19.3	1.5	451	27	47	菲律賓
22	3.7	20	5	141	40	16.8	1.6	111	56	23	塞內加爾
23	7.9	95	32	338	127	61.8	1.8	3832	43	45	南非
24	4.8	48	64	235	284	24.3	2.3	1345	25	49	泰國
25	2.2	58	111	573	449	38.1	4.0	1353	3	39	土耳其
26	3.3	84	293	603	530	104.9	1.4	1788	2	49	烏拉圭
27	3.0	55	4	109	185	8.8	2.8	232	38	29	越南
28											
29											

一、想分析的事情

從類似度的觀點想將 27 個國家分成如下幾個群：

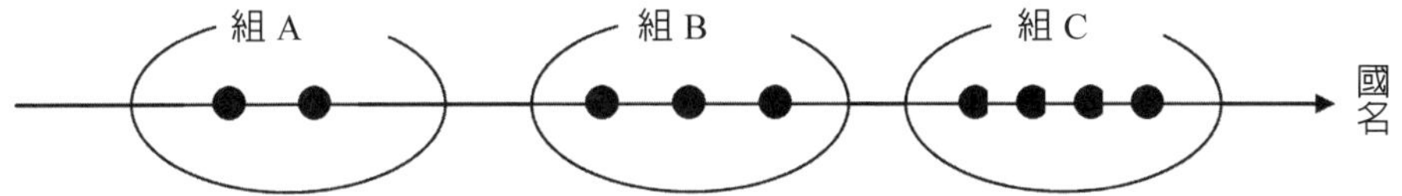

此時，可以考慮如下的統計處理：

【**統計處理**】利用集群分析製作樹形圖，將這些國家分類成幾個群。

集群分析是一種精簡資料的方法，依據樣本之間的共同屬性，將比較相似的樣本聚集在一起，形成集群（cluster）。通常以距離作為分類的依據，相對距離越近，相似程度越高，分群之後可以使得群內差異小、群間差異大。

二、撰寫論文時

1.集群分析時：

「……針對 27 個國家，利用歐基里得（Euclid）距離平方進行集群分析後，可以建立如下的樹形圖。」

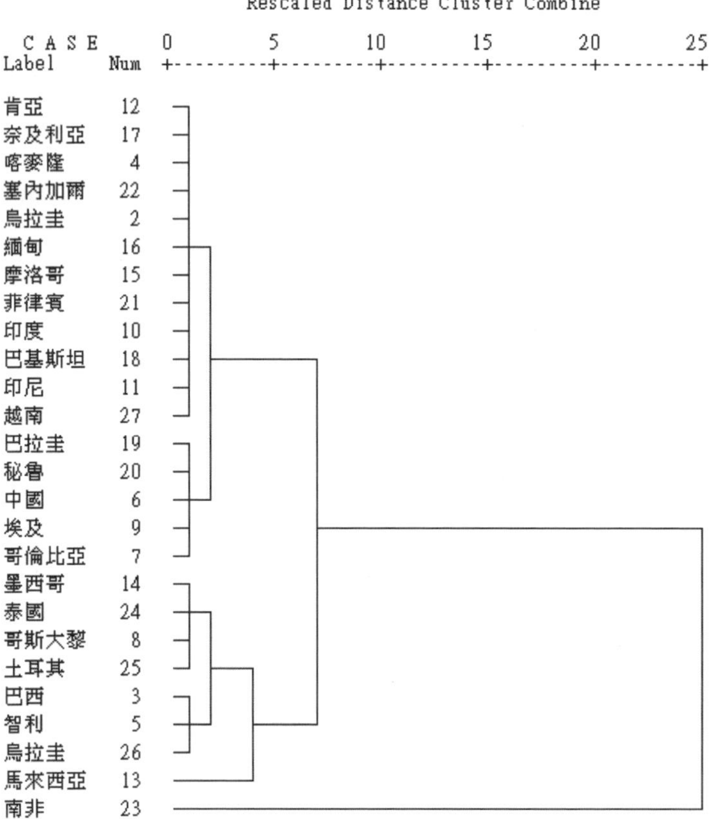

由此事，可以判讀出什麼呢？不妨依序閱讀下去。
另外，各群的組合是使用組間平均連結法的。

三、數據輸入類型

表 16.1.1 的數據，如下輸出：

	gdp	毛投資	毛儲蓄	民間消費	輸入	輸出	礦業	製造業	服務業	農業	農機具	死亡率	出生	醫師數	年平均	教育	中等教育	日刊新聞	收音
1	6.2	18	16	73	11	10	3.8	2.8	4.5	3.4	190	22	.	268	1.9	3.5	77	37	
2	3.9	34	5	80	19	13	7.3	7.2	4.5	2.9	0	96	58	20	3.0	2.2	22	53	
3	264	21	20	64	12	11	2.6	2.1	3.0	3.2	57	40	63	127	2.2	5.1	66	43	
4	5.5	19	19	71	25	24	-.8	1.4	.2	5.6	0	150	53	7	3.0	3.8	40	7	
5	8.6	24	23	68	27	29	6.0	4.6	5.6	1.5	49	12	72	110	2.4	3.6	85	98	
6	8.2	40	42	50	19	22	13.7	13.4	9.0	4.1	1	36	68	162	1.3	2.3	70	100	
7	20.5	17	19	69	19	18	1.7	-2.3	4.3	-2.2	6	28	67	116	2.7	4.1	76	46	
8	16.8	28	32	51	47	54	6.2	6.7	4.7	4.1	22	15	74	141	2.6	5.4	40	91	
9	9.1	23	14	77	24	16	4.9	6.3	4.5	3.1	11	59	65	202	2.9	4.8	75	35	
10	8.6	24	20	69	15	12	6.4	7.0	8.0	3.0	6	83	62	48	2.3	3.2	60	48	
11	14.4	14	24	70	27	35	5.1	6.2	4.0	2.0	1	52	64	16	2.6	1.4	56	23	
12	14.8	15	7	77	31	24	1.7	2.1	3.3	1.3	1	124	50	13	3.3	6.5	61	10	
13	5.0	32	45	46	97	122	8.6	9.8	7.2	.3	23	12	70	66	3.0	4.9	64	247	
14	19.3	24	23	70	32	31	3.8	4.4	2.9	1.8	20	35	69	186	2.9	4.9	66	158	
15	3.2	23	18	67	34	30	3.2	4.2	2.8	-.9	21	61	65	46	2.7	5.7	56	26	
16	25.9	12	11	89	1	3	10.1	7.0	6.8	5.3	0	118	58	30	1.6	1.2	54	9	
17	34.8	11	0	88	42	37	1.0	1.2	1.9	3.5	2	119	52	19	2.8	.7	60	24	
18	10.7	15	11	78	20	15	3.9	3.5	4.4	4.4	13	120	61	57	2.8	2.7	64	30	
19	13.7	19	17	73	37	23	3.2	.7	1.6	2.5	25	27	68	110	3.3	4.0	61	43	
20	28.7	22	20	65	17	15	5.4	3.8	4.0	5.8	3	47	66	93	2.7	2.9	84	0	
21	8.4	21	16	68	50	51	3.3	3.0	4.1	1.6	1	40	67	123	2.8	3.4	78	82	
22	5.2	21	14	76	39	33	4.8	4.0	3.8	1.9	0	121	51	8	2.6	3.7	20	5	
23	10.2	16	18	63	23	25	1.0	1.2	2.6	.6	68	83	61	56	2.3	7.9	95	32	
24	4.6	21	32	57	45	57	5.3	6.4	3.7	2.1	7	33	70	24	1.7	4.8	48	64	
25	77.9	24	21	68	27	23	4.1	3.8	3.7	1.4	58	42	67	121	2.8	2.2	58	111	
26	36.0	14	13	78	20	18	1.1	-.1	4.6	2.8	173	19	70	370	1.2	3.3	84	293	
27	16.8	29	21	71	39	44	12.1	7.7	7.7	4.8	4	42	66	48	1.8	3.0	55	4	
28																			

	教育	中等教育	日刊新聞	收音機	電視	電腦	軍事支出	電力消費	燃料消費	信用等級	國名
1	3.5	77	37	681	293	51.3	1.2	1891	4	43	阿根廷
2	2.2	22	53	49	7	1.5	1.4	81	46	26	烏拉圭
3	5.1	66	43	433	343	44.1	1.8	1793	29	39	巴西
4	3.8	40	7	163	34	3.3	3.0	185	69	18	喀麥隆
5	3.6	85	98	354	242	82.3	3.9	2082	11	63	智利
6	2.3	70	100	339	293	15.9	2.2	746	6	57	中國
7	4.1	76	46	544	282	35.4	3.7	866	18	43	哥倫比亞
8	5.4	40	91	816	231	149.1	.6	1450	54	43	哥斯大黎
9	4.8	75	35	339	189	22.1	2.8	861	3	45	埃及
10	3.2	60	48	121	78	4.5	2.8	384	21	45	印度
11	1.4	56	23	157	14	9.9	2.3	320	29	28	印尼
12	6.5	61	10	223	25	4.9	2.1	129	80	27	肯亞
13	4.9	64	247	695	789	140.3	2.2	2554	6	55	馬來西亞
14	4.9	66	158	420	168	103.1	1.1	1513	5	50	墨西哥
15	5.7	56	26	243	166	12.3	4.3	443	4	46	摩洛哥
16	1.2	54	9	66	7	1.1	7.6	64	61	17	緬甸
17	.7	60	24	200	68	6.6	1.4	85	68	18	奈及利亞
18	2.7	64	30	105	131	4.2	5.7	337	30	19	巴基斯坦
19	4.0	61	43	182	218	12.7	1.3	756	50	32	巴拉圭
20	2.9	84	0	273	148	40.9	2.1	642	25	39	秘魯
21	3.4	78	82	161	144	19.3	1.5	451	27	47	菲律賓
22	3.7	20	5	141	40	16.8	1.6	111	56	23	塞內加爾
23	7.9	95	32	338	127	61.8	1.8	3832	43	45	南非
24	4.8	48	64	235	284	24.3	2.3	1345	25	49	泰國
25	2.2	58	111	573	449	38.1	4.0	1353	3	39	土耳其
26	3.3	84	293	603	530	104.9	1.4	1788	2	49	烏拉圭
27	3.0	55	4	109	185	8.8	2.8	232	38	29	越南
28											

16.2 SPSS 的集群分析

一、統計處理步驟

步驟 1 輸入表 16.1.1 的數據時，從分析 (A) 清單中選擇階層式集群分析 (H)。

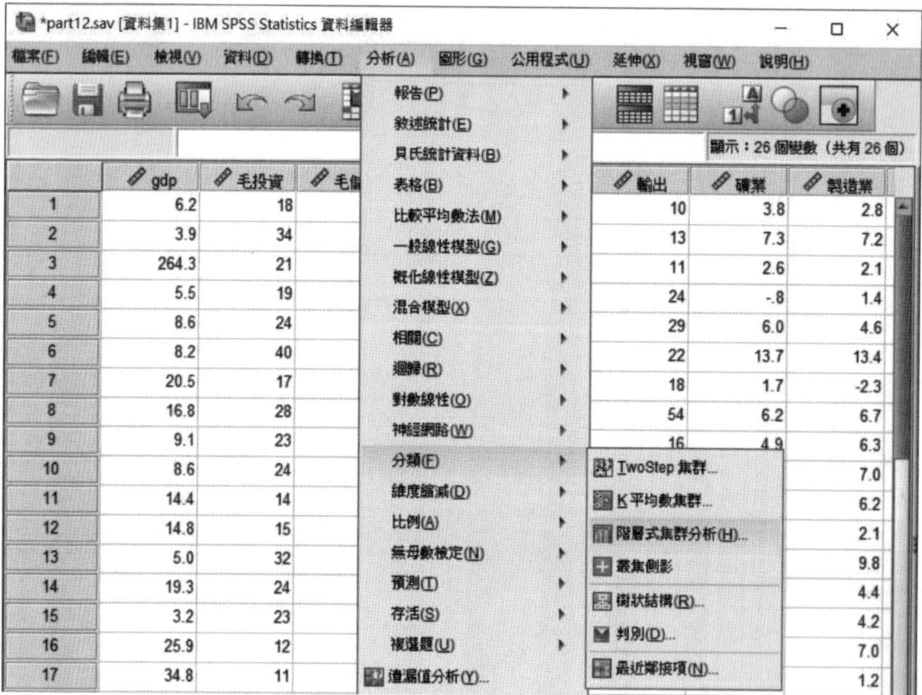

步驟 2　變成以下畫面時，將國名移到標註觀察值方式 (C) 的方框中，其他的所有變數移到變數 (V) 的方框中，按一下圖形 (T)。

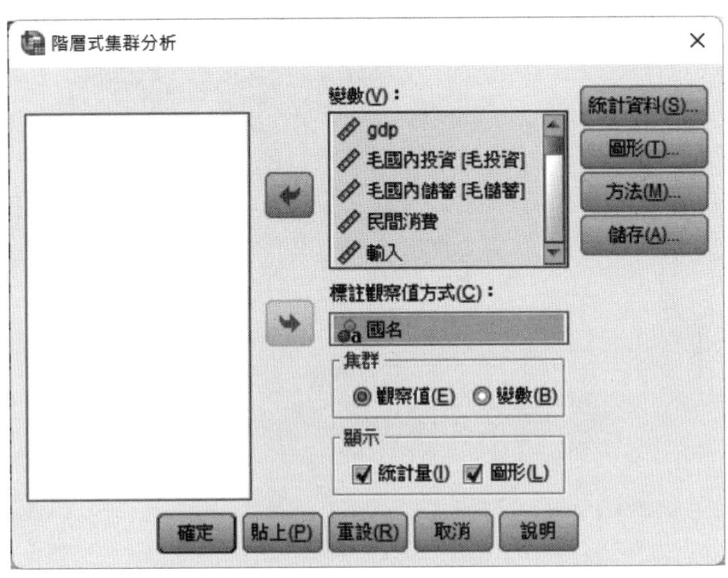

步驟 3　變成圖形畫面時，如下選擇後，按 繼續 。

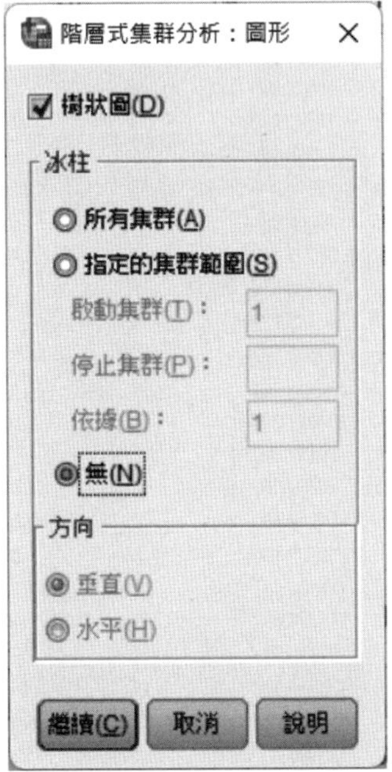

步驟 4　回到如下畫面時，按 確定 。

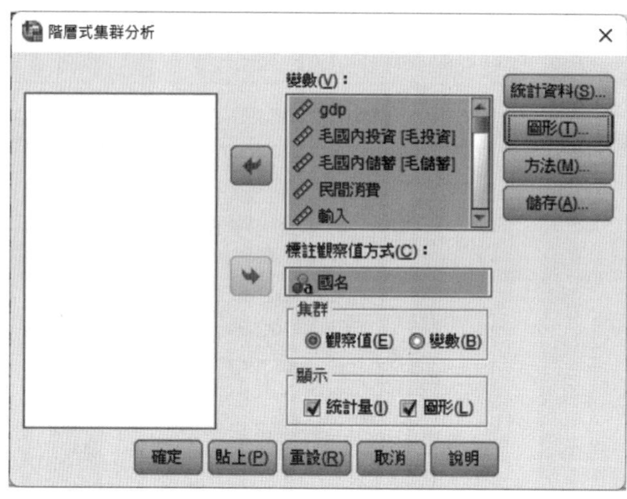

二、SPSS 輸出 1

群數凝聚過程 ← ①

階段	組合集群		係數	先出現的階段集群		下一階段	
	集群1	集群2		集群1	集群2		
1	12	17	5723.510	0	0	5	← ②
2	2	16	5975.700	0	0	8	
3	4	22	8022.280	0	0	5	
4	10	18	8217.520	0	0	6	
5	4	12	10927.080	3	1	8	← ③
6	10	11	18741.040	4	0	11	
7	15	21	18996.190	0	0	12	
8	2	4	27376.440	2	5	14	← ④
9	19	20	32006.960	0	0	13	
10	6	9	32721.210	0	0	13	
11	10	27	34980.350	6	0	12	
12	10	15	44122.127	11	7	14	
13	6	19	53573.595	10	9	15	
14	2	10	101434.765	8	12	23	← ⑤
15	6	7	104861.778	13	0	23	
16	14	24	119427.410	0	0	20	
17	8	25	139689.060	0	0	20	
18	1	26	153162.460	0	0	21	
19	3	5	172909.460	0	0	21	
20	8	14	217276.455	17	16	22	
21	1	3	246820.080	18	19	22	
22	1	8	404330.991	21	20	24	
23	2	6	423836.329	14	15	25	
24	1	13	1260823.4	22	0	25	
25	1	2	2390681.7	24	23	26	
26	1	23	9438170.8	25	0	0	

三、輸出結果判讀 1

①這是顯示群被結合的階段。

②階段 1…12 與 17 相結合。

此時的歐基里得距離平方是 5723.510。

$5723.51 = (14.8 - 34.8)^2 + (15 - 11)^2 + \cdots\cdots + (26.6 - 18.3)^2$

群 {12, 17} 會在以下的階段 5 再出現。

③階段 5……群 {4, 22} 與群 {12, 17} 相結合。

群 {4, 12, 17, 22} 會在階段 8 再出現。

④階段 8……群 {2, 16} 與群 {4, 12, 17, 22} 相結合。

群 {2, 4,12, 16, 17, 22} 會在階段 14 再出現。

⑤階段 14……群 {2, 4, 12, 16, 17, 22} 與群 {10, 11, 15, 18, 21, 27} 相結合。

群 {2, 4, 10, 12, 15, 16, 17, 18, 21, 22, 27} 會在階段23 再出現。

Tea Break

群的結合方法經常使用 Wald 法。

四、SPSS 輸出 2

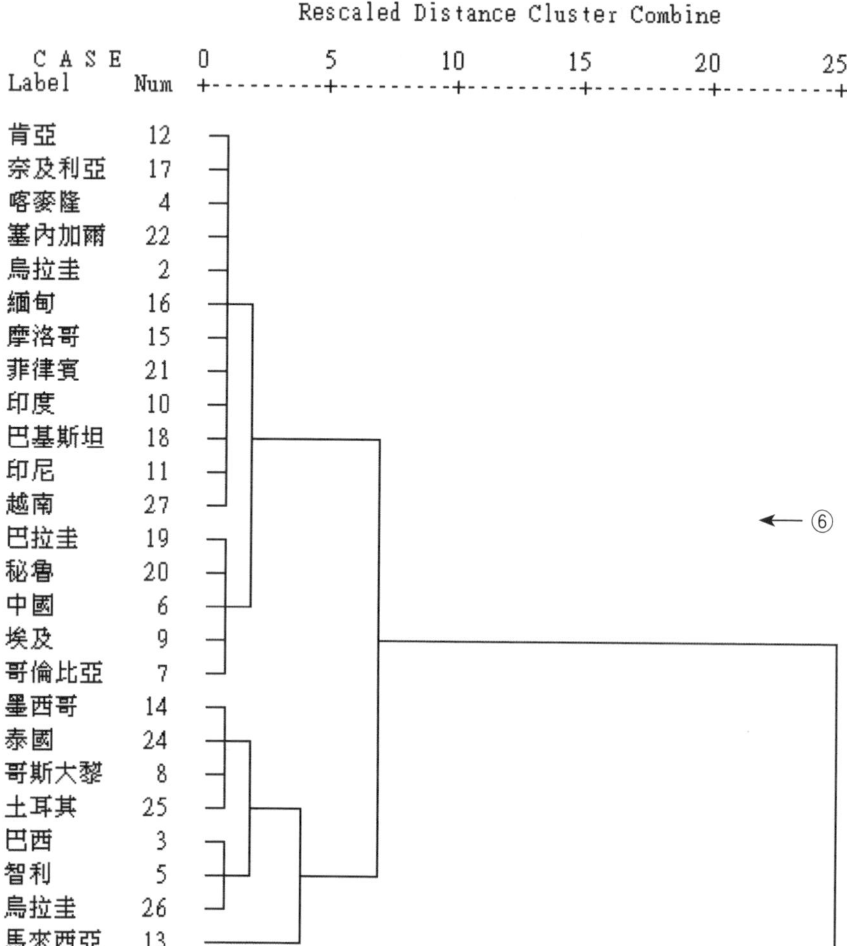
* * * * * * H I E R A R C H I C A L C L U S T E R A N A L Y S I S * *
Dendrogram using Average Linkage (Between Groups)
Rescaled Distance Cluster Combine
C A S E
Label
Num
0
5
10
15
20
25
肯亞 12
奈及利亞 17
喀麥隆 4
塞內加爾 22
烏拉圭 2
緬甸 16
摩洛哥 15
菲律賓 21
印度 10
巴基斯坦 18
印尼 11
越南 27
巴拉圭 19
秘魯 20
中國 6
埃及 9
哥倫比亞 7
墨西哥 14
泰國 24
哥斯大黎 8
土耳其 25
巴西 3
智利 5
烏拉圭 26
馬來西亞 13
南非 23
⑥

五、輸出結果判讀 2

⑥這是樹形圖。

想分類成 6 個群時，即爲如下。

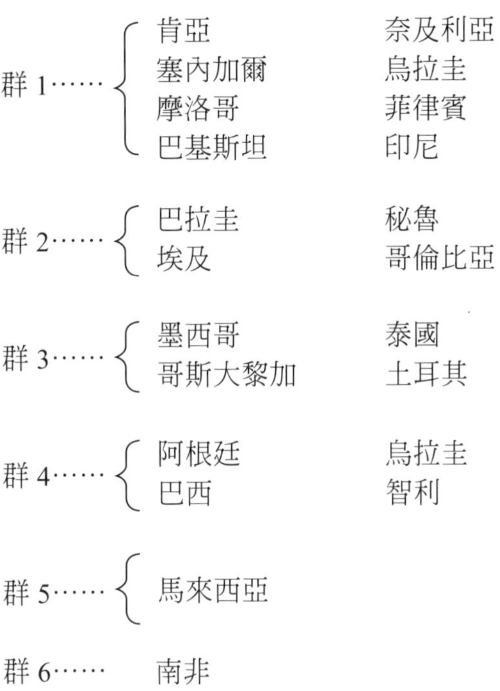

群			
群 1……	肯亞	奈及利亞	喀麥隆
	塞內加爾	烏拉圭	緬甸
	摩洛哥	菲律賓	印度
	巴基斯坦	印尼	越南
群 2……	巴拉圭	秘魯	中國
	埃及	哥倫比亞	
群 3……	墨西哥	泰國	
	哥斯大黎加	土耳其	
群 4……	阿根廷	烏拉圭	
	巴西	智利	
群 5……	馬來西亞		
群 6……	南非		

Note

第 17 章
因素分析
——找出潛藏、共通的因素的方法

17.0 前言

因素分析是在幾個變量之間找出潛藏、共通的因素的方法。使用表 17.0.1 的數據，利用 SPSS 進行因素分析看看。

以下數據是有關壓力、健康行動、健康習慣及社會醫療等意見調查的結果。

一、想分析的事情

在壓力、健康行動、健康習慣、社會支援、社會任務、健康度、生活環境、醫療機關的 8 個變數之中潛藏著何種的共通要因呢？

表 17.0.1　以提高社會醫療品質為目標

No.	壓力	健康行動	健康習慣	社會支援	社會任務	健康度	生活環境	醫療機關
1	3	0	5	4	8	3	2	3
2	3	0	1	2	5	3	2	2
3	3	1	5	8	7	3	3	3
4	3	2	7	7	6	3	2	3
5	2	1	5	8	4	2	2	4
6	7	1	2	2	6	4	5	2
7	4	1	3	3	5	3	3	3
8	1	3	6	8	8	2	3	2
9	5	4	5	6	6	3	3	3
.	.	.	.	.	.	.	.	.
.	.	.	.	.	.	.	.	.
347	5	1	4	7	8	2	2	3

二、撰寫論文時

在第 1 因素中，由於：

壓力 = 0.572，健康度 = 0.685

的因素負荷量大，所以可以想成第 1 因素是表示：

第 1 因素 = 對健康的自覺

同樣，可以如下解讀：

第 2 因素 = 關於健康的地域環境

第 3 因素 = 健康意識網路

17.1 因素分析用法簡介

1. 因素分析的定義

■ 因素分析是在幾個變量間，找出潛藏、共通的因素的方法。

2. 因素分析的分類

■ 探索式因素分析
建立因果關係之模式

■ 確認式因素分析
驗證因素分析的結果

3. 因素分析的步驟

(1) 估計共同性（如共同性之值接近 0，該變量對該因素無貢獻，除去爲宜）
(2) 設定共同因素的個數（特徵值，貢獻率）
(3) 估計因素負荷量
(4) 因素的解釋（斜交轉軸、直交轉軸）
(5) 因素分數的估計
(6) 佈置圖

4. 分析的變數個數與適當的因素數

變數個數	因素數
8-13	2
14-18	3
19-25	4
26-31	5
32-38	6
39-46	7
47-53	8

被觀測的 p 變量數據（平均 0，標準差 1）

個體＼變量	z_1	z_2	…	z_p
1	z_{11}	z_{21}		z_{p1}
2	z_{12}	z_{22}		z_{p2}
3	z_{13}	z_{23}		z_{p3}
:	:	:	…	:
:	:	:		:
n	z_{1n}	z_{2n}		z_{pn}

為了說明 p 個變量 $z_1,\cdots,z_p$ 間的相關，假定想成 m 個因素的模式。

$$\begin{cases} z_{1i} = a_{11}f_{1i} + \cdots + a_{1m}f_{mi} + e_{1i} \\ \vdots \\ z_{pi} = a_{pi}f_{1i} + \cdots + a_{pm}f_{mi} + e_{pi} \end{cases} \quad (i = 1,2,\cdots,n)$$

a_{jk} 表示因素 f_k 對變量 f_j 可以解釋多少的**因素負荷量**。

f_{ki} 表共同因素 f_k 對個體 i 的因素分數。

e_{ji} 表變量 z_j 的既有的變動之獨特因素的分數。

共同因素 f_k 假定是平均 0，變異數 1。

獨特因素 e_i 假定是平均 0，變異數 d_j^2。

$$V(z_j) = V(a_{j1}f_1 + a_{j2}f_2 + \cdots + a_{jm}f_m + e_j) = a_{j1}^2 + \cdots + a_{jm}^2 + d_j^2$$

$a_{j1}^2 + \cdots + a_{jm}^2 = 1 - d_j^2$ 稱為**共同性**，指 z_j 的變異數中可以被共同因素說明的部分。

■ 數據輸入類型

表 17.0.1 的數據，輸入如下：

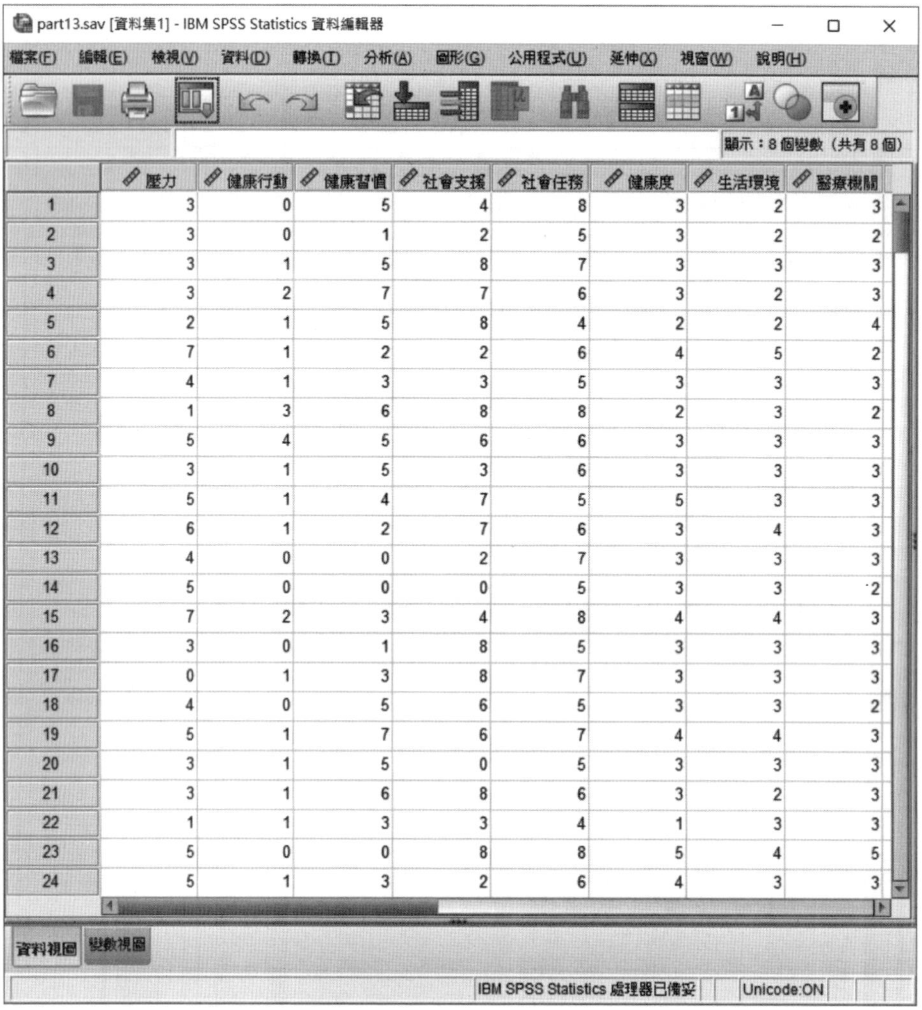

part13.sav [資料集1] - IBM SPSS Statistics 資料編輯器

檔案(F) 編輯(E) 檢視(V) 資料(D) 轉換(T) 分析(A) 圖形(G) 公用程式(U) 延伸(X) 視窗(W) 說明(H)

顯示：8 個變數（共有 8 個）

	壓力	健康行動	健康習慣	社會支援	社會任務	健康度	生活環境	醫療機關
1	3	0	5	4	8	3	2	3
2	3	0	1	2	5	3	2	2
3	3	1	5	8	7	3	3	3
4	3	2	7	7	6	3	2	3
5	2	1	5	8	4	2	2	4
6	7	1	2	2	6	4	5	2
7	4	1	3	3	5	3	3	3
8	1	3	6	8	8	2	3	2
9	5	4	5	6	6	3	3	3
10	3	1	5	3	6	3	3	3
11	5	1	4	7	5	5	3	3
12	6	1	2	7	6	3	4	3
13	4	0	0	2	7	3	3	3
14	5	0	0	0	5	3	3	2
15	7	2	3	4	8	4	4	3
16	3	0	1	8	5	3	3	3
17	0	1	3	8	7	3	3	3
18	4	0	5	6	5	3	3	2
19	5	1	7	6	7	4	4	3
20	3	1	5	0	5	3	3	3
21	3	1	6	8	6	3	2	3
22	1	1	3	3	4	1	3	3
23	5	0	0	8	8	5	4	5
24	5	1	3	2	6	4	3	3

資料視圖 變數視圖

IBM SPSS Statistics 處理器已備妥 Unicode:ON

17.2 因素分析的用法

一、統計處理步驟

步驟 1　統計處理是從前面的狀態以滑鼠點選分析 (A) 開始。
從清單選擇維度縮減 (D)，點選子清單之中的因數 (F)。

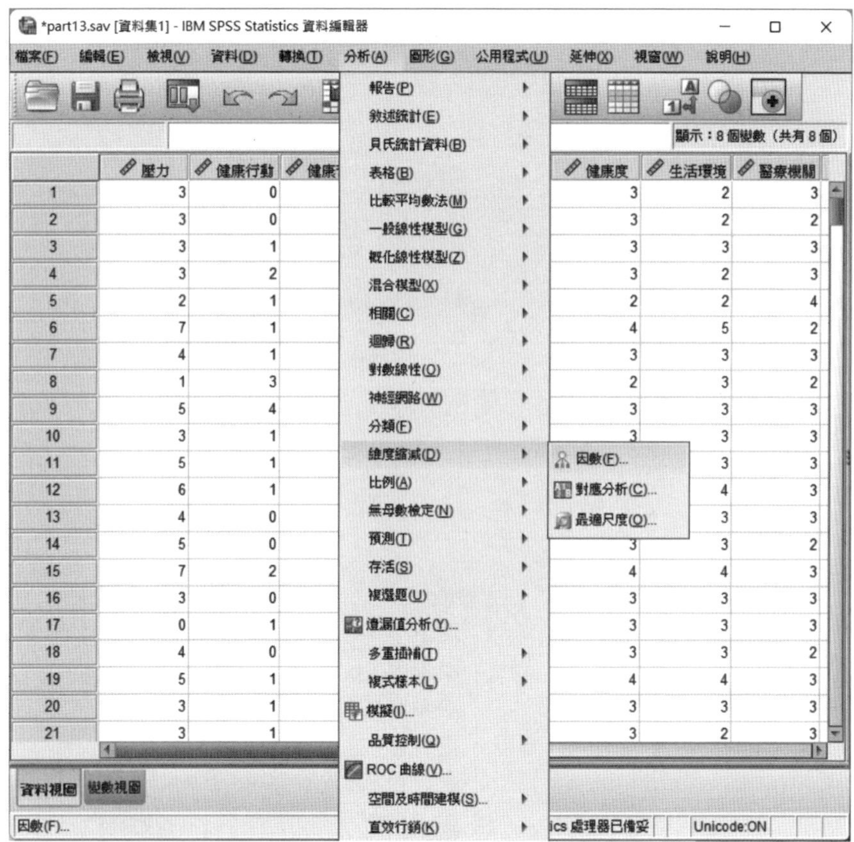

步驟 2 出現以下的畫面時，從壓力到醫療機關移入變數 (V) 的方框中，再按一下 ➡ 。

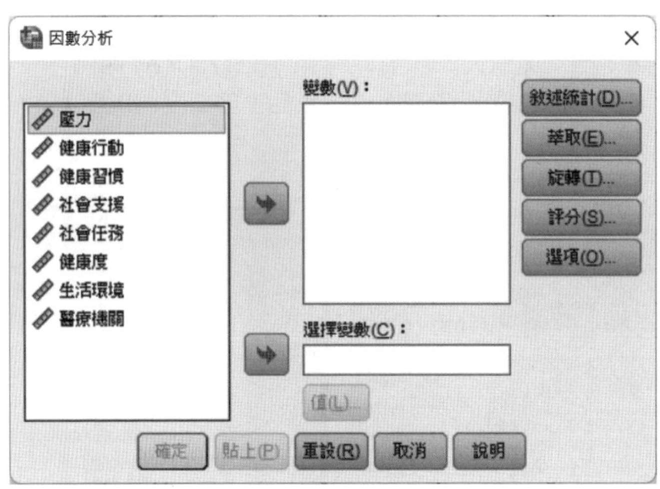

步驟 3 從壓力到醫療機關進入變數 (V) 的方框之中時，首先按一下萃取 (E)。

步驟 4 出現如下長方形對話方塊，因之試著按一下方法 (M) 的右側 主成分 ▼ 之處的 ▼。

因子分析：擷取

方法(M)：主成分

分析
相關性矩陣(R)
共變數矩陣(V)

顯示
未旋轉因子解(F)
碎石圖(S)

萃取
根據固有值(E)
固有值大於(A)：1
固定因子數目(N)
要擷取的因子(T)：

收斂反覆運算次數上限(X)：25

繼續(C) 取消 說明

步驟 5 於是出現各種的因子抽出法，如感到困惑時，按一下主軸因子擷取（PFA：Principal Factor Analysis）。

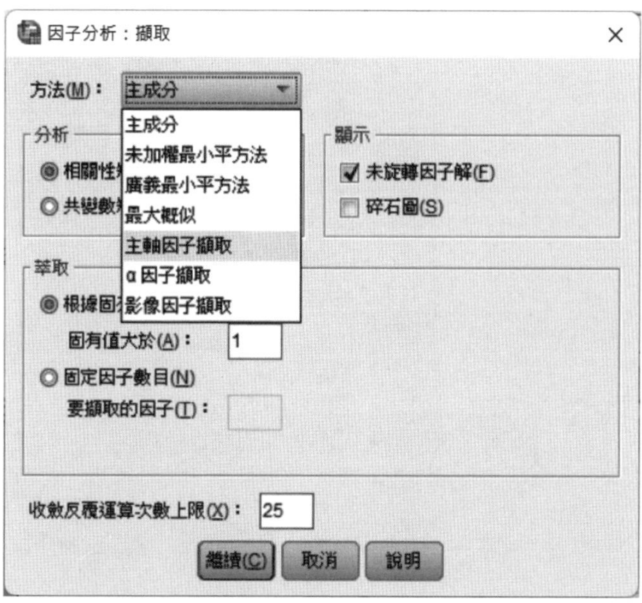

步驟 6 接著也按一下碎石圖 (S)，接著按 繼續 。

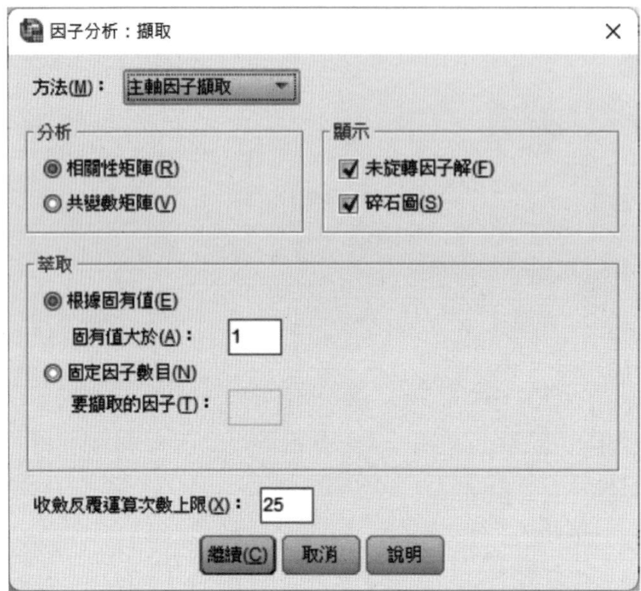

碎石圖學術界不常用，常稱為陡坡圖（scree plot）。

步驟 7 其次，必須按一下畫面右方的旋轉 (T)。

步驟 8　有許多旋轉的方法，若感到困擾時按一下最大變異 (V)，接著也按一下載入圖 (L)。然後，按 繼續，畫面回到步驟 7。

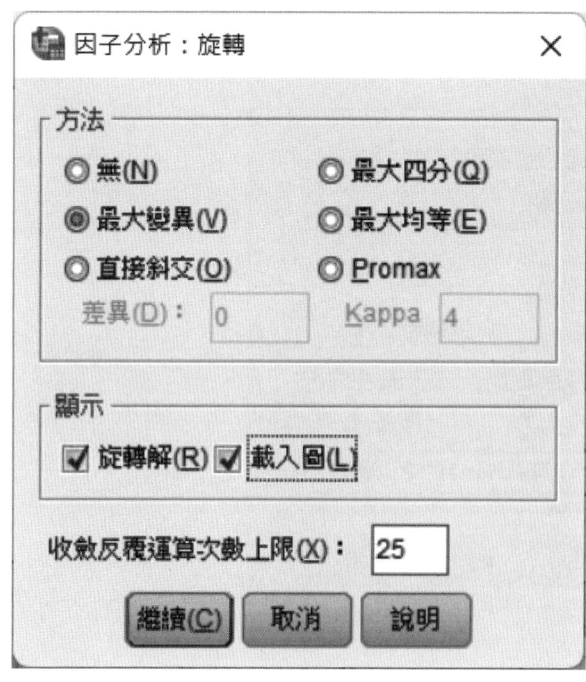

載入圖即為一般所說的因素負荷圖。

步驟 9　為了求因素分數，按一下畫面（步驟 7）的評分 (S)。

右邊的畫面如果出現時，按一下
儲存成變數 (S)，
顯示因子評分係數矩陣 (D)，
然後，按 繼續。
畫面回到步驟 7。

步驟 10 按一下敘述統計 (D)，由於有各種統計量，因之按一下 KMO 與 Bartlett 的球形檢定 (K)。接著，按 繼續 。

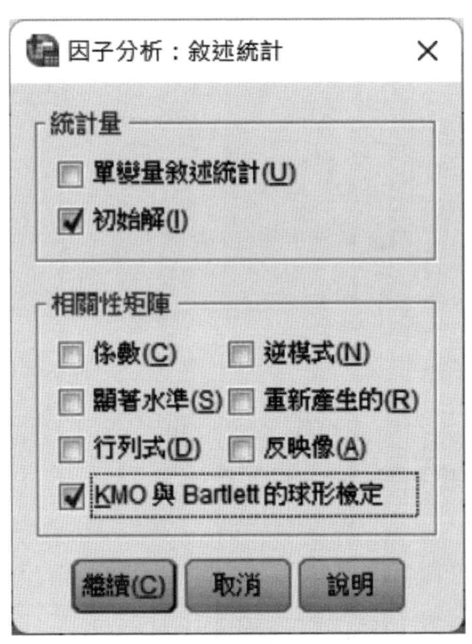

步驟 11 如回到以下畫面時，按 確定 後，喘一口氣吧！

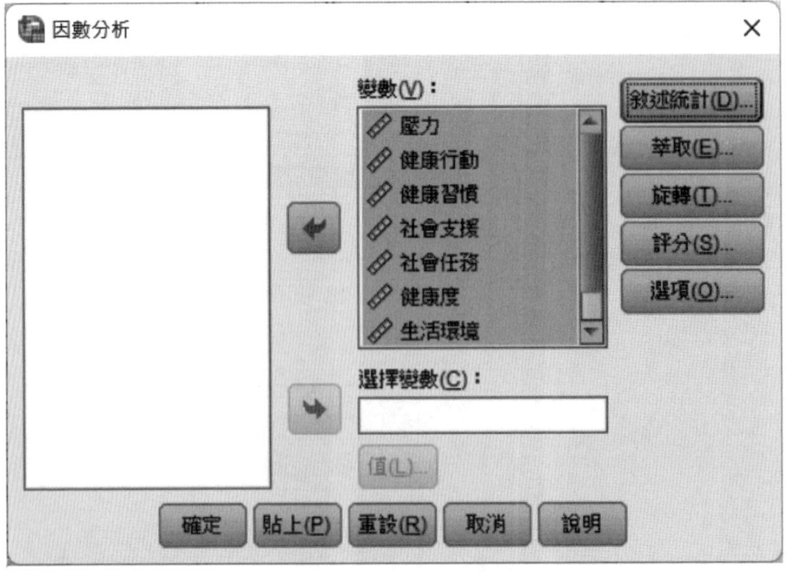

二、SPSS 輸出 1——因素分析

KMO與Bartlett檢定

Kaiser-Meyer-Olkin 取樣適切性量數。		.606
Bartlett 球形檢定	近似卡方分配	202.693
	自由度	28
	顯著性	.000

← ①

共同性

	初始	萃取
壓力	.21	.36
健康行動	6.419E	.17
健康習慣	5.316E	.12
社會支援	9.603E	.16
社會任務	.11	.20
健康度	.22	.48
生活環境	.14	.65
醫療機關	.10	.11

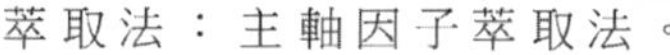
萃取法：主軸因子萃取法。

← ②

〔註〕：

1. KMO（取樣適切性量數；Kaiser-Meyer-Olkin measure of sampling adequacy）是表示在因素分析中所使用的觀測變量的妥當性，KMO 是以 0.5 左右作爲指標。
2. Bartlett 球形檢定是檢定

   H_0：母變異共變異矩陣是單位矩陣的常數倍（變數間無關聯）

   $$\begin{bmatrix} \sigma_1^2 & \sigma_{12} & \sigma_{13} \\ \sigma_{12} & \sigma_2^2 & \sigma_{23} \\ \sigma_{13} & \sigma_{23} & \sigma_3^2 \end{bmatrix} = \sigma^2 \begin{bmatrix} 1 & 0 & 0 \\ 0 & 1 & 0 \\ 0 & 0 & 1 \end{bmatrix}$$

   假設被拒絕時變數間有關聯。
3. Bartlett 檢定是檢定

   H_0：$\sigma_1^2 = \sigma_2^2 = \cdots = \sigma_K^2$

三、輸出結果判讀 1

① KMO 是表示使用 8 個觀測變量：壓力、健康行動、健康習慣、社會支援、社會任務、健康度、生活環境、醫療機關，進行因素分析時的妥當性。

此值比 0.5 大時，使用這些觀測變量進行因素分析是有意義的。

以此數據來說，KMO = 0.606，因之沒有問題。

Bartlett 的球形檢定：

是檢定「假設 H_0：變異數共變異矩陣是單位矩陣的常數倍」。

顯著機率 0.000 比顯著水準 $\alpha = 0.05$ 小，因之此假設被捨棄。亦即，存在有不為 0 的共變異數，因之觀測變量之間似乎有某種關聯。

②共同性（communality）之值接近 0 的觀測變量，因對該因素分析無貢獻，有時除去為宜。

■ 初始的共同性

譬如：壓力的共同性 0.211，是將壓力當作目的變量，剩餘的觀測變量當作說明變量時之複迴歸式的決定係數 R^2。

■ 因素萃取後的共同性

壓力的共同性 =（第 1 因素負荷）^{2} +（第二因素負荷）^{2} +（第 3 因素負荷）^{2}

$0.365 = (0.562)^2 + (-0.158)^2 + (0.157)^2$ →④

此共同性在 Varimax 迴轉後也不變，

$0.365 = (0.572)^2 + (0.129)^2 + (-0.146)^2$ →⑤

Tea Break

共同性是指在觀測變量的變異數之中，可以被因素分析所列舉之共同原因加以說明的變異數比率，值在 0 與 1 之間。不能被說明（剩下）的變異數的比率稱為獨自性。

四、SPSS 輸出 2——因素分析 2

解說總變異量

因子	初始特徵值			平方和負荷量萃取		
	總和	變異數的%	累積%	總和	變異數的%	累積%
1	1.944	24.295	24.295	1.305	16.312	16.312
2	1.171	14.643	38.938	.608	7.598	23.909
3	1.118	13.979	52.917	.367	4.594	28.503
4	.963	12.042	64.959			
5	.877	10.963	75.922			
6	.749	9.364	85.286			
7	.644	8.049	93.335			
8	.533	6.665	100.000			

← ③

因子	轉軸平方和負荷量		
	總和	變異數的%	累積%
1	.953	11.916	11.916
2	.779	9.733	21.649
3	.548	6.854	28.503
4			
5			
6			
7			
8			

五、輸出結果判斷 2

③觀測變量由於有 8 個，在形式上因素也可想成第 1 因素到第 8 因素，而有意義的因素只有特徵值比 1 大的因素。

因之，列舉第 1 因素到第 3 因素。

將由第 1 因素到第 8 因素的特徵值以折線圖圖示者，即爲陡坡圖（scree plot）。

如將第 1 因素到第 8 因素爲止的特徵值合計時，即爲

$$1.944 + 1.171 + 1.118 + \cdots + 0.644 + 0.533 = 8$$

此 8 與觀測變數的個數一致。

變異數的 % = 特徵值的 %

$$24.295 = 1.944 / 8 \times 100$$

$$14.643 = 1.171 / 8 \times 100$$

累積 % = 特徵值的 % 合計

$$24.295 = 24.295$$

$$38.938 = 24.295 + 14.643$$

因素萃取後的平方和負荷量

$$1.305 = (0.562)^2 + (-0.228)^2 + (-0.224)^2 + (-0.326)^2 + (-0.318)^2 + (0.606)^2 + (0.501)^2 + (0.247)^2$$

迴轉後的平方和負荷量

$$0.953 = (0.572)^2 + (-0.02219)^2 + (-0.004229)^2 + (-0.271)^2 + (-0.244)^2(0.685)^2 + (0.142)^2 + (0.004457)^2$$

第 k 個因素的**貢獻率**（p 個變數）

$$= \frac{\lambda_k}{\lambda_1 + \cdots + \lambda_p} = \frac{\lambda_k}{p}$$

六、SPSS 輸出 3 —— 因素分析

因子矩陣[a]

	因子		
	1	2	3
壓力	.562	-.158	.157
健康行動	-.228	5.804E-02	.343
健康習慣	-.224	1.890E-02	.267
社會支援	-.326	.207	.116
社會任務	-.318	.255	.194
健康度	.606	-.182	.293
生活環境	.501	.632	9.594E-03
醫療機關	.247	.197	-.133

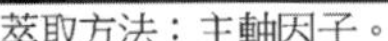

萃取方法：主軸因子。

a. 嘗試萃取 3 個因子。需要 25 個以上的疊代。(收斂= 1.114E-02)。萃取會被終止。

轉軸後的因子矩陣[a]

	因子		
	1	2	3
壓力	.572	.129	-.146
健康行動	-2.219E-02	-9.308E-02	.405
健康習慣	-4.229E-02	-.118	.325
社會支援	-.271	5.966E-03	.298
社會任務	-.244	4.505E-02	.377
健康度	.685	.119	-5.540E-02
生活環境	.142	.794	6.395E-03
醫療機關	4.457E-02	.304	-.152

萃取方法：主軸因子。
旋轉方法：旋轉方法：含 Kaiser 常態化的 Varimax 法。
a. 轉軸收斂於 7 個疊代。

← ⑤

因子轉換矩陣

因子	1	2	3
1	.765	.498	-.408
2	-.390	.863	.321
3	.512	-.086	.855

萃取方法：主軸因子。
旋轉方法：旋轉方法：含 Kaiser 常態化的 Varimax 法。

← ⑥

七、輸出結果判讀 3

④利用主因素法，求出第 1 因素到第 3 因素的因素負荷量。

因素負荷量 = 因素與觀測變量之相關係數

⑤將④所求出的因素負荷量進行 Varimax 迴轉所得出的因素負荷量。

在第 1 因素中，由於

壓力 = 0.572，健康度 = 0.685

的因素負荷量大，所以可以想成第 1 因素是表示

第 1 因素 = 對健康的自覺

同樣，可以如下解讀，

第 2 因素 = 關於健康的地域環境

第 3 因素 = 健康意識網路

⑥如注意應力時，因素（負荷量）矩陣、迴轉後的因素（負荷量）矩陣、因素變換矩陣之關係即成爲如下：

迴轉後的因素（負荷量）矩陣　因素（負荷量）矩陣　　　　因素變換矩陣

$$(0.572\quad 0.129\quad -0.146) = (0.562\quad -0.158\quad -0.157)\begin{bmatrix} 0.765 & 0.498 & -0.408 \\ -0.390 & 0.863 & 0.321 \\ 0.512 & -0.086 & 0.855 \end{bmatrix}$$

譬如此矩陣的計算即爲如下：

$$0.572 = 0.562 \times 0.765 + (-0.158) \times (-0.390) + (-0.157) \times 0.512$$

■本章註解

觀測因素負荷量，因素表現什麼難以明白時，試著旋轉因素之軸。此旋轉有直交旋轉與斜交旋轉。

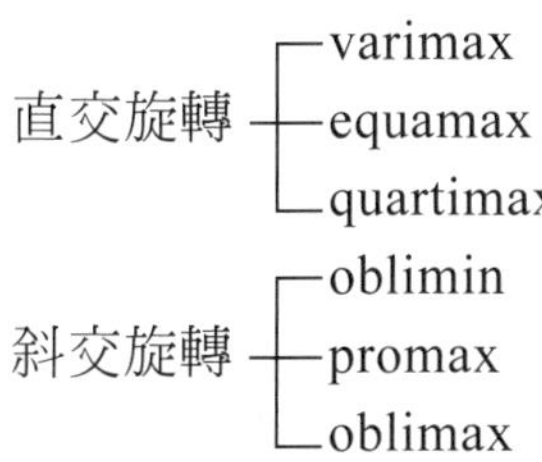

斜交轉軸（promax）	直交轉軸（varimax）
◎讓橫軸與縱軸分別迴轉 ◎可計算貢獻率（在解說總變異量中出現變異數的 %） ◎因素的相關不為 0 ◎出現因素相關矩陣 ◎出現樣式矩陣 ◎不易解釋因素時 註：進行因素分析時先進行 promax 轉軸，確認因素間相關接近 0 之後，再進行 varimax	◎橫軸與縱軸保持直角來迴轉 ◎無法計算貢獻率（在解說總變異量中未出現變異數的 %，出現總和） ◎因素的相關為 0 ◎不會出現因素相關矩陣 ◎可以解釋因素時 ◎出現轉軸後因素矩陣（因素負荷量） 註：因素負荷量 = 因素與觀測變量之相關係數

【因素分析前項目的確認】

1. 確認各項目的平均値、標準差，檢討有無「天井效果」與「地板效果」。
   平均値 + 標準差成爲「可能取得之最高値以上」→天井效果
   平均値 – 標準差成爲「可能取得之最低値以下」→地板效果
2. 確認因素萃取後的共同性。
3. 觀察樣式矩陣（promax）、因素相關矩陣（varimax）→因素負荷量。
4. 觀察修正的項目總相關（corrected item-total correlation）：這是觀察該項目的分數與其他項目的合計的相關係數，低値或取負値等是不理想的，未處理逆轉項目即進行分析時會出現負的相關係數。
5. 項目刪除時的 Crobach's Alpha 値（Alpha if item delected）：這顯示除去該項目時 Alpha 係數變成多少，如明顯上升時，該項目刪除爲宜。

八、SPSS 輸出 4——因素分析

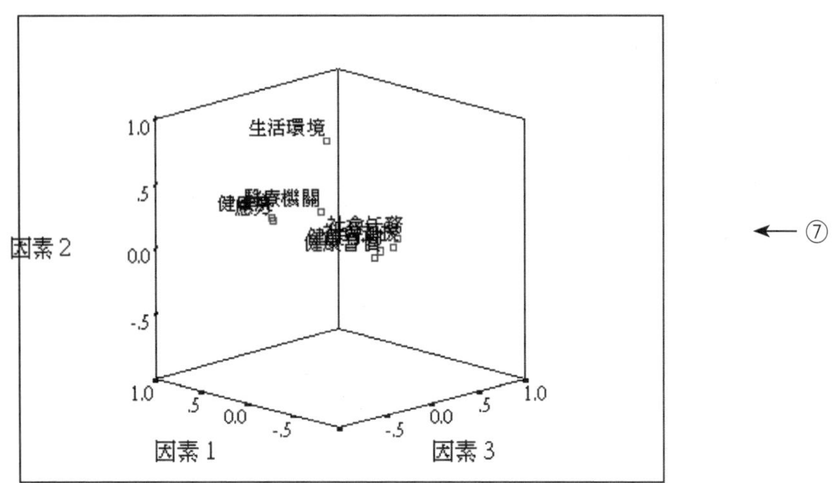

← ⑦

	壓力	健康行動	健康習慣	社會支援	社會任務	健康度	生活環境	醫療機關	fac1_1	fac2_1	fac3_1
1	3	0	5	4	8	3	2	3	-.22002	-.93706	-.15641
2	3	0	1	2	5	3	2	2	.00368	-1.14751	-.98702
3	3	1	5	8	7	3	3	3	-.35496	.15795	.43598
4	3	2	7	7	6	3	2	3	-.17733	-.97419	.49488
5	2	1	5	8	4	2	2	4	-1.04931	-.72366	-.36032
6	7	1	2	2	6	4	5	2	1.36476	1.95493	-.21571
7	4	1	3	3	5	3	3	3	.16518	.05252	-.55948
8	1	3	6	8	8	2	3	2	-1.30487	-.02050	1.31976
9	5	4	5	6	6	3	3	3	.30555	.04345	.80045
10	3	1	5	3	6	3	3	3	-.05566	.03795	-.21420
11	5	1	4	7	5	5	3	3	1.42870	.03653	.05942
12	6	1	2	7	6	3	4	3	.27867	1.22358	-.04311
13	4	0	0	2	7	3	3	3	.05098	.12096	-.83410
14	5	0	0	0	5	3	3	2	.46707	-.11743	-1.21900
15	7	2	3	4	8	4	4	3	1.21475	1.11486	.37841
16	3	0	1	8	5	3	3	3	-.34556	.19897	-.45664
17	0	1	3	8	7	3	3	3	-.96416	.16587	.36402
18	4	2	5	6	5	3	3	2	.10152	-.10321	.31013
19	5	1	7	6	7	4	4	3	.77011	1.10504	.52815

← ⑧

九、輸出結果的判讀 4

⑦將迴轉後的因素矩陣 5 的 3 個因素取成 3 條座標軸，從壓力到醫療機關圖示在 3 次元空間上。

⑧因素分數必須使用最小平方法等進行估計。

使用此因素分數，將樣本圖示在平面上時，即可發現各個樣本所具有的意義。

樣本或項目的因素分數的散佈圖的做法，請參閱第 15 章。

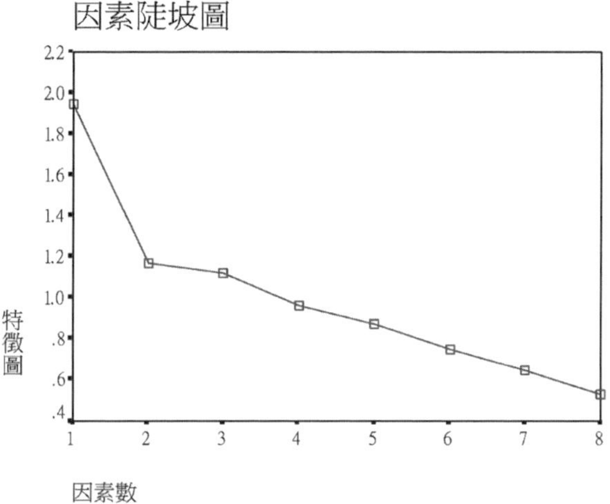

〔註〕：陡坡圖

特徵值	差異
7.261	
2.536	4.721
2.063	0.48
1.892	0.17
1.552	0.34
1.521	0.03
:	:
:	:

第 4 與第 5 因素之差似乎比前後大，故取 4 個因素。

Note

第 18 章
路徑分析

18.1 研究的背景與使用的數據

小時候曾聽過「刮大風木桶店就會賺錢」的說法。

此說法在探討現實中有可能性的因果關係鏈雖然是很有興趣的，但某原因產生某結果，此結果又成爲另一個事物的原因，從研究的角度來看，探討此種因果關係鏈的情形也很多。

本章想分析此種因果關係鏈看看。

此研究是探討如下的假設：

完美主義是會讓鬱悶或生氣的感情發生。

- 追求完美主義個性的人，爲了想要完美，在日常各種事情之中，比不是如此的人，具有較容易感受到鬱悶或生氣此種感情的傾向。

鬱悶或生氣是攻擊行爲的原因。

- 在日常生活中具有生氣與鬱悶之感情，是造成對他人產生攻擊行爲的導火線。

此內容是以「完美主義→鬱悶或生氣→攻擊」三階段的因果鏈所構成。試以 Amos 分析探討此因果關係鏈看看。

當你進行研究，你很可能在你的分析工作中使用因子分析與迴歸分析結構方程模型（有時稱為路徑分析）幫助你獲得因果模型中額外的見解，並探討變數之間的交互效果與路徑。不論資料是否符合你的假設，SEM 可以讓你進行更嚴謹的檢定、建立更精確的模型——獲得與衆不同的研究成果與提高論文發表的機會。

使用的數據假想如下（假想數據），數據檔參 18-1.sav。

	A	B	C	D	E	F	G	H
1	NO	完美主義	鬱悶	生氣	攻擊			
2	1	2	1	1	1			
3	2	3	3	4	2			
4	3	3	2	3	3			
5	4	3	1	1	1			
6	5	4	4	2	3			
7	6	2	4	2	3			
8	7	4	3	2	2			
9	8	2	5	3	3			
10	9	2	3	2	2			
11	10	3	3	2	2			
12	11	2	4	4	4			
13	12	1	2	1	1			
14	13	2	2	4	5			
15	14	3	3	2	2			
16	15	3	2	1	2			
17	16	2	2	3	1			
18	17	4	1	1	1			
19	18	1	2	3	1			
20	19	1	2	1	1			
21	20	3	2	2	2			
22	21	5	5	4	3			
23	22	3	3	3	3			
24	23	3	3	3	3			
25	24	3	4	3	3			
26	25	4	4	2	1			
27	26	4	4	4	4			
28	27	3	4	4	2			
29	28	2	2	1	1			
30	29	1	1	1	2			
31	30	2	2	1	2			
32	31	3	1	3	2			
33	32	1	3	4	5			
34	33	3	3	2	1			
35	34	4	4	4	2			
36	35	3	2	1	2			
37	36	2	2	3	1			
38	37	2	2	1	3			
39	38	1	2	4	3			
40	39	4	5	5	4			
41	40	1	1	3	3			
42	41	1	2	1	2			
43	42	2	4	2	1			
44	43	3	2	3	4			
45	44	2	3	3	2			
46	45	3	3	2	2			
47	46	5	3	4	5			
48	47	3	3	3	3			
49	48	2	2	2	2			
50	49	2	1	4	4			
51	50	3	3	3	3			
52	51	1	2	1	2			
53	52	1	1	1	2			
54	53	5	5	4	3			
55	54	4	4	2	3			
56	55	3	3	3	3			
57	56	4	5	5	4			
58	57	3	4	3	3			
59	58	1	2	1	2			
60	59	3	3	2	2			
61	60	4	4	2	3			

Sheet1

18.2 畫路徑圖——畫因果關係鏈

18.2.1 資料的輸入與讀取

使用前面所學過的方法輸入資料，再以 Amos 讀取資料看看。

使用 SPSS、Excel、Textfile 中的任一方法輸入資料均無關係（此處是使用 SPSS 的檔案，19-1.sav）。

如〔Data file(D)〕的樣本數〔N〕顯示〔60/60〕時，即爲已讀取 60 名的資料。

18.2.2 頁面佈置的設定

此次是畫橫向的路徑圖，因之將頁面的方向改成〔Landscape〕。

步驟 1　選擇〔View〕→〔Interface properties〕。

步驟 2　將〔Page layout〕Tab 的〔Page Size〕改成〔Landscape -Letter〕，再按一下〔Apply〕。

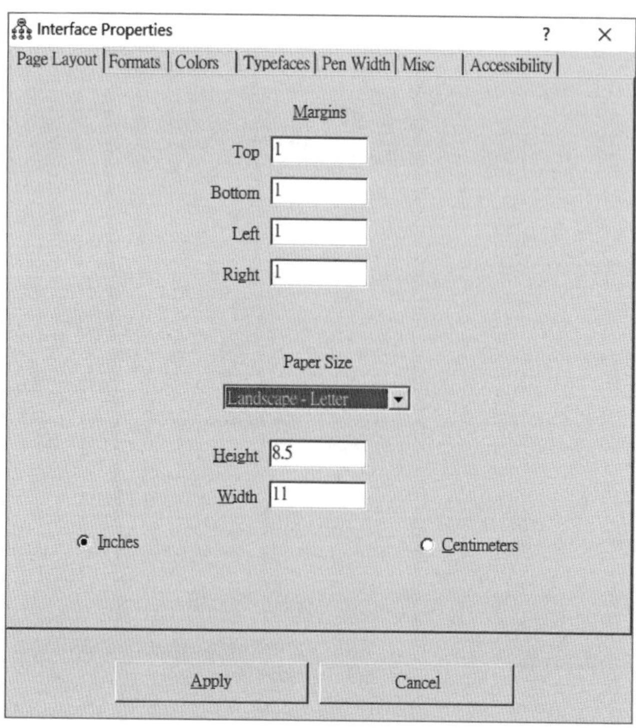

18.2.3 畫觀測變數

步驟 1　畫出如下的 4 個四方形。

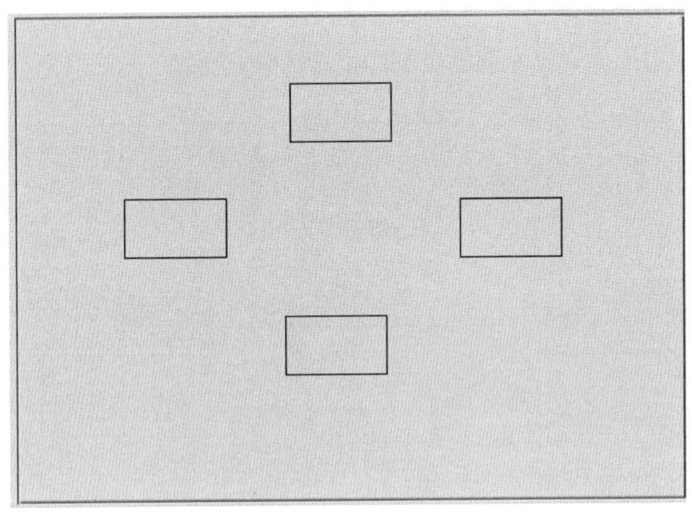

步驟 2　指定變數。

按一下〔List variables in data set〕圖像 ( )，或者從工具列選擇〔View〕→〔Variables in dataset〕。
將「完美主義」指定在最左側的四方形中，將「鬱悶」與「生氣」指定在中央的兩個四方形中，將「攻擊」指定在最右側的四方形中。

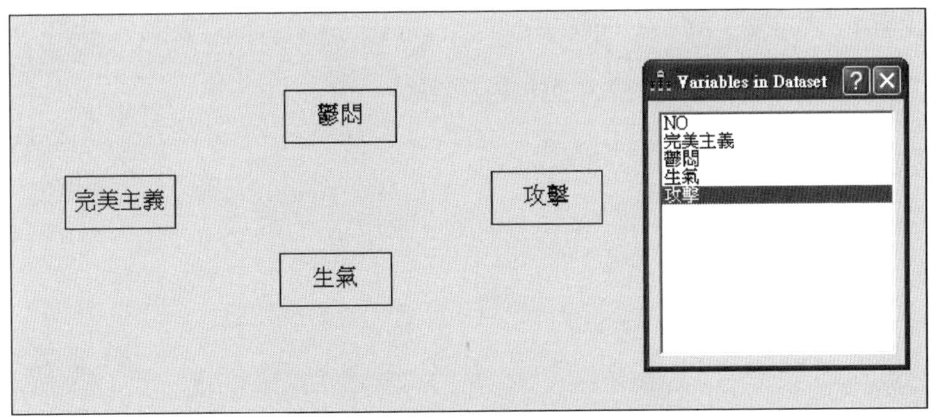

18.2.4 畫單向箭頭

步驟 1　按一下〔Draw path (single headed arrows)〕圖像（←），畫出如下的路徑。

也畫出從完美主義對攻擊的直接影響的路徑。

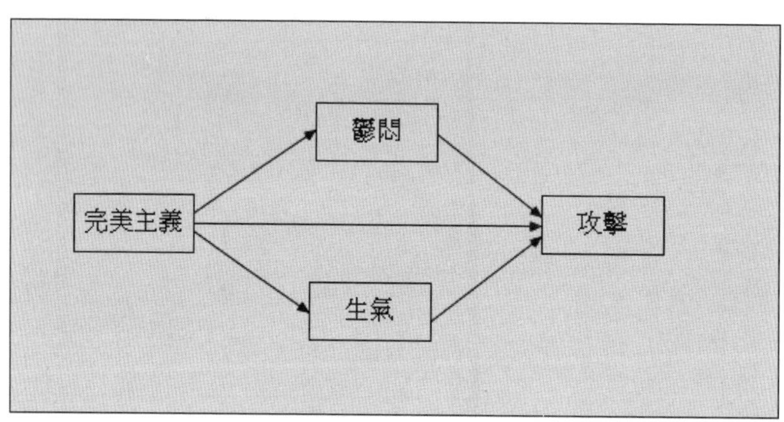

18.2.5 畫出誤差變數

【追加誤差變數】

在內生變數（受其他變數影響的變數）的鬱悶、生氣、攻擊中，也畫出來來自誤差的影響。

步驟 2　按一下〔Add a unique Variable to an existing Variable〕圖像（ ），然後在各自的變數中追加誤差變數。

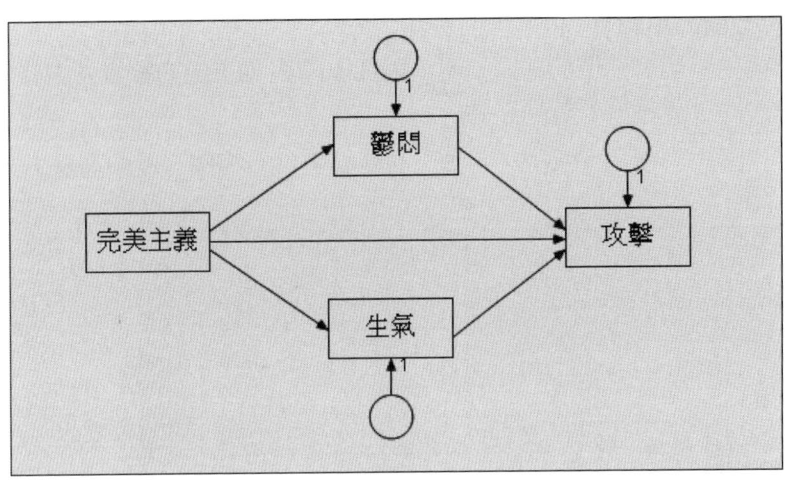

【對誤差變數取名】

步驟 3　選擇〔Plugins〕→〔Name unobserved Variables〕。

提示：開啓〔Object properties〕直接輸入變數名也行，但誤差個數變多時，如此的做法較爲方便。

提示：Unobserved Variables 是指未能被觀測的變數包括潛在變數與誤差變數。

e1,e2,e3 等的誤差變數即被自動取名。

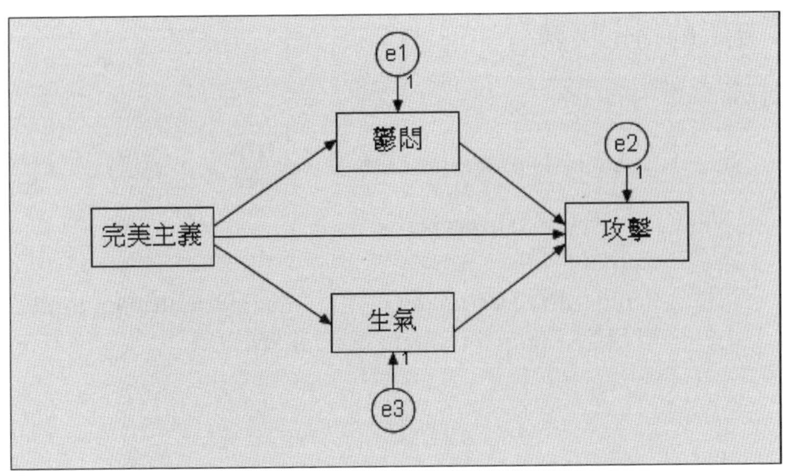

【畫出誤差間的相關】

鬱悶與生氣均有感情的共同要素。因此，除完美主義的影響外的要素之間（誤差），可以認爲有某種關聯。

步驟 4 因此，在 e1 與 e3 之間畫出共變異數（有相關、雙向箭線）。

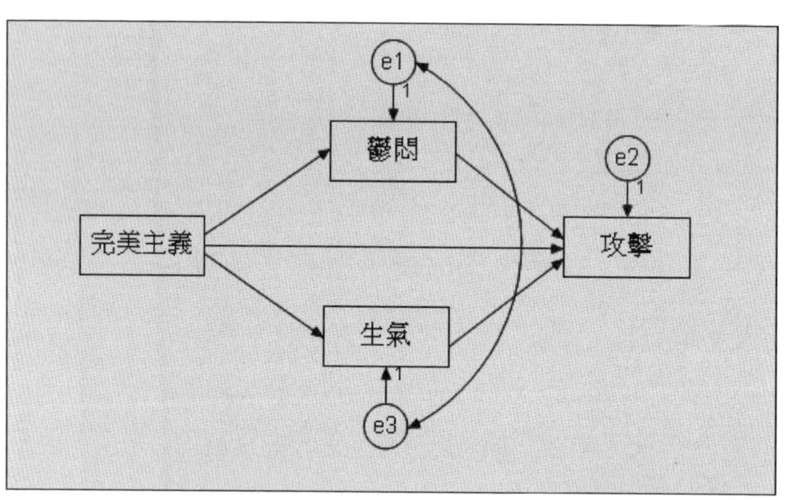

如此路徑圖即完成。

18.2.6 分析的指定與執行

進行分析及輸出的指定。

步驟 1 按一下〔Analysis properties〕圖像（ ），或者從工具列選擇〔View〕→〔Analysis properties〕。

點選〔Output〕Tab。

勾選〔Standardized estimates〕、〔Squared multiple correlations〕之外，也勾選〔Indirect, direct & total effects〕。

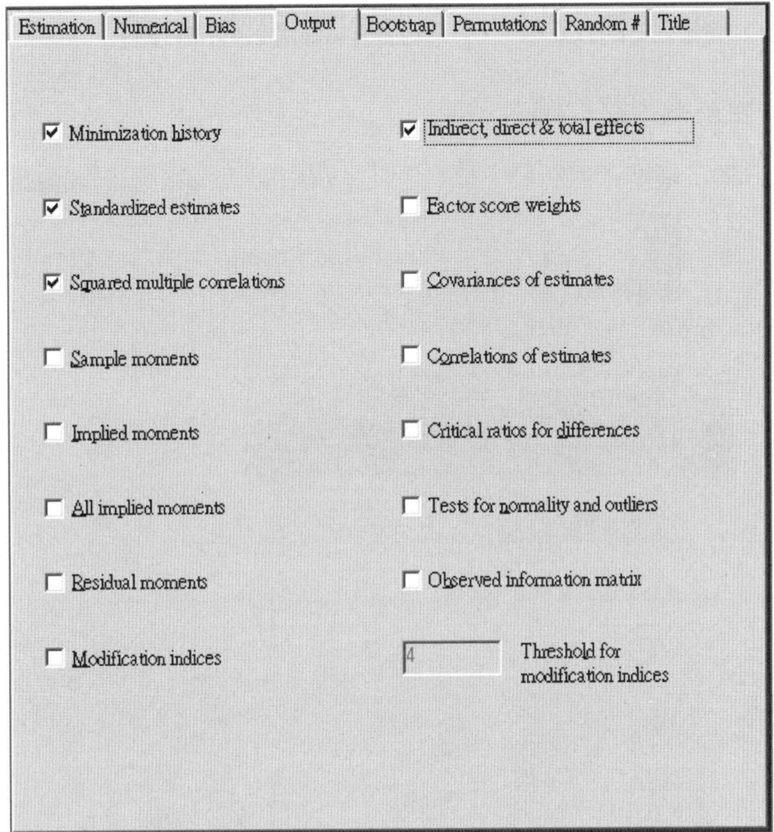

步驟 2　按一下〔Calculate Estimates〕圖像（　），或者從工具列選擇〔Analysis properties〕→〔Calculate Estimates〕，再執行分析。如要求檔案的儲存時，可先儲存在適當的場所。

18.3 觀察輸出——判斷因果關係鏈

18.3.1 觀察輸出路徑圖

步驟 1 顯示標準化估計值。按一下〔View the output path diagram〕圖

像（ ），按一下〔Parameter Format〕欄的〔Standardized estimates〕，即變成如下：

標準化路徑係數

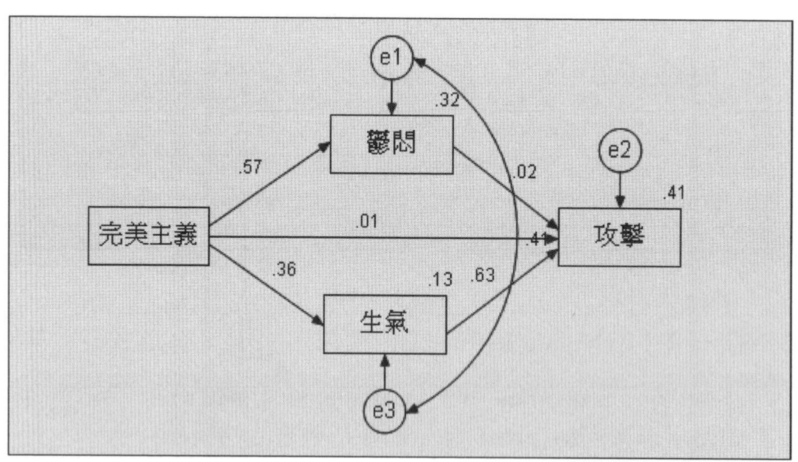

18.3.2 觀察正文輸出

步驟 2　按一下〔View text output〕圖像（），或者從工具列選擇〔View〕→〔Text output〕。
觀察〔Variables Summary〕。

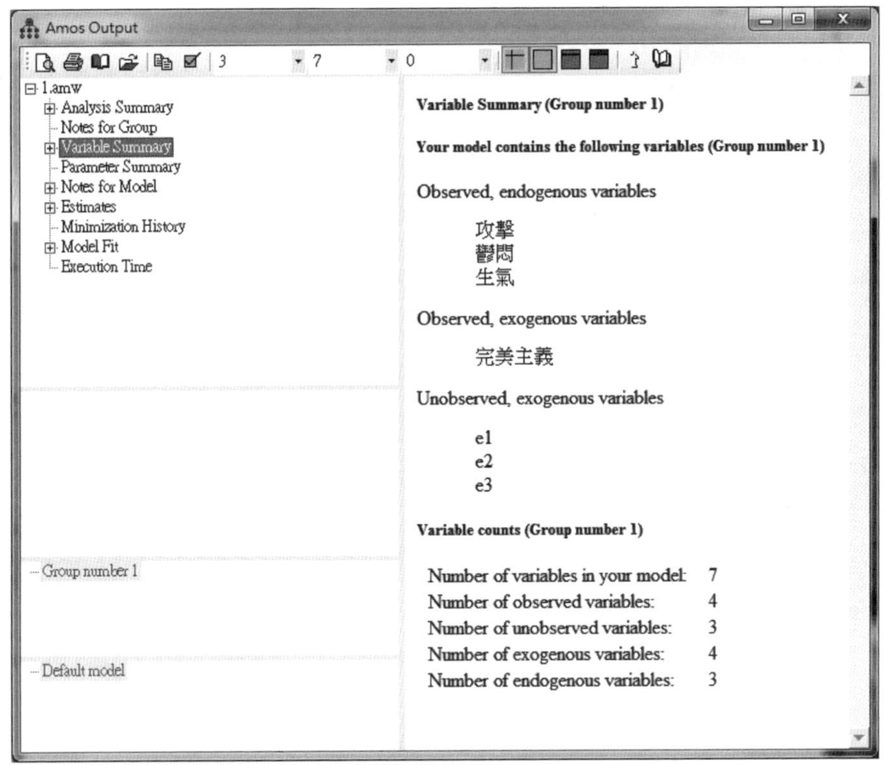

可被觀測的外生變數是完美主義，可被觀測的內生變數是鬱悶、生氣、攻擊，不能被觀測的外生變數是 3 個誤差變數。

至少接受一個單向箭線的變數稱為內生變數（endogenous variable），一個也未接受單向箭線的變數稱為外生變數（exogenous variable）。

步驟 3 在〔Parameter summary〕中，確認各個的數目。

aa.amw
- Analysis Summary
- Notes for Group
- Variable Summary
- Parameter summary
- Notes for Model
- Estimates
- Minimization History
- Model Fit
- Execution Time

Parameter summary (Group number 1)

	Weights	Covariances	Variances	Means	Intercepts	Total
Fixed	3	0	0	0	0	3
Labeled	0	0	0	0	0	0
Unlabeled	5	1	4	0	0	10
Total	8	1	4	0	0	13

步驟 4 試觀察〔Notes for Model〕。
有自由度的計算欄以及結果欄。

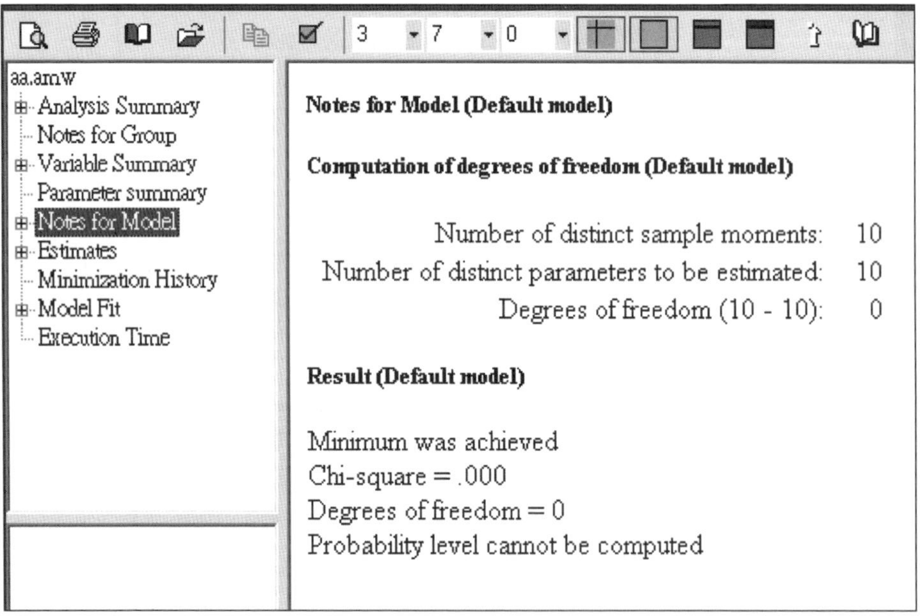

在自由度的計算中，確認出自由度（10－10）是 0 之值。

在結果欄中，有顯著水準不能計算〔Probability level cannot computed〕之顯示，也不妨記住此種的顯示。

步驟 5　觀察〔Estimates〕。

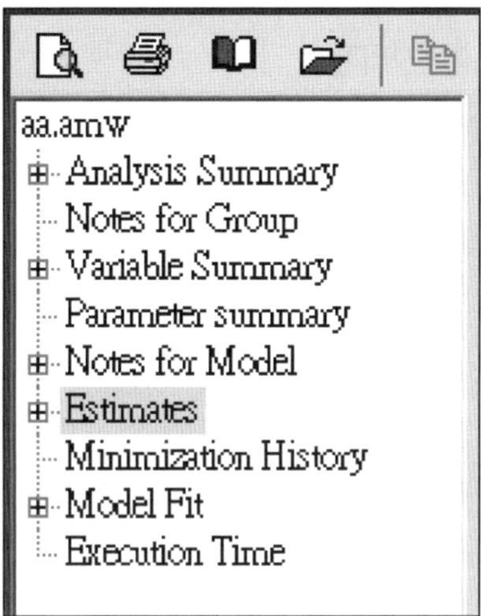

首先，觀察單向的路徑部分。從鬱悶到攻擊，從完美主義到攻擊的路徑似乎不顯著。

Regression Weights: (Group number 1 - Default model)

			Estimate	S.E.	C.R.	P	Label
鬱悶	<---	完美主義	.590	.112	5.265	***	
生氣	<---	完美主義	.378	.127	2.970	.003	
攻擊	<---	完美主義	.008	.117	.065	.948	
攻擊	<---	鬱悶	.015	.123	.122	.903	
攻擊	<---	生氣	.583	.108	5.405	***	

Standardized Regression Weights: (Group number 1 - Default model)

			Estimate
鬱悶	<---	完美主義	.565
生氣	<---	完美主義	.361
攻擊	<---	完美主義	.008
攻擊	<---	鬱悶	.016
攻擊	<---	生氣	.632

提示：係數的輸出結果的項目順序，是取決於畫路徑圖的觀測變數的順序或畫箭線的順序而有所不同。

觀察共變異數與相關係數之相關

鬱悶與生氣的誤差間的相關是顯著。由於被認爲具有「感情」的共同因素，因之可以說是妥當的結果。

Covariances: (Group number 1 - Default model)

	Estimate	S.E.	C.R.	P	Label
e1 <--> e3	.421	.145	2.901	.004	

Correlations: (Group number 1 - Default model)

	Estimate
e1 <--> e3	.408

觀察複相關係數的平方欄。因顯示有各自的 R^2 值，不妨確認看看。

Squared Multiple Correlations: (Group number 1 - Default model)

	Estimate
生氣	.130
鬱悶	.320
攻擊	.414

步驟 6 因在〔Output〕的選項中有勾選，所以接著輸出「Total Effects」「Direct Effects」「Indirect Effects」。不妨觀察標準化的數值看看。

首先是〔Standardized Total Effects〕。這是綜合地表示完美主義、生氣、鬱悶對其他的變數具有多少的影響力。

提示：試觀察剛才的路徑圖。完美主義到攻擊，有直接影響的路徑，與經由鬱悶的路徑，以及經由生氣的路徑。將這些路徑的影響力全部綜合之後即爲「綜合效果」。

Standardized Total Effects (Group number 1 - Default model)

	完美主義	生氣	鬱悶
生氣	.361	.000	.000
鬱悶	.565	.000	.000
攻擊	.245	.632	.016

其次，觀察標準化直接效果。這是表示未介入其他的變數，直接以單向箭線所連結之部分的影響力。

Standardized Direct Effects (Group number 1 - Default model)

	完美主義	生氣	鬱悶
生氣	.361	.000	.000
鬱悶	.565	.000	.000
攻擊	.008	.632	.016

接著，觀察標準化間接效果。這是表示介入其他的變數造成的影響。此次的路徑圖，是表示介入鬱悶及生氣後完美主義對攻擊造成的影響力。

經由變數的影響力，是要從路徑係數來計算。

譬如：

完美主義 → 生氣 → 攻擊：0.361×0.632 = 0.228

完美主義 → 鬱悶 → 攻擊：0.5625×0.016 = 0.009

接著，綜合兩者時，

從完美主義到攻擊的間接效果 = 0.228 + 0.009 = 0.237

Standardized Indirect Effects (Group number 1 - Default model)

	完美主義	生氣	鬱悶
生氣	.000	.000	.000
鬱悶	.000	.000	.000
攻擊	.237	.000	.000

另外，完美主義到攻擊的直接效果是 0.008，因此介入鬱悶與生氣的影響力顯然較大。

18.4 改良模式——刪除路徑再分析

18.4.1 路徑圖的變更、輸出

觀察輸出似乎可知，由鬱悶到攻擊的路徑，以及由完美主義到攻擊的路徑幾乎都是 0。因此，想刪除此 2 條路徑再一次分析看看。

提示：刪除此 2 條路與將此 2 條路徑固定成「0」是相同的。

步驟 1 按一下〔View the input path diagram (model specification)〕圖像（ ），使之成為能變更路徑圖的狀態。

步驟 2 按一下〔Erase Objects〕圖像（ ），刪除從鬱悶到攻擊以及從完美主義到攻擊的路徑。

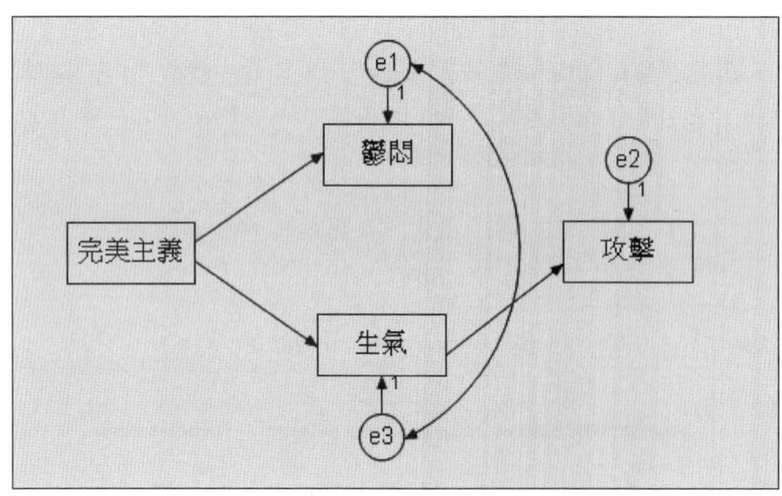

提示：或者開啓〔Object properties〕，點選從鬱悶到攻擊的路徑，以及由完美主義到攻擊的路徑，在〔Parameters〕Tab 的〔Regression weight〕的框內輸入「0」也行。

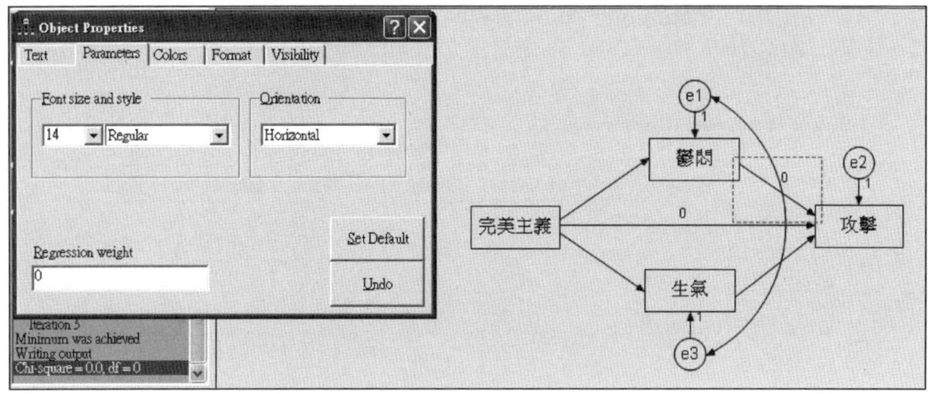

步驟 3　此處，請看刪除前者的路徑後所分析的結果。
顯示標準化估計值時，即為如下：

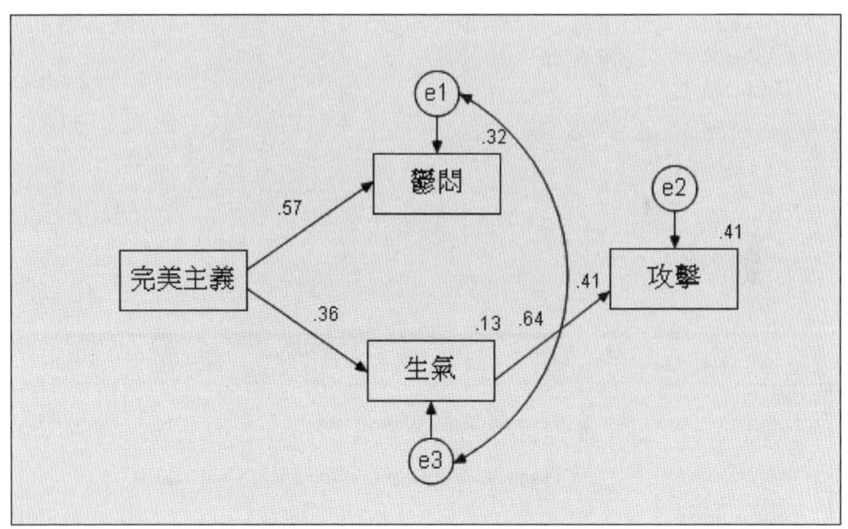

18.4.2 觀察正文輸出

試著觀察正文輸出（Text Output）。

步驟 1 顯示出〔Parameter summary〕，並與刪除路徑前比較看看。
〈刪除前〉

Parameter summary (Group number 1)

	Weights	Covariances	Variances	Means	Intercepts	Total
Fixed	3	0	0	0	0	3
Labeled	0	0	0	0	0	0
Unlabeled	5	1	4	0	0	10
Total	8	1	4	0	0	13

〈刪除後〉

Parameter summary (Group number 1)

	Weights	Covariances	Variances	Means	Intercepts	Total
Fixed	3	0	0	0	0	3
Labeled	0	0	0	0	0	0
Unlabeled	3	1	4	0	0	8
Total	6	1	4	0	0	11

步驟 2 也比較〔Notes for Model〕的輸出看看。
〈刪除前〉

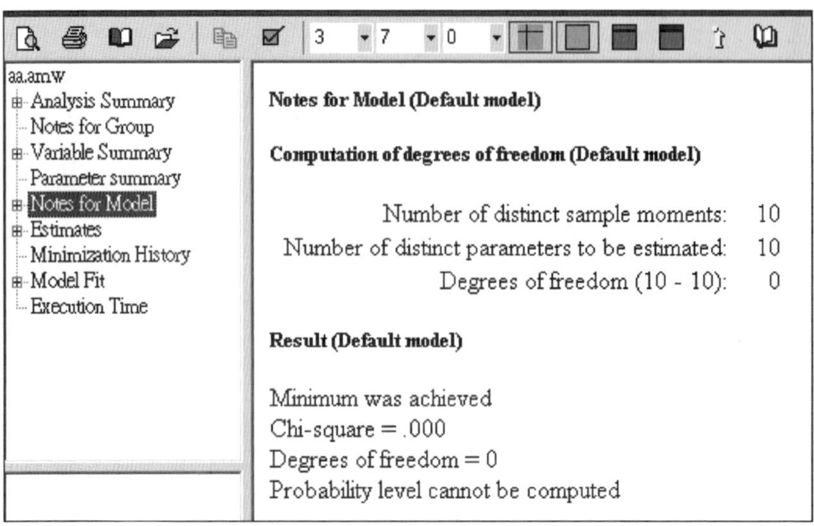

〈刪除後〉

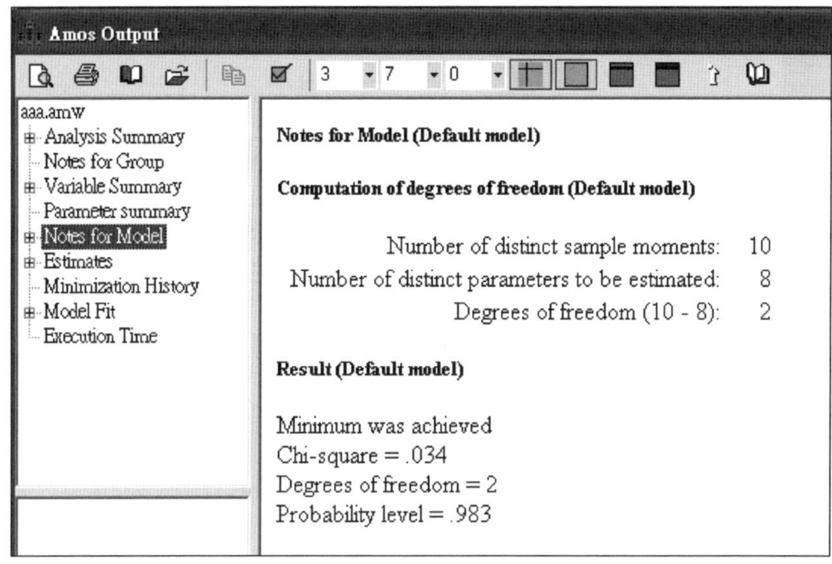

自由度之值從 0 變成 2，知可以計算出卡方之值（Chi-square）。

步驟 3　在〔Estimates〕方面，被刪除的路徑，其結果當然就未被輸出。

Maximum Likelihood Estimates

Regression Weights: (Group number 1 - Default model)

	Estimate	S.E.	C.R.	P	Label
生氣 <--- 完美主義	.378	.127	2.970	.003	
鬱悶 <--- 完美主義	.590	.112	5.265	***	
攻擊 <--- 生氣	.593	.092	6.457	***	

Standardized Regression Weights: (Group number 1 - Default model)

	Estimate
生氣 <--- 完美主義	.361
鬱悶 <--- 完美主義	.565
攻擊 <--- 生氣	.643

解說 1：路徑分析中的自由度

刪除路徑之前與之後的自由度是有不同的，刪除 2 條路徑後，自由度增加 2，似乎可以看出與路徑的個數有關係。

路徑分析中的自由度（df：degree of freedom），並非數據個數，而是對路徑圖加以計算的。

其中，「p」是觀測變數的個數。此處是使用 4 個觀測變數，因之，

p(p + 1) / 2 = 4(4 + 1) / 2 = 10

另外，「q」是要估計的自由母數的個數，亦即是「獨立變數的變異數」、「共變異數」、「路徑係數」、「誤差變異數」的合計值。

因此，刪除路徑之前，即爲

1（獨立變數的變異數）+ 1（共變異數）+ 18.（路徑變數）

+ 3（誤差變異數）= 10

因此，

刪除路徑之前的自由度是 10 − 10 = 0，

刪除路徑之後的自由度是 10 − 8 = 2。

Text 輸出的自由度的計算，是記載此內容。

提示：要記住自由度成爲負的模式是無法分析的。

譬如：如下的路徑圖的自由度是「−1」，無法分析。

出現「模式無法識別，需要再限制 1 個」的警告（The model is probably unidentified. In order to achieve identifiability, it will probably be necessary to impose 1 additional constraint.）。

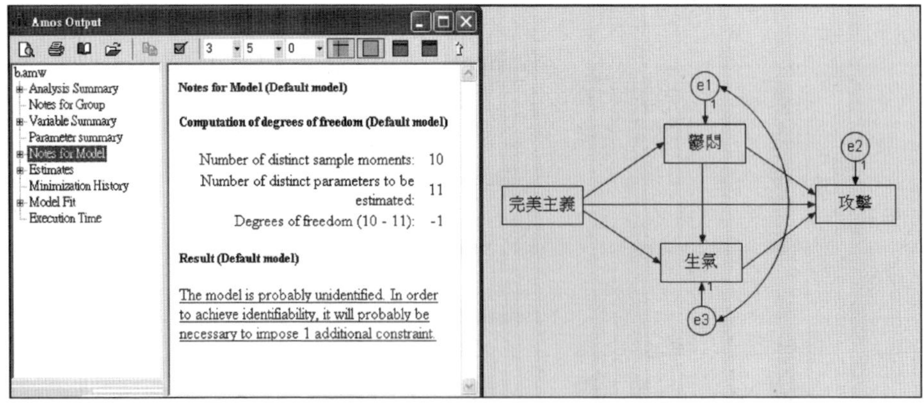

自由度≧ 0 是模式可被識別的「必要條件（最低限的條件）」，但「並非充分條件」，換言之，即使滿足自由度≧ 0，模式也未必能識別。下圖的

（A）是未能被識別，下圖的（B）是可以被識別。亦即，圖（A）的參數有 $b_1, b_2, b_3, b_4, v_1, v_2, v_3, v_4, c$ 等 9 個，樣本共變異數的個數有 $4\times(4+1)/2 = 10$，滿足自由度（10－9 = 1）≧ 0，但此模式卻未能被識別，此外參數個數即使相同，依路徑的連結方式之不同，可被識別的模式也有，未能被識別的模式也有。

很遺憾地，自己建立的模式儘管滿足必要條件，但是，模式是否能識別，顯然並無容易判別的方法。Amos 在執行計算的過程中可察知並能告知，依賴它或許是一條捷徑吧。

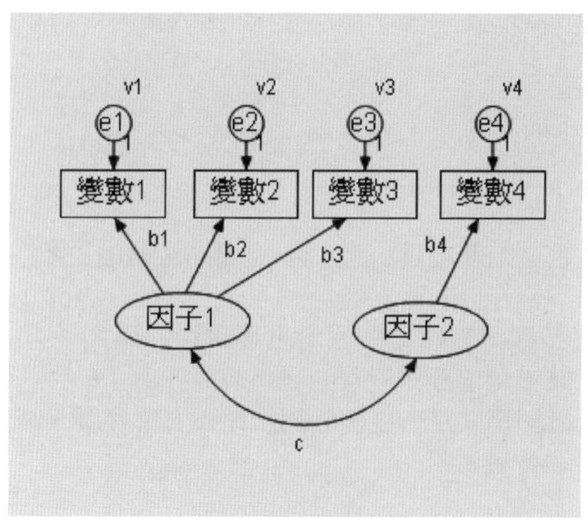

（A）未能識別

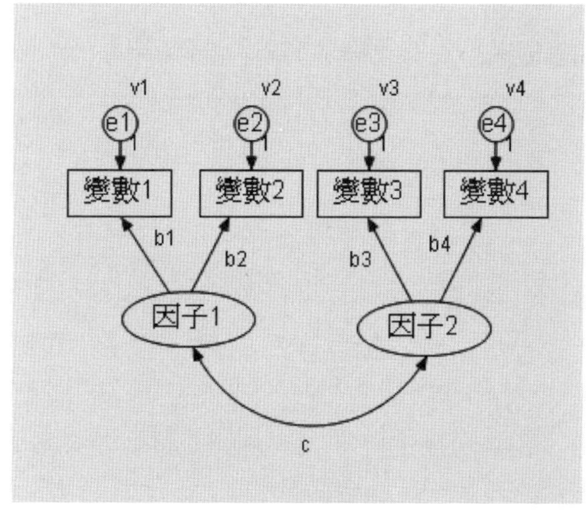

（B）可被識別

解說 2：獨立模式與飽和模式

請看 Text 輸出的「Model fit」的部分。此處所顯示的適合度指標容後說明。

在此處所顯示的表中，除 Default model（此次所分析的路徑圖模式）之外，也顯示有飽和模式（Saturated）和獨立模式（Independence）。

CMIN

Model	NPAR	CMIN	DF	P	CMIN/DF
Default model	8	.034	2	.983	.017
Saturated model	10	.000	0		
Independence model	4	73.257	6	.000	12.209

所謂**飽和模式**是自由度成爲 0 且 χ^2 值（上表的 CMIN 之值）成爲 0 的模式。

另外，原本是不存在自由度 0 的 χ^2 值，但方便上 Amos 則表記成 0。

所謂**獨立模式**是觀測變數之間假定全無關聯的模式。自由度是從最大的 $p(p + 1) / 2 = 10$ 減去 4 個觀測變數的變異數而成爲「6」。

本節所探討的最初模式是自由度 0 的飽和模式。那麼，其他的飽和模式是否不存在呢？也不盡然。

Tea Break

在研究上，實質的模式是介於飽和模式與獨立模式之間。

譬如：以下的路徑圖利用相同的數據也成爲飽和模式。

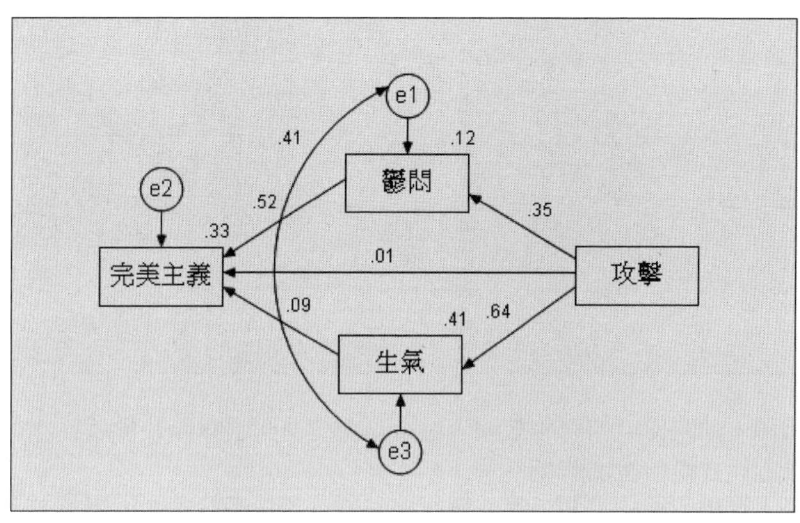

並且，以下的路徑圖也是飽和模式。

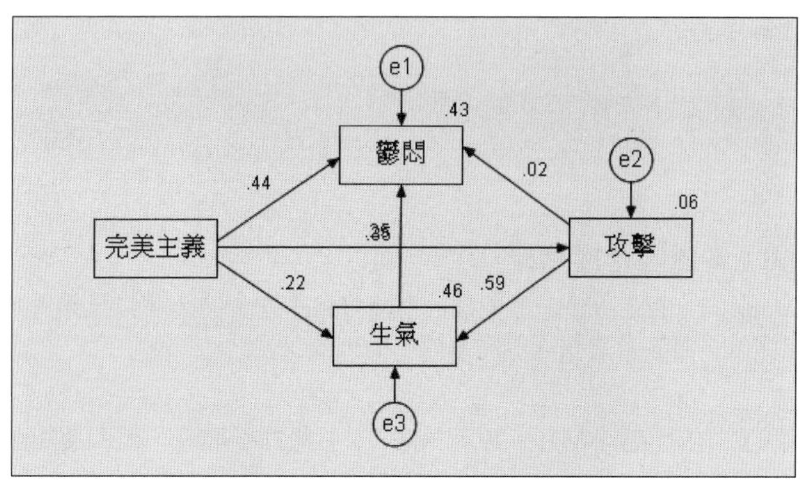

本章最初的路徑圖與這些的路徑圖的箭線方向是完全不同的，路徑係數也有不同，但均爲飽和模式。

另一方面，以下的模式是獨立模式（未標準化估計值）。

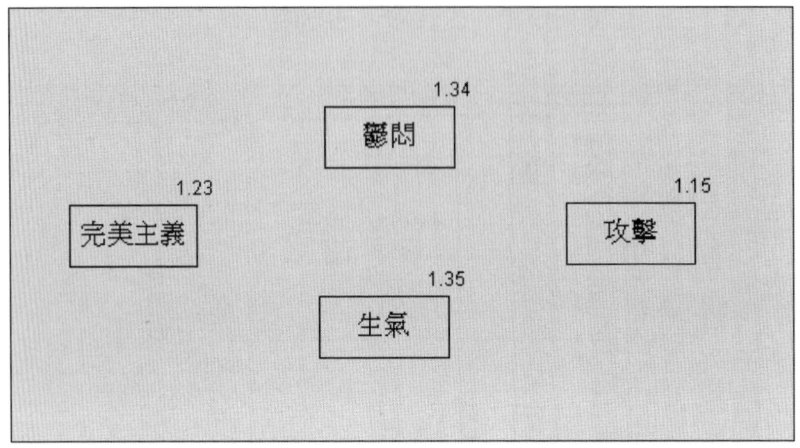

像這樣，即時使用相同的數據，減少自由度直到成爲飽和模式爲止，也可以由獨立模式慢慢增加路徑。

可是，在飽和模式之間，哪一個模式較優，無法基於適合度指標來判斷。

在研究上，實質的模式是介於飽和模式與獨立模式之間。

模式的好壞仍需由適合度指標來判斷。

解說 3：各種適合度指標

在 Amos 的〔Text Output〕中按一下〔Model Fit〕時，可以見到許多的適合度指標。一面參考這些適合度指標一面去改良模式。

1. χ^2 值

χ^2 值（CMIN）越小越好。顯著機率（P）最好不顯著，但即使顯著也無問題。「CMIN/DF」是 χ^2 值除以自由度後之值，可視爲越小越好。

CMIN

Model	NPAR	CMIN	DF	P	CMIN/DF
Default model	8	.034	2	.983	.017
Saturated model	10	.000	0		
Independence model	4	73.257	6	.000	12.209

2. GFI（Goodness of Fit Index），AGFI（Adjust GFI）

GFI 與 AGFI 的值是越大越好。在飽和模式中 GFI 成為 1.00，GFI 與 AGFI 被視為越接近 1.00 越好，AGFI 是修正 AGI 之後的值，比 GFI 之值小。一般比 0.90 大時，被視為模式的適配佳。

RMR, GFI

Model	RMR	GFI	AGFI	PGFI
Default model	.008	1.000	.999	.200
Saturated model	.000	1.000		
Independence model	.462	.604	.339	.362

3. NFI（Normed Fit Index）與 CFI（Comparative Fit Index）

NFI 與 CFI 是表示所分析的模式是位於獨立模式與飽和模式之間的哪一個位置。越接近 1 越好，比 0.90 大可視為是好的模式。

Baseline Comparisons

Model	NFI Delta1	RFI rho1	IFI Delta2	TLI rho2	CFI
Default model	1.000	.999	1.028	1.088	1.000
Saturated model	1.000		1.000		1.000
Independence model	.000	.000	.000	.000	.000

4. RMSEA（Root Mean Square Error of Approximation）

RMSEA 越小越好。一般最好是在 0.018 以下，如在 0.1 以上時，被視爲不佳。

RMSEA

Model	RMSEA	LO 90	HI 90	PCLOSE
Default model	.000	.000	.000	.985
Independence model	.436	.350	.528	.000

5. AIC（Akaike's Information Criterion：赤池資訊量基準）

AIC 或 CAIC 並非絕對的基準。比較數個模式時，值越小的模式被判斷是越好的一種指標。

AIC

Model	AIC	BCC	BIC	CAIC
Default model	16.034	17.516	32.789	40.789
Saturated model	20.000	21.852	40.943	50.943
Independence model	81.257	81.998	89.634	93.634

模式中檢定不顯著的參數，表示此參數在模式中不具重要性，爲達模式簡約之目的，這些不顯著的參數最好刪除，參數顯著與否與樣本觀測値的大小也有關係。在基本適配度方面的評鑑項目上是否沒有負的誤差變異量、因素負荷量是否介於 0.18 至 0.918 之間、是否沒有很大的標準誤。

6. 模式內在品質檢定摘要表

評鑑項目	模式適配判斷
所估計的參數均達到顯著水準	t 絕對值 >1.96（p < 0.018）符號與期望相符
個別項目的信度（標準化係數的平方）	> 0.18
潛在變數的平均抽取量 *參第 9 章	> 0.18
潛在變數的組合信度 *參第 9 章	> 0.60
標準化殘差的絕對值	< 2.18
修正指標	< 3.84 或 < 4

7. 整體適配度摘要表

統計檢定量	適配的標準或臨界值
絕對適配度指數	
χ^2 值（CMIN）	此值越小，或 P > 0.018，表示整體模式與實際資料越適配，（接受虛無假設，表示模式與樣本資料間可以契合）
RMR 值	< 0.018
RMSEA 值	< 0.08（若 < 0.018 優良；< 0.08 良好）
GFI 值	> 0.90 以上
AGFI 值	> 0.90 以上
增值適配度指數	
NFI 值	> 0.90 以上
RFI 值	> 0.90 以上
IFI 值	> 0.90 以上
TLI 值（NNFI 值）	> 0.90 以上
CFI 值	> 0.90 以上
簡約適配度指數	
PGFI 值	> 0.18 以上
PNFI 值	> 0.18 以上
PCFI 值	> 0.18 以上
CN 值	> 200
χ^2 自由度比（χ^2 ÷ df，也稱為規範卡方，NC：Normed Chi-square）	< 2
AIC 值	理論模式值小於獨立模式值，且小於飽和模式值
ECVI 值	理論模式值小於獨立模式值，且小於飽和模式值

18.5 以 SPSS 分析看看——分析數個因果關係鏈

18.5.1 計算相關係數

首先計算完美主義、鬱悶、生氣、攻擊的相關係數。

步驟 1 啓動 SPSS，選擇〔檔案 (F)〕→〔開啓舊檔 (O)〕→〔資料 (D)〕。在〔開啓檔案〕視窗中，讀取與先前相同的數據。

步驟 2 選擇〔分析 (A)〕→〔相關 (C)〕→〔雙變數 (B)〕。

步驟 3 在〔變數 (U)：〕的框內指定完美主義、鬱悶、生氣、攻擊，按 確定 。

結果得出如下。4 個得分相互之間有正的相關關係。但是，完美主義與攻擊的相關係數略低。

Correlations

		完美主義	鬱悶	生氣	攻擊
完美主義	Pearson Correlation	1	.565**	.361**	.245
	Sig. (2-tailed)		.000	.005	.059
	N	60	60	60	60
鬱悶	Pearson Correlation	.565**	1	.518**	.348**
	Sig. (2-tailed)	.000		.000	.006
	N	60	60	60	60
生氣	Pearson Correlation	.361**	.518**	1	.643**
	Sig. (2-tailed)	.005	.000		.000
	N	60	60	60	60
攻擊	Pearson Correlation	.245	.348**	.643**	1
	Sig. (2-tailed)	.059	.006	.000	
	N	60	60	60	60

**. Correlation is significant at the 0.01 level (2-tailed).

18.5.2 進行複迴歸分析

進行由完美主義到鬱悶的迴歸分析。

步驟 1　選擇〔分析 (A)〕→〔迴歸方法 (R)〕→〔線性〕。

步驟 2　〔依變數 (D)：〕指定鬱悶，〔自變數 (I)：〕指定完美主義，按 確定 。

標準迴歸係數（β）是 0.585，R^2 是 0.320。

模式摘要

模式	R	R 平方	調過後的 R 平方	估計的標準誤
1	.565[a]	.320	.308	.970

a. 預測變數:(常數), 完美主義

Anova[b]

模式		平方和	df	平均平方和	F	顯著性
1	迴歸	25.633	1	25.633	27.255	.000[a]
	殘差	54.550	58	.941		
	總數	80.183	59			

a. 預測變數:(常數), 完美主義

b. 依變數: 鬱悶

係數[a]

模式		未標準化係數		標準化係數	t	顯著性
		B 之估計值	標準誤差	Beta 分配		
1	(常數)	1.220	.325		3.759	.000
	完美主義	.590	.113	.565	5.221	.000

a. 依變數: 鬱悶

其次，進行由完美主義到生氣的迴歸分析。

步驟 3　再次選擇〔分析 (A)〕→〔迴歸方法 (R)〕→〔線性 (L)〕。

步驟 4　〔依變數 (D)：〕指定生氣，〔自變數 (I)：〕指定完美主義，按 確定。

標準化迴歸係數（β）是 0.361，R^2 是 0.130。

模式摘要

模式	R	R 平方	調過後的 R 平方	估計的標準誤
1	.361[a]	.130	.115	1.102

a. 預測變數:(常數), 完美主義

Anova[b]

模式		平方和	df	平均平方和	F	顯著性
1	迴歸	10.531	1	10.531	8.670	.005[a]
	殘差	70.452	58	1.215		
	總數	80.983	59			

a. 預測變數:(常數), 完美主義

b. 依變數: 生氣

係數[a]

模式		未標準化係數		標準化係數	t	顯著性
		B 之估計值	標準誤差	Beta 分配		
1	(常數)	1.515	.369		4.106	.000
	完美主義	.378	.128	.361	2.944	.005

a. 依變數: 生氣

其次，以完美主義、鬱悶、生氣為獨立變數；攻擊為依變數，進行複迴歸分析（參考 18.3.1 的圖形）。

步驟 5　選擇〔分析 (A)〕→〔迴歸方法 (R)〕→〔線性 (L)〕。

步驟 6　〔依變數 (D)：〕指定攻擊，〔自變數 (I)：〕指定完美主義、鬱悶、生氣，按 確定 。

由完美主義到攻擊：$\beta = 0.008$, n.s.（不顯著）
由鬱悶到攻擊：$\beta = 0.016$, n.s.
由生氣到攻擊：$\beta = 0.632$, n.s.
攻擊的 $R^2 = 0.414$。

模式摘要

模式	R	R 平方	調過後的 R 平方	估計的標準誤
1	.644[a]	.414	.383	.848

a. 預測變數:(常數), 生氣, 完美主義, 鬱悶

Anova[b]

模式		平方和	df	平均平方和	F	顯著性
1	迴歸	28.533	3	9.511	13.211	.000[a]
	殘差	40.317	56	.720		
	總數	68.850	59			

a. 預測變數:(常數), 生氣, 完美主義, 鬱悶

b. 依變數: 攻擊

係數[a]

模式		未標準化係數		標準化係數	t	顯著性
		B 之估計值	標準誤差	Beta 分配		
1	(常數)	.921	.334		2.760	.008
	完美主義	.008	.120	.008	.064	.949
	鬱悶	.015	.126	.016	.118	.906
	生氣	.583	.111	.632	5.266	.000

a. 依變數: 攻擊

18.5.3 計算偏相關係數

計算鬱悶與生氣的誤差之間的相關，換而言之，「控制完美主義對鬱悶與生氣的偏相關係數」。

步驟 1 選擇〔分析 (A)〕→〔相關 (C)〕→〔偏相關 (R)〕。

步驟 2 於〔變數 (V)：〕中指定鬱悶與生氣。
〔控制的變數 (C)：〕指定完美主義。按 確定 。

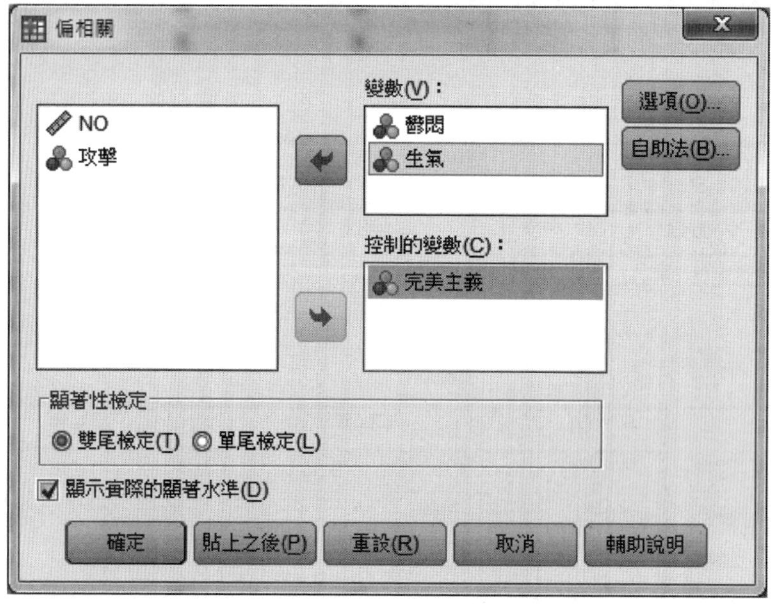

偏相關係數是 0.408（P < 0.001）。

相關

控制變數			鬱悶	生氣
完美主義	鬱悶	相關	1.000	.408
		顯著性 (雙尾)	.	.001
		df	0	57
	生氣	相關	.408	1.000
		顯著性 (雙尾)	.001	.
		df	57	0

18.5.4 將結果置入路徑圖中

將目前以 SPSS 分析的結果表示在路徑圖中時，即爲如下。
與 18.4 節的結果，可以說幾乎是相同之值。

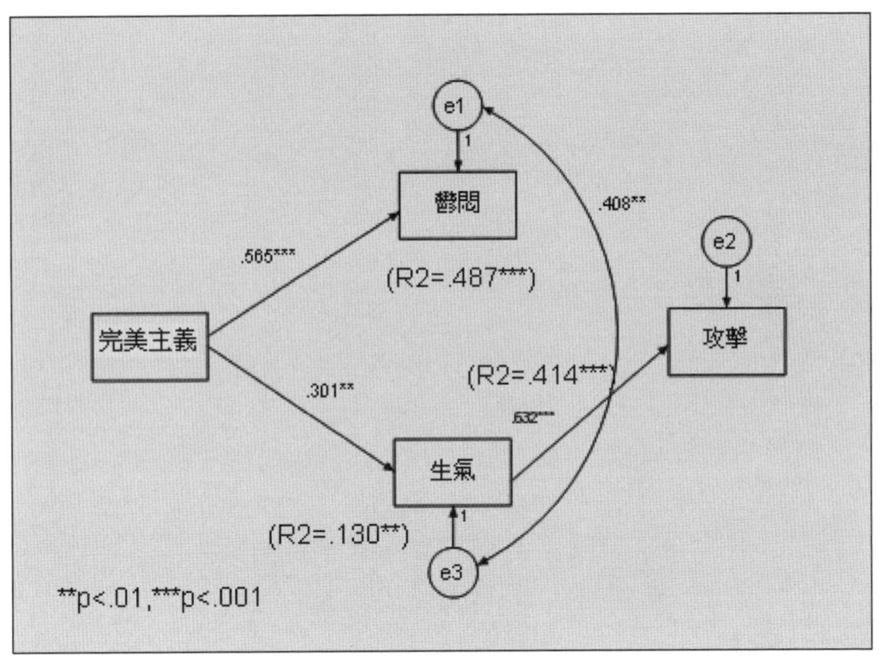

Tea Break

路徑分析是一種用來分析變項間因果關係（causal relation）的統計方法。其中，能夠引發其他變項發生改變的變項稱作是「因」（causes），被其他變項影響而產生改變的變項稱作是「果」（effects），因此，「因」與「果」之間便會產生許多「直接」影響（direct effects）和「間接」影響（indirect effects）的效果；徑路分析即是於研究者事前對於文獻的考量所提出的一種因果模式，用多元迴歸分析中的標準化迴歸方程式的估計方法，找出並驗證夠符合模式假設的徑路係數（path coefficient，以求出「因」對「果」之影響力的直接效果和間接效果，並以量化的數據來解釋這些因果關係的假設，以達到驗證研究者所提之因果模式的存在與否。

Note

第 19 章
結構方程模型分析

19.0 前言

結構方程模型（Structural equation modeling, SEM）的目的在於建構一組「多變項的因果模型」，也就是包括：應變項、自變項、中介變項或調節變項，不僅是「相關關係」的理論，也具備「因果關係」。

爲了實際使用結構方程模型進行分析，醫院是社會的資源，以下使用醫院的意見調查進行分析，探討因果關係，以體驗此結構方程模型的有趣性。

針對 3 家綜合醫院的利用者，進行如下的意見調查：

表 19.1.1 意見調查表

項目 1　您覺得此綜合醫院的照明如何？　〔照明（bright）〕

壞　1 — 2 — 3 — 4 — 5　好

項目 2　您覺得此綜合醫院的色彩如何？　〔色彩（color）〕

穩重　1 — 2 — 3 — 4 — 5　花俏

項目 3　您覺得此綜合醫院的休息空間的地點如何？　〔空間認知（space）〕

不易使用　1 — 2 — 3 — 4 — 5　容易使用

項目 4　您覺得此綜合醫院的巡迴形式如何？　〔動線（moving）〕

容易了解　1 — 2 — 3 — 4 — 5　不易了解

項目 5　您經常利用此綜合醫院嗎？　〔使用次數（frequency）〕

不利用　1 — 2 — 3 — 4 — 5　利用

項目 6　您覺得此綜合醫院的掛號收費如何？　〔掛號費用（fee）〕

便宜　1 — 2 — 3 — 4 — 5　貴

以下的數據是有關 3 家綜合醫院 A, B, C 的利用者滿意度的調查解果。

表 19.1.2　綜合醫院類型 A

NO.	bright	color	space	moving	frequency	fee
1	3	3	3	4	2	4
2	3	3	2	5	2	3
3	2	4	2	2	3	3
4	4	2	3	4	1	3
5	3	3	2	3	4	1
6	4	2	2	5	5	3
7	3	3	2	5	5	3
8	2	4	3	2	1	3
9	4	2	3	4	4	1
17	2	4	3	2	5	3
11	2	2	3	3	4	4
12	2	3	2	5	4	1
13	3	4	2	5	1	4
14	4	3	2	4	1	3
15	3	3	1	5	1	4
16	3	4	3	3	2	3
17	4	3	3	4	2	4
18	2	4	2	5	2	4
19	4	2	2	4	1	4
20	4	2	2	4	3	4
21	3	3	1	4	3	2
22	3	3	3	5	1	3
23	4	3	2	5	2	3
24	2	4	3	5	2	2
25	2	4	4	2	4	4
26	5	3	3	1	2	3
27	5	4	4	5	2	3
28	5	5	4	4	4	3
29	5	5	4	5	4	1
30	5	1	3	5	2	4

表 19.1.3 綜合醫院類型 B

NO.	bright	color	space	moving	frequency	fee
31	3	4	3	2	2	2
32	2	3	3	5	5	4
33	3	3	3	1	3	3
34	3	4	3	4	4	2
35	2	3	2	3	1	3
36	3	3	2	4	3	3
37	3	3	4	4	4	1
38	1	5	2	4	4	1
39	4	2	2	4	3	2
40	4	2	1	3	1	4
41	4	2	3	5	1	2
42	3	3	2	5	1	3
43	2	4	2	5	3	2
44	3	3	3	4	5	2
45	4	4	3	4	3	2
46	4	3	3	3	5	3
47	4	4	3	4	5	2
48	2	2	4	2	3	2
49	4	4	2	3	3	2
50	2	2	3	4	3	2
51	4	4	2	5	4	3
52	3	3	2	4	4	4
53	4	4	2	4	3	4
54	3	3	5	3	4	2
55	4	4	4	1	4	2
56	2	4	2	5	1	4
57	3	4	4	5	2	4
58	3	4	4	3	1	3
59	4	4	3	4	4	2
60	3	3	2	4	2	4

表 19.1.4　綜合醫院類型 C

NO.	bright	color	space	moving	frequency	fee
61	4	2	2	2	5	3
62	2	4	3	2	4	1
63	5	4	4	1	4	4
64	3	3	3	2	3	1
65	5	1	2	3	2	3
66	3	3	3	2	3	2
67	4	4	4	2	3	4
68	3	3	3	1	5	1
69	3	3	3	2	5	3
70	4	4	3	1	5	1
71	3	3	5	2	5	2
72	3	3	3	3	4	2
73	3	4	2	3	2	2
74	4	4	2	3	3	3
75	2	5	3	3	4	3
76	3	3	2	2	2	3
77	4	3	3	4	3	3
78	3	3	2	5	2	3
79	3	3	4	2	4	4
80	4	4	2	5	1	4
81	3	3	3	2	2	3
82	3	3	3	2	2	5
83	3	3	4	3	4	3
84	3	3	4	4	2	2
85	3	4	5	1	3	1
86	4	4	4	2	2	2
87	4	4	2	4	2	3
88	3	3	2	2	2	4
89	5	2	3	3	1	2
90	4	3	4	3	1	5

19.1 想分析的事情是什麼

一、調查項目

在以下的路徑圖中，想按照 3 家綜合醫院調查室內照明、外觀色彩、空間認知、動線、使用次數、掛號費用之間的關聯性。

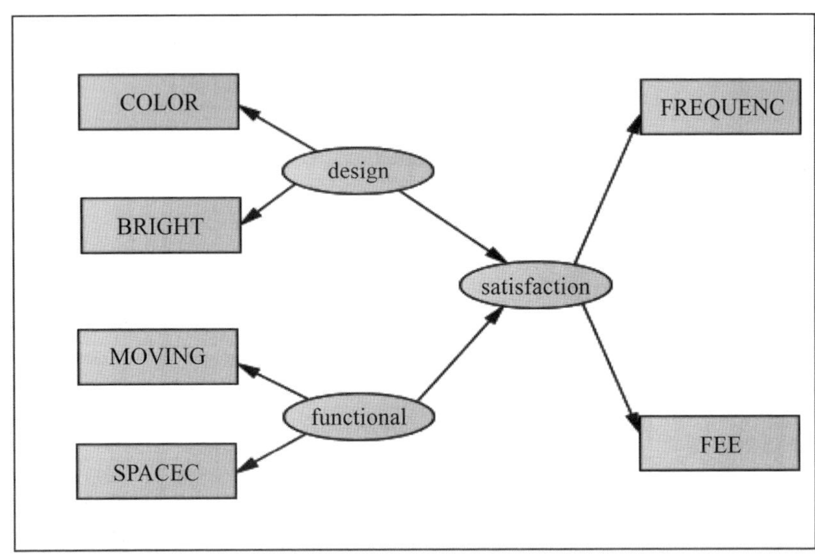

圖 19.1.1　路徑圖

此時想探討如下事項：

1. 從設計性來看，對使用者滿意度之影響來說，在綜合醫院 A, B, C 之間有何不同？
2. 從機能性來看，對使用者滿意度之影響來說，在綜合醫院 A, B, C 之間有何不同？
3. 設計性最高的綜合醫院是 A, B, C 之中的何者？
4. 機能性最高的綜合醫院是 A, B, C 之中的何者？
5. 使用者滿意度最高的是 A, B, C 之中的何者？

此時可以考慮如下的統計處理：

【統計處理】

使用結構方程模型分析所用軟體 Amos 製作如下的路徑圖：

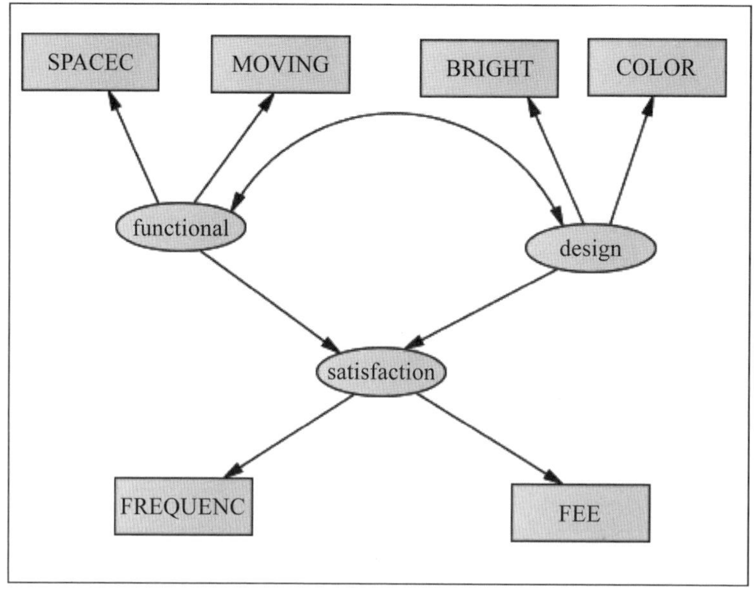

圖 19.1.2　路徑圖

利用多母體的同時分析，分別估計 3 個類型中如下路徑係數：

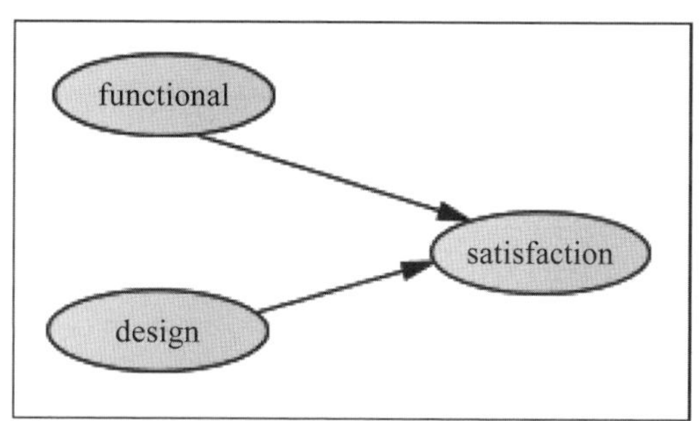

利用平均構造模型，針對

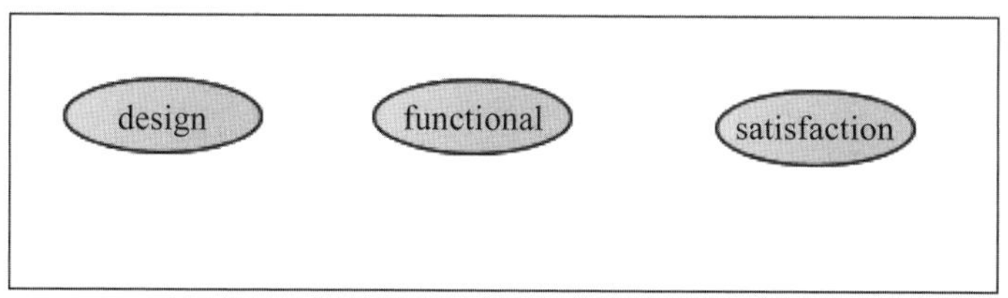

比較 3 個類型的平均之差異。

19.2 撰寫論文時 1

一、結構方程模型分析之情形

因此，進行多母體的同時分析之後，從設計性到使用者滿意度的路徑係數，得出如下：

表 19.1.5

係數 類型	未標準化係數	標準化係數
綜合醫院 A	−0.383	−0.234
綜合醫院 B	−2.380	−0.666
綜合醫院 C	−0.681	−0.427

因此，設計性與使用者的滿意度不一定有關聯。

從機能性到使用者滿意度的路徑係數，得出如下：

表 19.1.6

係數 類型	未標準化係數	標準化係數
綜合醫院 A	0.144	0.046
綜合醫院 B	1.811	0.089
綜合醫院 C	1.728	0.651

因此，機能性與利用者的滿意度有關聯，但綜合醫院 A 比綜合醫院 B、C 來說，其關聯略低。

19.3 撰寫論文時 2

設計性與機能性的平均值，得出如下：

表 19.1.7

類型 \ 平均值	設計性	機能性
綜合醫院 A	0	0
綜合醫院 B	−0.248	0.097
綜合醫院 C	0.045	0.490

因此，以綜合醫院 A 爲基準時，在設計性上，綜合醫院 B 較差。
在機能性上，綜合醫院 C 較優勢。
設計性與機能性在平均值的周邊的使用者滿意度，得出如下：

表 19.1.8

類型	滿意度
綜合醫院 A	0
綜合醫院 B	0.473907
綜合醫院 C	0.391775

因此，知綜合醫院 B 的滿意度最高。
在此分析中，模型適合度指標的 RMSEA 是 0.000。
由以上事項可以判讀出什麼呢？

19.4 數據輸入類型

表 19.1.2～表 19.1.4 的資料，如下輸入：數據檔參 data_19-1.sav。

	TYPE	BRIGHT	COLOR	SPACEC	MOVING	FREQUENC	FEE
1	1	3	3	3	4	2	4
2	1	3	3	2	5	2	3
3	1	2	4	2	2	3	3
4	1	4	2	3	4	1	3
5	1	3	3	2	3	4	1
6	1	4	2	2	5	5	3
7	1	3	3	2	5	5	3
8	1	2	4	3	2	1	3
9	1	4	2	3	4	4	1
10	1	2	4	3	2	5	3
11	1	2	2	3	3	4	4
12	1	2	3	2	5	4	1
13	1	3	4	2	5	1	4
14	1	4	3	2	4	1	3
15	1	3	3	1	5	1	4
16	1	3	4	3	3	2	3
17	1	4	3	3	4	2	4
18	1	2	4	2	5	2	4
19	1	4	2	2	4	1	4
20	1	4	2	2	4	3	4
67	3	4	4	4	2	3	4
68	3	3	3	3	1	5	1
69	3	3	3	3	2	5	3
70	3	4	4	3	1	5	1
71	3	3	3	5	2	5	2
72	3	3	3	3	3	4	2
73	3	3	4	2	3	2	2
74	3	4	4	2	3	3	3
75	3	2	5	3	3	4	3
76	3	3	3	2	2	2	3
77	3	4	3	3	4	3	3
78	3	3	3	2	5	2	3
79	3	3	3	4	2	4	4
80	3	4	4	2	5	1	4
81	3	3	3	3	2	2	3
82	3	3	3	3	2	2	5
83	3	3	3	4	3	4	3
84	3	3	3	4	4	2	2
85	3	3	4	5	1	3	1
86	3	4	4	4	2	2	2
87	3	4	4	2	4	2	3
88	3	3	3	2	2	2	4
89	3	5	2	3	3	1	2
90	3	4	3	4	3	1	5

19.5 指定資料的檔案

以下以步驟的方式進行 Amos 的操作說明。

步驟 1　點選開始 → IBM SPSS Amos → Amos Graphis。

步驟 2　變成以下畫面時，從分析（Analyze）的清單中，選擇組管理（Manage groups）。

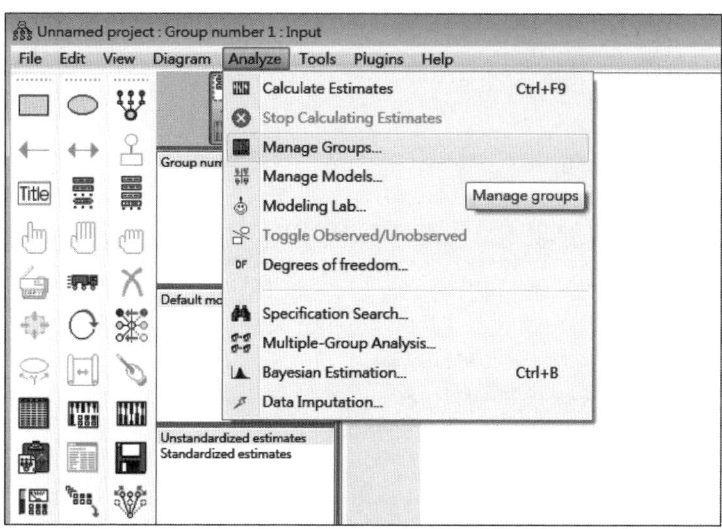

步驟 3　如下，〔組名〕（Group Name）成爲 Group number 1 。

Manage Groups
Group Name
Group number 1
New　Delete　Close

步驟 4　因之，如下輸入 typeA。
然後，按 Close 。

Manage Groups
Group Name
typeA
New　Delete　Close

步驟 5　接著，從檔案（File）的清單中選擇資料檔（Data Files）。

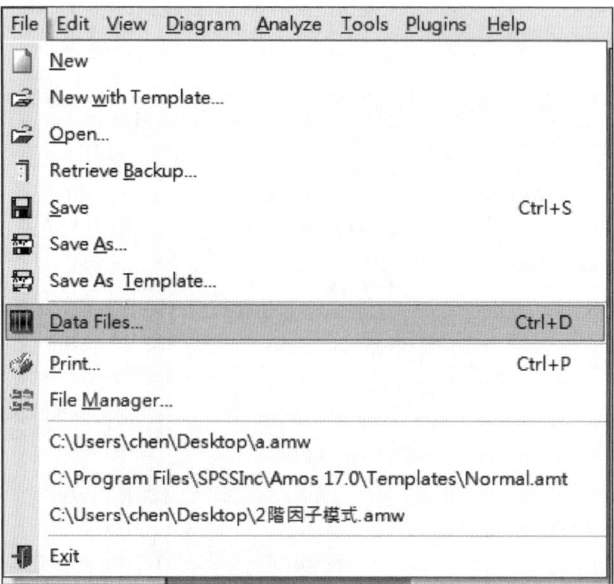

步驟 6　變成資料檔的畫面時，按一下檔名（File Name）。

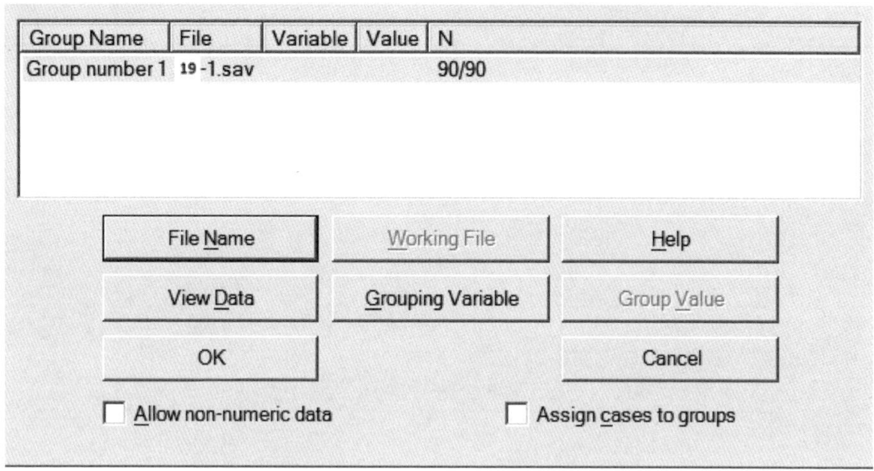

步驟 7　指定用於分析的 sav 檔名 (19.1) 按一下開啓 (O)。

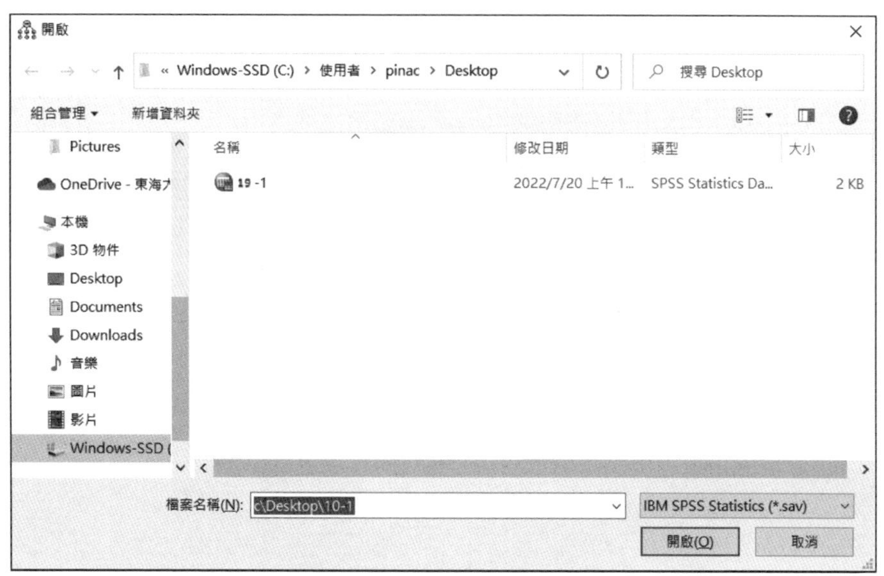

步驟 8 回到資料檔的畫面時，如下在檔案的地方，顯示用於分析的檔名。接著，資料因分成了 3 個類型，因之按一下分組變數。

Data Files

Group Name	File	Variable	Value	N
Group number 1	19 -1.sav			90/90

File Name　Working File　Help

View Data　Grouping Variable　Group Value

OK　Cancel

☐ Allow non-numeric data　☐ Assign cases to groups

步驟 9 變成了選擇分組變數的畫面時，選擇類型（TYPE），按 確定。

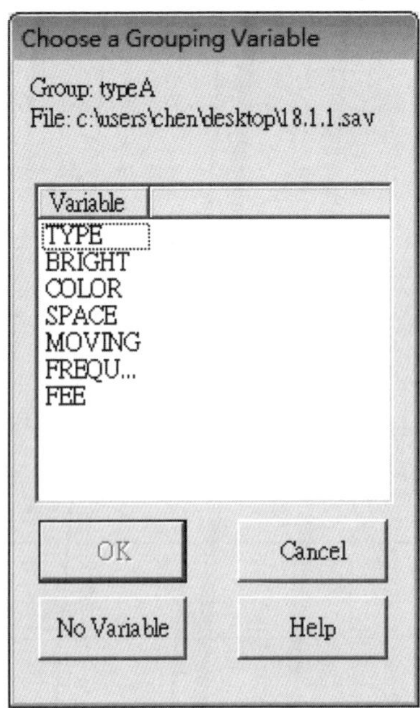

步驟 10　於是，在變數的地方，列入分組數名稱「TYPE」。
接著，按一下組值。

Data Files

Group Name	File	Variable	Value	N
Group number 1	19 -1.sav			90/90

File Name　Working File　Help
View Data　Grouping Variable　Group Value
OK　Cancel
☐ Allow non-numeric data　☐ Assign cases to groups

步驟 11　變成組識別值的選擇畫面時，選擇數值之中的 1，按 確定。

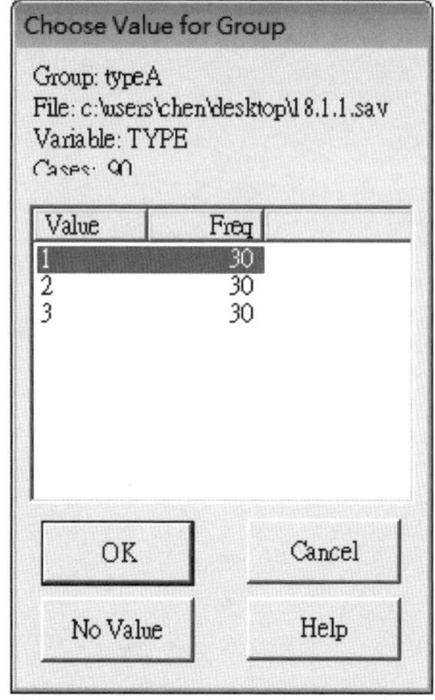

步驟 12 於是，在資料檔的畫面中的數值處列入 1。
然後，按 確定 。

Data Files

Group Name	File	Variable	Value	N
Group number 1	19 -1.sav	TYPE	1	30/90

File Name | Working File | Help
View Data | Grouping Variable | Group Value
OK | Cancel

☐ Allow non-numeric data ☐ Assign cases to groups

依據步驟以圖進圖出的
方式即可完成設定。

19.6 繪製共同的路徑圖

步驟 1　此分析由於想指定平均值與截距，所以從檢視（View）的清單中選擇分析性質（Analysis Properties）。

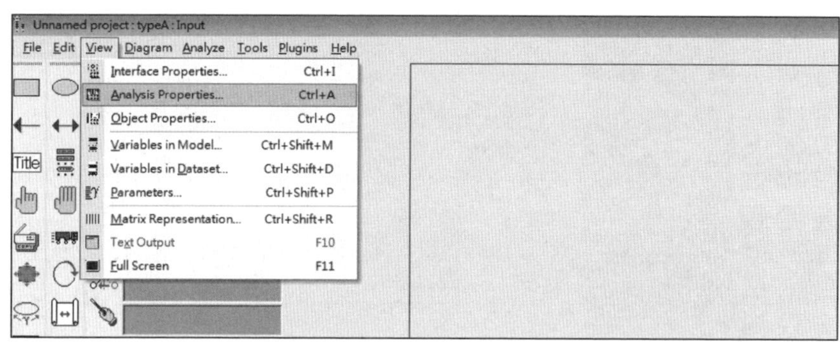

步驟 2　變成分析性質的畫面時，點一下估計（Estimation）勾選估計平均值與截距（Estimate means and intercepts），也點一下輸出（Output），勾選標準化估計值（Standardized estimates），然後關閉此分析性質之視窗。

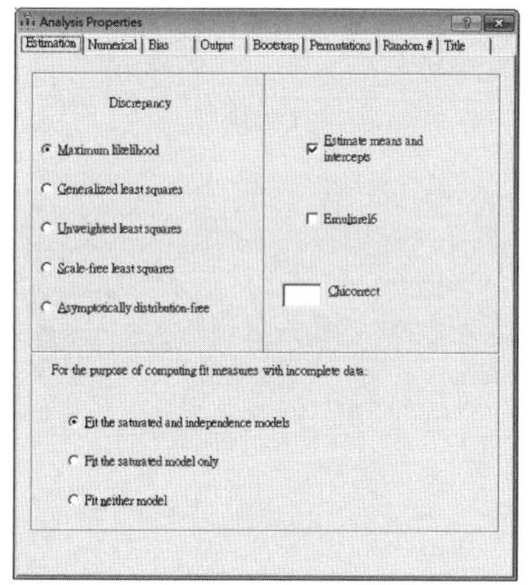

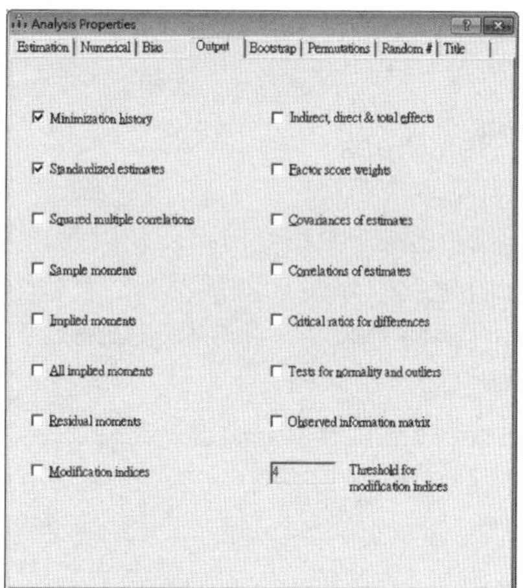

此處的點選是針對潛在變數的設定。

步驟 3 回到 Graphics 的畫面時如下繪製路徑圖。

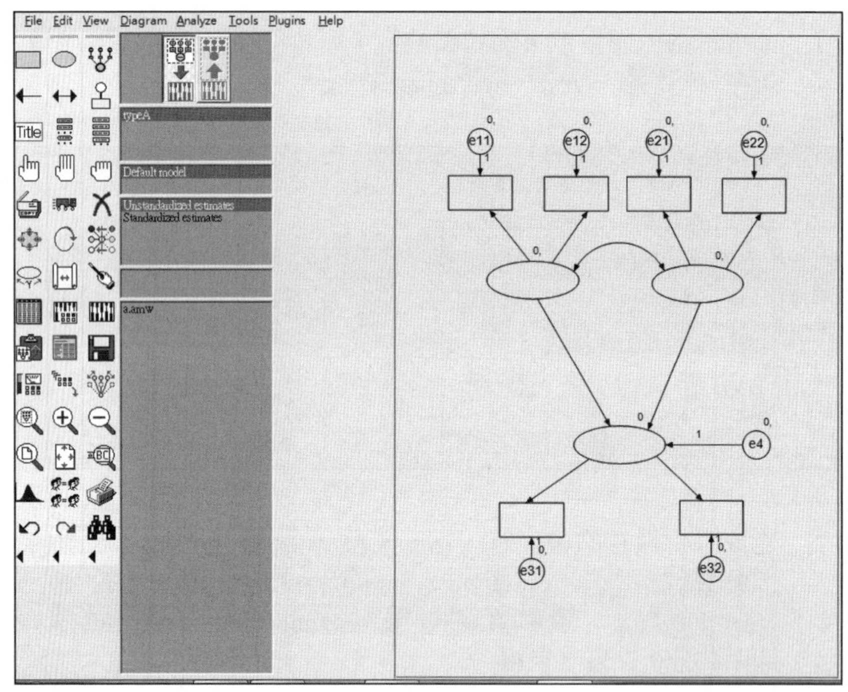

Tea Break

因在步驟 2 中對估計平均值與截距已有勾選，所以在圓或橢圓的右肩上加上 0。此意指以類型 A 為基準，因之類型 A 的平均 =0。

e11 等的變數名，如在圓上連按兩下，會出現物件性質之畫面，然後如下輸入變數名即可。

步驟 4　在方框中輸入觀察到的變數名，從檢視（View）的清單中選擇資料組中所含有的變數（Variables in Dataset）。

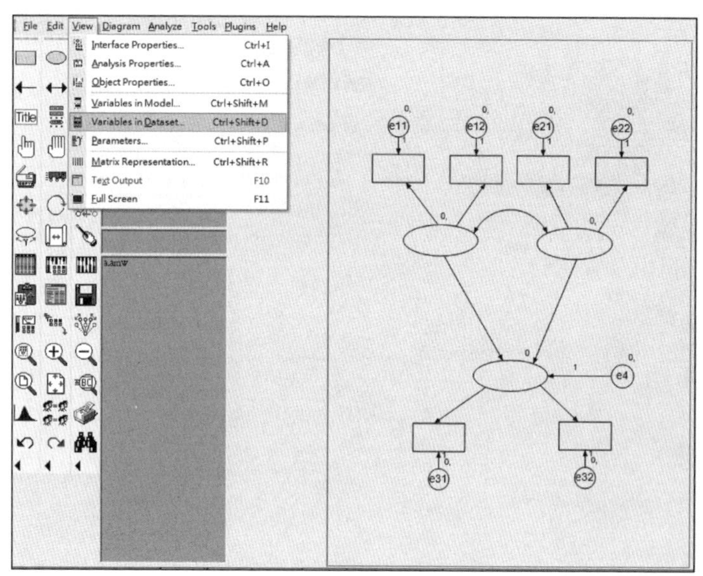

步驟 5　如下出現資料檔的變數名的畫面，因之按一下用於分析變數名，再拖曳到方框之中。

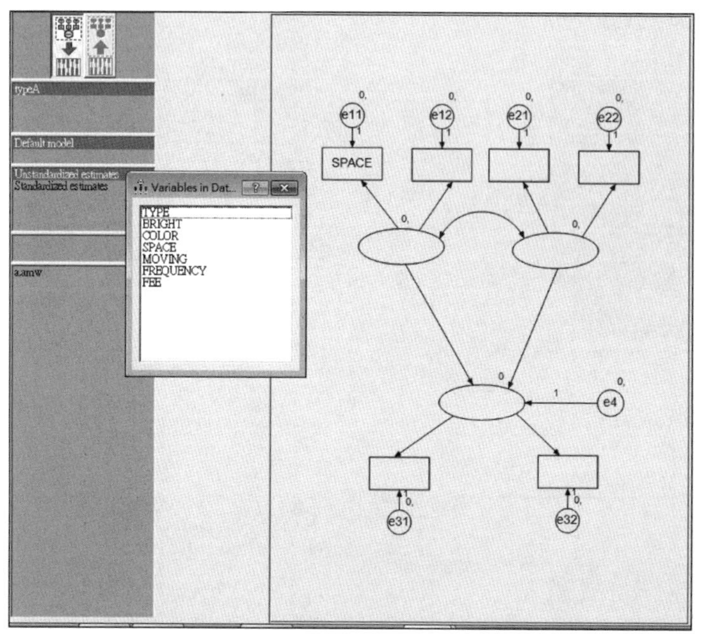

步驟 6 重複此動作，變數名的投入結束時，關閉資料組中所包含變數的畫面。

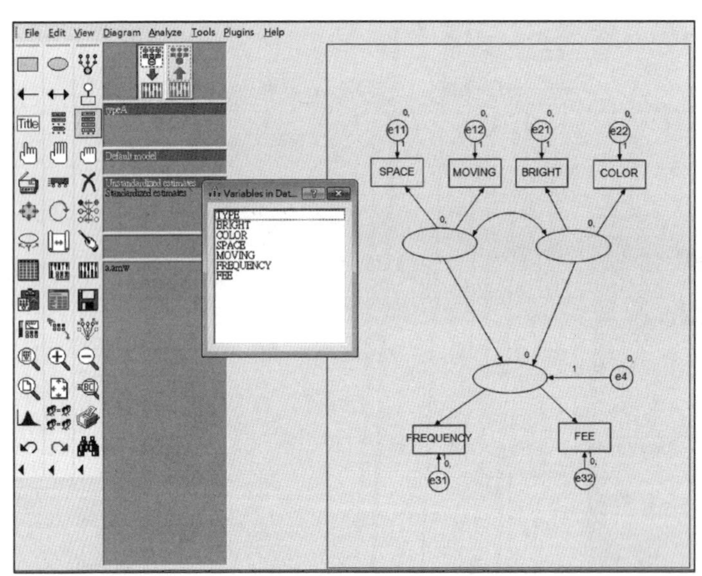

如投錯名稱時，在方框上按兩下，在所出現的物件性質的畫面上即可刪除。

步驟 7 其次，爲了在橢圓之中放入潛在變數名，在橢圓的上面按右鍵，然後選擇物件性質。

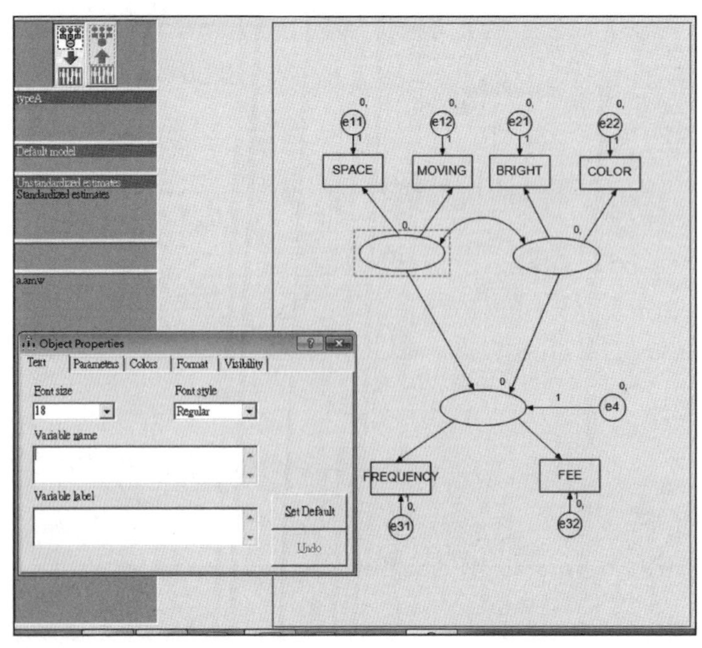

步驟 8　在物件性質（Object Properties）的方框的變數名（Variable name）中輸入潛在變數名，再關閉畫面。

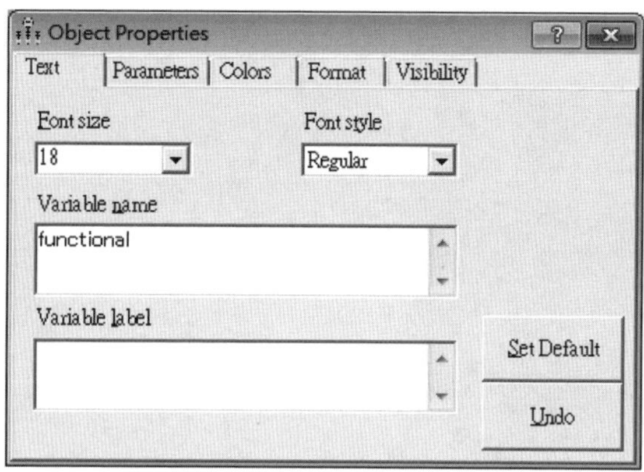

步驟 9　於是在橢圓之中放進了潛在變數名稱〔functional〕。

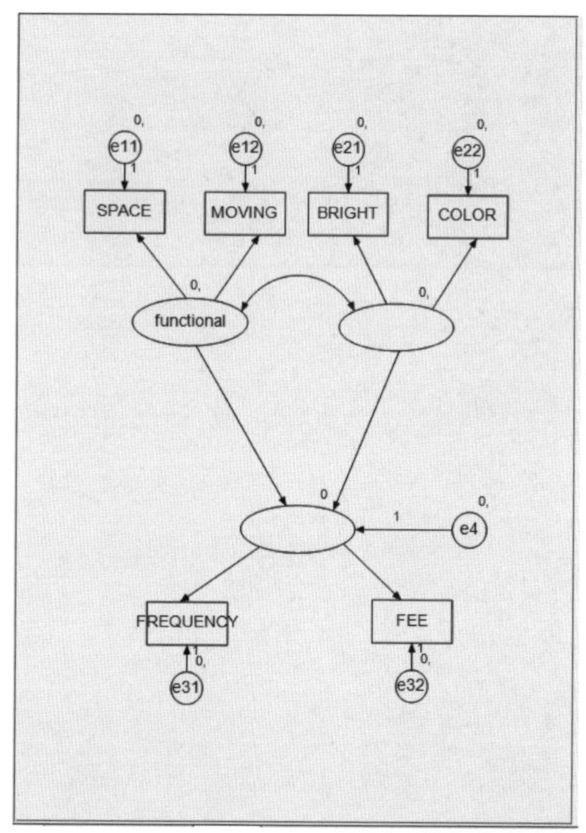

步驟 10 重複此動作，完成的圖形如下顯示：

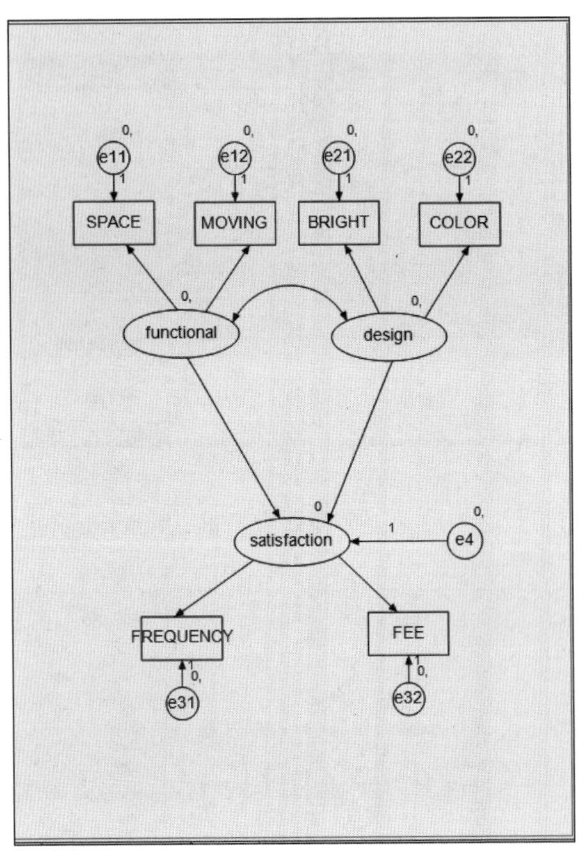

19.7 指定共同的參數

步驟 1　爲了將 space ← functional 的參數固定成 1，右鍵按一下箭頭的上方，選擇物件性質（Object Properties）。

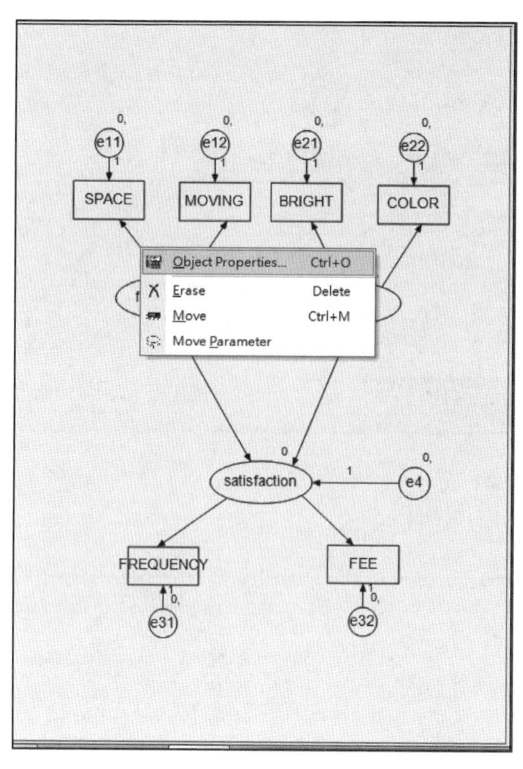

步驟 2 變成物件性質的畫面時，在參數 (parameter)Tab 的係數中輸入 1，再關閉畫面。

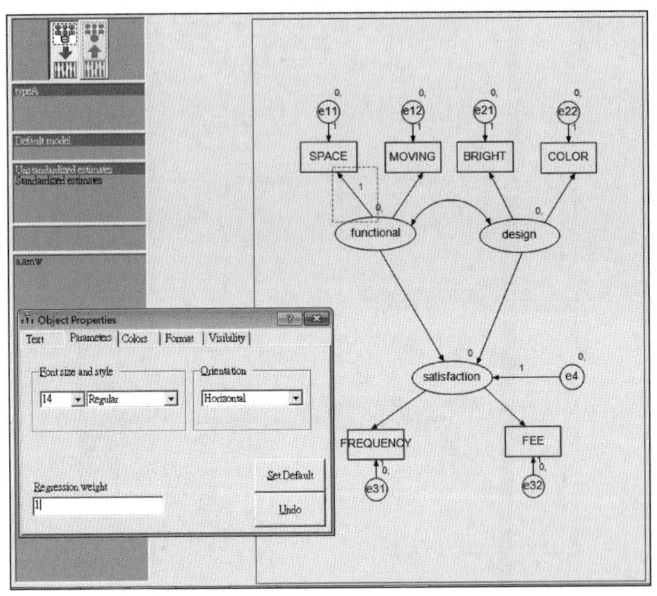

步驟 3 於是路徑圖的箭線上放入 1。

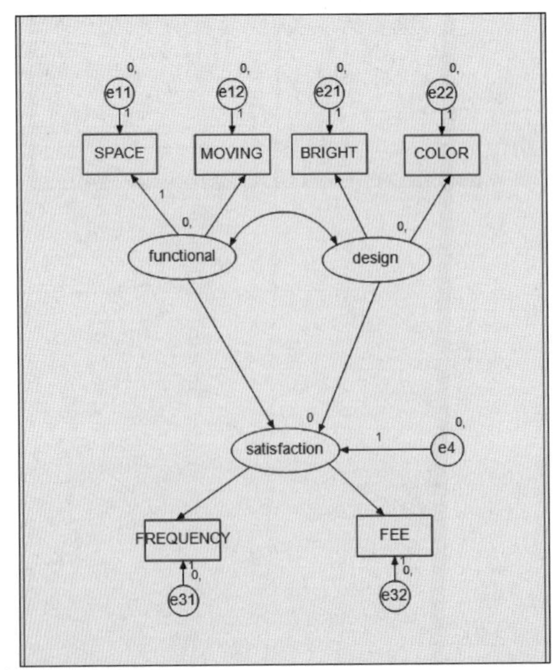

步驟 4 bright ← design 與 satisfaction → frequency 的箭線上也同樣放入 1。

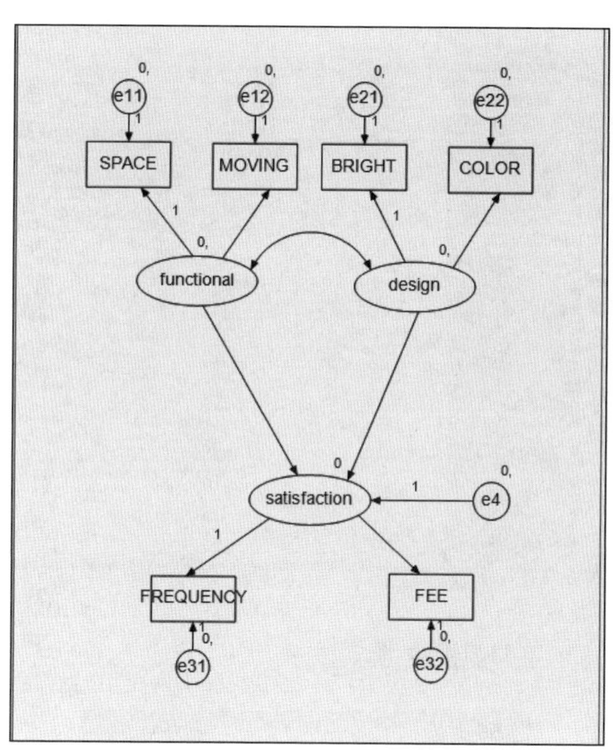

步驟 5 接著對剩下部分的參數加上名稱。
因此，從 Plugins 的清單中選擇〔Name Parameters〕。

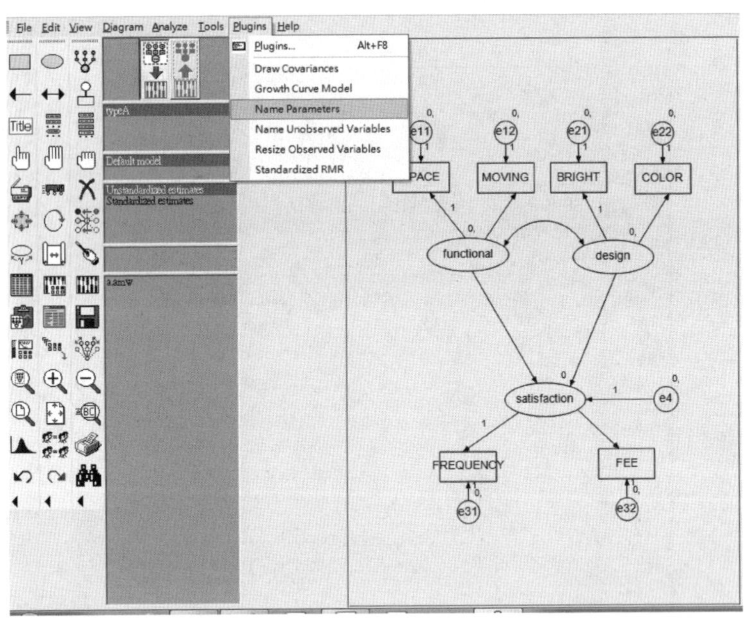

步驟 6 此處，如下勾選後按 確定 。

Amos Graphics

Prefix	Parameters
C	☑ Covariances
W	☑ Regression weights
V	☐ Variances
M	☑ Means
I	☑ Intercepts

OK　Cancel

步驟 7　於是如下在路徑圖上加上參數名。

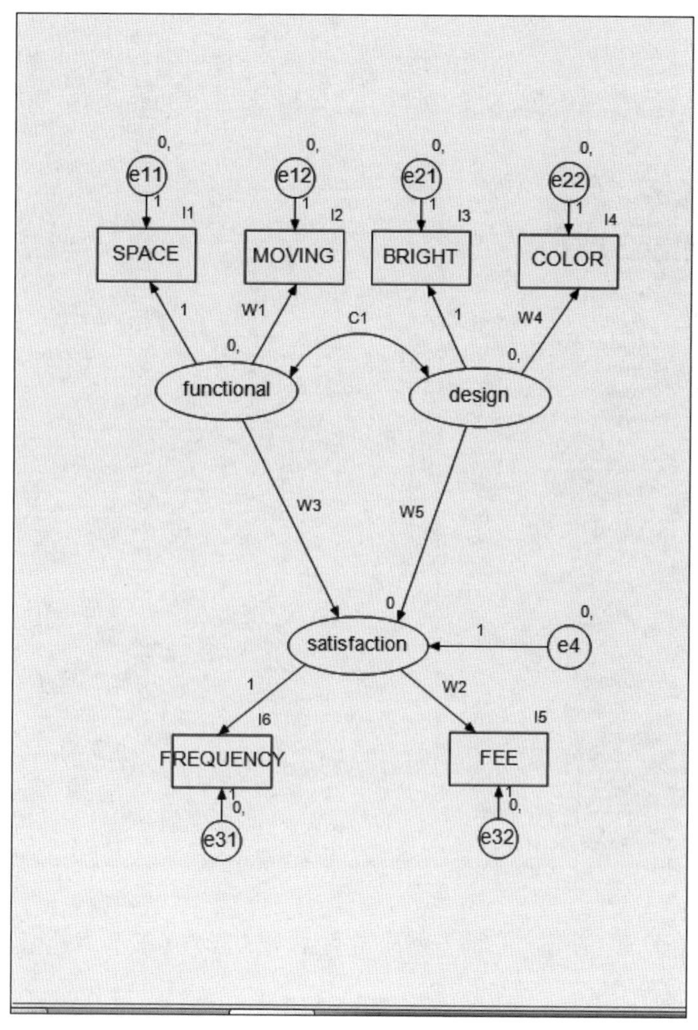

19.8 資料的組管理

步驟 1 3 個類型爲了在相同的路徑圖上進行分析可進行資料的組管理。從分析（Analyze）的清單中選擇組管理（Manage Groups）。

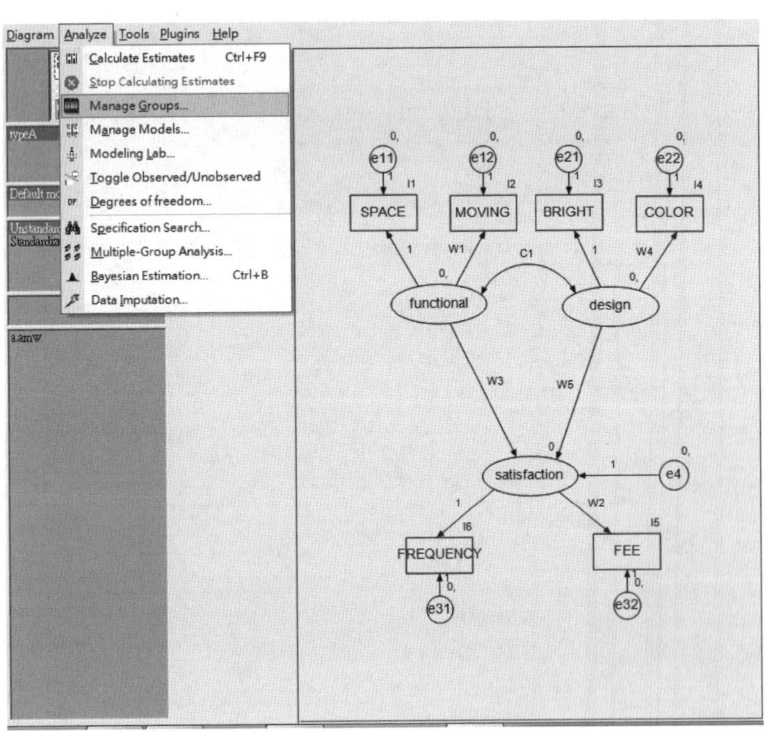

步驟 2 如下，〔組名〕的地方變成類型A（type A），按一下新增（New）。

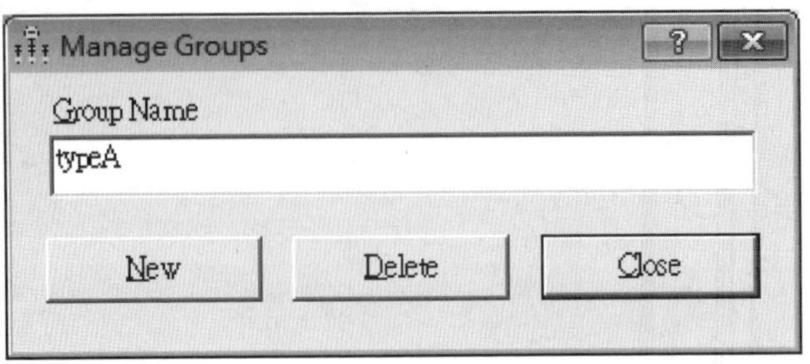

步驟 3　由於組名 (G) 變成 Number 2，乃輸入類型 B 再按新增 (N)。

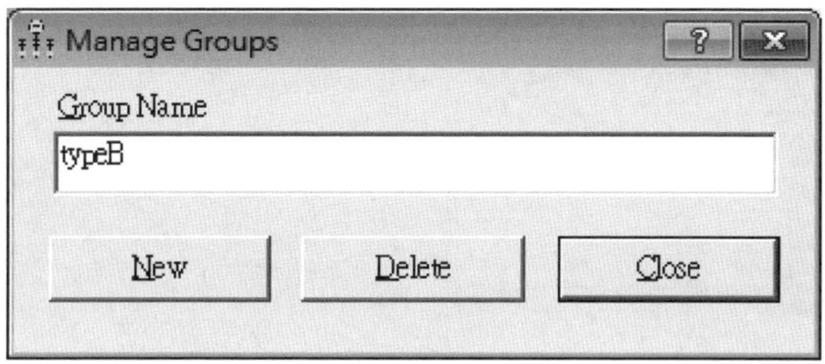

步驟 4　接著，輸入類型 C 之後，按 Close。

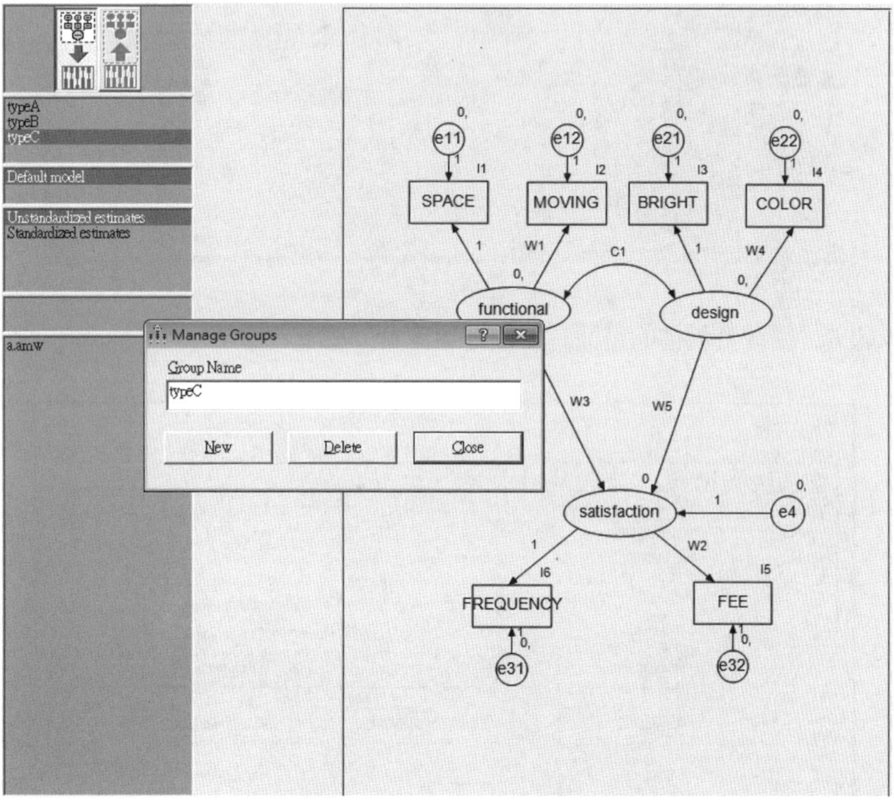

步驟 5 爲了分別指定類型 B 與類型 C 的資料，從檔案（File）的清單中選擇資料檔（Data Files）。

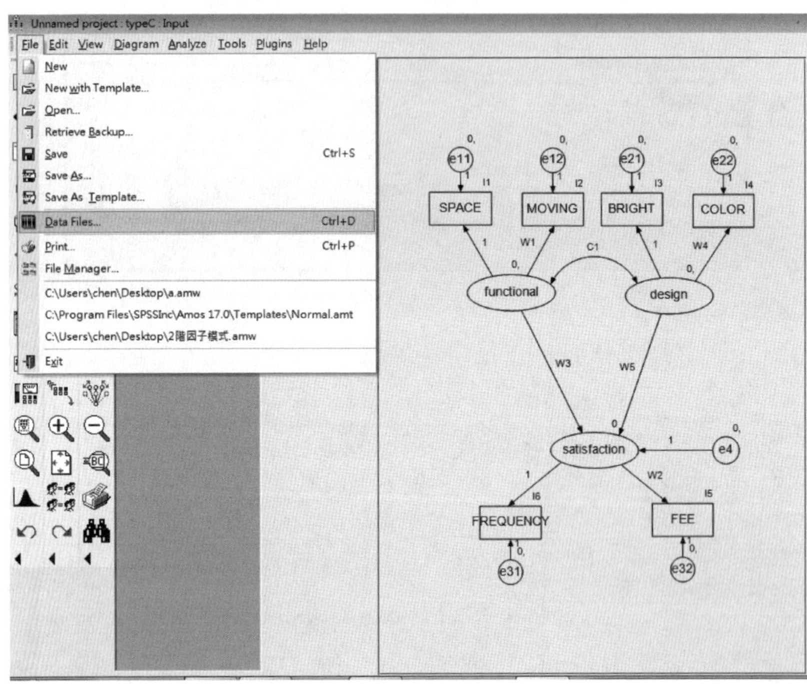

步驟 6 變成資料檔的畫面時，選擇類型 B，按一下檔名（File Name）。

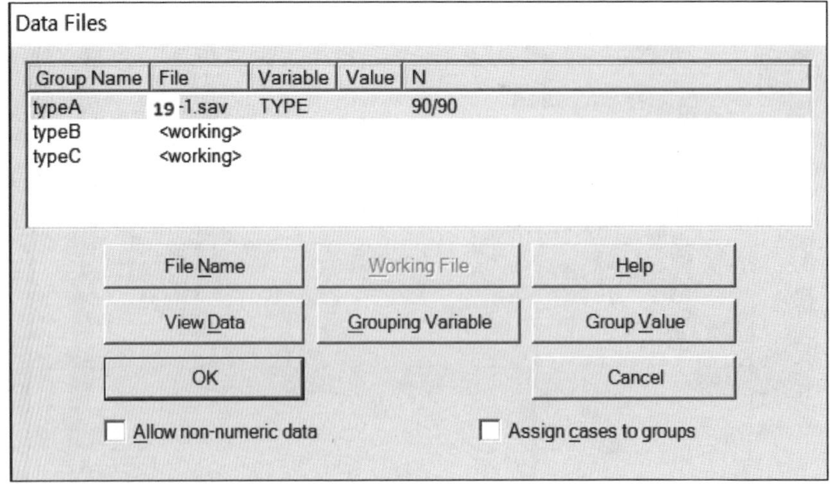

步驟 7　與類型 A 一樣指定 sav 檔名 (19.1)，按一下開啓 (O)。

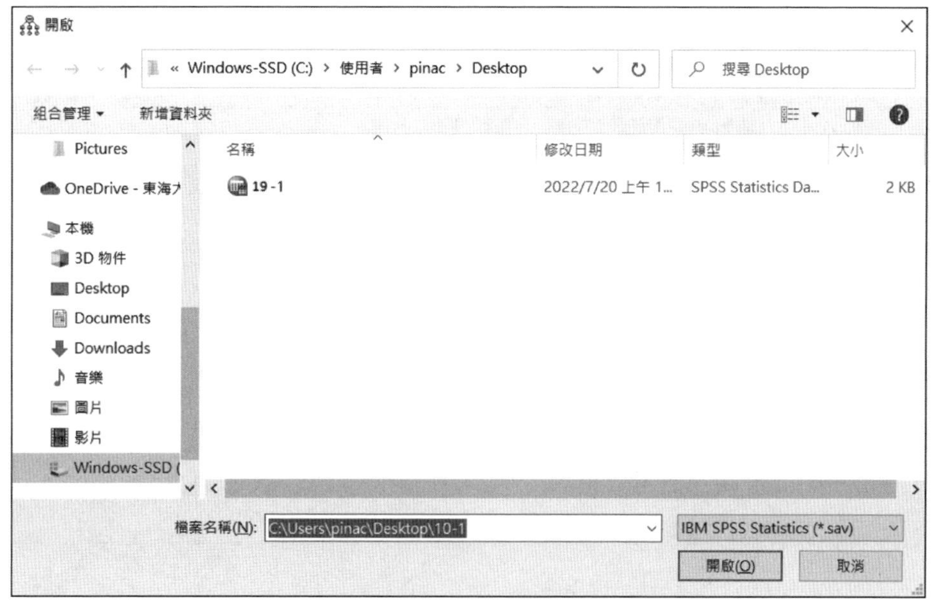

步驟 8　接著，與前面步驟相同，設定分組變數名與組的識別值。
於是，類型 B 的資料檔即如下加以設定。

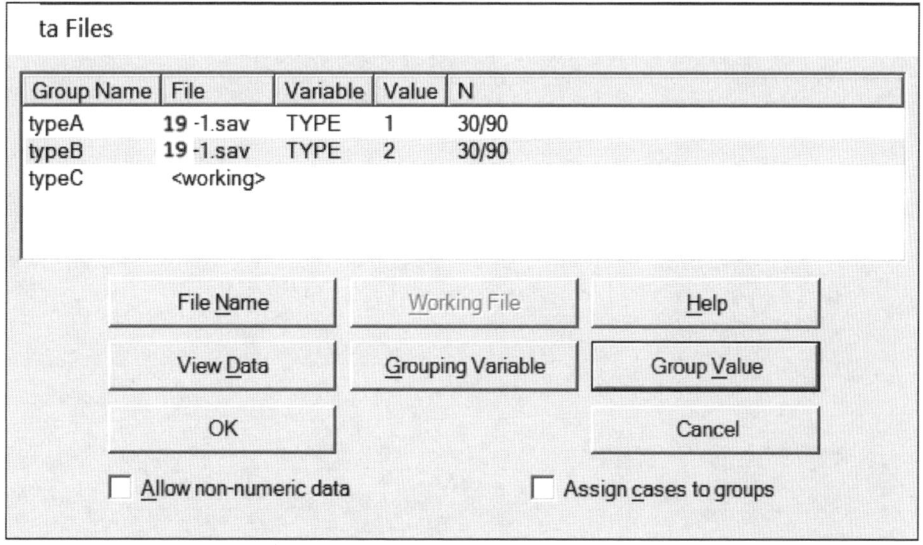

步驟 9 類型 C 也與步驟 6～8 同樣設定。

Data Files

Group Name	File	Variable	Value	N
typeA	19-1.sav	TYPE	1	30/90
typeB	19-1.sav	TYPE	2	30/90
typeC	19-1.sav	TYPE	3	30/90

File Name　Working File　Help

View Data　Grouping Variable　Group Value

OK　Cancel

☑ Allow non-numeric data　☐ Assign cases to groups

Tea Break

為了對 3 個綜合醫院 A、B、C 的潛在變數貼上「相同名稱」：

設計性　機能性　滿意度

有需要將「參數 W1、W2、W3 之值共同設定」。

19.9 於各類型中部分變更參數的指定

步驟 1　按一下類型 B 時，出現與類型 A 相同的路徑圖。

為了變更 機能性 → 滿意度 的參數名稱在箭線上按兩下將係數從 W3 變更為 W32。

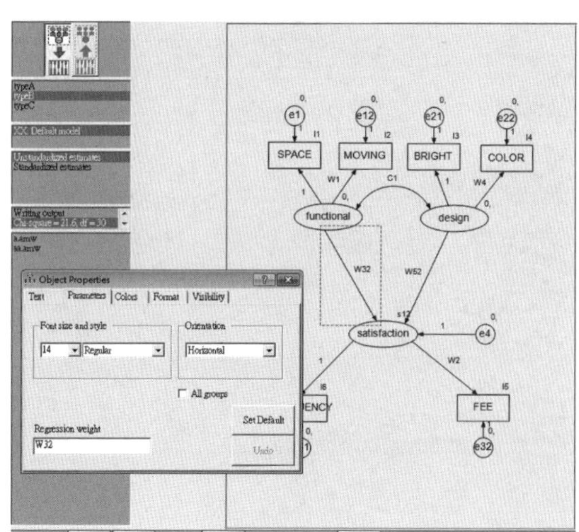

要先將 all group 的勾選取消喔！

步驟 2　同樣，將

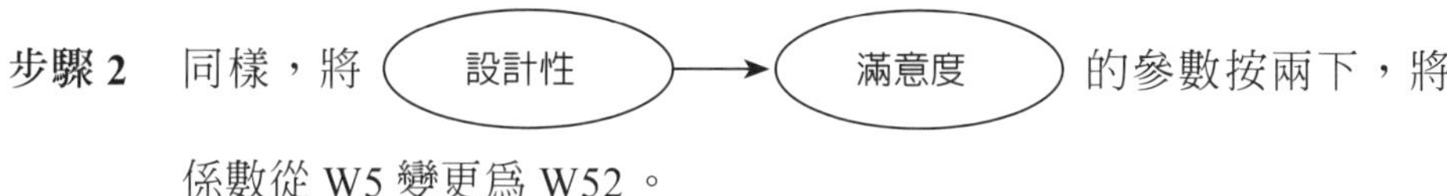

的參數按兩下，將係數從 W5 變更為 W52。

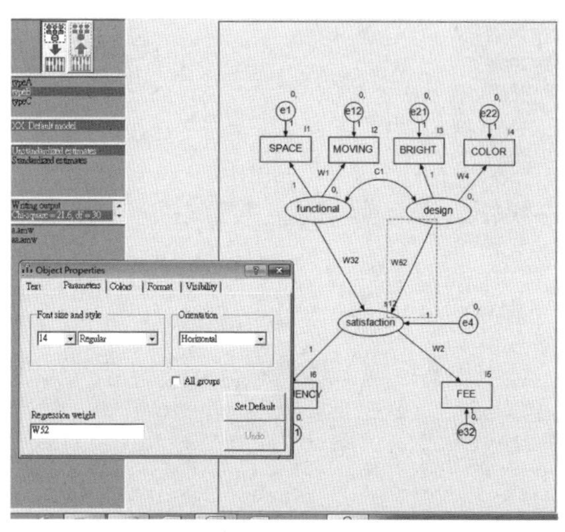

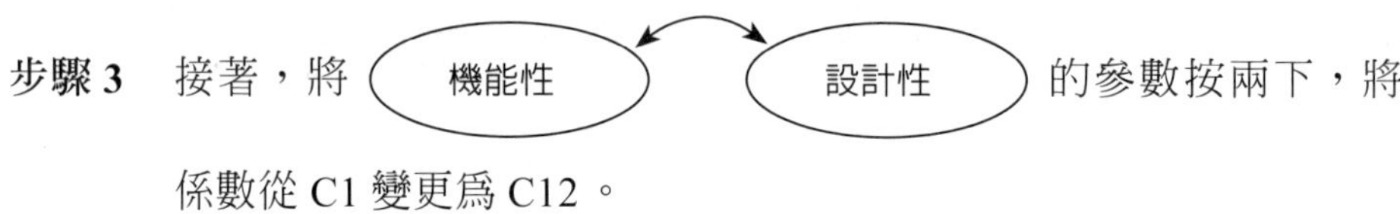

步驟 3 接著，將 機能性 ↔ 設計性 的參數按兩下，將係數從 C1 變更爲 C12。

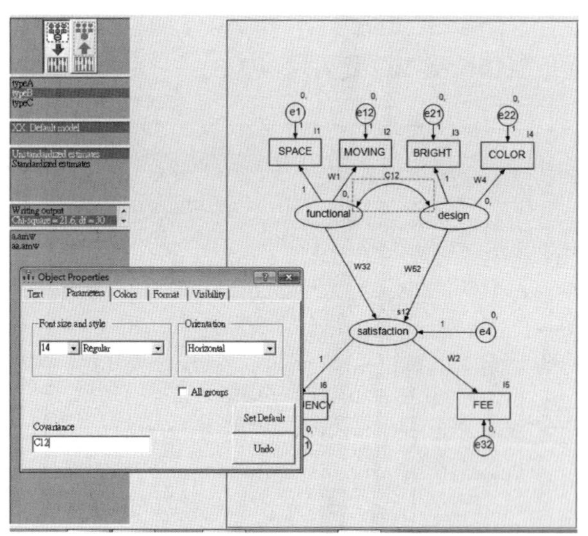

步驟 4 爲了變更 機能性 的平均的參數名，在 機能性 之上按兩下將平均從 0 變更爲 h12。

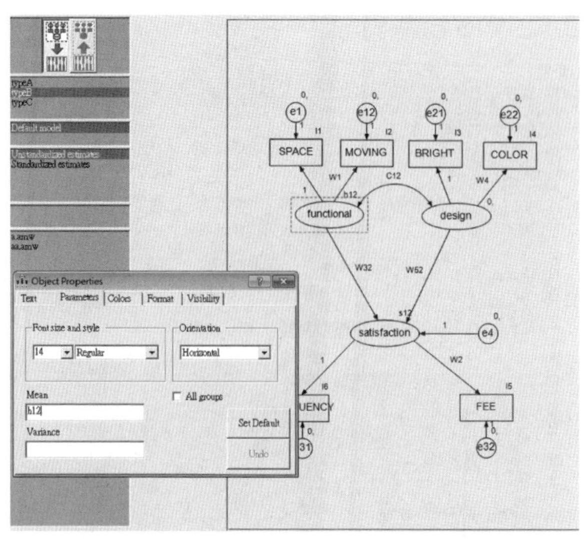

步驟 5　（設計性）的平均也一樣從 0 變更爲 h22。

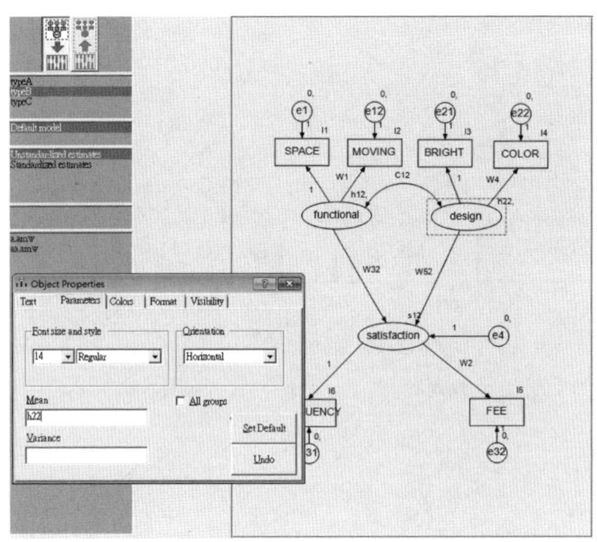

步驟 6　最後，爲了變更（滿意度）的截距的參數名，在（滿意度）之上按兩下，將截距從 0 變更爲 s12。

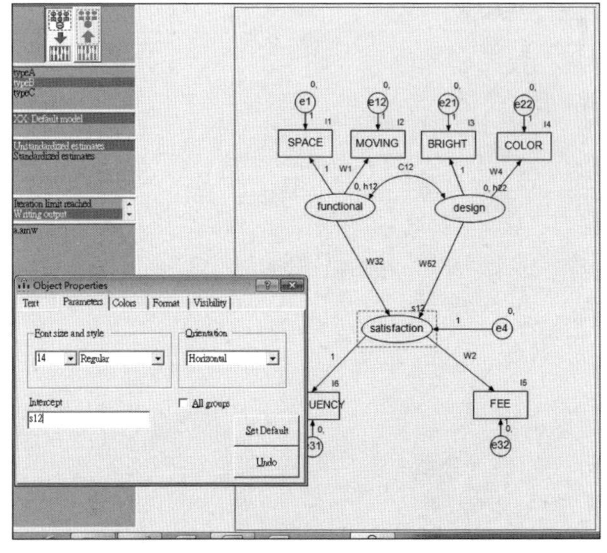

步驟 7　類型 B 的參數名變成如下：

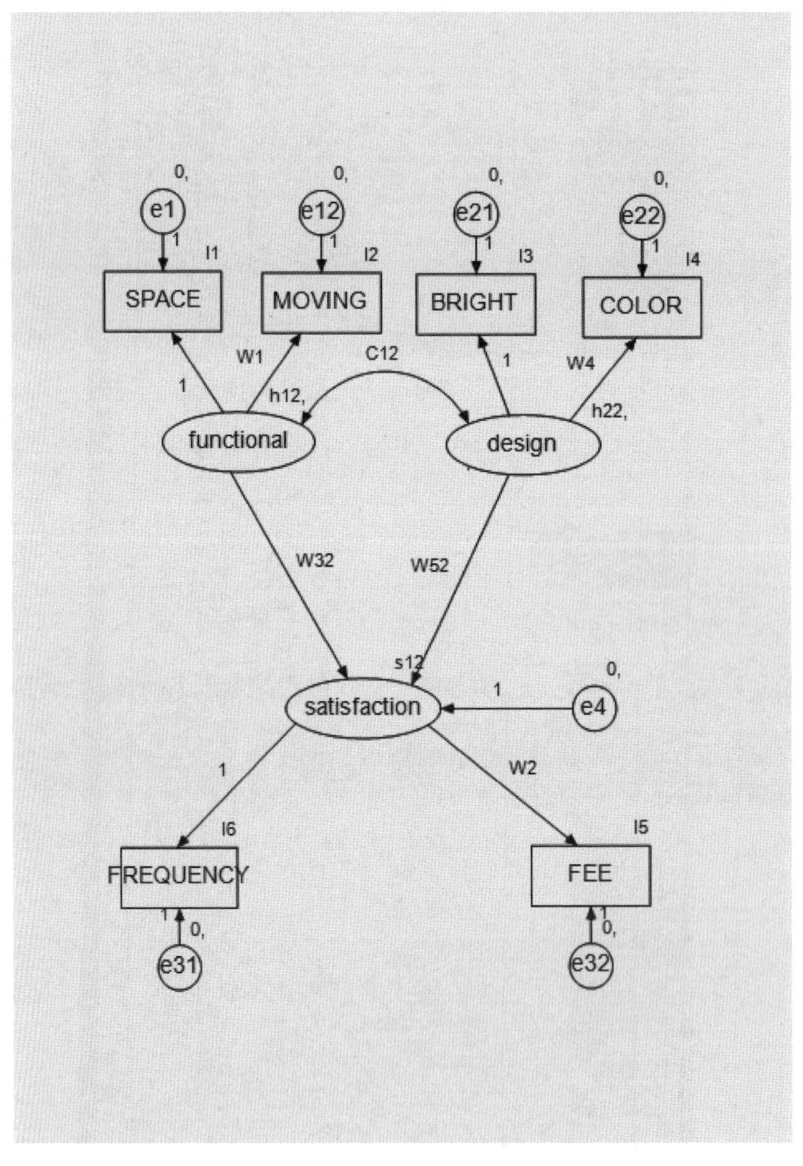

步驟 8　類型 C 的參數名變成如下：

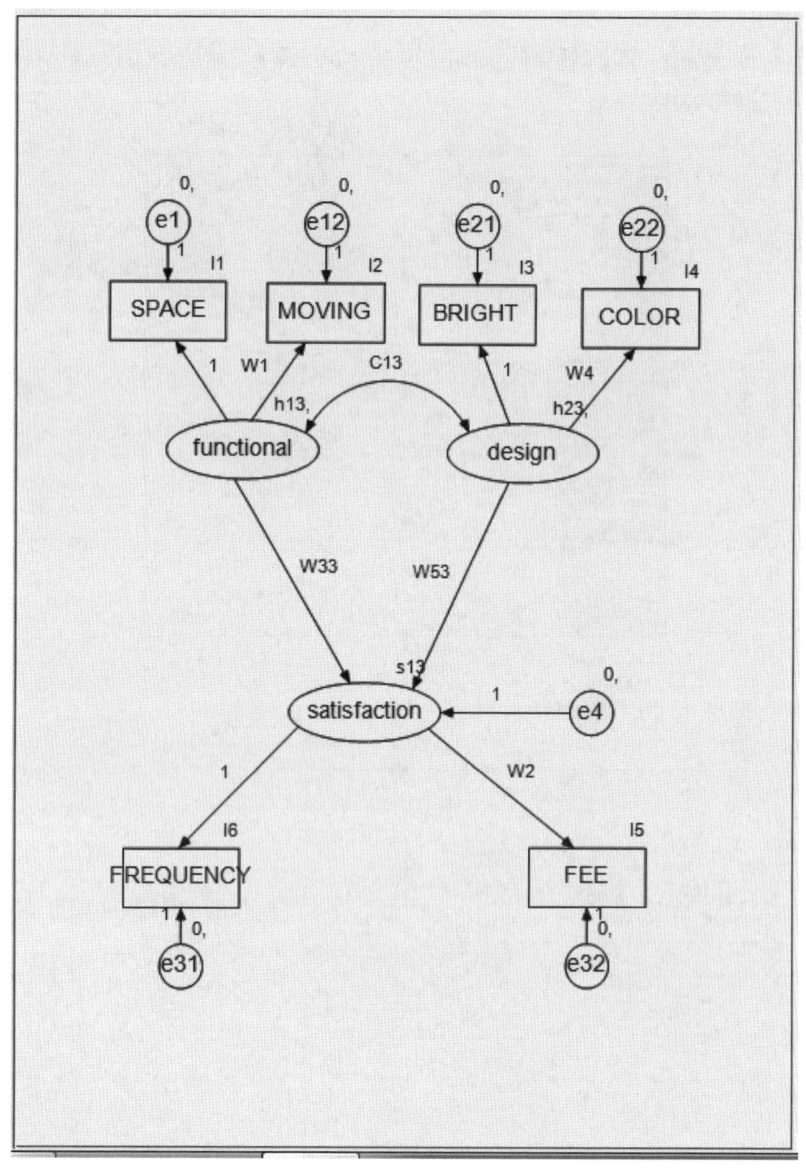

19.10 Amos 的執行

步驟 1 從分析（Analyze）的清單中，選擇計算估計值（Calculate Estimates）。

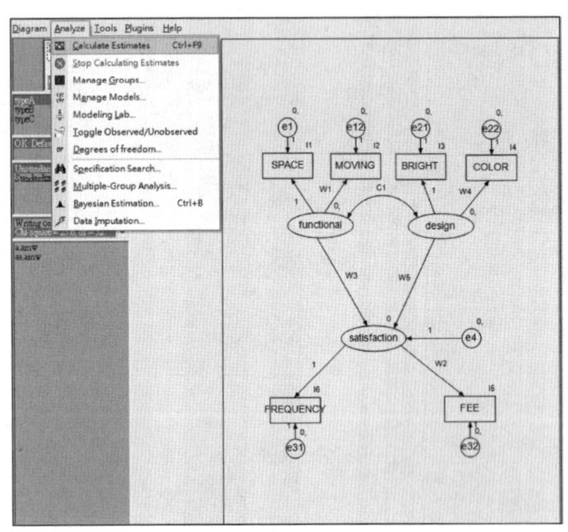

步驟 2 類型 A 的未標準化估計值，變成如下的畫面：

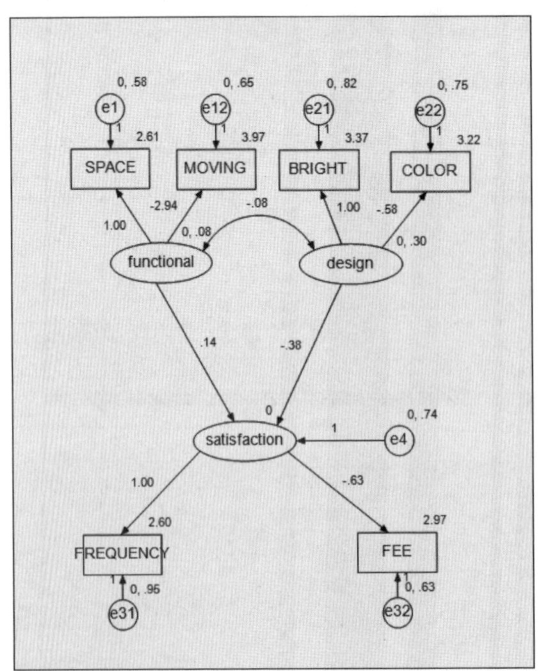

xx 模型 1 變成 OK 模型 1 時，計算即已完成。

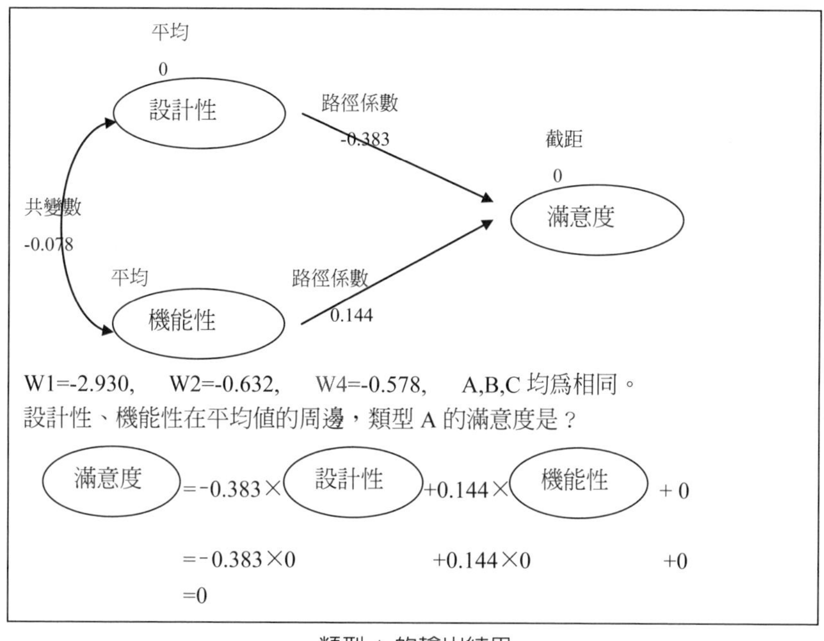

類型 A 的輸出結果

步驟 3　類型 B 的未標準化估計值變成如下：

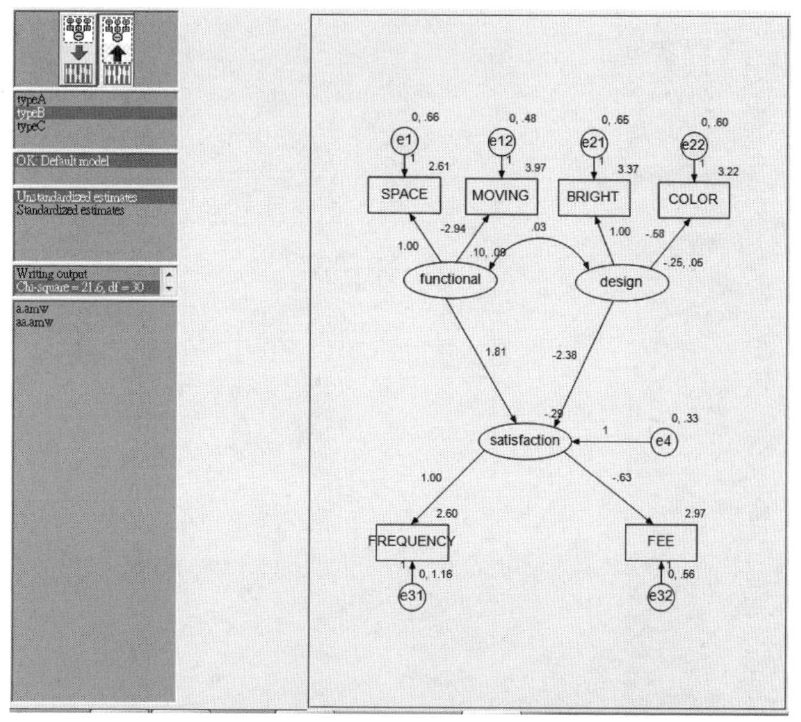

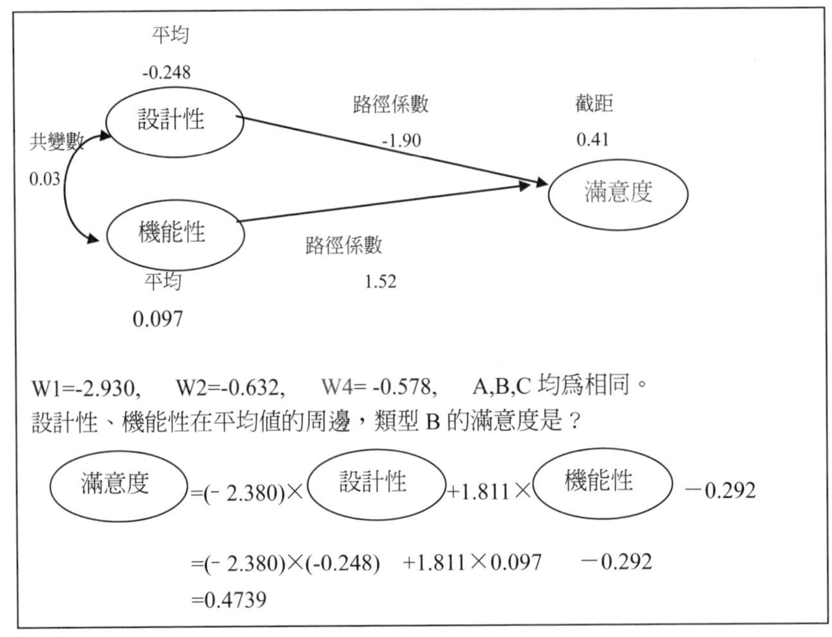

類型 B 的輸出結果

步驟 4 類型 C 未標準化估計值成爲如下：

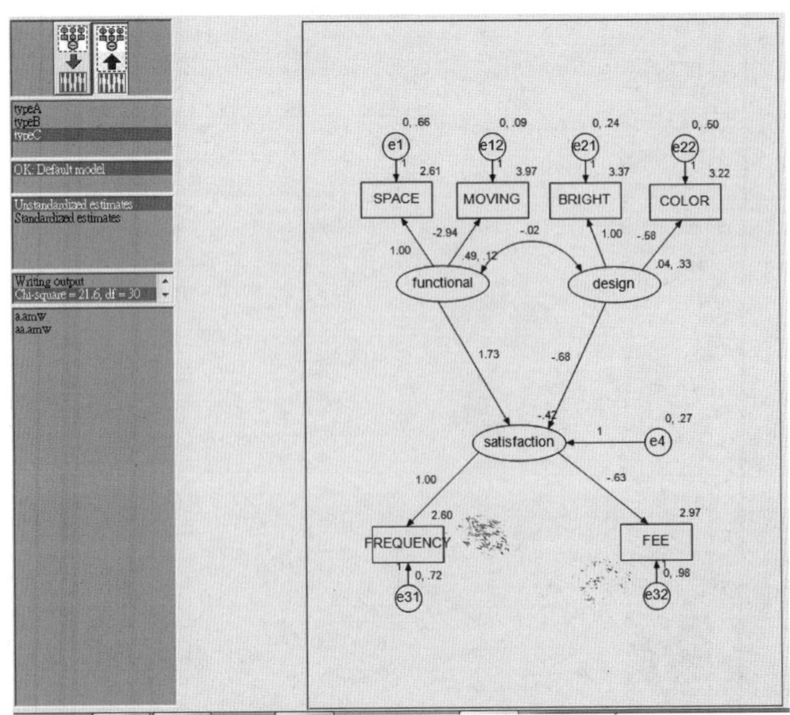

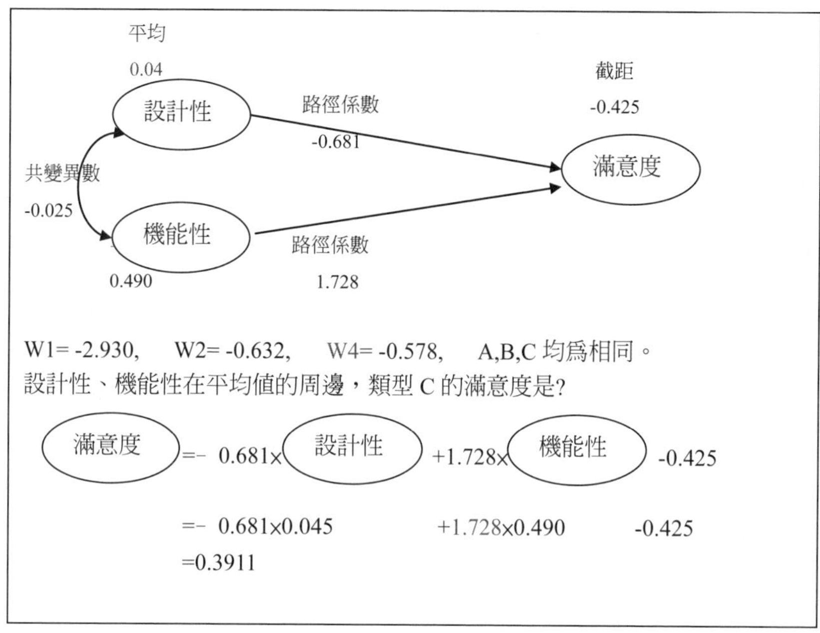
平均
0.04
截距
-0.425
設計性
路徑係數
-0.681
滿意度
共變異數
-0.025
機能性
路徑係數
0.490
1.728
W1= -2.930,　W2= -0.632,　W4= -0.578,　A,B,C 均爲相同。
設計性、機能性在平均值的周邊，類型 C 的滿意度是?
滿意度 =- 0.681× 設計性 +1.728× 機能性 -0.425
=- 0.681×0.045　+1.728×0.490　-0.425
=0.3911

類型 C 的輸出結果

19.11 輸出結果的顯示

步驟 1 從檢視（View）的清單中，選擇正文輸出（Text Output）。

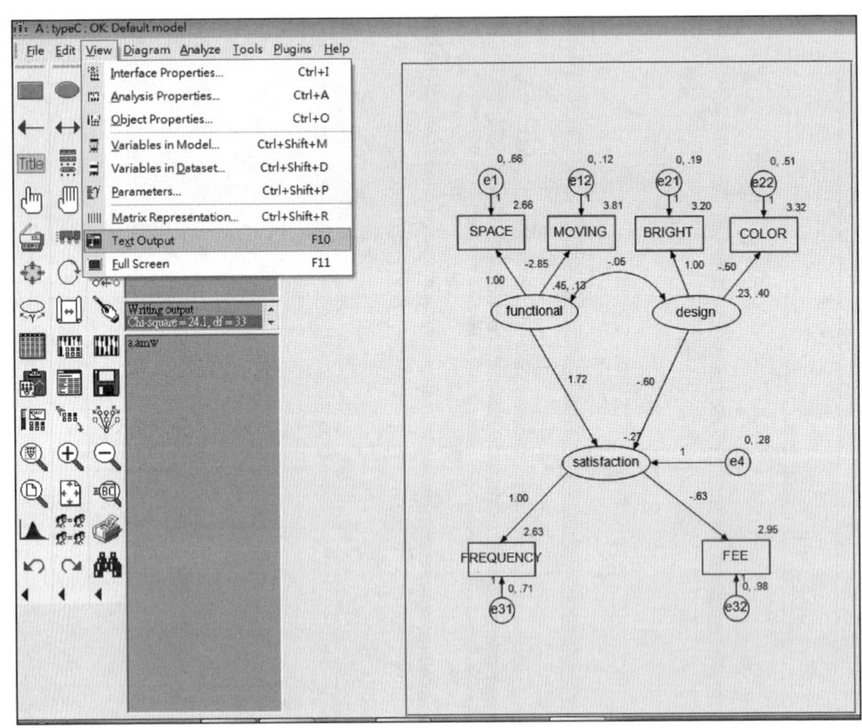

步驟 2 變成了如下的 Text 輸出畫面。
首先，按一下參數估計值，觀察輸出結果看看。

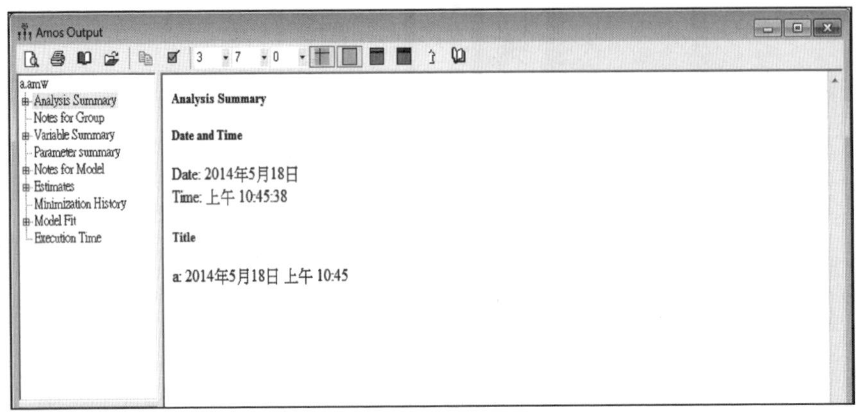

步驟 3　點一下 typeA，針對參數估計值如下顯示路徑係數：

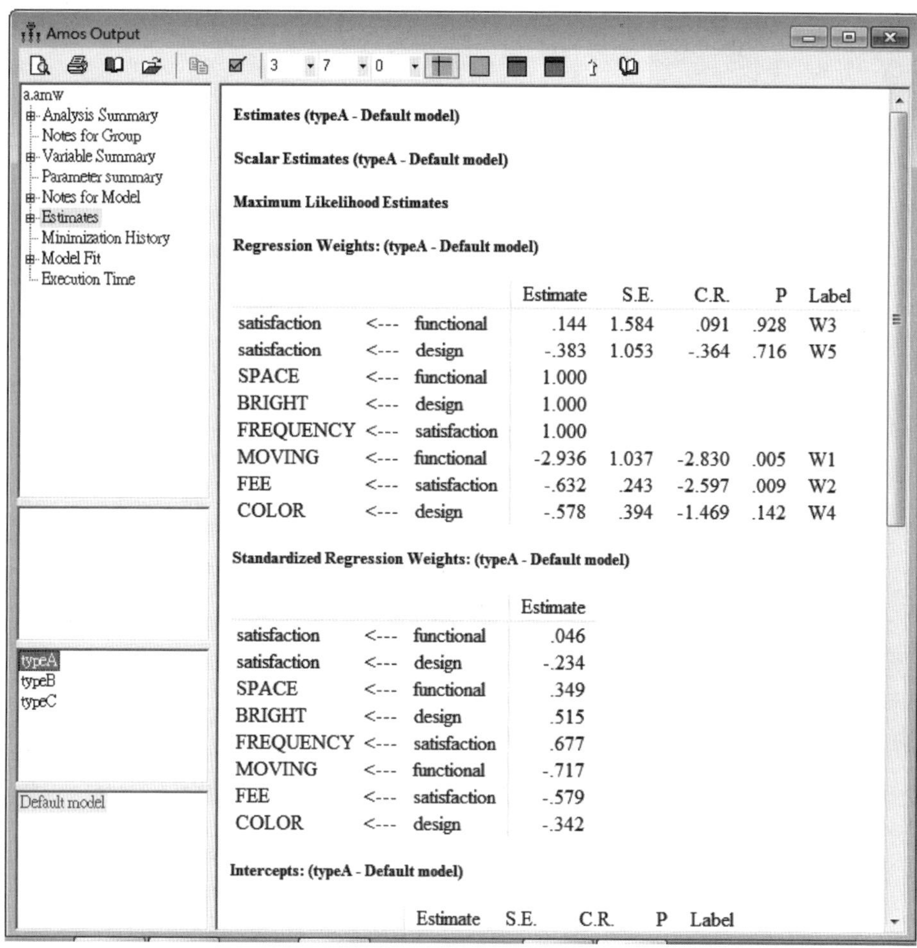

Estimates (typeA - Default model)

Scalar Estimates (typeA - Default model)

Maximum Likelihood Estimates

Regression Weights: (typeA - Default model)

			Estimate	S.E.	C.R.	P	Label
satisfaction	<---	functional	.144	1.584	.091	.928	W3
satisfaction	<---	design	-.383	1.053	-.364	.716	W5
SPACE	<---	functional	1.000				
BRIGHT	<---	design	1.000				
FREQUENCY	<---	satisfaction	1.000				
MOVING	<---	functional	-2.936	1.037	-2.830	.005	W1
FEE	<---	satisfaction	-.632	.243	-2.597	.009	W2
COLOR	<---	design	-.578	.394	-1.469	.142	W4

Standardized Regression Weights: (typeA - Default model)

			Estimate
satisfaction	<---	functional	.046
satisfaction	<---	design	-.234
SPACE	<---	functional	.349
BRIGHT	<---	design	.515
FREQUENCY	<---	satisfaction	.677
MOVING	<---	functional	-.717
FEE	<---	satisfaction	-.579
COLOR	<---	design	-.342

Intercepts: (typeA - Default model)

	Estimate	S.E.	C.R.	P	Label

點一下 typeB，針對參數估計值如下顯示路徑係數：

Amos Output

a.amw
- Analysis Summary
- Notes for Group
- Variable Summary
- Parameter summary
- Notes for Model
- Estimates
- Minimization History
- Model Fit
- Execution Time

typeA
typeB
typeC

Default model

Regression Weights: (typeB - Default model)

			Estimate	S.E.	C.R.	P	Label
satisfaction	<---	functional	1.811	5.886	.308	.758	W32
satisfaction	<---	design	-2.380	14.510	-.164	.870	W52
SPACE	<---	functional	1.000				
BRIGHT	<---	design	1.000				
FREQUENCY	<---	satisfaction	1.000				
MOVING	<---	functional	-2.936	1.037	-2.830	.005	W1
FEE	<---	satisfaction	-.632	.243	-2.597	.009	W2
COLOR	<---	design	-.578	.394	-1.469	.142	W4

Standardized Regression Weights: (typeB - Default model)

			Estimate
satisfaction	<---	functional	.689
satisfaction	<---	design	-.666
SPACE	<---	functional	.342
BRIGHT	<---	design	.260
FREQUENCY	<---	satisfaction	.586
MOVING	<---	functional	-.782
FEE	<---	satisfaction	-.548
COLOR	<---	design	-.161

Means: (typeB - Default model)

	Estimate	S.E.	C.R.	P	Label
functional	.097	.104	.940	.347	h12
design	-.248	.226	-1.097	.273	h22

Intercepts: (typeB - Default model)

	Estimate	S.E.	C.R.	P	Label

點一下 typeC，針對參數估計值如下顯示路徑係數：

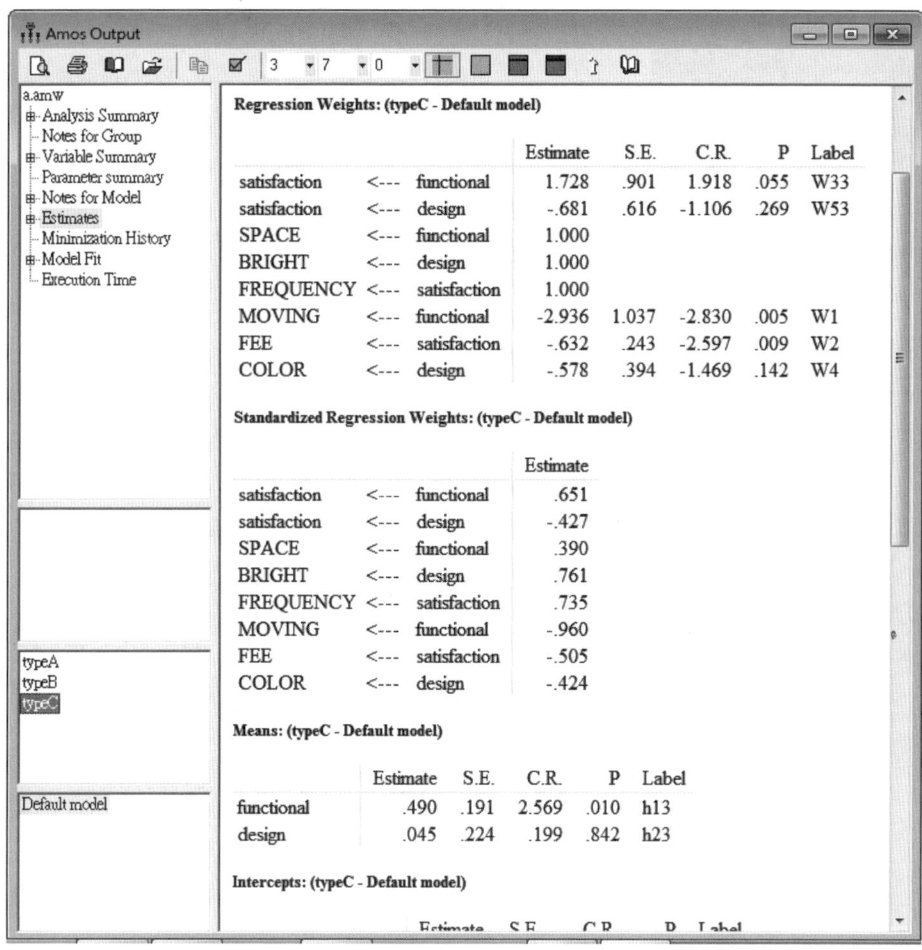

Regression Weights: (typeC - Default model)

			Estimate	S.E.	C.R.	P	Label
satisfaction	<---	functional	1.728	.901	1.918	.055	W33
satisfaction	<---	design	-.681	.616	-1.106	.269	W53
SPACE	<---	functional	1.000				
BRIGHT	<---	design	1.000				
FREQUENCY	<---	satisfaction	1.000				
MOVING	<---	functional	-2.936	1.037	-2.830	.005	W1
FEE	<---	satisfaction	-.632	.243	-2.597	.009	W2
COLOR	<---	design	-.578	.394	-1.469	.142	W4

Standardized Regression Weights: (typeC - Default model)

			Estimate
satisfaction	<---	functional	.651
satisfaction	<---	design	-.427
SPACE	<---	functional	.390
BRIGHT	<---	design	.761
FREQUENCY	<---	satisfaction	.735
MOVING	<---	functional	-.960
FEE	<---	satisfaction	-.505
COLOR	<---	design	-.424

Means: (typeC - Default model)

	Estimate	S.E.	C.R.	P	Label
functional	.490	.191	2.569	.010	h13
design	.045	.224	.199	.842	h23

Intercepts: (typeC - Default model)

Estimate S.E. C.R. P Label

步驟 4 按一下模型適合度（Model Fit）。
如下顯示有關適合度的統計量：

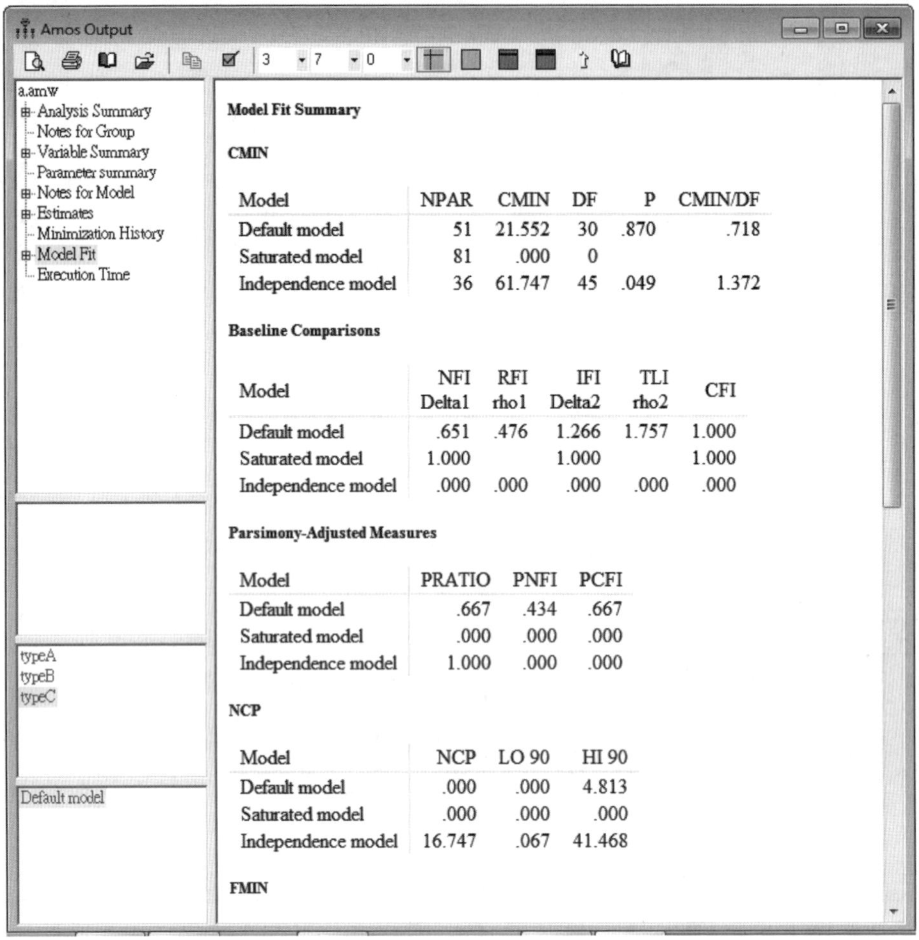

Amos Output

Model Fit Summary

CMIN

Model	NPAR	CMIN	DF	P	CMIN/DF
Default model	51	21.552	30	.870	.718
Saturated model	81	.000	0		
Independence model	36	61.747	45	.049	1.372

Baseline Comparisons

Model	NFI Delta1	RFI rho1	IFI Delta2	TLI rho2	CFI
Default model	.651	.476	1.266	1.757	1.000
Saturated model	1.000		1.000		1.000
Independence model	.000	.000	.000	.000	.000

Parsimony-Adjusted Measures

Model	PRATIO	PNFI	PCFI
Default model	.667	.434	.667
Saturated model	.000	.000	.000
Independence model	1.000	.000	.000

NCP

Model	NCP	LO 90	HI 90
Default model	.000	.000	4.813
Saturated model	.000	.000	.000
Independence model	16.747	.067	41.468

FMIN

19.12 輸出結果判讀

①CMIN 是卡方値
（顯著）機率 0.870 > 顯著水準 0.05
可以認爲模型是合適的。
如（顯著）率 < 顯著水準 0.05 時，可以認爲模型是不適合的。

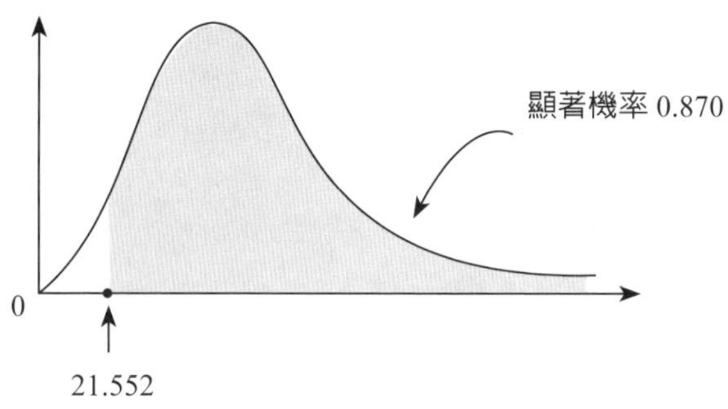

圖 19.12.1　自由度 30 的卡方分配

②NFI = 0.651
NFI 接近 1 時，模型的適配可以說是好的。
NFI = 0.651，因之模型的適配可以認爲是好的。
③RMSEA 未滿 0.05 時，模型的適配可以說是好的
RMSEA 在 0.1 以上時，模型的適配可以說是不好的
RMSEA = 0.000，因之模型的適配可以認爲是好的。
④AIC 是赤池資訊量基準。
AIC 小的模型是好的模型。

Tea Break

有興趣的讀者可進一步參閱另一書《醫護統計與 AMOS 分析方法與應用》。

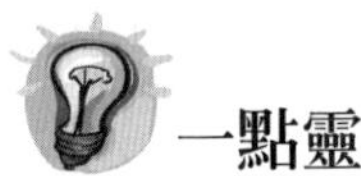

一點靈

步驟 1 想輸出標準化估計值時，從檢視 (V) 的清單中，選擇分析性質 (A)。

: OK: Default model

View Diagram Analyze Tools Plugins Help

Interface Properties... Ctrl+I
Analysis Properties... Ctrl+A
Object Properties... Ctrl+O
Variables in Model... Ctrl+Shift+M
Variables in Dataset... Ctrl+Shift+D
Parameters... Ctrl+Shift+P
Matrix Representation... Ctrl+Shift+R
Text Output F10
Full Screen F11

步驟 2 接著在輸出（Output）的 Tab 中，勾選
標準化估計值（Standardized estimates）
再關閉分析性質的視窗，即可計算估計值。

Analysis Properties

Estimation | Numerical | Bias | Output | Bootstrap | Permutations | Random # | Title

☑ Minimization history
☑ Standardized estimates
☐ Squared multiple correlations
☐ Sample moments
☐ Implied moments
☐ All implied moments
☐ Residual moments
☐ Modification indices
☐ Indirect, direct & total effects
☐ Factor score weights
☐ Covariances of estimates
☐ Correlations of estimates
☐ Critical ratios for differences
☐ Tests for normality and outliers
☐ Observed information matrix
4 Threshold for modification indices

參考文獻

1. 小野眞司，心理市調資料 SPSS&AMOS 使用手冊，東京圖書，2006 年。
2. 內田治，利用 SPSS 意見調查累計分析，東京圖書，2007 年。
3. 田部井明美，利用共變異數構造分析（AMOS）的資料處理，東京圖書，2001 年。
4. 石村貞夫，多變量解析淺說，東京圖書，1987 年。
5. 石村貞夫，統計解析淺說，東京圖書，1989 年。
6. 石村貞夫，變異數分析淺說，東京圖書，1992 年。
7. 石村貞夫，利用 SPSS 的變異數分析與多重比較，東京圖書，1997 年。
8. 石村貞夫，利用 SPSS 的多變量數據分析的步驟，東京圖書，1998 年。
9. 石村貞夫，利用 SPSS 的時系列分析的步驟，東京圖書，1999 年。
10. 石村貞夫，利用 SPSS 的統計處理的步驟，東京圖書，2001 年。
11. 石村貞夫，利用 SPSS 的類別分析的步驟，東京圖書，2001 年。
12. 石村貞夫，利用 SPSS 的醫學、齒學、藥學的統計分析，東京圖書，2006 年。
13. 石村貞夫，利用 SPSS 的臨床心理、精神醫學的統計處理，東京圖書，2006 年。
14. 石村貞夫，利用 SPSS 的建築設計、福祉心理的統計處理，東京圖書，2005 年。
15. 涌井良幸、涌井貞美，圖解多變量分析，東京實業出版社，2007 年。
16. 涌井良幸、涌井貞美，圖解共變異樹構造分析，東京實業出版社，2007 年。

國家圖書館出版品預行編目資料

圖解經濟調查統計分析／陳耀茂作．－－初版．－－臺北市：五南圖書出版股份有限公司，2025.02
面； 公分
ISBN 978-626-423-167-1（平裝）

1.CST: 統計分析 2.CST: 經濟調查

511.7 114000858

5B1N

圖解經濟調查統計分析

作　　者 — 陳耀茂（270）
編輯主編 — 王正華
責任編輯 — 張維文
封面設計 — 封怡彤
出 版 者 — 五南圖書出版股份有限公司
發 行 人 — 楊榮川
總 經 理 — 楊士清
總 編 輯 — 楊秀麗
地　　址：106臺北市大安區和平東路二段339號4樓
電　　話：(02)2705-5066　　傳　　真：(02)2706-6100
網　　址：https://www.wunan.com.tw
電子郵件：wunan@wunan.com.tw
劃撥帳號：01068953
戶　　名：五南圖書出版股份有限公司

法律顧問　林勝安律師

出版日期　2025年2月初版一刷
定　　價　新臺幣550元

經典永恆・名著常在

五十週年的獻禮——經典名著文庫

五南，五十年了，半個世紀，人生旅程的一大半，走過來了。
思索著，邁向百年的未來歷程，能為知識界、文化學術界作些什麼？
在速食文化的生態下，有什麼值得讓人雋永品味的？

歷代經典・當今名著，經過時間的洗禮，千錘百鍊，流傳至今，光芒耀人；
不僅使我們能領悟前人的智慧，同時也增深加廣我們思考的深度與視野。
我們決心投入巨資，有計畫的系統梳選，成立「經典名著文庫」，
希望收入古今中外思想性的、充滿睿智與獨見的經典、名著。
這是一項理想性的、永續性的巨大出版工程。
不在意讀者的眾寡，只考慮它的學術價值，力求完整展現先哲思想的軌跡；
為知識界開啟一片智慧之窗，營造一座百花綻放的世界文明公園，
任君遨遊、取菁吸蜜、嘉惠學子！